U0686807

第九册

宋文帝元嘉十九年壬午起
齊武帝永明十一年癸酉止

資治通鑑

卷一百二十四
至一百三十八

中華書局

資治通鑑卷第一百二十四

端明殿學士兼翰林侍讀學士朝散大夫右諫議大夫充集賢殿修撰提舉西京嵩山崇福宮上柱國河內郡開國侯食邑一千八百戶食實封六百戶賜紫金魚袋臣 司馬光 奉敕編集

後學天台 胡三省 音註

宋紀六 起玄黓敦牂（壬午），盡柔兆閹茂（丙戌），凡五年。

太祖文皇帝中之中

元嘉十九年（壬午、四四二）

1 春，正月，甲申，魏主備法駕，詣道壇受符籙，旗幟盡青。自是每帝卽位皆受籙。此所受者，今道士所謂法籙也。隋志曰：道士受道之法，初受五千文籙，次受三洞籙，次受洞玄籙，次受上清籙。籙皆素書，紀諸天曹官屬佐吏之名。又有諸符錯在其間，文章詭怪，世所不識。籙，龍玉翻。謙之又奏作靜輪宮，水經註：靜輪宮在道壇東北，道壇在平城東灅水之左。必令其高不聞雞犬，欲以上接天神。崔浩勸帝爲之，功費萬計，經年不成。太子晃諫曰：「天人道殊，卑高定分，分，扶問翻。不可相接，理在必然。今虛耗府庫，疲弊百姓，爲無益之事，將安用之！必如謙之所言，請因東山萬仞之高，謂平城之東山也。爲功差易。」易，以豉翻。帝不從。

2夏，四月，沮渠無諱將萬餘家，棄敦煌西就沮渠安周。未至，鄯善王比龍畏之，將其衆奔且末，沮，子余翻。將，即亮翻。敦，徒門翻。鄯，上扇翻。且末，漢故國，在鄯善西，去代八千三百二十里。且，子餘翻。其世子降於安周。降，戶江翻。無諱遂據鄯善，其士卒經流沙渴死者太半。

李寶自伊吾帥衆二千入據敦煌，帥，讀曰率。繕脩城府，安集故民。

沮渠牧犍之亡也，見上卷十六年。犍，居言翻。涼州人闞爽據高昌，自稱太守。唐契爲柔然所逼，擁衆西趨高昌，闞，苦濫翻。守，手又翻。趨，七喻翻。欲奪其地。柔然遣其將阿若追擊之，契敗死。營陽王景平元年，契與李寶同奔伊吾。契弟和收餘衆奔車師前部王伊洛。時沮渠安周屯横截城，和攻拔之，又拔高寧、白力二城，李延壽曰：高昌國有四十六鎮，交河、田地、高寧、白刃、横截等；餘不具載。「白力」，當作「白刃」。遣使請降於魏。使，疏吏翻。

3甲戌，上以疾愈，大赦。

4五月，裴方明等至漢中，與劉眞道等分兵攻武興、下辯、白水，皆取之。「下辯」，漢書作「下辨」，並音皮莧翻。楊難當遣建節將軍符弘祖守蘭皋，元豐九域志：階州將利縣有蘭皋鎮。按五代志，將利縣，後魏武興郡之石門縣也。蕭子顯曰：武興西北有蘭皋戍，去仇池二百里。「符」，恐當作「苻」；楊氏、苻氏，皆氐種也。使其子撫軍大將軍和將重兵爲後繼。方明與弘祖戰于濁水，濁水城在上祿縣東南，武街城西北。酈道元曰：濁水卽白水也。武街城故下辨縣治。大破之，斬弘祖；和退走，追至赤亭，又破之。難當奔上邽；獲難當兄子建節將軍保熾。難當以其子虎爲益州刺史，守陰平，聞難當走，引兵還，至下辨；方明使其子肅之邀擊之，擒虎，送建康，斬之；仇池平。以輔國司馬胡崇之爲北秦州刺史，鎭其地；立楊保熾爲楊玄後，使守仇池。楊難當廢玄子保宗而自立，見一百二十一卷六年。魏人遣中山王辰迎楊難當詣平城。秋七月，以劉眞道爲雍州刺史，雍，於用翻。裴方明爲梁、南秦二州刺史；方明辭不拜。考異曰：眞道傳，此事在胡崇之沒後；氐胡傳，崇之沒在明年二月；卽眞道傳誤。

丙寅，魏主使安西將軍古弼考異曰：宋索虜傳作「吐奚愛弼」，氐胡傳作「吐奚弼」，蓋其舊姓。今從後魏書。督隴右諸軍及殿中虎賁賁，音奔。與武都王楊保宗自祁山南入，保宗奔魏見上卷十六年。征西將軍漁陽皮豹子與琅邪王司馬楚之督關中諸軍自散關西入，俱會仇池。又使譙王司馬文思督洛、豫諸軍南趨襄陽，營陽王景平二年，魏取河南，置洛州於洛陽，豫州於虎牢。趨，七喩翻；下同。征南將軍刁雍東趨廣陵，雍，於容翻。移書徐州，稱爲楊難當報仇。爲，于僞翻。

5 甲戌晦，日有食之。

6 唐契之攻闞爽也，考異曰：宋氏胡傳作「闞爽」。今從後魏書。爽遣使詐降於沮渠無諱，欲與之共擊契。使，疏吏翻。降，戶江翻。八月，無諱將其衆趨高昌；比至，將，卽亮翻；下同。比，必利翻，及也。契已死，爽閉門拒之。九月，無諱將衛興奴夜襲高昌，屠其城，考異曰：宋書，「衛興奴」作「衛寮」，今從後魏書。爽奔柔然。無諱據高昌，遣其常侍氾雋奉表詣建康。氾，音凡。詔以無諱都督涼・河・沙三州諸軍事、征西大將軍、涼州刺史、河西王。考異曰：宋本紀，封爵在六月，傳在九月末。今從傳。

7冬，十月，己卯，魏立皇子伏羅爲晉王，翰爲秦王，譚爲燕王，建爲楚王，余爲吳王。

8甲申，柔然遣使詣建康。

9十二月，辛巳，魏襄城孝王盧魯元卒。

10丙申，詔魯郡脩孔子廟及學舍，蠲墓側五戶課役以供灑掃。灑，所賣翻，又所買翻。掃，素報翻，又蘇老翻。

11李寶遣其弟懷達、子承奉表詣平城；魏人以寶爲都督西垂諸軍事、遠邊曰垂。鎮西大將軍、開府儀同三司、沙州牧、敦煌公，敦，徒門翻。四品以下聽承制假授。

12雍州刺史晉安襄侯劉道產卒。道產善爲政，民安其業，小大豐贍，由是民間有襄陽樂歌。雍，於用翻。贍，時豔翻。卒，子恤翻。樂，音洛。山蠻前後不可制者皆出，緣沔爲村落，戶口殷盛。及卒，蠻追送至沔口。未幾，羣蠻大動，道產卒未幾而羣蠻作亂，後之人不能容養之也。沔，彌兗翻。幾，居豈翻。征西司馬朱脩之討之，不利；詔建威將軍沈慶之代之，殺虜萬餘人。

13魏主使尚書李順差次羣臣，賜以爵位；順受賄，品第不平。是歲，涼州人徐桀告之，魏主怒，且以順保庇沮渠氏，面欺誤國，事見上卷十六年。賜順死。

二十年（癸未、四四三）

1春，正月，魏皮豹子進擊樂鄉，將軍王奐之等敗沒。魏軍進至下辯，將軍強玄明等敗死。強，其兩翻。二月，胡崇之與魏戰於濁水，崇之爲魏所擒，餘衆走還漢中。將軍姜道祖兵敗，降魏，降，戶江翻。魏遂取仇池。楊保熾走。

2丙午，魏主如恆山之陽；恆，戶登翻。三月，庚申，還宮。

3壬戌，烏洛侯國遣使如魏。烏洛侯國在地豆干國北，去代四千五百餘里。地豆干在室韋西千餘里，室韋當勿吉之北，勿吉在高麗之北，則烏洛侯東夷也。使，疏吏翻。初，魏之居北荒也，鑿石爲廟，在烏洛侯西北，以祀其先，高七十尺，深九十步。度高曰高，音居號翻。度深曰深，音式禁翻。及烏洛侯使者至魏，言石廟具在，魏主遣中書侍郎李敞詣石廟致祭，刻祝文於壁而還，去平城四千餘里。

4魏河間公齊與武都王楊保宗對鎮雒谷，雒谷，即駱谷，北史作「駱」。保宗弟文德說保宗，令閉險自固以叛魏。說，輸芮翻。或以告齊，夏，四月，齊誘執保宗，送平城，殺之。前鎮東司苻達、「司」上當有「軍」字；否則「司」下當有「馬」字。【章：十二行本「司」下正有「馬」字；孔本同；張校同。】征西從事中郎任朏等苻達等皆楊氏官屬也。任，音壬。朏，敷尾翻。遂舉兵立楊文德爲主，據白崖，今大安軍東北八十里有白崖。大安軍，古葭萌地也。考異曰：宋氏胡傳云：「拓跋齊聞兵起，遁走，達追擊斬齊，因據白崖。」按後魏河間公齊傳云：「文德求援於宋，宋遣房亮之、苻昭、啖龍等帥衆助文德，斬龍，禽亮之，氐遂平，以功拜內都大官，卒。」然則宋書誤也。分兵取諸戍，進圍仇池，自號征西將軍、秦・河・梁三州牧、仇池公。考異曰：宋書在三月；魏書在四月，今從之。

5 甲午，立皇子誕爲廣陵王。

6 丁酉，魏大赦。

7 己亥，魏主如陰山。

8 五月，魏古弼發上邽、高平、岍城諸軍擊楊文德，「岍城」，意當作「汧城」。汧，口堅翻。文德退走。皮豹子督關中諸軍至下辯，聞仇池解圍，欲還；弼遣人謂豹子曰：「宋人恥敗，必將復來。復，扶又翻。軍還之後，再舉爲難，不如練兵蓄力以待之。不出秋冬，宋師必至；以逸待勞，無不克矣。」豹子從之。魏以豹子爲仇池鎮將。

楊文德遣使來求援。使，疏吏翻。秋，七月，癸丑，詔以文德爲都督北秦・雍二州諸軍事、征西大將軍、北秦州刺史、武都王。雍，於用翻。文德屯葭蘆城，五代志：武都郡盤堤縣，西魏之南五部縣也。魏又置武陽郡及茄蘆縣，後周皆併入盤堤。祝穆曰：盤池山在階州福津縣東南七十里。郡縣志：魏將鄧艾與蜀將姜維相持於此，置茄蘆戍，後於此置縣。以任朏爲左司馬；武都、陰平氐多歸之。

9甲子，前雍州刺史劉眞道、梁·南秦二州刺史裴方明坐破仇池減匿金寶及善馬，下獄死。宋人捨功錄過，自戮良將，宜其爲魏人所窺。下，遐稼翻。

10九月，辛巳，魏主如漠南。甲辰，捨輜重，重，直用翻。以輕騎襲柔然，騎，奇寄翻；下同。分軍爲四道：樂安王範、建寧王崇各統十五將出東道，樂平王丕督十五將出西道，魏主出中道，中山王辰督十五將爲後繼。將，卽亮翻。

魏主至鹿渾谷，鹿渾谷卽鹿渾海之谷也，本高車袁紇部所居，其地直平城西北，其東卽弱洛水。遇敕連可汗。可，從刊入聲。汗，音寒。太子晃言於魏主曰：「賊不意大軍猝至，宜掩其不備，速進擊之。」尚書令劉絜固諫，以爲「賊營中塵盛，其衆必多，出至平地，恐爲所圍，不如須諸軍大集，須，待也。然後擊之」。晃曰：「塵之盛者，由軍士驚怖擾亂故也，怖，普布翻。何得營上而有此塵乎！」魏主疑之，不急擊。柔然遁去，追至石水，不及而還。石水在頞根河北。還，從宣翻，又如字。既而獲柔然候騎曰：「柔然不覺魏軍至，上下惶駭，引衆北走，經六七日，知無追者，乃始徐行。」魏主深恨之。爲魏誅劉絜、中山王辰等張本。自是軍國大事，皆與太子謀之。

司馬楚之別將兵督軍糧，鎭北將軍封沓亡降柔然，說柔然令擊楚之以絕軍食。降，戶江翻。說，輸芮翻。俄而軍中有告失驢耳者，諸將莫曉其故，楚之曰：「此必賊遣姦人入營覘伺，覘，丑廉翻，又丑豔翻。伺，相吏翻。割驢耳以爲信耳。賊至不久，宜急爲之備。」乃伐柳爲城，以水灌之令凍；城立而柔然至，冰堅滑，不可攻，乃散走。

11 十一月，將軍姜道盛與楊文德合衆二萬攻魏濁水戍，魏皮豹子、河間公齊救之，道盛敗死。

12 甲子，魏主還，至朔方，下詔令皇太子副理萬機，總統百揆。考異曰：宋索虜傳：「晃與大臣崔氏、寇氏不睦，崔、寇譖之。玄高道人有道術，晃使祈福，七日七夜。佛貍夢其祖父並怒，手刃向之曰：『汝何故信讒，欲害太子！』佛貍驚覺，下僞詔曰：『王者大業，纂承爲重，儲宮嗣紹，百王舊例。自今以往，事無巨細，必經太子然後上聞。』」事節小異，今從後魏書。且曰：「諸功臣勤勞日久，皆當以爵歸第，隨時朝請，饗宴朕前，論道陳謨而已，不宜復煩以劇職；朝，直遙翻。復，扶又翻。更舉賢俊以備百官。」十二月，丁【章：十二行本「丁」作「辛」；乙十一行本同；孔本同；退齋校同。】卯，魏主還平城。自伐柔然還也。

二十一年（甲申、四四四）

1 春，正月，己亥，帝耕藉田，大赦。藉，秦昔翻。考異曰：宋略「辛酉，藉田，大赦」下有「戊午」，又有「辛酉」，誤也。今從宋書。

2 壬寅，魏太子始總百揆，命侍中·中書監穆壽、司徒崔浩、侍中張黎、古弼輔太子決庶政，上書者皆稱臣，儀與表同。

古弼爲人，忠慎質直；嘗以上谷苑囿太廣，乞減太半以賜貧民，入見魏主，欲奏其事。

據北史古弼傳：「時上谷人上書，言苑囿過度，人無田業，宜減太半以賜貧者。」蓋上谷距代都甚遠，魏未嘗置苑囿於其地。而道武帝起鹿苑於南臺陰，北距長城，東苞白登，屬之西山，廣輪數十里。天興六年，幸南平城，規度灅南夏屋山背黃瓜堆以建新邑。至天賜三年，遂築灅南宮闕，引溝穿池，廣苑囿，所謂太廣者此也，不在上谷。當以北史爲正。見，賢遍翻。帝方與給事中劉樹圍碁，志不在弼；弼侍坐良久，不獲陳聞。坐，徂臥翻。忽起，捽樹頭，捽，昨沒翻。掣下牀，搏其耳，毆其背，掣，尺列翻。毆，烏口翻。曰：「朝廷不治，實爾之罪！」治，直之翻。帝失容，捨碁曰：「不聽奏事，朕之過也，樹何罪！置之！」弼具以狀聞，帝皆可其奏。弼曰：「爲人臣無禮至此，其罪大矣。」出詣公車，免冠徒跣請罪。帝召人，謂曰：「吾聞築社之役，蹇蹶而築之，蜀註曰：跛蹇而顛蹶也。端冕而事之，神降之福。然則卿有何罪！其冠履就職。苟可以利社稷，便百姓者，竭力爲之，勿顧慮也。」

太子課民稼穡，使無牛者借人牛以耕種，而爲之芸田以償之，爲，于僞翻。凡耕種二十二畝而芸七畝，大略以是爲率。使民各標姓名於田首以知其勤惰，禁飲酒遊戲者。於是墾田大增。

3 戊申，魏主詔：「王、公以下至庶人，有私養沙門、巫覡於家者，男曰巫，女曰覡。覡，刑狄翻。皆遣詣官曹；過二月十五日不出，沙門、巫覡死，主人門誅。」門誅者，闔門盡誅之。庚戌，又詔：「王、公、卿、大夫之子皆詣太學，其百工、商賈之子，當各習父兄之業，賈，音古。毋得私立學校；校，戶教翻。違者，師死，主人門誅。」

4 二月，辛未，魏中山王辰、內都坐大官薛辨、魏置中都大官、外都大官、都坐大官，皆掌折獄，謂之三都。坐，徂臥翻。尚書奚眷等八將將，即亮翻；下同。坐擊柔然後期，斬於都南。

初，魏尚書令劉絜，久典機要，宋高祖永初末，魏明元帝寢疾，魏主監國，劉絜與古弼等選侍東宮，對綜機要，至是二十餘年矣。恃寵自專，魏主心惡之。惡，烏路翻。及將襲柔然，絜諫曰：「蠕蠕遷徙無常，前者出師，勞而無功，絜之言蓋指太延四年魏主伐柔然至白阜時也。蠕，人兗翻。不如廣農積穀以待其來。」崔浩固勸魏主行，魏主從之。絜恥其言不用，欲敗魏師；敗，補邁翻。魏主與諸將期會鹿渾谷，絜矯詔易其期。帝至鹿渾谷【章：十二行本「谷」下有「欲擊柔然，絜諫止之，使待諸將。帝留鹿渾谷」十七字；乙十一行本同；孔本同；張校同。】六日，諸將不至，柔然遂遠遁，追之不及。軍還，經漠中，糧盡，士卒多死。絜陰使人驚魏軍，勸帝委軍輕還，帝不從。絜以軍出無功，請治崔浩之罪。治，直之翻；下同。帝曰：「諸將失期，遇賊不擊，浩何罪也！」浩以絜矯詔事白帝，帝至五原，收絜，囚之。帝之北行也，絜私謂所親曰：「若車駕不返，吾當立樂平王。」絜聞尚書右丞張嵩家有圖讖，問曰：「劉氏應王，繼國家後，吾有姓名否？」嵩曰：「有姓無名。」帝聞之，命有司窮治，索嵩家，得讖書。索，山客翻。事連南康公狄鄰，絜、嵩、鄰皆夷三族，死者百餘人。絜在勢要，好作威福，好，呼到翻。諸將破敵，所得財物皆與絜分之。既死，籍其家，財巨萬，帝每言之則切齒。

癸酉，樂平戾王丕以憂卒。初，魏主築白臺，高二百餘尺。魏主嗣泰常二年秋七月乙酉，起白臺於平城南，高二十丈。丕夢登其上，四顧不見人，命術士董道秀筮之，道秀曰：「大吉。」丕默有喜色。及丕卒，道秀亦坐棄市。高允聞之，曰：「夫筮者皆當依附爻象，勸以忠孝。漢嚴君平卜筮於成都市，人有邪惡非正之問，則依蓍龜爲言利害，與人子言依於孝，與人弟言依於順，與人臣言依於忠：各因勢道之以善。高允之言，祖君平之術也。王之問道秀也，道秀宜曰：『窮高爲亢。易曰：「亢龍有悔，」又曰：「高而無民，」易乾上九及文言之辭。亢，苦浪翻。皆不祥也，王不可以不戒。』如此，則王安於上，身全於下矣。道秀反之，宜其死也。」

5 庚辰，魏主幸廬。自南、北國分治，人主所至，例不書幸，此必誤也。

6 己丑，江夏王義恭進位太尉，領司徒。夏，戶雅翻。

7 庚寅，以侍中、領右衞將軍沈演之爲中領軍，左衞將軍范曄爲太子詹事。

8 辛卯，立皇子宏爲建平王。

9 三月，甲辰，魏主還宮。

10 癸丑，魏主遣司空長孫道生鎭統萬。長，知兩翻。

11 夏，四月，乙亥，魏侍中、太宰、陽平王杜超爲帳下所殺。

12 六月，魏北部民殺立義將軍衡陽公莫孤，帥五千餘落北走，遣兵追擊之，至漠南，殺其渠帥，餘徙冀、相、定三州爲營戶。杜佑曰：魏道武天興中，詔採漏戶，令輸綸綿。自後諸逃戶占爲紬繭羅穀者甚衆，於是雜營戶率徧於天下，不隸守宰，賦役不同；景穆皇帝一切罷之，以屬郡縣。孤帥，讀曰率，渠帥，所類翻。相，息亮翻。

13 吐谷渾王慕利延兄子緯世與魏使者謀降魏，緯世，卽阿柴之長子緯代也，北史避唐太宗諱，改「世」爲「代」。使，疏吏翻。降，戶江翻。慕利延殺之。是月，緯世弟叱力延等八人奔魏，魏以叱力延爲歸義王。

14 沮渠無諱卒，沮，子余翻。弟安周代立。

15 魏入中國以來，雖頗用古禮祀天地、宗廟、百神，而猶循其舊俗，所祀胡神甚衆。崔浩請存合於祀典者五十七所，其餘複重及小神悉罷之。重，直龍翻。魏主從之。

16 秋，七月，癸卯，魏東雍州刺史沮渠秉謀反，伏誅。隋志：絳郡，後魏置東雍州，後周改曰絳州。雍，於用翻。

17 八月，乙丑，魏主畋于河西，尚書令古弼留守。守，手又翻。詔以肥馬給獵騎，弼悉以弱者給之。帝大怒曰：「筆頭奴敢裁量朕！騎，奇寄翻。量，音良。朕還臺，先斬此奴！」弼頭銳，故帝常以筆目之。弼官屬惶怖，恐幷坐誅，怖，普布翻。弼曰：「吾爲人臣，不使人主盤于遊畋，盤，樂也。其罪小；不備不虞，乏軍國之用，其罪大。今蠕蠕方強，南寇未滅，吾以肥馬供軍，弱馬供獵，爲國遠慮，爲，于僞翻。雖死何傷！且吾自爲之，非諸君之憂也。」帝聞之，歎曰：「有臣如此，國之寶也。」賜衣一襲，衣一稱爲一襲，猶今言一副衣服也。馬二匹，鹿十頭。

他日，魏主復畋於山北，山北，平城北山之北。復，扶又翻。獲麋鹿數千頭。詔尚書發車五百乘以運之。觀下載弼表，蓋發民車也。乘，繩證翻。詔使已去，魏主謂左右曰：「筆公必不與我，汝輩不如以馬運之。」遂還。行百餘里，得弼表曰：「今秋穀懸黃，麻菽布野，豬鹿竊食，鳥鴈侵費，風雨所耗，朝夕三倍。言夕之所收，較於朝之所收得失三倍，收穫不可以不速，載麋鹿猶可緩。乞賜矜緩，使得收載。」帝曰：「果如吾言，筆公可謂社稷之臣矣！」

18 魏主使員外散騎常侍高濟來聘。散，悉亶翻。騎，奇寄翻。

19 戊辰，以荆州刺史衡陽王義季爲征北大將軍、開府儀同三司、南兗州刺史，以南譙王義宣爲荆州刺史。初，帝以義宣不才，故不用，會稽公主屢以爲言，帝不得已用之。會稽公主，高祖長女，帝深加禮敬，家事大小必咨之。會，工外翻。先賜中詔敕之曰：「師護以在西久，詔自中出，不經門下者，謂之中詔，今之手詔是也。敕，戒也。義季，小字師護。比表求還，比，毗至翻，頻也。今欲聽許，以汝代之。師護雖無殊績，絜己節用，絜，與潔同。通懷期物，不恣羣下，聲著西土，爲士庶所安，論者乃未議遷之。今之回換，更爲汝與師護年時一輩，爲，于僞翻。欲各試其能。汝往，脫有一事減之者，既於西夏交有巨礙，江左六朝以荆楚爲西夏。夏，戶雅翻。遷代之譏，必歸責於吾矣。言遷代之際，所任非人也。此事亦易勉耳，無爲使人復生評論也！」易，以豉翻。復，扶又翻。義宣至鎮，勤自課厲，事亦脩理。

庚辰，會稽長公主卒。長，知兩翻。卒，子恤翻。

20 吐谷渾叱力延等請師於魏以討吐谷渾王慕利延，魏主使晉王伏羅督諸軍擊之。

21 九月，甲辰，以沮渠安周爲都督涼·河·沙三州諸軍事、涼州刺史、河西王。

22 丁未，魏主如漠南，將襲柔然，柔然敕連可汗遠遁，乃止。敕連尋卒，子吐賀眞立，號處羅可汗。魏收曰：處羅，魏言唯也。可，從刊入聲。汗，音寒。

23 魏晉王伏羅至樂都，樂，音洛。引兵從間道襲吐谷渾，間，古莧翻。至大母橋。吐谷渾王慕利延大驚，逃奔白蘭，慕利延兄子拾寅奔河西；魏軍斬首五千餘級。慕利延從弟伏念等帥萬三千落降於魏。慕利延背阿柴折箭之誡，使之招引外寇，至於衆叛親離，固其宜也。從，才用翻。帥，讀曰率。降，戶江翻。

24 冬，十月，己卯，以左軍將軍徐瓊爲兗州刺史，大將軍參軍申恬爲冀州刺史。徙兗州鎮須昌，沈約曰：武帝定河南，以兗州治滑臺，文帝元嘉十三年治鄒山，又寄治彭城；此又自彭城徙須昌也。冀州鎮歷下。歷下，即歷城。恬，謨之弟也。

25 十二月【章：十二行本「月」下有「丙戌」二字；乙十一行本同；孔本同；張校同。】魏主還平城。

26 是歲，沙州牧李寶入朝于魏，魏人留之，以爲外都大官。爲李氏貴盛張本。朝，直遙翻。

27 太子率更令何承天撰元嘉新曆，表上之。更，工衡翻。上，時掌翻；下所上同。以月食之衝知日所在。日與月對衝，光相揜而知之。又以中星檢之，知堯時冬至日在須女十度，此以堯典「日短星昴」推之。今在斗十七度。又測景校二至，差三日有餘，此亦用周禮測日至之景之法也。知今之南至日應在斗十三四度。於是更立新法，冬至徙上三日五時，日之所在，移舊四度。又月有遲疾，前曆合朔，月食不在朔望；「月食」上當有「日」字。今皆以贏縮定其小餘，以正朔望之日。「贏」或作「盈」。曆法有大餘、小餘。史記曆書曰：大餘者，日也；小餘者，月也。周天三百六十五度四分度之一日，日行一度，十二月而一周天。歲十二月，凡三百五十四日，以六除之，五六三百日，餘五十四日爲大餘。周天三百六十五度，以六甲除之，六六三百六十，餘五爲大餘，小餘即四分之一未滿日之分數也。其分，每滿三十二則成一日。蓋奇日爲大餘，奇分爲小餘，積而成閏也。詔付外詳之。太史令錢樂之等奏，皆如承天所上，唯月有頻三大，頻二小，比舊法殊爲乖異，謂宜仍舊。詔可。

二十二年（乙酉、四四五）

1 春，正月，辛卯朔，始行新曆。初，漢京房以十二律中呂上生黃鍾，不滿九寸，更演爲六十律。中，讀曰仲。更，工衡翻；下同。錢樂之復演爲三百六十律，復，扶又翻。日當一管。何承天立議，以爲上下相生，三分損益其一，蓋古人簡易之法，易，以豉翻。猶如古曆周天三百六十五度四分度之一也。而京房不悟，謬爲六十。乃更設新律，林鍾長六寸一釐，則從中呂還得黄鍾，十二旋宮，聲韻無失。長，直亮翻。中，讀曰仲。律曆志：黄鍾律九寸；三分損一，下生林鍾，律六寸；三分林鍾益一，上生太簇；三分太簇損一，下生南呂；三分南呂益一，上生姑洗；三分姑洗損一，下生應鍾；三分應鍾益一，上生蕤賓；三分蕤賓損一，下生大呂；三分大呂益一，上生夷則；三分夷則損一，下生夾鍾；三分夾鍾益一，上生無射；三分無射損一，下生中呂。陰陽相生，自黄鍾始，而左旋，八八爲伍。孟康註曰：從子數至未得八，下生林鍾；數未至寅得八，上生太簇。律上下相生，皆以此爲率。伍，耦也。八八爲耦。然月令註：中呂律長六寸萬九千六百八十三分寸之萬二千九百七十四。若上生黄鍾，當不止九寸。故孔穎達考其同異於月令疏曰：十二律有上生、下生、同位、異位、長短分寸之别，故鄭註周禮太師職云：其相生則以陰陽六體，黄鍾初九，下生林鍾之初六，林鍾又上生太簇之九二，太簇又下生南呂之六二，南呂又上生姑洗之九三，姑洗又下生應鍾之六三，應鍾又上生蕤賓之九四，蕤賓又上生大呂之六四，大呂又下生夷則之九五，夷則又上生夾鍾之六五，夾鍾又下生無射之上九，無射又上生中呂之上六。同位者，象夫妻；異位者，象子母；所謂律娶妻而呂生子也。同位象夫妻者，則黄鍾之初九下生林鍾之初六。同是初位，故爲夫婦，又是律娶妻也。異位爲子母者，謂林鍾上生太簇。林鍾是初位，太簇是二位，故云異位爲子母，又是呂生子也。云五下、六上者，鄭註云：五下、六上，乃一終矣，謂林鍾、夷則、南呂、無射、應鍾，皆被子午以東之管，三分減一，而下生之；大呂、太簇、夾鍾、姑洗、中呂、蕤賓，皆被子午以西之管三分益一，而上生之。子午皆上生，應云七上，而云六上者，以黄鍾爲諸律之首，物莫之先，似若無所稟生者，故不數黄鍾也。其實十二律終於中呂，反歸黃鍾，生於中呂，三分益一，大略得應黃鍾九十之數也。律曆志云：黃鍾爲天統，林鍾爲地統，太簇爲人統，故數整；餘律則各有分數，隨其相生之次。每辰各自爲宮，各有五聲：黃鍾爲第一宮，下生林鍾爲徵，上生太簇爲商，下生南呂爲羽，上生姑洗爲角。林鍾爲第二宮，上生太簇爲徵，下生南呂爲商，上生姑洗爲羽，下生應鍾爲角。太簇爲第三宮，下生南呂爲徵，上生姑洗爲商，下生應鍾爲羽，上生蕤賓爲角。南呂爲第四宮，上生姑洗爲徵，下生應鍾爲商，上生蕤賓爲羽，下生大呂爲角。姑洗爲第五宮，下生應鍾爲徵，上生蕤賓爲商，上生大呂爲羽，下生夷則爲角。應鍾爲第六宮，上生蕤賓爲徵【上恐當作下】，上生大呂爲商，下生夷則爲羽，上生夾鍾爲角。蕤賓爲第七宮，上生大呂爲徵，下生夷則爲商，上生夾鍾爲羽，下生無射爲角。大呂爲第八宮，下生夷則爲徵，上生夾鍾爲商，下生無射爲羽，上生中呂爲角。夷則爲第九宮，上生夾鍾爲徵，下生無射爲商，上生中呂爲羽，上生黃鍾爲角。夾鍾爲第十宮，下生無射爲徵，上生中呂爲商，上生黃鍾爲羽，下生林鍾爲角。無射爲第十一宮，上生中呂爲徵，上生黃鍾爲商，下生林鍾爲羽，下生太簇爲角。中呂爲第十二宮，上生黃鍾爲徵，下生林鍾爲商，上生太簇爲羽，下生南呂爲角。是十二宮各有五聲，凡六十聲。京房六十律相生之法，以上生下，皆三生二；以下生上，皆三生四；陽下生陰，陰上生陽，終於中呂，而十二律畢矣。中呂上生執始，執始下生去滅，上下相生，終於南事，而六十律畢矣。夫十二律之變至於六十，猶八卦之變至於六十四也。六十律之名，詳見續漢書補志。

2 壬辰，以武陵王駿爲雍州刺史。雍，於用翻。帝欲經略關、河，故以駿鎮襄陽。

3 魏主使散騎常侍宋愔來聘。散，悉亶翻。騎，奇寄翻。愔，於今翻。

4 二月，魏主如上黨，西至吐京，酈道元曰：吐京卽漢西河郡吐軍縣，夷、夏俗音訛也。後魏置吐京郡。隋隰州石樓縣，魏吐京郡地。討徙叛胡，出配郡縣。

5 甲戌，立皇子禕爲東海王，昶爲義陽王。禕，吁韋翻。昶，丑兩翻。

6 三月，庚申，魏主還宮。

7 魏詔：「諸疑獄皆付中書，以經義量決。」量，音良。

8 夏，四月，庚戌，魏主遣征西大將軍高涼王那等擊吐谷渾王慕利延於白蘭，秦州刺史代人封敕文、安遠將軍乙烏頭擊慕利延兄子什歸於枹罕。枹，音膚。

9 河西之亡也，鄯善人以其地與魏鄰，大懼，鄯，上扇翻。曰：「通其使人，知我國虛實，取亡必速。」乃閉斷魏道，閉斷魏通西域之道也。使，疏吏翻；下同。斷，丁管翻。使者往來，輒鈔劫之。鈔，楚交翻。由是西域不通者數年。魏主使散騎常侍萬度歸發涼州以西兵擊鄯善。

10 六月，壬辰，魏主北巡。

11 帝謀伐魏，罷南豫州入豫州，以【章：十二行本「以」上有「辛亥」二字；乙十一行本同；孔本同；張校同。】南豫州刺史南平王鑠爲豫州刺史。高祖永初二年，分淮東之地爲南豫州，治歷陽；淮西爲豫州，或治壽陽，或治汝南。鑠，式約翻。

12 秋，七月，己未，以尚書僕射孟顗爲左僕射，顗，魚豈翻。中護軍何尚之爲右僕射。

13 武陵王駿將之鎭，時緣沔諸蠻猶爲寇，沔，彌兗翻。水陸梗礙；駿分軍遣撫軍中兵參軍沈慶之掩擊，大破之。駿至鎭，蠻斷驛道，斷，丁管翻。欲攻隨郡；隨郡太守河東柳元景募得六七百人，邀擊，大破之。遂平諸蠻，獲七萬餘口。涓山蠻最強，水經註云：水出蔡陽縣東南大洪山，山在隨郡之西南，竟陵之東北，槃基所跨，廣圓一百餘里。涓水出于其山之陰，時人以爲涓水所導，亦曰涓山。涓，音云。沈慶之討平之，獲三萬餘口，徙萬餘口於建康。

14 吐谷渾什歸聞魏軍將至，棄城夜遁。八月，丁亥，封敕文入枹罕，分徙其民千家還上邽，留乙烏頭守枹罕。枹，音膚。

15 萬度歸至敦煌，留輜重，以輕騎五千度流沙，襲鄯善，壬辰，鄯善王眞達面縛出降。度歸留軍屯守，與眞達詣平城，敦，徒門翻。重，直用翻。騎，奇寄翻。降，戶江翻。考異曰：本紀作「眞達興」，今從西域傳。西域復通。復，扶又翻。

16 魏主如陰山之北，發諸州兵三分之一，各於其州戒嚴，以須後命。須，待也。徙諸種雜民五千餘家於北邊，種，章勇翻。令就北畜牧，以餌柔然。

17 壬寅，魏高涼王那軍至寧【嚴：「寧」改「曼」。】頭城，寧頭城當在白蘭東北。吐谷渾王慕利延擁其部落西度流沙。吐谷渾慕璝之子被囊逆戰，那擊破之；被囊遁走，中山公杜豐帥精騎追之，璝，古回翻。帥，讀曰率。度三危，至雪山，酈道元曰：三危山在敦煌縣南。生擒被囊及吐谷渾什歸、乞伏熾盤之子成龍，皆送平城。乞伏成龍蓋因赫連定之敗沒于吐谷渾。慕利延遂西入于闐，闐，徒賢翻，又徒見翻。殺其王，據其地，死者數萬人。

18 九月，癸酉，上餞衡陽王義季于武帳岡。餞義季往鎮南兗。杜佑曰：武帳岡在廣莫門外宣武場，設行宮殿便坐於其上，因名。上將行，敕諸子且勿食，至會所設饌；日旰，不至，饌，雛宛翻，又雛晥翻。旰，古案翻。有飢色。上乃謂曰：「汝曹少長豐佚，少，詩照翻。長，知兩翻。不見百姓艱難。今使汝曹識有飢苦，知以節儉御物耳。」

裴子野論曰：善乎太祖之訓也！夫侈興於有餘，儉生於不足。欲其隱約，莫若貧賤！習其險艱，利以任使；爲【章：十二行本「爲」作「達」；乙十一行本同；孔本同。】其情僞，易以躬臨。易，以豉翻。太祖若能率此訓也，難其志操，卑其禮秩，教成德立，然後授以政事，則無怠無荒，可播之於九服矣。周制九服，侯服、甸服、男服、采服、衞服、蠻服、夷服、鎮服、〔藩服〕，每服五百里。謂之服者，責以服事天子爲職也。

高祖思固本枝，崇樹襁褓；後世遵守，迭據方岳。謂義眞、義康、義恭、義宣皆迭居方面。襁，居兩翻。褓，音保。及乎泰始之初，升明之季，絕咽於衾袵者動數十人。謂明帝殺孝武諸子，而宋、齊禪代之際蕭氏夷劉氏也。咽，音煙。國之存亡，既不是繫，早肆民上，左傳：晉師曠曰：「天之愛民甚矣，豈其使一人肆於民上！」非善誨也。

19 魏民間訛言「滅魏者吳」，盧水胡蓋吳聚衆反於杏城，蓋吳，蓋安定盧水胡種而分居杏城。蓋，古盍翻。諸種胡爭應之，種，章勇翻。有衆十餘萬；遣其黨趙綰來，上表自歸。冬，十月，戊子，長安鎮副將拓跋紇帥衆討吳，紇敗死。上，時掌翻。將，卽亮翻。紇，下沒翻。吳衆愈盛，民皆渡渭奔南山。長安南山也。魏主發高平敕勒騎赴長安，命將軍叔孫拔領攝幷、秦、雍三州兵屯渭北，騎，奇寄翻。雍，於用翻。

20 十一月，魏發冀州民造浮橋於碻磝津。

21 蓋吳遣別部帥白廣平帥，所類翻。西掠新平，安定諸胡皆聚衆應之。又分兵東掠臨晉巴東，「巴」當作「巳」。將軍章直擊破之，溺死於河者三萬餘人。溺，奴狄翻。吳又遣兵西掠，至長安，將軍叔孫拔與戰於渭北，大破之，斬首三萬餘級。

河東蜀薛永宗聚衆以應吳，蜀人遷居河東者，謂之河東蜀，居絳郡者謂之絳蜀，居關中赤水者謂之赤水蜀。襲擊聞喜。聞喜縣，屬河東郡；春秋時晉武公所居之曲沃也，秦改爲左邑；漢武帝於此聞南越破，改曰聞喜，後魏分屬絳郡。聞喜縣無兵仗，令憂惶無計；縣人裴駿帥厲鄉豪擊之，帥，讀曰率。永宗引去。

魏主命薛謹之子拔糾合宗、鄉，宗謂薛之宗族，鄉謂鄉人。壁於河際，以斷二寇往來之路。二寇，謂薛永宗、蓋吳。斷，丁管翻。庚午，魏主使殿中尚書拓跋處直等將二萬騎討薛永宗，殿中尚書乙拔將三萬騎討蓋吳，晉置殿中尚書，與吏部、五兵、田曹、度支、左民爲六曹。杜佑曰：後魏初，有殿中、樂部、駕部、南部、北部五尚書。殿中掌殿內兵馬、倉庫，樂部掌伎樂及角使、伍伯，駕部掌牛馬、驢騾，南部掌南邊諸州郡，北部掌北邊諸州郡。魏書官氏志：內入諸姓，乙弗氏改爲乙氏。處，昌呂翻。將，即亮翻。騎，奇寄翻；下同。西平公寇提將萬騎討白廣平。官氏志：內入諸姓，若口引氏改爲寇氏。吳自號天台王，署置百官。

22 辛未，魏主還宮。自陰山還也。

23 魏選六州驍騎二萬，六州，冀、定、相、幷、幽、平。驍，堅堯翻。使永昌王仁、高涼王那分將之爲二道，掠淮、泗以北，徙青、徐之民以實河北。

24 癸未，魏主西巡。

25 初，魯國孔熙先博學文史，兼通數術，有縱橫才志；縱，子容翻。爲員外散騎侍郎，不爲時所知，憤憤不得志。父默之爲廣州刺史，以贓獲罪，大將軍彭城王義康爲救解得免。爲，于僞翻。及義康遷豫章，義康遷，見上卷十七年。熙先密懷報効。且以爲天文、圖讖，讖，楚譖翻。帝必以非道晏駕，由骨肉相殘；江州應出天子。以范曄志意不滿，欲引與同謀，而熙先素不爲曄所重。太子中舍人謝綜，曄之甥也，太子中舍人，晉咸寧四年置，以舍人才學美者爲之，與中庶子共掌文翰，職如黃門侍郎，在中庶子下，洗馬上。熙先傾身事之，綜引熙先與曄相識。

熙先家饒於財，數與曄博，故爲拙行，以物輸之。數，所角翻。凡博、弈，以計數誘人謂之行；拙行者，僞爲不能也。行，下孟翻。曄既利其財，又愛其文藝，由是情好款洽。熙先乃從容說曄曰：

「大將軍英斷聰敏，好，呼到翻。從，千容翻。斷，丁亂翻。大將軍，謂義康。人神攸屬，屬，之欲翻。失職南垂，謂遷豫章也。天下憤怨。小人受先君遺命，以死報大將軍之德。頃人情騷動，天文舛錯，此所謂時運之至，不可推移者也。若順天人之心，結英豪之士，表裏相應，發於肘腋；腋，音亦。然後誅除異我，崇奉明聖，號令天下，誰敢不從！小人請以七尺之軀，三寸之舌，立功立事而歸諸君子，丈人以爲何如？」曄甚愕然。熙先曰：「昔毛玠竭節於魏武，張溫畢議於孫權，彼二人者，皆國之俊乂，豈言行玷缺，然後至於禍辱哉？皆以廉直勁正，不得久容。毛玠見六十七卷漢獻帝建安二十一年。張溫事，見六十九卷魏文帝黃初五年。行，下孟翻；下內行同。玷，多忝翻。丈人之於本朝，不深於二主，人間雅譽，過於兩臣，讒夫側目，爲日久矣，比肩競逐，庸可遂乎！言與時貴比肩競逐，榮利所在，衆所共爭，將不得遂其志也。朝，直遙翻。近者殷鐵一言而劉班碎首，見上卷十七年。彼豈父兄之讎，百世之怨乎？所爭不過榮名勢利先後之間耳。及其末也，唯恐陷之不深，發之不早；戮及百口，猶曰未厭。是可爲寒心悼懼，豈書籍遠事也哉！今建大勳，奉賢哲，圖難於易，易，以豉翻。以安易危，享厚利，收鴻名，一旦苞舉而有之，豈可棄置而不取哉！」曄猶疑未決。熙先曰：「又有過於此者，愚則未敢道耳。」曄曰：「何謂也？」熙先曰：「丈人奕葉清通，曄曾祖汪、祖寧、父泰，皆有名行。而不得連姻帝室，人以犬豕相遇，而丈人曾不恥之，欲爲之死，不亦惑乎！」爲，于僞翻。曄門無內行，故熙先以此激之。曄默然不應，反意乃決。

曄與沈演之並爲帝所知，曄先至，必待演之俱入，演之先至，嘗獨被引，被，皮義翻。引，引見也。曄以此爲怨。曄累經義康府佐，中間獲罪於義康。謝綜及父述，皆爲義康所厚，綜弟約娶義康女。綜爲義康記室參軍，自豫章還，申義康意於曄，求解晚隙，復敦往好。復，扶又翻。好，呼到翻。大將軍府史仲承祖，有寵於義康，聞熙先有謀，密相結納。丹楊尹徐湛之，素爲義康所愛，承祖因此結事湛之，告以密計。道人法略、尼法靜，皆感義康舊恩，並與熙先往來。法靜妹夫許曜，領隊在臺，江南謂禁中爲臺。許爲內應。法靜之豫章，熙先付以牋書，陳說圖讖。於是密相署置，及素所不善者，並入死目。條分名目，凡素所不善者，皆欲置之死地。熙先又使弟休先作檄文，稱：「賊臣趙伯符肆兵犯蹕，禍流儲宰，趙伯符時爲領軍將軍，故欲以弑逆之罪歸之。言禍流儲宰，蓋欲併殺太子劭。湛之、曄等投命奮戈，即日斬伯符首及其黨與。今遣護軍將軍臧質奉璽綬迎彭城王正位辰極。」北辰爲天極，故以帝位爲辰極。璽，斯氏翻。綬，音受。熙先以爲舉大事宜須以義康之旨諭衆，曄又詐作義康與湛之書，令誅君側之惡，宣示同黨。

帝之燕武帳岡也，曄等謀以其日作亂。許曜侍帝，扣刀目曄，拔刀微出削爲扣刀。曄不敢仰視。俄而座散，徐湛之恐事不濟，密以其謀白帝。帝使湛之具探取本末，探，吐南翻。得其檄書、選署姓名，上之。上，時掌翻。帝乃命有司收掩窮治。治，直之翻。其夜，呼曄置客省，客省，凡四方之客入見者居之，屬典客令。先於外收綜及熙先兄弟，皆款服。帝遣使詰問曄，曄猶隱拒；詰，去吉翻。熙先聞之，笑曰：「凡處分、符檄、書疏，皆范所造，處，昌呂翻。分，扶問翻。云何於今方作如此抵蹋邪？」帝以曄墨迹示之，乃具陳本末。

明日，仗士送付廷尉。仗士，士之執兵仗者。熙先望風吐款，辭氣不橈。橈，奴教翻。上奇其才，遣人慰勉之曰：「以卿之才而滯於集書省，散騎侍郎，集書省官也。蕭子顯曰：自散騎侍郎及通直員外、給事中、奉朝請、駙馬都尉，皆集書省職也。理應有異志，此乃我負卿也。」又責前吏部尚書何尚之曰：「使孔熙先年將三十作散騎郎，那不作賊！」熙先於獄中上書謝恩，且陳圖讖，深戒上以骨肉之禍，讖，楚譖翻。曰：「願勿遺棄，存之中書。若囚死之後，或可追錄，庶九泉之下，少塞釁責。」少，詩沼翻。塞，悉則翻。釁，許覲翻。

曄在獄爲詩曰：「雖無嵇生琴，庶同夏侯色。」嵇康爲晉文王所殺，臨命，顧視日影，索琴而彈。夏侯玄爲晉景王所殺，及赴東市，顏色不變。曄本意謂入獄卽死，而上窮治其獄，遂經二旬，曄更有生望。獄吏戲之曰：「外傳詹事或當長繫。」曄聞之，驚喜。綜、熙先笑之曰：「詹事疇昔攘袂瞋目，躍馬顧盼，自以爲一世之雄；今擾攘紛紜，畏死乃爾！曄爲太子詹事，故稱之。瞋，七人翻。設令賜以性命，人臣圖主，何顏可以生存！」

十二月，乙未，曄、綜、熙先及其子弟、黨與皆伏誅。曄母至市，涕泣責曄，以手擊曄頸，曄顔色不怍；怍，疾各翻，慙也。妹及妓妾來別，曄悲涕流漣。妓，渠綺翻。漣，泣下貌。綜曰：「舅殊不及夏侯色。」曄收淚而止。

謝約不預逆謀，見兄綜與熙先遊，常諫之曰：「此人輕事好奇，不近於道，果銳無檢，言無檢束也。好，呼到翻。近，其靳翻。未可與狎。」綜不從而敗。綜母以子弟自蹈逆亂，獨不出視。曄語綜曰：「姊今不來，勝人多矣。」

收籍曄家，樂器服玩，並皆珍麗，妓妾不勝珠翠。語，牛倨翻。不勝，音升。母居止單陋，唯有一廚盛樵薪；盛，時征翻。弟子冬無被，叔父單布衣。

裴子野論曰：夫有逸羣之才，必思沖天之據；沖，與翀同，上飛也。古語云：「一飛沖天。」蓋俗之量，則僨常均之下。常均，猶言平常也。其能守之以道，將之以禮，殆爲鮮乎！鮮，息淺翻。劉弘仁，范蔚宗，劉湛，字弘仁。范曄，字蔚宗。蔚，於勿翻。皆忸志而貪權，忸，女九翻，驕也，玩也，狎也。矜才以徇逆，累葉風素，一朝而隕。嚮之所謂智能，翻爲亡身之具矣。

26 徐湛之所陳多不盡，爲曄等辭所連引，上赦不問。臧質，熹之子也，臧熹，臧燾之弟，質在戚里，於帝爲中表之親。先爲徐、兗二州刺史，與曄厚善，曄敗，以爲義興太守。

有司奏削彭城王義康爵，收付廷尉治罪。治，直之翻。丁酉，詔免義康及其男女皆爲庶人，絕屬籍，徙付安成郡；以寧朔將軍沈邵爲安成相，領兵防守。相，息亮翻。邵，璞之兄也。

義康在安成，讀書，見淮南厲王長事，廢書歎曰：「自古有此，我乃不知，得罪爲宜也。」

庚戌，以前豫州刺史趙伯符爲護軍將軍。伯符，孝穆皇后之弟子也。高祖母趙氏追謚孝穆皇后；后弟倫之。

27 初，江左二郊無樂，宗廟雖有登歌，亦無二舞。是歲，南郊始設登歌。禮記郊特牲曰：奠酬而工升歌發德也。歌者在上，匏竹在下，貴人聲也。二舞，文舞、武舞也。

28 魏安南、平南府移書兗州，安南、平南二將軍府。以南國僑置諸州多濫北境名號；又欲遊獵具區。周官職方氏：揚州藪曰具區。師古曰：具區在吳。兗州答移曰：「必若因土立州，則彼立徐、揚，豈有其地？復知欲遊獵具區，復，扶又翻。觀化南國。開館飾邸，則有司存；呼韓入漢，厥儀未泯，饋餼之秩，每存豐厚。」饋，餉也。饋餼，餉客以生食及芻米也。詩傳曰：牲腥曰餼。餼，許旣翻。

二十三年（丙戌、四四六）

1 春，正月，庚申，尚書左僕射孟顗罷。

2 戊辰，魏主軍至東雍州，雍，於用翻。臨薛永宗壘，崔浩曰：「永宗未知陛下自來，衆心縱弛。今北風迅疾，宜急擊之。」魏主從之，庚午，圍其壘。永宗出戰，大敗，與家人皆赴汾水死。據南史薛安都傳，諸薛家于河東汾陰，世爲強族。其族人安都先據弘農，棄城來奔。

辛未，魏主南如汾陰，濟河，至洛水橋。此華陰之洛水。史記秦孝公之元年所謂「魏築長城自鄭濱洛」者也。聞蓋吳在長安北，帝以渭北地無穀草，欲渡渭南，循渭而西；以問崔浩，對曰：「夫擊蛇者先擊其首，首破則尾不能掉。掉，徒弔翻。今蓋吳營去此六十里，輕騎趨之，騎，奇寄翻。趨，七喻翻。一日可到，到則破之必矣。破吳，南向長安亦不過一日，一日之乏，未至有傷。若從南道，則吳徐入北山，猝未可平。」帝不從，自渭南向長安，庚辰，至戲水。戲，許宜翻。吳衆聞之，悉散入北地山，「地」字衍。軍無所獲。帝悔之。二月，丙戌，帝至長安，丙申，如盩厔，盩厔，音舟窒。歷陳倉，還，如雍城，雍，於用翻；下同。所過誅民、夷與蓋吳通謀者。乙拔等諸軍大破蓋吳於杏城。

吳復遣使上表求援，使，疏吏翻，下以義翻。詔以吳爲都督關·隴諸軍事、雍州刺史、北地公，使雍、梁二州發兵屯境上，爲吳聲援；遣使賜吳印一百二十一紐，使吳隨宜假授。

3 初，林邑王范陽邁，雖進【章：十二行本「進」作「遣」；乙十一行本同；孔本同。】使入貢，而寇盜不絶，使【章：十二行本「使」作「所」；乙十一行本同；孔本同；張校同；退齋校同。】貢亦薄陋；帝遣交州刺史檀和之討之。南陽宗慤，家世儒素，慤叔父少文，高尚不仕；諸子羣從，皆愛好墳典。慤獨好武事，好，呼到翻。常言「願乘長風破萬里浪」。及和之伐林邑，慤自奮請從軍，詔以慤爲振武將軍，和之遣慤爲前鋒。陽邁聞軍出，遣使請還所掠日南民，輸金一萬斤，銀十萬斤。帝詔和之：「若陽邁果有款誠，亦許其歸順。」和之至朱梧戍，朱梧縣，自漢以來屬日南郡，時於其地置戍。宋白曰：漢日南郡治朱吾，又南行四百餘里至林邑國。遣府戶曹參軍姜仲基等詣陽邁，府者，交州刺史府。陽邁執之；和之乃進軍圍林邑將范扶龍於區粟城。水經註：盧容水出日南盧容縣區粟城南高山，東逕區粟城北，林邑兵器戰具悉在城中。將，卽亮翻。陽邁遣其將范毗沙達救之，宗慤潛兵迎擊毗沙達，破之。

4 魏主與崔浩皆信重寇謙之，奉其道。浩素不喜佛法，喜，許記翻。每言於魏主，以爲佛法虛誕，爲世費害，宜悉除之。及魏主討蓋吳，至長安，入佛寺，沙門飲從官酒；從官入其室，飲，於鴆翻。從，才用翻。見大有兵器，出以白帝，帝怒曰：「此非沙門所用，必與蓋吳通謀，欲爲亂耳。」命有司按誅闔寺沙門，閱其財產，大得釀具及州郡牧守、富人所寄藏物以萬計，守，式又翻。又爲窟室以匿婦女。窟，苦骨翻。浩因說帝悉誅天下沙門，毀諸經像，說，輸芮翻。帝從之。寇謙之與浩固爭，浩不從。先盡誅長安沙門，焚毀經像，并敕留臺下四方，令一用長安法。魏王出征，太子居守，故謂平城爲留臺。下，遐稼翻。詔曰：「昔後漢荒君，信惑邪僞以亂天常，佛法自漢明帝時入中國，楚王英最先好之，至桓帝始事浮屠。自古九州之中，未嘗有此。夸誕大言，不本人情，叔季之世，莫不眩焉。目無常主，不辯白黑，謂之眩。由是政教不行，禮義大壞，九服之內，鞠爲丘墟。鞠，窮也。朕承天緒，欲除僞定眞，復羲、農之治，治，直吏翻。其一切盪除，滅其蹤跡。自今已後，敢有事胡神及造形像泥人、銅人者門誅。有非常之人，然後能行非常之事，非朕孰能去此歷代之僞物！去，羌呂翻。有司宣告征鎮諸軍、刺史，諸有浮圖形像及胡經，皆擊破焚燒，沙門無少長悉阬之！」少，詩照翻。長，知兩翻。太子晃素好佛法，好，呼到翻。屢諫不聽；乃緩宣詔書，使遠近豫聞之，得各爲計，沙門多亡匿獲免，或收藏經像，唯塔廟在魏境者無復孑遺。復，扶又翻。

5 魏主徙長安工巧二千家於平城。還，至洛水，分軍誅李閏叛羌。

6 太原顏白鹿私入魏境，太原郡本屬幷州，江左以郡人南徙者僑立太原郡。晉安帝義熙中土斷，立太原縣，屬泰山郡。元嘉十年，割濟南泰山爲太原郡境，屬青州。爲魏人所得，將殺之，詐云青州刺史杜驥使其歸誠。魏人送白鹿詣平城，魏主喜曰：「我外家也。」魏主母杜氏，故謂驥爲外家。使崔浩作書與驥，且命永昌王仁、高涼王那將兵迎驥，攻冀州刺史申恬於歷城；杜驥遣其府司馬夏侯祖歡等將兵救歷城。魏人遂寇兗、青、冀三州，至清東而還，清東，清水之東也。殺掠甚衆，北邊騷動。考異曰：宋文帝紀：「三月，索虜寇兗、豫、青、冀，刺史申恬破之。」魏太武紀：「二月，永昌王仁至高平，禽劉義隆將王章，略金鄉、方與，遷其民五千家於河北。高涼王那至濟南東平陵，遷其民六千餘家於河北。」蓋宋、魏各據奏到之月書之耳。宋索虜傳又云：「虜破掠太原，得四千餘口」，蓋魏人夸張其數，故不同耳。

帝以魏寇爲憂，咨訪羣臣。御史中丞何承天上表，以爲：「凡備匈奴之策，不過二科：

武夫盡征伐之謀，儒生講和親之約。今欲追蹤衞、霍，自非大田淮、泗，內實青、徐，使民有贏儲，野有積穀，然後發精卒十萬，一舉蕩夷，則不足爲也。若但欲遣軍追討，報其侵暴，則彼必輕騎奔走，不肯會戰；騎，奇寄翻。徒興巨費，不損於彼，報復之役，將遂無已，斯策之最末者也。安邊固守，於計爲長。臣竊以曹、孫之霸，才均智敵，江、淮之間，不居各數百里。曹、孫，謂曹操、孫權也。何者？斥候之郊，非耕牧之地，故堅壁清野以俟其來，整甲繕兵以乘其弊；保民全境，不出此塗。要而歸之，其策有四：一曰移遠就近。今青、兗舊民及冀州新附，在界首者三萬餘家，可悉徙置大峴之南，以實內地。峴，戶典翻。二曰多築城邑以居新徙之家，假其經用，春夏佃牧，佃，讀曰田。秋冬入保。寇至之時，一城千家，堪戰之士，不下二千，其餘羸弱，猶能登陴鼓譟，足抗羣虜三萬矣。羸，倫爲翻。陴，音疲。三曰纂偶車牛以載糧械。纂，綜集也。計千家之資，不下五百耦牛，爲車五百兩，兩，力讓翻。參合鉤連以衞其衆；設使城不可固，平行趨險，趨，七喻翻。賊所不能干，有急徵發，信宿可聚。四曰計丁課仗。凡戰士二千，隨其便能，各自有仗，素所服習，銘刻由己，還保輸之於庫，出行請以自新。請器仗，各自磨礪使精新。弓幹利鐵，民不得者，官以漸充之。幹，古旱翻。數年之內，軍用粗備矣。粗，坐五翻。近郡之師，遠屯清、濟，近郡，謂南徐州所領諸僑郡及三吳，近在邦域之中者。濟，子禮翻。功費既重，嗟怨亦深，以臣料之，未若卽用彼衆之易也。易，弋豉翻。今因民所利，導而帥之，帥，讀曰率。兵強而敵不戒，國富而民不勞，比於優復隊伍，復，方目翻。坐食糧廩者，不可同年而校矣。」

7 魏金城邊固、【嚴：「固」改「冏」，下同。】天水梁會，與秦、益雜民萬餘戶據上邽東城反，攻逼西城。秦、益二州刺史封敕文拒卻之。氐、羌萬餘人，休官、屠各二萬餘人休官、屠各二種。屠，直於翻。皆起兵應固、會，敕文擊固，斬之，餘衆推會爲主，與敕文相攻。

8 夏，四月，甲申，魏主至長安。

9 丁未，大赦。

10 仇池人李洪聚衆，自言應王；梁會求救於氐王楊文德，文德曰：「兩雄不並立，若須我者，宜先殺洪。」會誘洪斬之，誘，音酉。送首於文德。五月，癸亥，魏主遣安豐公閭根帥騎赴上邽，帥，讀曰率。騎，奇寄翻。未至，會棄東城走。敕文先掘重塹於外，重，直龍翻。嚴兵守之，格鬭從夜至旦。敕文曰：「賊知無生路，致死於我，多殺傷士卒，未易克也。」易，以豉翻。乃以白虎幡宣告會衆，降者赦之，降，戶江翻。會衆遂潰；分兵追討，悉平之。略陽人王元達聚衆屯松多川，水經註：松多水出隴山，西南流，逕降隴城北，又西南注秦水。敕文又討平之。

11 蓋吳收兵屯杏城，自號秦地王，聲勢復振。復，扶又翻。魏主遣永昌王仁、高涼王那督北道諸軍討之。北道諸軍，謂魏兵分屯長安以北者。

12 檀和之等拔區粟，斬范扶龍，乘勝入象浦；象浦卽盧容浦。盧容縣卽秦象郡象林縣地，故亦謂之象浦。林邑王陽邁傾國來戰，以具裝被象，前後無際。馬甲謂之具裝。被，皮義翻。宗慤曰：「吾聞外國有師子，威服百獸。」師子似虎，正黃，有顊耏，尾端茸毛大如斗。爾雅翼曰：穆天子傳：狻猊日走五百里，其爲物最猛，雖虎豹亦畏之。象至，以鼻捲泥自塗數尺，數數噴鼻隅立，師子直搏而殺之。乃製其形，與象相拒，象果驚走，林邑兵大敗。和之遂克林邑，水經註：林邑國都治典沖，在壽泠縣阿賁浦，西去海岸四十里。考異曰：本紀在六月，傳在五月。當是六月賞檀和之等。今從傳。陽邁父子挺身走。所獲未名之寶，不可勝計，宗慤一無所取，還家之日，衣櫛蕭然。勝，音升。櫛，側瑟翻，梳枇總名。

13 六月，癸未朔，日有食之。

14 甲申，魏發冀、相、定三州兵二萬人相，息亮翻。屯長安南山諸谷，以備蓋吳竄逸。丙戌，又發司、幽、定、冀四州兵十萬人築畿上塞圍，魏都平城，置司州於代都。宋白曰：唐雲州雲中郡是。起上谷，西至河，廣縱千里。廣，古曠翻。縱，子容翻。

15 帝築北隄，立玄武湖，以其地在臺城之後，故名玄武湖，在今建康府上元縣北十里。祝穆曰：湖今爲後軍寨。築景陽山於華林園。

16 秋，七月，辛未，以散騎常侍杜坦爲青州刺史。坦，驥之兄也。初，杜預之子耽，避晉亂，居河西，仕張氏。前秦克涼州，子孫始還關中。高祖滅後秦，坦兄弟從高祖過江。時江東王、謝諸族方盛，北人晚渡者，朝廷悉以傖荒遇之，傖，助耕翻；南人呼北人爲傖。荒，言其自荒外來也。雖復人才可施，皆不得踐清塗。上嘗與坦論金日磾，曰：「恨今無復此輩人！」復，扶又翻。磾，丁奚翻。坦曰：「日磾假生今世，養馬不暇，豈辦見知！」上變色曰：「卿何量朝廷之薄也！」量，音良。坦曰：「請以臣言之：臣本中華高族，晉氏喪亂，喪，息浪翻。播遷涼土，世業相承，不殞其舊；直以南渡不早，便以荒傖賜隔。日磾，胡人，身爲牧圉，乃超登內侍，齒列名賢。金日磾事見二十二卷漢武帝後元二年。聖朝雖復拔才，臣恐未必能也。」上默然。

17 八月，魏高涼王那等破蓋吳，獲其二叔；諸將欲送詣平城，長安鎮將陸俟曰：「長安險固，風俗豪忮，將，即亮翻。忮，支義翻，狠也。平時猶不可忽，況承荒亂之餘乎！今不斬吳，則長安之變未已也。吳一身潛竄，非其親信，誰能獲之！若停十萬之衆以追一人，又非長策。不如私許吳叔，免其妻子，使自追吳，擒之必矣。」諸將咸曰：「今賊黨衆已散，唯吳一身，何所能至？」俟曰：「諸君不見毒蛇乎！不斷其首，猶能爲害。斷，丁管翻。吳天性凶狡，今若得脫，必自稱王者不死，以惑愚民，爲患愈大。」諸將曰：「公言是也。但得賊不殺，而更遣之，若遂往不返，將何以任其罪？」俟曰：「此罪，我爲諸君任之。」爲，于僞翻。任，音壬。高涼王那亦以俟計爲然，遂赦二叔，與刻期而遣之。及期，吳叔不至，諸將皆咎俟，俟曰：「彼伺之未得其便耳，必不負也。」後數日，吳叔果以吳首來，傳詣平城。伺，相吏翻。傳，知戀翻，又直戀翻。考異曰：宋索虜傳云：「屠各反，吳自攻之，爲流矢所中死。吳弟吾生率衆入木面山，尋皆破散。」今從魏書。 永昌王仁討吳餘黨白廣平、路那羅，悉平之。 以陸俟爲內都大官。

會安定盧水胡劉超等聚衆萬餘人反，魏主以俟威恩著於關中，復加俟都督秦、雍二州諸軍事，鎮長安，復，扶又翻；下復選、復還同。 謂俟曰：「關中奉化日淺，魏主平夏始得關中。 恩信未洽，吏民數爲逆亂。數，所角翻。 今朕以重兵授卿，則超等必同心協力，據險拒守，未易攻也；易，以豉翻。 若兵少，則不能制賊；少，詩沼翻。 卿當自以方略取之。」俟乃單馬之鎭。 超等聞之，大喜，以俟爲無能爲也。

俟既至，諭以成敗，誘納超女，與爲姻戚以招之；超自恃其衆，猶無降意。俟乃帥其帳下親往見超，誘，音酉。降，戶江翻。帥，讀曰率。 超使人逆謂俟曰：「從者過三百人，從，才用翻。 當以弓馬相待；不及三百人，當以酒食相供。」俟乃將二百騎詣超。將，即亮翻。騎，奇寄翻。 超設備甚嚴，俟縱酒盡醉而還。還，而宣翻，又如字。 頃之，俟復選敢死士五百人出獵，復，扶又翻。 因詣超營；約曰：「發機當以醉爲限。」既飲，俟陽醉，上馬大呼，呼，火故翻。 手斬超首，士卒應聲縱擊，殺傷千數，遂平之。 魏主徵俟還，爲外都大官。

18 是歲，吐谷渾復還舊土。去年吐谷渾西奔。

聶崇岐標點王崇武覆校

資治通鑑卷第一百二十五

端明殿學士兼翰林侍讀學士朝散大夫右諫議大夫充集賢殿修撰提舉西京嵩山崇福宮上柱國河內郡開國侯食邑一千八百戶食實封六百戶賜紫金魚袋臣司馬光　奉敕編集
後學天台胡三省　音註

宋紀七 起強圉大淵獻（丁亥），盡上章攝提格（庚寅），凡四年。

太祖文皇帝中之下

元嘉二十四年（丁亥、四四七）

1 春，正月，甲戌，大赦。

2 魏吐京胡及山胡曹僕渾等反；二月，征東將軍武昌王提等討平之。

3 癸未，魏主如中山。

4 魏師之克敦煌也，「敦煌」，當作「姑臧」。事見一百二十三卷十六年。沮渠牧犍使人斫開府庫，沮，子余翻。犍，居言翻。取金玉及寶器，因不復閉；復，扶又翻；下同。小民爭入盜取之，有司索盜不獲。索，山客翻；下同。至是，牧犍所親及守藏者告之，藏，徂浪翻。且言牧犍父子多蓄毒藥，潛殺人前後以百數；況復姊妹皆學左道。謂學曇無讖之術也。有司索牧犍家，得所匿物；魏主大怒，賜沮渠昭儀死，并誅其宗族，唯沮渠祖以先降得免。祖降亦見十六年。又有告牧犍猶與故臣民交通謀反者，三月，魏主遣崔浩就第賜牧犍死，謚曰哀王。

5 魏人徙定州丁零三千家於平城。

6 六月，魏西征諸將西征，謂討蓋吳之將也。將，卽亮翻。扶風公處眞等八人，處，昌呂翻。坐盜沒軍資及虜掠贓各千萬計，並斬之。

7 初，上以貨重物輕，改鑄四銖錢。元嘉七年鑄四銖錢，見一百二十一卷。民多翦鑿古錢，取銅盜鑄。上患之。錄尚書事江夏王義恭建議，請以大錢一當兩。夏，戶雅翻。右僕射何尚之議曰：「夫泉貝之興，以估貨爲本，估，音古。事存交易，豈假多鑄！數少則幣重，少，詩沼翻；下同。數多則物重，多少雖異，濟用不殊。況復以一當兩，徒崇虛價者邪！復，扶又翻。若今制遂行，富人之貲自倍，貧者彌增其困，懼非所以使之均壹也。」上卒從義恭議。卒，子恤翻；下同。

8 秋，八月，乙未，徐州刺史衡陽文王義季卒。義季自彭城王義康之貶，義康貶見一百二十三卷十七年。遂縱酒不事事。帝以書誚責，且戒之；誚，才笑翻。義季猶酣飲自若，以至成疾而終。

9 魏樂安宣王範卒。

10 冬，十月，壬午，胡藩之子誕世殺豫章太守桓隆之，據郡反，胡藩家于豫章。欲奉前彭城王義康爲主；前交州刺史檀和之去官歸，過豫章，擊斬之。過，工禾翻。

11 十一月，甲寅，封皇子渾爲汝陰王。

12 十二月，魏晉王伏羅卒。考異曰：宋索虜傳曰：「燾所住屠蘇爲疾雷所擊，屠蘇倒，見壓殆死。左右皆號泣，晉王獨不悲。燾怒，賜死。」此出於傳聞。今從後魏書。

13 楊文德據葭蘆城，水經註：羌水出隴西羌道，東南流逕宕昌城東，西北去仇池五百餘里，又東逕葭蘆城西。招誘氐、羌，武都等五郡氐皆附之。魏取仇池置武都、天水、漢陽、武階、仇池五郡。誘，音酉。

二十五年（戊子、四四八）

1 春，正月，魏仇池鎮將皮豹子帥諸軍擊之。將，卽亮翻。帥，讀曰率。文德兵敗，棄城奔漢中。豹子收其妻子、僚屬、軍資及楊保宗所尚魏公主而還。還，從宣翻，又如字。

初，保宗將叛，保宗叛魏，見上卷二十年。公主勸之。或曰：「柰何叛父母之國？」公主曰：「事成，爲一國之母，豈比小縣公主哉！」魏主賜之死。

楊文德坐失守，免官，削爵土。宋免削之也。

2 二月，癸卯，魏主如定州，罷塞圍役者；築塞圍見上卷二十三年。遂如上黨，誅潞縣叛民二千餘家，徙河西離石民五千餘家于平城。「河西」當作「西河」。

3 閏月，己酉，帝大蒐于宣武場。建康倣洛都之制，築宣武場於臺城北。

4 初，劉湛既誅，湛誅見一百二十三卷十七年。庾炳之遂見寵任，累遷吏部尚書，勢傾朝野。炳之無文學，性強急輕淺。既居選部，好詬詈賓客，且多納貨賂；士大夫皆惡之。選，須絹翻。好，呼報翻。惡，烏路翻。炳之留令史二人宿於私宅，尚書令史掌省中文案，不當宿尚書私家。爲有司所糾。上薄其過，欲不問。僕射何尚之因極陳炳之之短曰：「炳之見人有燭盤、佳驢，無不乞匄；選用不平，不可一二；言其罪不可一二數也。交結朋黨，構扇是非，亂俗傷風，過於范曄，所少，賊一事耳。言所少者，唯不至如范曄作賊一事。少，詩沼翻。縱不加罪，故宜出之。」上欲以炳之爲丹楊尹。尚之曰：「炳之蹈罪負恩，方復有尹京赫赫之授，復，扶又翻。引用詩「赫赫師尹」以諭京尹。然詩所謂師尹者，乃太師尹氏也。乃更成其形勢也。古人云：『無賞無罰，雖堯、舜不能爲治。』漢宣帝詔曰：有功不賞，有罪不誅，雖唐、虞不能以化。治，直吏翻。臣昔啓范曄，事見一百二十三卷十七年。亦懼犯顏，苟白愚懷，九死不悔。言，苟愚懷所欲吐者，雖冒九死猶將言之而不悔。歷觀古今，未有衆過藉藉，藉，秦昔翻。受貨數百萬，更得高官厚祿如炳之者也。」上乃免炳之之官，以徐湛之爲丹楊尹。

5 彭城太守王玄謨上言：「彭城要兼水陸，魏人南寇，水行自清入泗，陸行自歷城、瑕丘，皆湊彭城，故云要兼水陸。請以皇子撫臨州事。」夏四月，乙卯，以武陵王駿爲安北將軍、徐州刺史。

6 五月，甲戌，魏以交趾公韓拔爲鄯善王，魏書官氏志：內入諸姓，出大汗氏改爲韓氏。鄯，上扇翻。鎮鄯善，賦役其民，比之郡縣。

7 當兩大錢行之經時，公私不以爲便；己卯，罷之。

8 六月，丙寅，荆州刺史南譙王義宣進位司空。

9 辛酉，魏主如廣德宮。魏主起殿於陰山北，殿成而楊難當來朝，因命曰廣德宮。

10 秋，八月，甲子，封皇子彧爲淮陽王。彧，於六翻。

11 西域般悅國去平城萬有餘里，據北史，「般悅」當作「悅般」。般，音鉢。遣使詣魏，使，疏吏翻。請與魏東西合擊柔然；魏主許之，中外戒嚴。

12 九月，辛未，以尚書右僕射何尚之爲左僕射，領軍將軍沈演之爲吏部尚書。

13 丙戌，魏主如陰山。

14 魏成周公萬度歸擊焉耆，大破之，焉耆王鳩尸卑那奔龜茲。龜茲，音丘慈。魏主詔唐和與前部王車伊洛帥所部兵會度歸討西域。車伊洛，車師大帥也，世附於魏，魏封爲前部王。帥，讀曰率。和說降柳驢等六城，說，輸芮翻。因共擊波居羅城，拔之。

15 冬，十月，辛丑，魏弘農昭王奚斤卒，子它觀【張：「觀」下脫「應」字。】襲。魏主曰：「斤關西之敗，事見一百二十一卷五年。罪固當死；朕以斤佐命先朝，朝，直遥翻。復其爵邑，使得終天年，君臣之分亦足矣。」分，扶問翻。乃降它觀爵爲公。

16 癸亥，魏大赦。

17 十二月，魏萬度歸自焉耆西討龜茲，留唐和鎮焉耆。柳驢戍主乙直伽謀叛，伽，求迦翻。和擊斬之，由是諸胡咸服，西域復平。復，扶又翻；下復伐同。

18 魏太子朝于行宮，陰山之行宮也。朝，直遥翻。遂從伐柔然。至受降城，即漢武帝所築受降城。降，戶江翻。不見柔然，因積糧於城内，置戍而還。還，從宣翻，又如字。

二十六年（己丑、四四九）

1 春，正月，戊辰朔，魏主饗羣臣於漠南。甲戌，復伐柔然。高涼王那出東道，略陽王羯兒出西道，羯，居謁翻。魏主與太子出涿邪山，邪，讀曰耶。行數千里。柔然處羅可汗恐懼遠遁。處，昌呂翻。可，從刊入聲。汗，音寒。

2 二月，己亥，上如丹徒，謁京陵。三月，丁巳，大赦。募諸州樂移者數千家以實京口。樂，音洛。

3 庚寅，魏主還平城。

4 夏，五月，壬午，帝還建康。

5 庚寅，魏主如陰山。

6 帝欲經略中原，羣臣爭獻策以迎合取寵。彭城太守王玄謨尤好進言，守，手又翻。好，呼到翻。帝謂侍臣曰：「觀玄謨所陳，令人有封狼居胥意。」漢霍去病伐匈奴，封狼居胥，禪于姑衍，以臨瀚海。御史中丞袁淑言於上曰：「陛下今當席卷趙、魏，卷，讀曰捲。檢玉岱宗；封泰山用玉檢。臣逢千載之會，願上封禪書。」載，子亥翻。上，時掌翻。上悅。淑，耽之曾孫也。袁耽見晉成帝紀。

秋，七月，辛未，以廣陵王誕爲雍州刺史。雍，於用翻。上以襄陽外接關、河，欲廣其資力，乃罷江州軍府，文武悉配雍州；沈約曰：晉孝武始於襄陽立雍州，并立僑郡縣；至是，割荆州之襄陽、南陽、新野、順陽、隨五郡爲雍州，而僑郡縣猶寄寓在諸郡界。湘州入臺租稅，悉給襄陽。

7 九月，魏主伐柔然，高涼王那出東道，略陽王羯兒出中道。柔然處羅可汗悉國內精兵圍那數十重；那掘塹堅守，【章：十二行本「守」下有「相持數日」四字；乙十一行本同；孔本同；張校同；退齋校同。】處羅數挑戰，輒爲那所敗。重，直龍翻。掘，其月翻。塹，七豔翻。數，所角翻。挑，徒了翻。敗，補邁翻。以那衆少而堅，少，詩沼翻。疑大軍將至，解圍夜去；那引兵追之，九日九夜。處羅益懼，棄輜重，踰穹隆嶺遠遁；那收其輜重，重，直用翻。引軍還，與魏主會於廣澤。略陽王羯兒收柔然民畜凡百餘萬。自是柔然衰弱，屛跡不敢犯魏塞。屛，必郢翻。冬，十二月，戊申，魏主還平城。

8 沔北諸山蠻寇雍州，建威將軍沈慶之帥後軍中兵參軍柳元景、隨郡太守宗慤等二萬人討之，帥，讀曰率。八道俱進。先是，諸將討蠻者皆營於山下以迫之，蠻得據山發矢石以擊，官軍多不利。乘高臨下，矢石之勢所及過於平原相遇者，故軍多不利。先，悉薦翻。慶之曰：「去歲蠻田大稔，積穀重巖，重，直龍翻。不可與之曠日相守也。不若出其不意，衝其腹心，破之必矣。」乃命諸軍斬木登山，鼓譟而前，羣蠻震恐；因其恐而擊之，所向奔潰。斬木登山，八道並進，蠻救首救尾之不暇，故震恐而奔潰。若一道而進，蠻聚兵據險拒戰，雖欲斬木而登山，庸可得乎！

二十七年（庚寅、四五〇）

1 春，正月，乙酉，魏主如洛陽。

2 沈慶之自冬至春，屢破雍州蠻，因蠻所聚穀以充軍食，前後斬首三千級，虜二萬八千餘口，降者二萬五千餘戶。降，下江翻。幸諸山大羊蠻憑險築城，守禦甚固。慶之擊之，命諸軍連營於山中，開門相通，各穿池於營內，朝夕不外汲。頃之，風甚，蠻潛兵夜來燒營，諸軍以池水沃火，多出弓弩夾射之，射，而亦翻。蠻兵散走。蠻所據險固，不可攻，慶之乃置六戍以守之。久之，蠻食盡，稍稍請降，悉遷於建康以爲營戶。史言沈慶之又能持久以弊諸蠻。降，戶江翻。

3 魏主將入寇，二月，甲午，大獮於梁川。梁川，後魏天平二年置梁城郡於其地，領參合、旋鴻二縣。

帝聞之，敕淮、泗諸郡：「若魏寇小至，則各堅守；大至，則拔民歸壽陽。」邊戍偵候不明，偵，丑鄭翻。辛亥，魏主自將步騎十萬奄至。將，即亮翻。騎，奇寄翻。考異曰：宋書：「是月辛丑，南平王鑠進號西平。辛巳，索虜寇汝南。」按長曆，二月壬辰朔，十日辛丑，二十日辛亥。「巳」當作「亥」。南頓太守鄭琨、南頓縣本屬汝南，晉惠帝分置南頓郡。潁川太守鄭【章：十二行本「鄭」作「郭」；乙十一行本同；孔本同；張校同。】道隱並棄城走。

是時，豫州刺史南平王鑠鎮壽陽，遣左軍行參軍陳憲行汝南郡事，守懸瓠，水經註：汝水自汝南上蔡縣東逕懸瓠城北，今豫州刺史，汝南郡治。汝水枝別左出，西北流，又屈西東轉，又西南會汝，形若懸瓠，故以名城。瓠，戶故翻，又音乎。城中戰士不滿千人，魏主圍之。

三月，以軍興，減內外百官俸三分之一。

魏人晝夜攻懸瓠，多作高樓，臨城以射之，射，而亦翻。矢下如雨，城中負戶以汲，施大鉤於衝車之端以牽樓堞，壞其南城；堞，達叶翻。壞，音怪。陳憲內設女牆，外立木柵以拒之。魏人塡塹，肉薄登城，薄，迫也。塹，七豔翻。憲督厲將士苦戰，將，即亮翻。積屍與城等。魏人乘屍上城，短兵相接，憲銳氣愈奮，戰士無不一當百，殺傷萬計，城中死者亦過半。

魏主遣永昌王仁將步騎萬餘，驅所掠六郡生口北屯汝陽。汝陽縣本屬汝南郡，江左分立汝陽郡。時徐州刺史武陵王駿鎮彭城，帝遣間使命駿發騎，齎三日糧襲之。間，古莧翻。使，疏吏翻。

騎，奇寄翻；下同。駿發百里內馬得千五百匹，分爲五軍，遣參軍劉泰之考異曰：後魏紀作「劉坦之」，今從宋書。帥安北騎兵行參軍垣謙之、田曹行參軍臧肇之、集曹行參軍尹定、田曹，主營田；集曹，主安集流散，猶漢之安集掾也。時駿爲安北將軍，謙之等皆府僚也。武陵左常侍杜幼文、晉制：王國置左右常侍各一人。殿中將軍程天祚等將之，將，卽亮翻。直趨汝陽。趨，七喻翻。魏人唯慮救兵自壽陽來，不備彭城。丁酉，泰之等潛進，擊之，殺三千餘人，燒其輜重，重，直用翻。魏人失【章：十二行本「失」作「奔」；乙十一行本同；孔本同；張校同；退齋校同；熊校同。】散，諸生口悉得東走。魏人偵知泰之等兵無繼，偵，丑鄭翻。復引兵擊之。復，扶又翻。垣謙之先退，士卒驚亂，棄仗走。泰之爲魏人所殺，肇之溺死，天祚爲魏所擒，謙之、定、幼文及士卒免者九百餘人，馬還者四百匹。

魏主攻懸瓠四十二日，帝遣南平內史臧質詣壽陽，與安蠻司馬劉康祖共將兵救懸瓠。時南平王鑠領安蠻校尉，以康祖爲司馬。魏主遣殿中尚書任城公乞地眞將兵逆拒之。魏殿中尚書知殿內兵馬倉庫。任，音壬。質等擊斬乞地眞。康祖，道錫之從兄也。劉道錫見一百二十三卷十八年。從，才用翻。

夏，四月，魏主引兵還，還，從宣翻，又如字。癸卯，至平城。

壬子，安北將軍武陵王駿降號鎭軍將軍，垣謙之伏誅，尹定、杜幼文付尚方；輸作尚方也。以陳憲爲龍驤將軍、汝南・新蔡二郡太守。驤，思將翻。

魏主遺帝書曰：「前蓋吳反逆，扇動關、隴。彼復使人就而誘之，丈夫遺以弓矢，婦人遺以環釧；復，扶又翻。誘，音酉。遺，于季翻。通使蓋吳事見上卷二十二年、二十三年。釧，尺絹翻，臂環也。是曹正欲譎誑取賂，譎，古穴翻。誑，居況翻。豈有遠相服從之理！爲大丈夫，何不自來取之，而以貨誘我邊民？募往者復除七年，是賞姦也。復，方目翻。我今來至此土所得多少，孰與彼前後得我民邪？

彼若欲存劉氏血食者，當割江以北輸之，攝守南渡，攝，收也，言收江北守兵南渡江也。當【章：十二行本「當」上有「如此」二字；乙十一行本同；孔本同；張校同。】釋江南使彼居之。不然，可善敕方鎮、刺史、守宰嚴供帳之具，守，式又翻。「帳」，當作「張」，音竹亮翻。來秋當往取揚州。大勢已至，終不相縱。彼往日北通蠕蠕，西結赫連、沮渠、吐谷渾，東連馮弘、高麗；事並見前。蠕，人兗翻。沮，子余翻。吐，從暾入聲。谷，音浴。麗，力知翻。凡此數國，我皆滅之。以此而觀，彼豈能獨立！

蠕蠕吳提、吐賀眞皆已死，我今北征，先除有足之寇。柔然多馬，故言其有足。彼若不從命，來秋當復往取之；復，扶又翻；下復縱、復非同。以彼無足，故不先討耳。我往之日，彼作何計，爲掘塹自守，爲築垣以自障也？塹，七豔翻。我當顯然往取揚州，不若彼翳行竊步也。

翳，於計翻，蔽也。言隱蔽其身而行也。彼來偵諜，我已擒之，復縱還。其人目所盡見，委曲善問之。偵，丑鄭翻。

彼前使裴方明取仇池，既得之，疾其勇功，已不能容；有臣如此尚殺之，事見上卷二十年。烏得與我校邪！彼非我敵也。彼常欲與我一交戰，我亦不癡，復非苻堅，何時與彼交戰？觀此，魏人猶有憚南兵之心，蓋高祖之餘威，而邊垂諸將猶爲有人也。晝則遣騎圍繞，夜則離彼百里外宿；騎，奇寄翻。離，力智翻。吳人正有斫營伎，伎，渠綺翻。彼募人以來，不過行五十里，天已明矣。彼募人之首，豈得不爲我有哉！

彼公時舊臣雖老，猶有智策，知今已殺盡，謂謝晦、檀道濟輩。豈非天資我邪！取彼亦不須我兵刃，此有善呪婆羅門，天竺國有婆羅門，善呪術。當使鬼縛以來耳。」

4 侍中、左衛將軍江湛遷吏部尚書。湛性公廉，與僕射徐湛之並爲主上所寵信，時稱江、徐。

5 魏司徒崔浩，自恃才略及魏主所寵任，專制朝權，嘗薦冀、定、相、幽、并五州之士數十人，皆起家爲郡守。朝，直遙翻。相，息亮翻。守，式又翻。太子晃曰：「先徵之人，亦州郡之選也；先徵之人，謂游雅、李靈、高允等。在職已久，勤勞未答，宜先補郡縣，以新徵者代爲郎吏。且守令治民，宜得更事者。」守，手又翻。治，直之翻。更，工衡翻。浩固爭而遣之。中書侍郎、領著作郎高允聞之，謂東宮博士管恬曰：「崔公其不免乎！苟遂其非而校勝於上，將何以堪之！」

魏主以浩監祕書事，監，工銜翻。使與高允等共撰國記，撰，雛免翻，撰述也。曰：「務從實錄。」著作令史閔湛、郄標，郄，丑之翻。性巧佞，爲浩所寵信。浩嘗註易及論語、詩、書，湛、標上疏言：「馬、鄭、王、賈不如浩之精微，馬融、鄭玄、王肅、賈逵也。乞收境內諸書，班浩所註，令天下習業。令習肄浩所註經以爲家業。并求敕浩註禮傳，傳，直戀翻。令後生得觀正義。」浩亦薦湛、標有著述才。湛、標又勸浩刊所撰國史于石，以彰直筆。高允聞之，謂著作郎宗欽曰：「湛、標所營，分寸之間，恐爲崔門萬世之禍，吾徒亦無噍類矣！」噍，才笑翻。浩竟用湛、標議，刊石立於郊壇東，方百步，據水經註，平城西郭外有郊天壇。用功三百萬。浩書魏之先世，事皆詳實，列於衢路，往來見者咸以爲言。北人無不忿恚，北人，謂其先世從拓跋氏來自北荒者。恚，於避翻。相與譖浩於帝，以爲暴揚國惡。帝大怒，使有司按浩及祕書郎吏等罪狀。

初，遼東公翟黑子有寵於帝，奉使并州，使，疏吏翻。受布千匹。事覺，黑子謀於高允曰：「主上問我，當以實告爲，當諱之？」允曰：「公帷幄寵臣，有罪首實，首，式救翻。庶或見原，原，赦也。不可重爲欺罔也。」重，直用翻。中書侍郎崔覽、公孫質曰：「若首實，罪不可測，不如諱之。」黑子怨允曰：「君柰何誘人就死地！」入見帝，不以實對，帝怒，殺之。誘，音酉。

見，賢遍翻。帝使允授太子經。

及崔浩被收，被，皮義翻。太子召允至東宮，因留宿。明旦，與俱入朝，朝，直遙翻。至宮門，謂允曰：「入見至尊，吾自導卿；脫至尊有問，但依吾語。」允曰：「爲何等事也？」爲，于僞翻。太子曰：「入自知之。」太子見帝，言「高允小心慎密，且微賤；制由崔浩，請赦其死！」帝召允，問曰：「國書皆浩所爲乎？」對曰：「太祖記，前著作郎鄧淵所爲；先帝記及今記，臣與浩共爲之。然浩所領事多，總裁而已，謂總其大綱，裁其可否也。至於著述，臣多於浩。」帝怒曰：「允罪甚於浩，何以得生！」太子懼曰：「天威嚴重，允小臣，迷亂失次耳。臣曏問，皆云浩所爲。」帝問允：「信如東宮所言乎？」對曰：「臣罪當滅族，不敢虛妄。殿下以臣侍講日久，哀臣，欲匄其生耳。匄，古大翻。實不問臣，臣亦無此言，不敢迷亂。」帝顧太子曰：「直哉！此人情所難，而允能爲之！臨死不易辭，信也；爲臣不欺君，貞也。宜特除其罪以旌之。」遂赦之。

於是召浩前，臨詰之。詰，去吉翻。浩惶惑不能對。允事事申明，皆有條理。帝命允爲詔，誅浩及僚屬宗欽、段承根等，下至僮吏，凡百二十八人，皆夷五族；允持疑不爲。帝頻使催切，允乞更一見，然後爲詔。帝引使前，允曰：「浩之所坐，若更有餘釁，釁，許覲翻。非臣敢知；若直以觸犯，罪不至死。」觸犯，謂直書國惡，不爲尊者諱也。帝怒，命武士執允。太子爲之拜請，爲，于僞翻；下欲爲同。帝意解，乃曰：「無斯人，當有數千口死矣。」

六月，己亥，詔誅清河崔氏與浩同宗者無遠近，及浩姻家范陽盧氏、太原郭氏、河東柳氏，並夷其族，浩所連姻，皆士望也，非有憑附屬請之罪，以浩故皆赤其族。擇耦可不謹哉！餘皆止誅其身。縶浩置檻內，送城南，檻，檻車也。後魏刑人必於城南。縶，陟立翻。衞士數十人溲其上，溲，所鳩翻，小便也。呼聲嗷嗷，嗷，五刀翻。聞於行路。聞，音問。宗欽臨刑歎曰：「高允其殆聖乎！」

他日，太子讓允曰：「人亦當知機。吾欲爲卿脫死，既開端緒；而卿終不從，激怒帝如此。每念之，使人心悸。」悸，其季翻。允曰：「夫史者，所以記人主善惡，爲將來勸戒，故人主有所畏忌，愼其舉措。崔浩孤負聖恩，以私欲沒其廉潔，愛憎蔽其公直，此浩之責也。至於書朝廷起居，言國家得失，此爲史之大體，未爲多違。允言浩死非其罪。臣與浩實同其事，死生榮辱，義無獨殊。誠荷殿下再造之慈，荷，下可翻。違心苟免，非臣所願也。」太子動容稱歎。允退，謂人曰：「我不奉東宮指導者，恐負翟黑子故也。」

初，冀州刺史崔賾，武城男崔模，與浩同宗而別族；賾，士革翻。別，分也，依宋祁國語補音：彼列翻。浩常輕侮之，由是不睦。及浩誅，二家獨得免。賾，逞之子也。崔逞歸魏，爲太祖所殺。

辛丑，魏主北巡陰山。魏主既誅崔浩而悔之。會北部尚書【章：十二行本「書」下有「宣城公」三字；乙十一行本同；孔本同；張校同。】李孝伯病篤，魏北部尚書知北邊州郡。或傳已卒。魏主悼之曰：「李宣城可惜！」李孝伯封宣城公。既而曰：「朕失言；崔司徒可惜，李宣城可哀！」孝伯，順之從父弟也，李順亦爲魏主所寵任，得罪而死。從，才用翻。自浩之誅，軍國謀議皆出孝伯，寵眷亞於浩。

6 初，車師大帥車伊洛世服於魏，帥，所類翻。魏拜伊洛平西將軍，封前部王。伊洛將入朝，沮渠無諱斷其路，沮渠無諱時屯高昌。朝，直遙翻。斷，丁管翻。伊洛屢與無諱戰，破之。無諱卒，卒於元嘉二十一年。弟安周奪其子乾壽兵，伊洛遣人說乾壽，乾壽遂帥其民五百餘家奔魏；帥，讀曰率。伊洛又說李寶弟欽等五十餘人下之，皆送于魏。說，輸芮翻。伊洛西擊焉耆，留其子歇守城，沮渠安周引柔然兵間道襲之，間，古莧翻。攻拔其城。歇走就伊洛，共收餘衆，保焉耆鎮，魏破焉耆以爲鎮。遣使上書於魏主，言：「爲沮渠氏所攻，首尾八年，元嘉十九年，無諱襲據高昌，自此與車師相攻。使，疏吏翻。百姓飢窮，無以自存。臣今棄國出奔，得免者僅三分之一，已至焉耆東境，乞垂賑救！」魏主詔開焉耆倉以賑之。賑，津忍翻。

7 吐谷渾王慕利延爲魏所逼，上表求入保越巂，唐時吐蕃與雲南窺蜀，即此路也。蓋自漢武帝開昆明之後，後人遂通此路耳。巂，音髓。上許之；慕利延竟不至。

8 上欲伐魏，丹楊尹徐湛之、吏部尚書江湛、彭城太守王玄謨等並勸之；左軍將軍劉康祖以爲「歲月已晚，請待明年。」上曰：「北方苦虜虐政，義徒並起。頓兵一周，沮向義之心，不可。」沮，在呂翻。

太子步兵校尉沈慶之諫曰：時東宮置兵與羽林等，故亦有步兵校尉。南史曰：高祖永初二年，置東宮屯騎、步兵、翊軍三校尉。「我步彼騎，其勢不敵。騎，奇計翻。檀道濟再行無功，營陽王景平二年，道濟出師，元嘉七年，至濟上，皆無功而還。到彥之失利而返。見一百二十一卷七年。今料王玄謨等，未踰兩將，將，卽亮翻。六軍之盛，不過往時，恐重辱王師。」重，直用翻。上曰：「王師再屈，別自有由，道濟養寇自資，彥之中塗疾動。謂彥之目疾大動也。虜所恃者唯馬；今夏水浩汗，河道流通，汎舟北下，碻磝必走，滑臺小戍，易可覆拔。易，以豉翻。克此二城，館穀弔民，館穀，就食敵人所積之穀。虎牢、洛陽，自然不固。比及冬初，比，必利翻。城守相接，虜馬過河，卽成擒也。」慶之又固陳不可。上使徐湛之、江湛難之。難，乃旦翻。慶之曰：「治國譬如治家，耕當問奴，織當訪婢。治，直之翻。陛下今欲伐國，而與白面書生輩謀之，事何由濟！」上大笑。

太子劭及護軍將軍蕭思話亦諫，上皆不從。

魏主聞上將北伐，復與上書曰：「彼此和好日久，而彼志無厭，復，扶又翻。和好，呼到翻。厭，於鹽翻。誘我邊民。誘，音酉。今春南巡，聊省我民，省，悉井翻。驅之便還。今聞彼欲自來，設能至中山及桑乾川，乾，音干。隨意而行，來亦不迎，去亦不送。若厭其區宇者，可來平城居，我亦往揚州，相與易地。彼年已五十，未嘗出戶，雖自力而來，如三歲嬰兒，與我鮮卑生長馬上者果如何哉！觀魏主與帝二書，誠有憚江南之心。大明以後，北不復憚南矣。長，知兩翻。更無餘物，可以相與，今送獵馬十二匹并氈、藥等物。彼來道遠，馬力不足，可乘；或不服水土，藥可自療也。」

秋，七月，庚午，詔曰：「虜近雖摧挫，謂攻懸瓠不克而退也。獸心靡革。比得河朔、秦、雍華戎表疏，比，毗寐翻，近也。雍，於用翻。歸訴困棘，棘，急也。跂望綏拯，跂，丘弭翻，又去智翻。舉踵而望，脚跟不著地也。潛相糾結以候王師；芮芮亦遣間使芮芮，卽蠕蠕，南人語轉耳。間，古莧翻。遠輸誠款，誓爲掎角，掎，居蟻翻。經略之會，實在茲日。可遣寧朔將軍王玄謨帥太子步兵校尉沈慶之、鎮軍諮議參軍申坦水軍入河，受督於青、冀二州刺史蕭斌；帥，讀曰率。斌，音彬。太子左衞率臧質、驍騎將軍王方回徑造許、洛；率，所律翻。驍，堅堯翻。騎，奇寄翻。造，七到翻。徐、兗二州刺史武陵王駿、豫州刺史南平王鑠各勒所部，東西齊舉；梁、南・北秦三州刺史劉秀之震盪汧、隴；汧，苦堅翻。太尉、江夏王義恭出次彭城，爲衆軍節度。」夏，戶雅翻。坦，鍾之曾孫也。申鍾見九十五卷晉成帝咸和九年。

是時軍旅大起，王公、妃主及朝士、牧守，下至富民，各獻金帛、雜物以助國用。朝，直遙翻。又以兵力不足，悉發青、冀、徐、豫、二兗六州二兗，南兗、北兗也。三五民丁，倩使暫行，三五者，三丁發其一，五丁發其二。倩，七政翻。符到十日裝束；自符到之日，以十日爲裝束，過此期卽行。緣江五郡集廣陵，緣淮三郡集盱眙。緣江五郡，南東海、南蘭陵、南琅邪、南東莞、晉陵也。緣淮三郡，臨淮、淮陵、下邳也。盱眙，音吁怡。又募中外有馬步衆藝武力之士應科者，皆加厚賞。有司又奏軍用不充，揚、南徐、兗、江四州此兗謂南兗州。富民家貲滿五十萬，僧尼滿二十萬，並四分借一，事息即還。

建武司馬申元吉引兵趨碻磝。乙亥，魏濟州刺史王買德棄城走。魏明元帝泰常八年，置濟州於碻磝城。趨，七喻翻。濟，子禮翻。考異曰：宋略云：「虜濟州刺史王淮敗走，虜支解王淮，傳示列戍。」今從宋書。蕭斌遣將軍崔猛攻樂安，魏青州刺史張淮之亦棄城走。樂安，千乘、博昌之地，唐青州千乘縣，此時樂安郡也。斌與沈慶之留守碻磝，使王玄謨進圍滑臺。考異曰：宋略：「九月庚申，玄謨前軍次白馬，與虜兗州刺史歌得跋戰，破之；玄謨進攻滑臺。」今從宋書。雍州刺史隨王誕雍，於用翻。遣中兵參軍柳元景、振威將軍尹顯祖、奮武將軍曾方平、南史作「魯方平」，參考水經，作「魯」爲是。建武將軍薛安都、略陽太守龐法起將兵出弘農。龐，皮江翻。將，卽亮翻。後軍外兵參軍龐季明，年七十餘，自以關中豪右，請入長安招合夷、夏，夏，戶雅翻。誕許之；乃自貲谷入盧氏，盧氏民趙難納之。貲谷在盧氏縣南山之南。盧氏縣，漢屬弘農郡，晉分屬上洛郡，唐屬虢州。季明遂誘說士民，誘，音酉。說，輸芮翻。應之者甚衆，安都等因之，自熊耳山出；熊耳山在盧氏故縣東。元景引兵繼進。豫州刺史南平王鑠遣中兵參軍胡盛之出汝南，梁坦出上蔡向長社，考異曰：鑠傳作「到坦之」，今從宋略。魏荆州刺史魯爽鎮長社，棄城走。爽，軌之子也。軌，魯宗之之子。幢主王陽兒擊魏豫州刺史僕蘭，破之，軍有幢主、隊主，總一軍者謂之軍主。僕蘭，亦姓拓跋。魏書官氏志：內入諸姓，僕蘭氏改爲僕氏。幢，傳江翻。僕蘭奔虎牢；虎牢，魏豫州刺史治所也。鑠又遣安蠻司馬劉康祖將兵助坦，進逼虎牢。

魏羣臣初聞有宋師，言於魏主，請遣兵救緣河穀帛。魏主曰：「馬今未肥，天時尚熱，速出必無功。若兵來不止，且還陰山避之。國人本著羊皮袴，何用綿帛！國人，謂同自北荒來之種人也。著，陟略翻。展至十月，吾無憂矣。」展，寬也。

九月，辛卯，魏主引兵南救滑臺，命太子晃屯漠南以備柔然，吳王余守平城。庚子，魏發州郡兵五萬分給諸軍。

王玄謨士衆甚盛，器械精嚴；而玄謨貪愎好殺。愎，弼力翻。好，呼到翻。初圍滑臺，城中多茅屋，衆請以火箭燒之。杜佑曰：以小瓢盛油冠矢端，射城樓櫓板木上，瓢敗油散，因燒矢內簳中射油散處，火立燃，復以油瓢續之，則樓櫓盡焚，謂之火箭。玄謨曰：「彼，吾財也，何遽燒之！」城中即撤屋穴處。處，昌呂翻。時河、洛之民競出租穀、操兵來赴者日以千數，操，千高翻。玄謨不卽其長帥而以配私暱；卽，就也，言不能就其長帥而用之，使各爲部隊，而以其人分配私所愛暱者。長，知兩翻。帥，所類翻。暱，尼質翻。家付匹布，責大梨八百；由是衆心失望。攻城數月不下，聞魏救將至，衆請發車爲營，玄謨不從。玄謨豈不知爲車營可憑而戰哉？蓋於時已有走心矣。

冬，十月，癸亥，魏主至枋頭，使關內侯代人陸眞夜與數人犯圍，潛入滑臺，撫慰城中，且登城視玄謨營曲折還報。乙丑，魏主渡河，衆號百萬，鞞鼓之聲，震動天地；鞞，部迷翻。玄謨懼，退走。魏人追擊之，死者萬餘人，麾下散亡略盡，委棄軍資器械山積。

先是，玄謨遣鍾離太守垣護之以百舸爲前鋒，據石濟，鍾離縣，漢屬九江郡，晉屬淮南郡，晉安帝分立鍾離郡，屬南兗州。沈約志，屬徐州。水經曰：河水逕東燕縣故城北，則有濟水自北來注之。註云：垣護之守石濟，即此處。先，悉薦翻。舸，古我翻。守，手又翻。在滑臺西南百二十里。護之聞魏兵將至，馳書勸玄謨急攻，曰：「昔武皇攻廣固，死沒者甚衆。事見一百一十五卷晉安帝義熙五年、六年。況今事迫於曩日，豈得計士衆傷疲！願以屠城爲急。」玄謨不從；使玄謨從護之計，急攻而得滑臺，魏兵隨至，固無以善其後也。及玄謨敗退，不暇報護之。魏人以所得玄謨戰艦連以鐵鎖三重，斷河，艦，戶黯翻。重，直龍翻。斷，音短。以絕護之還路。河水迅急，護之中流而下，每至鐵鎖，以長柯斧斷之，斷，音短。魏不能禁；唯失一舸，餘皆完備而返。舸，古我翻。

蕭斌遣沈慶之將五千人救玄謨，將，即亮翻。慶之曰：「玄謨士衆疲老，寇虜已逼，得數萬人乃可進，小軍輕往，無益也。」斌固遣之。會玄謨遁還，斌將斬之，慶之固諫曰：「佛貍威震天下，魏主小字佛貍。佛，音弼。控弦百萬，豈玄謨所能當！且殺戰將以自弱，非良計也。」

將，卽亮翻。斌乃止。

斌欲固守碻磝，慶之曰：「今青、冀虛弱，而坐守窮城，若虜衆東過，清東非國家有也。東過，謂越碻磝而過，東入青、冀界。清東，謂清水以東也。碻磝孤絕，復作朱脩之滑臺耳。」朱脩之事見一百二十二卷八年。復，扶又翻；下復召同。會詔使至，不聽斌等退師。使，疏吏翻。斌復召諸將議之，並謂宜留，慶之曰：「閫外之事，將軍得以專之。詔從遠來，不知事勢。節下有一范增不能用，引漢高帝之言。空議何施！」斌及坐者並笑曰：「沈公乃更學問！」更，經也，歷也，音工衡翻。慶之厲聲曰：「衆人雖知古今，不如下官耳學也。」耳學，謂雖未嘗目覽書傳，能以耳聽人所講說者而學之。斌乃使王玄謨戍碻磝，申坦、垣護之據清口，清水南通淮，北通河；此謂清水入河之口。水經：濟水東北過壽張縣西界安民亭南，汶水從東北來注之。註云：戴延之所謂清口也。自帥諸軍還歷城。帥，讀曰率；下同。自此以上，皆王玄謨攻滑臺事。

閏月，龐法起等諸軍入盧氏，斬縣令李封，以趙難爲盧氏令，使帥其衆爲鄉導。鄉，讀曰嚮。柳元景自百丈崖從諸軍於盧氏。百丈崖，在溫谷南。法起等進攻弘農，辛未，拔之，擒魏弘農太守李初古拔。薛安都留屯弘農；丙戌，龐法起進向潼關。自閏月以下，皆柳元景攻關、陝事。

魏主命諸將分道並進：永昌王仁自洛陽趨壽陽，尚書長孫眞趣馬頭，沈約曰：馬頭郡故淮南當塗縣地，晉安帝立馬頭郡，因山形而名，屬南豫州，宋屬徐州。將，卽亮翻。趣，七喻翻；下同。楚王建趣鍾離，高涼王那自青州趣下邳，魏主自東平趣鄒山。

十一月，辛卯，魏主至鄒山，考異曰：宋略云：「戊子，至鄒山。」今從後魏書。魯郡太守崔邪利爲魏所擒。宋魯郡時治鄒山。魏主見秦始皇石刻，使人排而仆之，秦始皇二十八年，上鄒嶧山，立石頌德。以太牢祠孔子。

楚王建自清西進，屯蕭城；步尼公自清東進，屯留城。魏收地形志：沛郡蕭縣有蕭城，彭城郡之留縣有留城。武陵王駿遣參軍馬文恭將兵向蕭城，江夏王義恭遣軍主嵇玄敬將兵向留城。文恭爲魏所敗。敗，補賣翻。步尼公遇玄敬，引兵趣苞橋，欲渡清西；沛縣民燒苞橋，夜於林中擊鼓，魏以爲宋兵大至，爭渡苞水，水經註：泡水亦曰豐水，水上承大薺陂，東逕已氏及平樂縣，又東逕豐縣故城南，又東合黃水。水上舊有梁，謂之苞橋，沛縣民燒泡橋，魏兵溺死之地也。又東逕沛縣故城南。溺死者殆半。自此以上，魏主分遣諸將事也。

詔以柳元景爲弘農太守。元景使薛安都、尹顯祖先引兵就龐法起等於陝，元景於後督租。陝城險固，諸軍攻之不拔。陝，失冉翻。魏洛州刺史張是連提考異曰：宋略作「張是連踶」，今從宋書。帥衆二萬度崤救陝，自洛至陝有三崤之險。帥，讀曰率。安都等與戰於城南。魏人縱突騎，諸軍不能敵；騎，奇寄翻；下同。安都怒，脫兜鍪，解鎧，鍪，音牟。唯著絳納兩當衫，著，陟略翻。前當心，後當背，謂之兩當衫。馬亦去具裝，瞋目橫矛，單騎突陳，所向無前，魏人夾射不能中。如是數四，殺傷不可勝數。去，羌呂翻。瞋，七人翻。陳，讀曰陣。射，而亦翻。中，竹仲翻。勝，音升。會日暮，別將魯元保引兵自函谷關至，魏兵乃退。元景遣軍副柳元怙將步騎二千救安都等，一軍之將謂之軍主，副將謂之軍副。夜至，魏人不之知。明日，安都等陳於城西南。陳，讀曰陣。曾方平謂安都曰：「今勍敵在前，勍，渠京翻。堅城在後，是吾取死之日。卿若不進，我當斬卿；我若不進，卿當斬我也！」安都曰：「善，卿言是也！」遂合戰。元怙引兵自南門鼓譟直出，旌旗甚盛，魏衆驚駭。安都挺身奮擊，流血凝肘，矛折，折，而設翻。易之更入，諸軍齊奮。自旦至日昃，魏衆大潰，斬張是連提及將卒三千餘級，其餘赴河塹死者甚衆，生降二千餘人。昃，阻力翻。將，卽亮翻。塹，七豔翻。降，下江翻。明日，元景至，讓降者曰：「汝輩本中國民，今爲虜盡力，力屈乃降，何也？」爲，于僞翻。皆曰：「虜驅民使戰，後出者滅族，以騎蹙步，未戰先死，此將軍所親見也。」諸將欲盡殺之，元景曰：「今王旗北指，當使仁聲先路。」先，悉薦翻。盡釋而遣之，皆稱萬歲而去。甲午，克陝城。

龐法起等進攻潼關，魏戍主婁須棄城走，法起等據之。關中豪桀所在蠭起，及四山羌、胡皆來送款。關中之地，四面阻山，時羌、胡皆依山而居，自爲聚落。

上以王玄謨敗退，魏兵深入，柳元景等不宜獨進，皆召還。元景使薛安都斷後，斷，丁管翻。引兵歸襄陽。詔以元景爲襄陽太守。此以上柳元景攻關陝事。

魏永昌王仁攻懸瓠、項城，拔之。帝恐魏兵至壽陽，召劉康祖使還。癸卯，仁將八萬騎追及康祖於尉武。將，即亮翻。騎，奇計翻。考異曰：宋略及南平王鑠傳皆作「尉氏」。按康祖傳云：「去壽陽裁數十里」，然則非尉氏也。今從康祖及索虜傳作「尉武」。今按沈約志，秦郡有尉氏縣。秦郡治堂邑，屬南兗州，非南平王鑠所統，其地又不在壽陽北數十里。溫公之考覈精矣。按北史拓跋崙傳：尉武，亭名；劉康祖戰死于此。康祖有衆八千人，軍副胡盛之幢、隊，軍皆有主副。欲依山險間行取至，間，古莧翻。取至，謂取至壽陽也。康祖怒曰：「臨河求敵，遂無所見；幸其自送，奈何避之！」乃結車營而進，下令軍中曰：「顧望者斬首，轉步者斬足！」魏人四面攻之，將士皆殊死戰。自旦至晡，殺魏兵萬餘人，流血沒踝，踝，胡瓦翻，足踝也。康祖身被十創，被，皮義翻。創，初良翻。意氣彌厲。魏分其衆爲三，且休且戰。會日暮風急，魏以騎負草燒軍營，康祖隨補其闕。有流矢貫康祖頸，墜馬死，餘衆不能戰，遂潰，魏人掩殺殆盡。考異曰：康祖傳云：「大戰一日一夜」，又云：「虜死者太半。」今從宋略。

南平王鑠使左軍行參軍王羅漢以三百人戍尉武。魏兵至，衆欲依卑林以自固，羅漢以受命居此，不去。魏人攻而擒之，鎖其頸，使三郎將掌之；三郎將，蓋主內三郎。魏謂衞士曰三郎將。將，即亮翻。羅漢夜斷三郎將首，斷，丁管翻。抱鎖亡奔盱眙。盱眙，音吁怡。

魏永昌王仁進逼壽陽，焚掠馬頭、鍾離；南平王鑠嬰城固守。自此以上，魏兵向壽陽事。

魏兵在蕭城，去彭城十餘里。彭城兵雖多而食少，少，詩沼翻；下同。太尉江夏王義恭欲棄彭城南歸。安北中兵參軍沈慶之以爲歷城兵少食多，欲爲函箱車陳，以精兵爲外翼，奉二王及妃女直趨歷城；陳，讀曰陣。趨，七喻翻。分兵配護軍蕭思話，使留守彭城。太尉長史何勗欲席卷奔鬱洲，東海郡贛榆縣東海中有鬱洲，今東海軍是其地。泰始三年，於此僑立青州，齊、梁爲青、冀二州刺史治所。卷，讀曰捲。鬱，音聿。自海道還京師。義恭去意已判，判，亦決也。惟二議彌日未決。沈慶之之議，自彭城趨歷城猶曰主於進；何勗之議則主於奔退耳。安北長史沛郡太守張暢曰：「若歷城、鬱洲有可至之理，下官敢不高贊！時沛郡治蕭城。張暢以安北長史帶沛郡太守。高，抗也；贊，助也；言抗聲以助決其議也。今城中乏食，百姓咸有走志，但以關扃嚴固，欲去莫從耳。扃，古熒翻，外閉之關也。此言門守嚴固，百姓無從得去。一旦動足，則各自逃散，欲至所在，何由可得！今軍食雖寡，朝夕猶未窘罄；窘，渠隕翻。豈有捨萬安之術而就危亡之道！若此計必行，下官請以頸血汚公馬蹄。」汚，烏故翻。武陵王駿謂義恭曰：「阿父既爲總統，去留非所敢干，義恭頓彭城爲諸軍節度，故曰總統。阿，讀從安入聲。道民忝爲城主，而委鎮奔逃，實無顏復奉朝廷，義恭於駿，諸父也。駿小字道民。徐州刺史治彭城，故曰城主。復，扶又翻。必與此城共其存沒，張長史言不可異也。」義恭乃止。

壬子，魏主至彭城，立氈屋於戲馬臺以望城中。戲馬臺，在彭城城南，其高十仞，廣袤百步，項羽所築也。

馬文恭之敗也，隊主蒯應沒於魏。此上蕭城之敗也。蒯，苦怪翻。魏主遣應至小市門求酒及甘蔗；甘蔗，說文所謂諸蔗也。生於南方，北人嗜之。蔗，之夜翻。武陵王駿與之，仍就求橐駝。韋昭曰：橐駝，背肉似橐而善負物。顏師古曰：言能負橐而馱物，故曰橐駝。爾雅翼：駝，外國之奇畜，背有兩封如鞍，其足三節，色蒼褐，負物至千斤，日三百里。凡欲椿載，必先屈足受之，所載未盡其量，終不起。古語謂之橐佗。橐，囊也；佗，負荷也。今云駱駝，蓋橐音之轉。明日，魏主使尚書李孝伯至南門，餉義恭貂裘，餉駿橐駝及騾，騾，盧戈翻；驢父馬母，堅耐健走。且曰：「魏主致意安北，可蹔出見我；蹔，與暫同。我亦不攻此城，何爲勞苦將士，備守如此！」駿使張暢開門出見之曰：「安北致意魏主，常遲面寫，遲，直利翻，待也。但以人臣無境外之交，恨不蹔悉。悉，詳盡也，言恨不蹔時得詳盡所懷也。備守乃邊鎮之常，悅以使之，則勞而無怨耳。」易兌卦彖辭曰：悅以先民，民忘其勞。魏主求甘橘及借博具，皆與之；復餉氈及九種鹽胡豉。孝伯傳曰：凡此諸鹽，各有所宜：白鹽，食鹽；主上日所食；黑鹽，療腹脹氣滿，末之六銖，以酒而服；胡鹽，療目痛；戎鹽，療諸瘡；赤鹽、駮鹽、馬齒鹽四種並非食鹽。豉，是義翻，說文曰：配鹽幽尗也。胡豉，胡人所造。尗，與菽同，豆也。復，扶又翻。種，章勇翻。又借樂器，義恭應之曰：「受任戎行，行，戶剛翻。不齎樂具。」孝伯問暢：「何爲忽忽閉門絕橋？」暢曰：「二王以魏主營壘未立，將士疲勞，此精甲十萬，恐輕相陵踐，故閉城耳。待休息士馬，然後共治戰場，刻日交戲。」左傳：晉楚將戰于城濮，楚令尹子玉遣使謂晉曰：請與君之士戲。踐，息演翻。治，直之翻。孝伯曰：「賓有禮，主則擇之。」左傳魯大夫羽父語薛侯之言。暢曰：「昨見衆賓至門，未爲有禮。」魏主使人來言曰：「致意太尉、安北，何不遣人來至我所？彼此之情，雖不可盡，要須見我小大，知我老少，觀我爲人。若諸佐不可遣，亦可使僮幹來。」諸佐，謂佐吏也。僮幹，則給使令者耳。魏主此言，猶知宋爲有人。暢以二王命對曰：「魏主形狀才力，久爲來往所具。李尚書親自銜命，不患彼此不盡，故不復遣使。」復，扶又翻；下無復同。孝伯又曰：「王玄謨亦常才耳，南國何意作如此任使，以致奔敗？自入此境七百餘里，主人竟不能一相拒逆。鄒山之險，君家所憑，前鋒始接，崔邪利遽藏入穴，諸將倒曳出之。鄒山多石穴，土人謂穴爲嶧，相率入保藏以避兵，故孝伯云然。魏主賜其餘生，今從在此。」暢曰：「王玄謨南土偏將，不謂爲才，但以之爲前驅。大軍未至，河冰向合，玄謨因夜還軍，致戎馬小亂耳。崔邪利陷沒，何損於國！魏主自以數十萬衆制一崔邪利，乃足言邪！知入境七百里無相拒者，此自太尉神算，鎮軍聖略，武陵王駿降號鎮軍將軍。用兵有機，不用相語。」語，牛倨翻。孝伯曰：「魏主當不圍此城，自帥衆軍直造瓜步。瓜步山，在秦郡尉氏縣界。尉氏，隋改爲六合縣。南北對境圖曰：今桃葉山即瓜步鎮之地。帥，讀曰率。造，七到翻。南事若辦，彭城不待圍；若其不捷，彭城亦非所須也。我今當南飲江湖以療渴耳。」暢曰：「去留之事，自適彼懷。若虜馬遂得飲江，便爲無復天道。」先是童謠云：先，悉薦翻。「虜馬飲江水，佛貍死卯年。」佛，音弼。故暢云然。暢音容雅麗，孝伯與左右皆歎息。孝伯亦辯贍，且去，謂暢曰：「長史深自愛，相去步武，舉足而行曰步，足迹曰武。恨不執手。」暢曰：「君善自愛，冀蕩定有期，君【章：十二行本「君」上有「相見無遠」四字；乙十一行本同；孔本同；張校同；退齋校同。】若得還宋朝，今爲相識之始。」兵交，使在其間。史言行人善於辭令，亦足以增國威。朝，直遙翻。

上起楊文德爲輔國將軍，引兵自漢中西入，搖動汧、隴。汧，苦堅翻。文德宗人楊高帥陰平、平武羣氐拒之，帥，讀曰率。文德擊高，斬之，陰平、平武悉平。陰平縣，漢屬廣漢屬國，晉泰始中置陰平郡。劉蜀分陰平置平廣縣，晉太康元年更名平武。陰平、平武，皆今龍州地也。宋白曰：陰平，今文州；平武，今龍州。梁、南秦二州刺史劉秀之遣文德伐啖提氐，不克，執送荆州；使文德從祖兄頭戍葭蘆。啖，徒覽翻，又徒濫翻。從，才用翻。

9 丁未，大赦。

10 魏主攻彭城，不克。十二月，丙辰朔，引兵南下，使中書郎魯秀出廣陵，高涼王那出山陽，永昌王仁出橫江，所過無不殘滅，城邑皆望風奔潰。戊午，建康纂嚴。己未，魏兵至淮上。考異曰：魏本紀云：「丁卯至淮。」按宋略：「己未，虜至淮西。」宋本紀：「乙丑，胡崇之等敗。」今從之。

上使輔國將軍臧質將萬人救彭城，將，卽亮翻。至盱眙，魏主已過淮。盱眙，音吁怡。質使穴從僕射胡崇之、積弩將軍臧澄之營東山，穴，而隴翻。從，才用翻。考異曰：序傳作「臧證之」，今從帝紀、質傳作「澄之」。建威將軍毛熙祚據前浦，東山、前浦皆在盱眙城左右：東山在今盱眙城東南，東山之北則高家山，高家山之東則陡山，稍南則都梁山，都梁山之東北則古盱眙城。城臨遇明河，又東逕楊茅澗口，又東逕富陵河口，則君山。魏太武作浮橋於此，自此渡淮。稍東則龜山。質營於城南。考異曰：宋略云：「質屯盱眙城北。」今從宋書。乙丑，魏燕王譚攻崇之等，三營皆敗沒，質按兵不敢救。澄之，燾之孫；臧燾，高祖敬皇后之兄。熙祚，脩之之兄子也。毛脩之從高祖爲將，青泥之敗，沒于赫連，後入于魏。是夕，質軍亦潰，質棄輜重器械，單將七百人赴城。重，直用翻。將，卽亮翻。

初，盱眙太守沈璞到官，盱眙縣，前漢屬臨淮郡，後漢屬下邳國，晉復屬臨淮郡，晉安帝分立盱眙郡，今爲招信軍。王玄謨猶在滑臺，江淮無警。璞以郡當衝要，乃繕城浚隍，積財穀，儲矢石，爲城守之備。僚屬皆非之，朝廷亦以爲過。及魏兵南向，守宰多棄城走。或勸璞宜還建康，璞曰：「虜若以城小不顧，夫復何懼！夫，音扶。復，扶又翻。若肉薄來攻，此乃吾報國之秋，諸君封侯之日也，薄，伯各翻。柰何去之！諸君嘗見數十萬人聚於小城之下而不敗者乎？昆陽、合肥，前事之明驗也。」王尋、王邑以百萬敗於昆陽，諸葛恪以二十萬敗於合肥；故曰用兵之計，攻城最下。衆心稍定。璞收集得二千精兵，曰：「足矣。」及臧質向城，衆謂璞曰：「虜若不攻城，則無所事衆；若其攻城，則城中止可容見力耳，見，賢遍翻。地狹人多，鮮不爲患。鮮，息淺翻。

且敵衆我寡，人所共知。若以質衆能退敵完城者，則全功不在我；若避罪歸都，會資舟楫，必更相蹂踐。蹂，人九翻。踐，慈演翻。正足爲患，不若閉門勿受。」璞歎曰：「虜必不能登城，敢爲諸君保之。爲，于僞翻。舟楫之計，固已久息。虜之殘害，古今未有，屠剝之苦，衆所共見，其中幸者，不過驅還北國作奴婢耳。彼雖烏合，寧不憚此邪！所謂『同舟而濟，胡、越一心』者也。王弼曰：同舟而濟，則胡、越何患乎異心！今兵多則虜退速，少則退緩。吾寧可欲專功而留虜乎！」乃開門納質。質見城中豐實，大喜，衆皆稱萬歲；因與璞共守。

魏人之南寇也，不齎糧用，唯以抄掠爲資。及過淮，民多竄匿，抄掠無所得，人馬飢乏；抄，初交翻。聞盱眙有積粟，欲以爲北歸之資。既破崇之等，一攻城不拔，卽留其將韓元興以數千人守盱眙，守，言以兵相守也。將，卽亮翻；下同。自帥大衆南向。由是盱眙得益完守備。爲明年魏主還攻盱眙不克張本。帥，讀曰率。

庚午，魏主至瓜步，壞民廬舍，壞，音怪。及伐葦爲筏，聲言欲渡江。建康震懼，民皆荷擔而立，荷擔而立，急則迸走。荷，戶可翻，又如字。擔，丁濫翻。壬午，內外戒嚴。丹楊統內盡戶發丁，人凡戶見丁，無論多少盡發之。王公以下子弟皆從役。命領軍將軍劉遵考等將兵分守津要，遊邏上接于湖，下至蔡洲，陳艦列營，周亙江濱，自採石至于暨陽，今太平州當塗縣北三十里有采石山，山下有采石磯。暨陽，今江陰軍。邏，郎佐翻。艦，戶黯翻。亙，古鄧翻。六七百里。太子劭出鎭石頭，總統水軍，丹楊尹徐湛之守石頭倉城，吏部尚書江湛兼領軍，軍事處置悉以委焉。處，昌呂翻。

上登石頭城，有憂色，謂江湛曰：「北伐之計，同議者少。謂唯江、徐贊北伐之計，羣臣之議多不同也。少，詩沼翻。今日士民勞怨，不得無慚，貽大夫之憂，予之過也。」又曰：「檀道濟若在，豈使胡馬至此！」上又登莫府山，幕府山在今建康府城西二十五里，晉元帝初渡江，丞相王導建幕府於其上。宋白曰：元帝渡江，秣陵荒落，以府第居縣北幕府山，幕府之名自此。南史，幕府山在臨沂縣。觀望形勢，購魏主及王公首，許以封爵、金帛；又募人齎野葛酒置空村中，欲以毒魏人，竟不能傷。野葛有毒，食之殺人。

魏主鑿瓜步山爲蟠道，於其上設氈屋，考異曰：魏帝紀云：「癸未，車駕臨江，起行宮於瓜步山，」蓋謂此也。今從宋書。魏主不飲河南水，以橐駝負河北水自隨。餉上橐駝、名馬，并求和，請婚。上遣奉朝請田奇餉以珍羞、異味。奉朝請者，奉朝會請召而已。朝，直遙翻。魏主得黃甘，即噉之，甘即今之柑。噉，徒濫翻，又徒覽翻。并大進酃酒。荊州記曰：長沙郡酃縣有酃湖，周迴二里；取湖水爲酒，酒極甘美。杜佑曰：衡州衡陽縣，漢酃縣地。孟康曰：酃音零。左右有附耳語者，疑食中有毒。魏主不應，舉手指天，以其孫示奇曰：「吾遠來至此，非欲爲功名，實欲繼好息民，永結姻援。宋若能以女妻此孫，我以女妻武陵王，自今匹馬不復南顧。」好，呼到翻。妻，七細翻。復，扶又翻。

奇還，上召太子劭及羣臣議之，衆並謂宜許，江湛曰：「戎狄無親，許之無益。」劭怒，謂湛曰：「今三王在阨，謂江夏王義恭、武陵王駿在彭城，南平王鑠在壽陽也。詎宜苟執異議！」聲色甚厲。坐散，俱出，坐，徂臥翻。劭使班劍及左右排湛，湛幾至僵仆。班劍，持劍爲班，列在車前。幾，居希翻。僵，居良翻。

劭又言於上曰：「北伐敗辱，數州淪破，獨有斬江湛、徐湛之可以謝天下。」上曰：「北伐自是我意，江、徐但不異耳。」言不持異議也。由是太子與江、徐不平，史言劭於此時已有弑逆之心。魏亦竟不成婚。考異曰：魏帝紀云：「甲申，義隆使獻百牢，貢其方物，又請進女於皇孫以求和好。帝以師婚非禮，許和而不許婚，使散騎侍郎夏侯野報之。詔皇孫爲書，致馬通問。」此皆魏史夸辭，今從宋書。

資治通鑑卷第一百二十六

端明殿學士兼翰林侍讀學士朝散大夫右諫議大夫充集賢殿修撰提舉嵩山崇福宮上柱國河內郡開國侯食邑一千八百戶食實封六百戶賜紫金魚袋臣　司馬光　奉敕編集

後學天台　胡三省　音註

宋紀八　起重光單閼（辛卯），盡玄黓執徐（壬辰），凡二年。

太祖文皇帝下之上

元嘉二十八年（辛卯、四五一）

1 春，正月，丙戌朔，魏主大會羣臣於瓜步山上，班爵行賞有差。魏人緣江舉火；太子左【章：十二行本「左」作「右」；乙十一行本同；退齋校同。】衛率尹弘言於上曰：「六夷如此，必走。」北兵欲退，慮南兵之追截，故舉火以示威。尹弘習知北人軍情，因言於上。自晉氏失馭，劉、石以來，始有六夷之名。率，所律翻。丁亥，魏掠居民，焚廬舍而去。胡誕世之反也，見上卷二十四年。江夏王義恭等奏彭城王義康數有怨言，搖動民聽，故不逞之族因以生心。夏，戶雅翻。數，所角翻。不逞之族，謂廢放之家不得逞志於時者也。請徙義康廣州。

上將徙義康，先遣使語之；使，疏吏翻。語，牛倨翻。義康曰：「人生會死，吾豈愛生！必爲亂階，雖遠何益！請死於此，恥復屢遷。」復，扶又翻。屢，力住翻，又如字。竟未及往。魏師至瓜步，人情恟懼。恟，許拱翻。上慮不逞之人復奉義康爲亂；太子劭及武陵王駿、尚書左僕射何尚之屢啓宜早爲之所；武陵王駿時在彭城，蓋馳密啓言之也。上乃遣中書舍人嚴龍齎藥賜義康死。義康不肯服，曰：「佛教不許自殺；佛教謂自殺者不復得人身。願隨宜處分。」處，昌呂翻。分，扶問翻。使者以被揜殺之。

2 江夏王義恭以碻磝不可守，召王玄謨還歷城；魏人追擊敗之，遂取碻磝。敗，蒲賣翻。去年，蕭斌使王玄謨戍碻磝。

初，上聞魏將入寇，命廣陵太守劉懷之逆燒城府、船乘，守，手又翻。敵未至而先燒，故曰逆。乘，謂車也，音繩證翻。盡帥其民渡江。帥，讀曰率。山陽太守蕭僧珍悉斂其民入城，臺送糧仗詣盱眙及滑臺者，以路不通，皆留山陽；晉安帝義熙中土斷，分廣陵立山陽郡，境內有地名山陽，因以名郡，今楚州即其地。盱眙，音吁怡。蓄陂水令滿，須魏人至，決以灌之。須，待也。魏人過山陽，不敢留，因攻盱眙。

魏主就臧質求酒，質封溲便與之；溲，踈鳩翻。便，毗連翻。魏主怒，築長圍，一夕而合；運東山土石以塡塹，作浮橋於君山，絕水陸道。今盱眙縣北七里有長圍山。圖經云：臧質守盱眙，魏太武於都梁山築長城，造浮橋，絕水路，卽此。塹，七豔翻。魏主遺質書曰：遺，于季翻。「吾今所遣鬬兵，盡非我國人，國人，謂與拓跋氏同出北荒之子孫也。凡九十九姓。城東北是丁零與胡，南是氐、羌。設使丁零死，正可減常山、趙郡賊；丁零自翟真叛慕容皆投常山、趙郡界，阻山而居，故云然。胡死，減幷州賊；自後漢納南匈奴分居幷州界，其地率皆雜處胡、漢；西河、離石以西則皆稽胡據之爲寇。氐、羌死，減關中賊。自苻、姚據關中，其種類蕃滋，雖其國已滅，而其種實繁。卿若殺之，無所不利。」言於魏國無所不利。質復書曰：「省示，具悉姦懷。省示，省來書所示也。悉，詳也，盡也。省，悉景翻。爾自恃四足，屢犯邊。恃四足，謂負戎馬足也。王玄謨退於東，申坦散於西，按王玄謨自滑臺敗退，蕭斌使申坦據清口。戴延之所謂清口在壽張縣西界安民亭南，以水經註考之，其地不在滑臺之西；此當謂梁坦出上蔡之師至虎牢潰散耳。爾知其所以然邪？爾獨不聞童謠之言乎？蓋卯年未至，故以二軍開飲江之路耳；冥期使然，非復人事。謂冥冥之中，大期將至，天使之然，非由人事爲之也。復，扶又翻；下容復同。寡人受命相滅，古者諸侯自稱曰寡人。質自以當藩方之任，自稱寡人。期之白登，師行未遠。爾自送死，豈容復令爾生全，饗有桑乾哉！白登山、桑乾川皆在平城左右。質言本期直指白登，師行至淮而逢魏兵，要當勦滅，不容令魏主生歸，饗有桑乾之地也。此嫚書也。兩陳相向，惡聲至，必反之，毋庸以此爲據也。乾，音干。爾有幸得爲亂兵所殺，不幸則生相鎖縛，載以一驢，直送都市耳。我本不圖全，若天地無靈，力屈於爾，齏之，粉之，細切葷蒜謂之齏，研碎米麥謂之粉。齏，牋西翻。屠之，裂之，猶未足以謝本朝。朝，直遥翻。爾智識及衆力，豈能勝苻堅邪！今春雨已降，兵方四集，爾但安意攻城，勿遽走！糧食乏者可見語，語，牛倨翻；下爾語同。當出廩相貽。得所送劍刃，【章：十二行本「刃」作「刀」；乙十一行本同；張校同，云無註本亦作「刃」。】欲令我揮之爾身邪？」魏主大怒，作鐵牀，於其上施鐵鑱，鑱，士衫翻，又士懺翻，刺也，錐也。曰：「破城得質，當坐之此上。」質又與魏衆書曰：「爾語虜中諸士庶：佛貍所與書，相待如此。以魏主書言其兵鬬死正滅國中賊也，因而攜之，術莫近乎此矣。魏主得質此書，豈不悔前所與質書乎？爾等正朔之民，何爲自取糜滅，豈可不知轉禍爲福邪！」中原之民本稟漢、晉正朔，故謂之正朔之民。并寫臺格以與之云：「斬佛貍首，封萬戶侯，賜布、絹各萬匹。」臺格，宋臺所立賞格也。佛，讀如弼。

魏人以鉤車鉤城樓，城內繫以彄絙，彄，恪侯翻。絙，古恆翻，大索也。數百人叫呼引之，車不能退。既夜，縋桶懸卒出，截其鉤，獲之。縋，馳僞翻。桶，他董翻；箍木爲之。明旦，又以衝車攻城，城土堅密，每至，句絕。謂衝車至著城身也。頹落不過數升。魏人乃肉薄登城，分番相代，墜而復升，復，扶又翻。莫有退者，殺傷萬計，尸與城平。凡攻之三旬，不拔。會魏軍中多疾疫，或告以建康遣水軍自海入淮，水軍自建康下江，自江出海，轉料角則入淮。又敕彭城斷其歸路；斷，丁管翻。二月，丙辰朔，魏主燒攻具退走。盱眙人欲追之，沈璞曰：「今兵不多，雖可固守，不可出戰，但整舟楫，示若欲北渡者，示若欲自盱眙渡淮而北以追截其後者。以速其走，計不須實行也。」

臧質以璞城主，使之上露版，露版者，書獲捷之狀，露版上聞，使天下悉知之也。上，時掌翻。璞固辭，歸功於質。上聞，益嘉之。已嘉璞之功，又益嘉其讓。

魏師過彭城，江夏王義恭震懼不敢擊。夏，户雅翻。或告「虜驅南口萬餘，夕應宿安王陂，去城數十里，今追之，可悉得。」諸將皆請行，義恭禁不許。明日，驛使至，使，疏吏翻。上敕義恭悉力急追。魏師已遠，義恭乃遣鎮軍司馬檀和之向蕭城。魏人先已聞之，盡殺所驅者而去。程天祚逃歸。天祚爲魏所禽，見上卷二十六年。

魏人凡破南兖、徐、兖、豫、青、冀六州，殘破六州之生聚耳，六州城守未嘗失也。殺傷不可勝計，勝，音升。丁壯者卽加斬截，嬰兒貫於槊上，槊，色角翻。盤舞以爲戲。所過郡縣，赤地無餘，春燕歸，巢於林木。室廬焚蕩，燕無所歸，故巢林木。魏之士馬死傷亦過半，國人皆尤之。

上每命將出師，常授以成律，交戰日時，亦待中詔，是以將帥趑趄，莫敢自決。將，卽亮翻。帥，所類翻。趑，取私翻。趄，七余翻。趑趄，不進也。又江南白丁，輕易進退，易，以豉翻。此其所以敗也。自是邑里蕭條，元嘉之政衰矣。史言亟用兵之禍。

癸酉，詔賑恤郡縣民遭寇者，蠲其稅調。賑，津忍翻。蠲，工玄翻。調，徒釣翻。

甲戌，降太尉義恭爲驃騎將軍、開府儀同三司。驃，匹妙翻。騎，奇計翻。

戊寅，魏主濟河。自丙辰盱眙退師，二十三日始濟河。

辛巳，降鎮軍將軍武陵王駿爲北中郎將。

壬午，上如瓜步。是日，解嚴。

初，魏中書學生盧度世，玄之子也，魏神䴥四年，徵盧玄。坐崔浩事亡命，匿高陽鄭羆家。崔浩事見上卷二十七年。高陽縣，前漢屬涿郡，後漢屬河間國，晉分屬高陽郡。吏囚羆子，掠治之。掠，音亮。羆戒其子曰：「君子殺身成仁，論語載孔子之言。雖死不可言。」其子奉父命；吏以火爇其體，爇，如悅翻。終不言而死。及魏主臨江，上遣殿上將軍黄延年使於魏，自晉以來有殿中將軍，殿上將軍當是宋所置。使，疏吏翻。魏主問曰：「盧度世亡命，已應至彼。」延年曰：「都下不聞有度世也。」魏主乃赦度世及其族逃亡籍沒者，凡度世之族逃亡而籍沒其家者並赦之。度世自出，魏主以爲中書侍郎。考異曰：宋柳元景傳：「元景從祖弟光世，先留鄉里，索虜以爲折衝將軍、河北太守，封西陵男。光世姊夫爲司徒崔浩，虜之相也。元嘉二十七年，虜主拓跋燾南寇汝、潁，浩密有異圖。光世要河北義士與浩應接，謀泄被誅，河東大姓坐連謀夷滅者甚衆，光世南奔得免，太祖以爲振武將軍。」與魏事〈書〉不同。今從魏書。度世爲其弟娶鄭羆妹以報德。爲，于僞翻。

三月，乙酉，帝還宮。

己亥，魏主還平城，魏主戊寅濟河，行二十二日至平城。飲至告廟，左傳：凡公行告于廟，反行飲至，舍爵策勳焉，禮也。又曰：三年而治兵，入而振旅，歸而飮至，以數軍實。杜預註曰：飮於廟，以數車徒器械及所獲也。以降民五萬餘家分置近畿。近畿，謂環平城千里之地。降，戶江翻。

初，魏主過彭城，遣人語城中曰：語，牛倨翻。「食盡且去，須麥熟更來。」及期，江夏王義恭議欲芟麥翦苗，移民堡聚。芟，所銜翻。鎭軍錄事參軍王孝孫曰：白氏六帖曰：州主簿、郡督郵，並今錄事參軍。余按晉琅邪王睿都督揚州，以陳頵爲錄事參軍。當時自別有州主簿、督郵之吏，亦猶存古；而錄事之職，掌正違失，涖符印。「虜不能復來，復，扶又翻。既自可保；如其更至，此議亦不可立。百姓閉在內城，饑饉日久，方春之月，野採自資；一入堡聚，餓死立至，民知必死，何可制邪！虜若必來，芟麥無晚。」四坐默然，莫之敢對。坐，徂臥翻。長史張暢曰：「孝孫之議，實有可尋。」尋，繹理也，用也。左傳：將尋師焉。又曰，日尋干戈。杜預註皆云：尋，用也。鎭軍府典籤董元嗣侍武陵王駿之側，進曰：「王錄事議不可奪。」別駕王子夏曰：「此論誠然。」暢斂版白駿曰：版，手版。僚佐於府公之前斂版白事，崇敬也。「下官欲命孝孫彈子夏。」錄事參軍掌糾彈，故云然。彈，徒丹翻。駿曰：「王別駕有何事邪？」暢曰：「芟麥移民，可謂大議，一方安危，事繫於此。子夏親爲州端，州別駕居羣僚之右，故曰州端。曾無同異；及聞元嗣之言，則懽笑酬答。阿意左右，何以事君！」子夏、元嗣皆大慚，義恭之議遂寢。

3 初，魯宗之奔魏，晉安帝義熙十一年，魯宗之自襄陽奔秦，十三年，秦亡奔魏。其子軌爲魏荊州刺史、襄陽公，鎮長社，常思南歸；以昔殺劉康祖及徐湛之父，劉康祖父虔之，徐湛之父逵之，義熙十一年爲魯軌所殺。故不敢來。軌卒，子爽襲父官爵。爽少有武幹，少，詩照翻。與弟秀皆有寵於魏主。【章：十二行本「主」下有「秀爲中書郎」五字；乙十一行本同；孔本同；張校同；退齋校同。】既而兄弟各有罪，魏主詰責之。爽粗中使酒多過失，秀以檢校鄴人謀反事，因病還遲，並爲魏主所詰責。詰，去吉翻。爽、秀懼誅，從魏主自瓜步還，至湖陸，請曰：「奴與南有仇，每兵來，常恐禍及墳墓，爽祖父皆葬長社。乞共迎喪還葬平城。」魏主許之。爽至長社，殺魏戍兵數百人，帥部曲及願從者千餘家奔汝南。自長社至汝南不及三百里。帥，讀曰率。夏四月，爽遣秀詣壽陽，奉書於南平王鑠以請降。鑠，式灼翻。降，戶江翻。上聞之，大喜，以爽爲司州刺史，鎮義陽；沈約曰：司州刺史，漢之司隸校尉也，晉江左以來，淪沒戎寇。雖永和、太元，王化蹔及，及太和、隆安，還復湮陷。武帝北平關、洛，河南底定，置司州刺史，治虎牢，領河南、滎陽、弘農實土三郡。少帝景平初，司州復沒，元嘉末，僑立，治汝南，是後遂治義陽，領義陽、隨陽、安陸、南汝南郡。秀爲潁川太守，考異曰：宋略云「滎陽太守」，今從宋書。余謂帝蓋以秀兄弟自潁川來降，遂因以潁川太守授秀。餘弟姪並授官爵，賞賜甚厚。魏人毀其墳墓。徐湛之以爲廟算遠圖，特所獎納，不敢苟申私怨，乞屏居田里；不許。屏，迸郢翻。

4 青州民司馬順則自稱晉室近屬，聚衆號齊王。梁鄒戍主崔勳之詣州，五月，乙酉，順則乘虛襲梁鄒城。梁鄒縣，漢屬濟南郡，晉省；宋置梁鄒戍，爲平原太守治所。水經註：濟水自管縣東過梁鄒縣北，又東北過臨濟縣南。參而考之，其地蓋在唐齊州臨濟縣界。又有沙門自稱司馬百年，亦聚衆號安定王以應之。

5 壬寅，魏大赦。

6 己巳，以江夏王義恭領南兗州刺史，徙鎭盱眙，增督十二州諸軍事。

7 戊申，以尚書左僕射何尚之爲尚書令，太子詹事徐湛之爲僕射、護軍將軍，晉志曰：自魏、晉迄于江左，僕射置二則分左、右，或不兩置，但曰尚書僕射；令闕，則左爲省主；若左右並闕，則置尚書僕射以主左事。今湛之蓋以尚書僕射領護軍將軍也。尚之以湛之國戚，湛之，帝之甥，會稽公主之子。任遇隆重，每事推之。詔湛之與尚之並受辭訴。尚之雖爲令，而朝事悉歸湛之。朝，直遙翻。

8 六月，壬戌，魏改元正平。

9 魏主命太子少傅游雅、中書侍郎胡方回等更定律令，多所增損，凡三百九十一條。

10 魏太子晃監國，監，工銜翻。頗信任左右，又營園田，收其利。高允諫曰：「天地無私，故能覆載；覆，敷又翻。王者無私，故能容養。今殿下國之儲貳，萬方所則；而營立私田，畜養雞犬，畜，許六翻。乃至酤販市廛，與民爭利，廛，市中空地；一曰，居也。說文曰：廛，一畝半，一家之居也。孔穎達曰：市廛而不稅者，廛，謂公家邸舍，使商人停物於中，直稅其所舍之處，不稅其在市所賣之物。市內空地曰廛，城內空地曰肆。按載師云：以廛里任國中之地。鄭註云：廛里，邑居里矣，廛，民居之區域也。司農云：

廛，市中空地未有肆，城中空地未有宅者也。遂人授民田，夫一廛，田百畝。詩：胡取禾三百廛兮。傳云：一夫之居曰廛。謂一夫之田百畝也。揚子云：有田一廛，謂百畝之居，與詩傳同。夫田之廛與市廛之廛，其義不同，各有攸當也。謗聲流布，不可追掩。夫天下者，殿下之天下，富有四海，何求而無，乃與販夫、販婦競此尺寸之利乎！昔虢之將亡，神賜之土田，註見前。漢靈帝私立府藏，事見五十七卷光和元年。藏，徂浪翻。皆有顛覆之禍；前鑒若此，甚可畏也。武王愛周、邵、齊、畢，所以王天下；史記周紀：武王卽位，太公望爲師，周公旦爲輔，召公、畢公之徒左右王師，一戎衣而天下大定。王，于況翻。殷紂愛飛廉、惡來，所以喪其國。飛廉多力，惡來善走，父子俱以才力事紂。惡來善毀讒，諸侯以此益疏。喪，息浪翻。今東宮儁乂不少，頃來侍御左右者，恐非在朝之選。少，詩沼翻。朝，直遙翻。願殿下斥去佞邪，親近忠良；去，羌呂翻。近，其靳翻。所在田園，分給貧下；販賣之物，以時收散；收，謂收藏其物；散，謂散與貧民。一曰：以時收散者，言穫斂之時，民力可以償稱逋負則收之；停滯居物，至民所欲得之時則散之。如此，則休聲日至，謗議可除矣。」不聽。

太子爲政精察，而中常侍宗愛，性險暴，多不法，太子惡之。惡，烏故翻。給事中仇尼道盛、侍郎任平城侍郎，卽給事黃門侍郎。仇尼，複姓，出於徒河。任，音壬。有寵於太子，頗用事，皆與愛不協。愛恐爲道盛等所糾，遂構告其罪。魏主怒，斬道盛等於都街，都街，卽都市。東宮官屬多坐死，帝怒甚。戊辰，太子以憂卒。考異曰：宋索虜傳云：「燾至汝南瓜步，晃私遣取諸營鹵獲甚衆。

燾歸，聞知，大加搜檢。晃懼，謀殺燾。燾乃詐死，使其近習召晃迎喪，於道執之；及國，罩以鐵籠，尋殺之。」蕭子顯齊書亦云：「晃謀殺佛貍，見殺。」宋略曰：「燾既南侵，晃淫于內，謀欲殺燾。燾知之，歸而詐死，召晃迎喪。晃至，執之，罩以鐵籠，捶之三百，曳于叢棘以殺焉。」又索虜傳云：「晃弟秦王烏奕旰與晃對掌國事，晃疾之，訴其貪暴。燾鞭之二百，遣鎮枹罕。」此皆江南傳聞之語。今從後魏書。壬申，葬金陵，謚曰景穆。帝徐知太子無罪，甚悔之。爲後宗愛弑帝張本。

11 秋，七月，丁亥，魏主如陰山。

12 青、冀二州刺史蕭斌遣振武將軍劉武之等擊司馬順則、司馬百年，皆斬之。斌，音彬。癸亥，梁鄒平。

13 蕭斌、王玄謨皆坐退敗免官。上問沈慶之曰：「斌欲斬玄謨而卿止之，何也？」對曰：「諸將奔退，莫不懼罪，將，即亮翻。自歸而死，將至逃散，故止之。」慶之諫斬玄謨事見上卷上年。

14 九月，癸巳，魏主還平城；冬十月庚申，復如陰山。復，扶又翻。

15 上遣使至魏，魏遣殿中將軍郎法祐來脩好。好，呼到翻。

16 己巳，魏上黨靖王長孫道生卒。

17 十二月，丁丑，魏主封景穆太子之子濬爲高陽王；既而以皇孫世嫡，不當爲藩王，乃止。觀此，則魏世祖立孫之意定矣。時濬生四年，聰達過人，魏主愛之，常置左右。徙秦王翰爲東平王，燕王譚爲臨淮王，楚王建爲廣陽王，吳王余爲南安王。翰等皆魏主子。以國王徙封郡王，當考。

18帝使沈慶之徙彭城流民數千家於瓜步，征北參軍程天祚徙江西流民數千家於姑孰。彭城、江西流民，皆避魏寇而南者。

19帝以吏部郎王僧綽爲侍中。僧綽，曇首之子也，曇首輔政於元嘉之初。曇，徒含翻。幼有大成之度，衆皆以國器許之。好學，有思理，好，呼到翻。思，相吏翻。思理，猶言思致也。練悉朝典。朝，直遙翻；下同。尚帝女東陽獻公主。在吏部，諳悉人物，舉拔咸得其分。諳，烏含翻。分，扶問翻。言能隨其分量而授任也。及爲侍中，年二十九，沈深有局度，有局則能處事，有度則能容物。沈，持林翻。不以才能高人。帝頗以後事爲念，以其年少，少，詩照翻。欲大相付託，朝政大小，皆與參焉。帝之始親政事也，委任王華、王曇首、殷景仁、謝弘微、劉湛，次則范曄、沈演之、庾炳之，最後江湛、徐湛之、何瑀之及僧綽，凡十二人。「何瑀之」，恐當作「何尚之」。

20唐和入朝于魏，魏主厚禮之。唐和鎮焉耆，有撫安西域之功，故厚禮之。

二十九年（壬辰、四五二）

1春，正月，魏所得宋民五千餘家在中山者謀叛，州軍討誅之。州軍，定州之軍也。冀州刺史張掖王沮渠萬年坐與叛者通謀，賜死。沮，子余翻。

2魏世祖追悼景穆太子不已；中常侍宗愛懼誅，二月甲寅，弑帝，年四十五，謚曰太武皇帝。考異曰：宋書作「庚申」，今從魏書。尚書左僕射蘭延、魏書官氏志：北方諸姓，烏洛蘭氏改爲蘭氏。侍中和疋、薛提等祕不發喪。疋【章：十二行本「疋」上有「延」字；乙十一行本同；孔本同；張校同。】以皇孫濬沖幼，欲立長君，疋，五下翻。長，知兩翻。徵秦王翰，置之祕室；祕室，祕密之室。提以濬嫡皇孫，不可廢。議久不決。宗愛知之，自以得罪於景穆太子，而素惡秦王翰，惡，烏路翻。善南安王余，乃密迎余自中宮便門入禁中，矯稱赫連皇后令召延等。赫連皇后，夏主勃勃之女也。延等以愛素賤，不以爲疑，皆隨入。愛先使宦者三十人持兵伏於禁中，延等入，以次收縛，斬之；殺秦王翰於永巷而立余。大赦，改元承平，尊皇后爲皇太后，以愛爲大司馬、大將軍、太師、都督中外諸軍事、領中祕書，封馮翊王。史言魏亂。

3庚午，立皇子休仁爲建安王。

4三月，辛卯，魏葬太武皇帝于金陵，葬雲中金陵。廟號世祖。

5上聞魏世祖殂，更謀北伐，魯爽等復勸之。復，扶又翻。上訪於羣臣，太子中庶子何偃以爲「淮、泗數州淮、泗數州，謂青、冀、徐、兗、司、豫也。瘡痍未復，不宜輕動。」上不從。偃，尚之之子也。

夏，五月，丙申，詔曰：「虐虜窮凶，著於自昔；未勞資斧，已伏天誅。拯溺蕩穢，今其會也。可符驃騎、司空二府，時江夏王義恭降號驃騎將軍，鎮盱眙；南譙王義宣鎮江陵，進位司空。驃，匹妙翻。騎，奇計翻。各部分所統，分，扶問翻。東西應接。歸義建績者，隨勞酬獎。」於是遣撫軍將軍蕭思話督冀州刺史張永等向碻磝，魯爽、魯秀、程天祚將荆州甲士四萬出許、洛，據魯爽傳，天祚去年助戍彭城，爲魏所獲，勸爽弟秀南歸，是年遂與爽、秀俱來奔，故並用之。將，卽亮翻。雍州刺史臧質帥所領趣潼關。帥，讀曰率。考異曰：索虜、徐爰、張永傳，並云王玄謨亦北伐。玄謨傳中不曾行，蓋脱誤。魏紀載：「六月，劉義隆將檀和之寇濟州，梁坦及魯安生軍于京、索，龐萌、薛安都寇恆農。」都不言蕭思話等；而宋紀亦無此數人者。至七月云：「韓元興討之，和之退，梁坦、安生亦走」，不言思話之歸。宋略有臧質遣柳元景徇蒲阪，元景傳亦有之。今從宋書、宋略。今按考異所謂索虜、徐爰、張永傳，亦宋書也。永，茂度之子也。張裕，字茂度，避武帝諱，以字行。沈慶之固諫北伐；上以其異議，不使行。

青州刺史劉興祖上言，以爲：「河南阻飢，書曰：黎民阻飢。孔安國註曰：阻，難也。野無所掠；脱諸城固守，非旬月可拔。稽留大衆，轉輸方勞；應機乘勢，事存急速。今僞帥始死，帥，所類翻。兼逼暑時，國內猜擾，不暇遠赴。愚謂宜長驅中山，據其關要。自中山至代，有倒馬關、飛狐關。冀州以北，民人尚豐，兼麥已向熟，因資爲易，謂因敵取資，於事爲易。易，弋豉翻。嚮義之徒，必應響赴。若中州震動，黃河以南，自當消潰。臣請發青、冀七千兵，遣將領之，將，卽亮翻。直入其心腹。若前驅克勝，張永及河南衆軍，宜一時濟河，使聲實兼舉，並建司牧，撫柔初附，西拒太行，北塞軍都，欲因山險置兵，以苞舉相、定、幽、冀之地。行，戶剛翻。塞，息則翻。因事指揮，隨宜加授，加授，謂仕於魏有官者，加其官，未有官而能聚衆以應宋師者，先授之以官。畏威欣寵，人百其懷。言其懷恩百倍於常時也。若能成功，清壹可待；謂河南、北肅清，混壹之功可待也。若不克捷，不爲大傷。並催促裝束，伏聽敕旨。」上意止存河南，亦不從。劉興祖之言，上策也；上策，非命世之英不可行。上又使員外散騎侍郎琅邪徐爰隨軍向碻磝，銜中旨授諸將方略，臨時宣示。散，悉亶翻。騎，奇計翻。

6 尚書令何尚之以老請置【章：十二行本「置」作「致」；乙十一行本同；孔本同。】仕，退居方山。方山在建康東北，有方山埭，截淮立埭於山南。曰方山者，山形方如印。議者咸謂尚之不能固志。既而詔書敦諭者數四，六月，戊申朔，尚之復起視事。復，扶又翻。御史中丞袁淑錄自古隱士有迹無名者爲眞隱傳以嗤之。有迹無名，如晨門、荷蕢、荷蓧、野王二老、漢陰丈人之類。

7 秋，七月，張永等至碻磝，引兵圍之。考異曰：宋略：「七月壬辰，永師及碻磝。」下又有「乙酉、壬辰」。按長曆，此月丁丑朔，四日庚辰，六日壬午，十六日壬辰，疑永以庚辰、壬午至碻磝，非壬辰也。

8 壬辰，徙汝陰王渾爲武昌王，淮陽王彧爲湘東王。彧，於六翻。

9 初，潘淑妃生始興王濬。考異曰：太子劭傳云：「濬母卒，使潘淑妃養之。」濬傳及文九王傳，皆云濬實潘子。南史亦云「淑妃養爲子，淑妃愛濬，濬心不附。」今從濬本傳。元皇后性妬，以淑妃有寵於上，恚恨而殂，袁皇后謚曰元。后殂於十七年。恚，於避翻。淑妃專總内政。由是太子劭深惡淑妃及濬。惡，烏故翻。濬懼爲將來之禍，乃曲意事劭，劭更與之善。

吳興巫嚴道育，嚴道育，女巫也，其夫爲劫，坐沒入奚官。自言能辟穀服食，役使鬼物；因東陽公主婢王鸚鵡出入主家。道育謂主曰：「神將有符賜主。」主夜臥，見流光若螢，飛入書笥，笥，相吏翻，竹器也，篋也；圓曰簞，方曰笥。開視，得二青珠；由是主與劭、濬皆信惑之。劭、濬並多過失，數爲上所詰責；使道育祈請，欲令過不上聞。數，所角翻。詰，去吉翻。聞，音問。道育曰：「我已爲上天陳請，爲，于僞翻。上，時掌翻。必不泄露。」劭等敬事之，號曰天師。其後遂與道育、鸚鵡及東陽主奴陳天與、黄門陳慶國共爲巫蠱，琢玉爲上形像，埋於含章殿前；劭補天與爲隊主。

東陽主卒，卒，子恤翻。鸚鵡應出嫁，劭、濬恐語泄，慮巫蠱之語泄也。濬府佐吳興沈懷遠，素爲濬所厚，以鸚鵡嫁之爲妾。

上聞天與領隊，以讓劭曰：「汝所用隊主副，並是奴邪？」劭懼，以書告濬。濬復書曰：「彼人若所爲不已，正可促其餘命，或是大慶之漸耳。」據此，則弒逆之謀，濬實啓之。劭在都，濬在京口，故以書往來。詳察書意，則劭、濬逆謀豈一朝一夕之故哉！其所由來者漸矣。此書乃贊決其逆謀，非啓之也。劭、濬相與往來書疏，常謂上爲「彼人」，或曰「其人」，謂江夏王義恭爲「佞人」。夏，戶雅翻。鸚鵡先與天與私通，既適懷遠，恐事泄，白劭使密殺之。陳慶國懼，曰：「巫蠱事，惟我與天與宣傳往來。今天與死，我其危哉！」乃具以其事白上。上大驚，即遣收鸚鵡；封籍其家，得劭、濬書數百紙，皆呪詛巫蠱之言；呪，職救翻。詛，莊助翻。又得所埋玉人，命有司窮治其事。治，直之翻。道育亡命，捕之不獲。

先是，濬自揚州【章：十二行本「州」下有「刺史」二字；乙十一行本同；孔本同；張校同。】出鎮京口，十八年，濬爲揚州刺史，出鎮京口，史逸其事始。先，息薦翻。及廬陵王紹以疾解揚州，紹，帝第五子，出繼廬陵王義眞後。意謂己必復得之。既而上用南譙王義宣，濬殊不樂，乃求鎮江陵；濬求代義宣鎮江陵，然義宣未及離江陵，濬自京口至都，則弑逆之禍發矣。復，扶又翻；下同。樂，音洛。上許之。濬入朝，朝，直遙翻。遣還京口，爲行留處分，至京口數日而巫蠱事發。上惋歎彌日，處，昌呂翻。分，扶問翻。惋，烏貫翻，驚惋也。謂潘淑妃曰：「太子圖富貴，更是一理，虎頭復如此，濬，小字虎頭。非復思慮所及。汝母子豈可一日無我邪！」言一日無帝，則淑妃及濬將爲劭所殺也。遣中使切責劭、濬，使，疏吏翻。劭、濬惶懼無辭，惟陳謝而已。上雖怒甚，猶未忍罪也。「當斷不斷，反受其亂。」文帝之謂也。

諸軍攻碻磝，治三攻道：張永等當東道，濟南太守申坦等當西道，揚武司馬崔訓當南道。攻之累旬不拔。自帝經略河南，到彥之之出師，四鎮皆斂戍北去。王玄謨之出師，碻磝望風而下，滑臺則堅壁矣。今之出師，碻磝亦固守以抗張永等。魏人固習知宋人之情態，以爲無能爲也。治，直之翻。濟，子禮翻。八月，辛亥夜，魏人自地道潛出，燒崔訓營及攻具；癸丑夜，又燒東圍及攻具；尋復毀崔訓攻道。復，扶又翻。張永夜撤圍退軍，不告諸將，將，即亮翻。士卒驚擾；魏人乘之，死傷塗地。蕭思話自往，增兵力攻，旬餘不拔。是時，青、徐不稔，軍食乏。丁卯，思話命諸軍皆退屯歷城，斬崔訓，繫張永、申坦於獄。

魯爽至長社，魏戍主禿髠幡棄城走。「禿髠」，恐當作「禿髮」。【章：「髠」十二行本正作「髮」；孔本同；張校同。】魯爽父子兄弟先居長社，以南兵來，聲勢既盛，禿髮幡恐其有內應，故不能守而走。臧質頓兵近郊，謂頓兵襄陽之近郊也。杜子春周禮註曰：五十里爲近郊，百里爲遠郊。不以時發，獨遣冠軍司馬柳元景臧質以冠軍將軍鎮襄陽，以柳元景爲司馬。冠，古玩翻；下同。帥後軍行參軍薛安都等【章：十二行本「等」下有「向潼關，元景等」六字；乙十一行本同；孔本同；張校同；退齋校同。】進據洪關。水經註：洛水自上洛縣東北於拒城之西北分爲二水，枝渠東北出爲門水，門水又北歷陽華之山，又東北歷峽謂之鴻關水，水東有城，即關亭也；水西有堡，謂之鴻關堡。帥，讀曰率。梁州刺史劉秀之遣司馬馬汪與左軍中兵參軍蕭道成將兵向長安。道成，承之之子也。蕭道成始見于此。蕭承之有復漢中之功，見一百二十二卷元嘉十年。將，即亮翻。魏冠軍將軍封禮自泹津南渡，赴弘農。水經註：門水自鴻關東北流，又北逕弘農縣故城東。

故城即故函谷關也。其水側城北流，而注于河。河水於此有浢津之名。浢，音豆。九月，司空高平公兒烏干屯潼關，魏書官氏志：內入諸姓，賀兒氏爲兒氏。平南將軍黎公遼屯河內。

11 吐谷渾王慕利延卒，樹洛干之子拾寅立，樹洛干卒於晉安帝義熙十三年。始居伏羅川；居伏羅川，猶未敢遠離白蘭之險也。遣使來請命，亦請命于魏。丁亥，以拾寅爲安西將軍、西秦・河・沙三州刺史、河南王；魏以拾寅爲鎮西大將軍、沙州刺史、西平王。

12 庚寅，魯爽與魏豫州刺史拓跋僕蘭戰于大索，破之，杜預曰：成皋東有大索城。京相璠曰：京縣有大索亭；小索亭，大、小索氏兄弟居之，故有大小之號。括地志曰：滎陽即大索城；小索故城在滎陽縣北四里。進攻虎牢。聞碻磝敗退，與柳元景皆引兵還。蕭道成、馬汪等聞魏救兵將至，還趣仇池。趣，七喻翻。己丑，詔解蕭思話徐州，更領冀州刺史，鎮歷城。更，工衡翻。

上以諸將屢出無功，不可專責張永等，賜思話詔曰：「虜既乘利，方向盛冬，若脫敢送死，兄弟父子自共當之耳。言諸將皆不可任也。言及增憤！可以示張永、申坦。」使示永、坦，欲以激厲之。又與江夏王義恭書曰：「早知諸將輩如此，恨不以白刃驅之。今者悔何所及！」亦憤憤之辭也。義恭尋奏免思話官，從之。

13 魏南安隱王余自以違次而立，余以少子爲宗愛所立，非次也。謚法：不顯尸國曰隱。厚賜羣下，欲以收衆心；旬月之間，府藏虛竭。藏，徂浪翻。又好酣飲及聲樂、畋獵，不恤政事。好，呼到翻。宗愛爲宰相，錄三省，魏蓋以尚書、侍中、中祕書爲三省，亦猶今以尚書、門下、中書爲三省也。總宿衛，坐召公卿，專恣日甚。余患之，謀奪其權，愛憤怒。冬，十月，丙午朔，余夜祭東廟，魏書：明元帝永興四年，立太祖道武廟於白登山，歲一祭，具太牢；無常月。又於白登山西太祖舊遊之處，立昭成獻明太祖廟，常以九月、十月之交，帝親祭，牲用馬牛羊。白登在平城東，故曰東廟。愛使小黃門賈周等就弒余，而祕之，余立纔二百二十餘日。惟羽林郎中代人劉尼知之。羽林郎，自漢以來有之。漢羽林郎秩比三百石，郎中可以概推矣。魏以劉尼爲羽林郎中，與殿中尚書俱典兵宿衛，則其位任蓋重於漢朝也。尼勸愛立皇孫濬，愛驚曰：「君大癡人！皇孫若立，豈忘正平時事乎！」景穆太子之死，魏正平元年也。正平元年即上年。尼曰：「若爾，今當立誰？」愛曰：「待還宮，當擇諸王賢者立之。」

尼恐愛爲變，密以狀告殿中尚書源賀。賀時與尼俱典兵宿衛，乃與南部尚書陸麗謀曰：「宗愛既立南安，還復殺之。復，扶又翻。今又不立皇孫，將不利於社稷。」遂與麗定謀，共立皇孫。麗，俟之子也。史言陸俟父子皆有智略，忠於後魏。

戊申，賀與尚書長孫渴侯嚴兵守衛宮禁，使尼、麗迎皇孫於苑中。魏都平城有鹿苑。麗抱皇孫於馬上，入平城，賀、渴侯開門納之。尼馳還東廟，大呼曰：「宗愛弒南安王，大逆不道，呼，火故翻。劉尼僅以弒南安王爲宗愛罪，不能正其弒世祖之罪也。皇孫已登大位，有詔，宿衛之士皆還宮！」衆咸呼萬歲，遂執宗愛、賈周等，勒兵而入，奉皇孫即皇帝位。帝諱濬，太武皇帝之嫡孫，景穆太子之長子也。蕭子顯曰：濬，字烏雷直勤。登永安殿，北史：魏太武帝始光二年，改東宮爲萬壽宮，起永安、安樂二殿。大赦，改元興安。考異曰：宋索虜傳：「燾以烏弈肝有武略，用以爲太子。會燾死，使嬖人宗愛立可博眞爲後。宗愛、博眞恐爲弈肝所危，矯殺之而自立，號年承平。博眞懦弱，不爲國人所附。晃子濬字烏雷直懃，素爲燾所愛，燕王謂國人曰：『博眞非正，不宜立；直懃嫡孫，應立耳。』乃殺博眞及宗愛而立濬爲主，號年正平。」與後魏書不同。又云在二十八年。皆宋書之誤也。殺愛、周，皆具五刑，夷三族。

14 西陽五水羣蠻反，水經註：蘄水出江夏蘄春縣北山。水首受希水，枝津西南流，歷蘄山，出蠻中，故以此水爲五水蠻。五水，謂巴水、蘄水、希水、赤亭水、西歸水。蠻左憑阻山川，世爲抄暴。宋沈慶之於西陽上下誅討，卽五水蠻也。自淮、汝至于江、沔，咸被其患。南史曰：蠻所在深阻，種落熾盛，北接淮、汝，南極江、漢，地方數千里。沔，迷遠翻。被，皮義翻；下同。詔太尉中兵參軍沈慶之督江、豫、荆、雍四州兵討之。爲沈慶之以討蠻之兵輔武陵王駿起義張本。雍，於用翻。

15 魏以驃騎大將軍拓跋壽樂爲太宰、都督中外諸軍、錄尚書事，壽樂，拓跋悉鹿之後。驃，匹妙翻。騎，奇計翻。樂，音洛。長孫渴侯爲尚書令，加儀同三司。賞定策之功也。十一月，壽樂、渴侯坐爭權，並賜死。

16 癸未，魏廣陽簡王建、臨淮宣王譚皆卒。

17 甲申，魏主母閭氏卒。按北史，魏主母姓郁久閭氏，河東王毗之妹也。

18 魏南安王余之立也，以古弼爲司徒，張黎爲太尉。及高宗立，弼、黎議不合旨，黜爲外都大官；坐有怨言，且家人告其爲巫蠱，皆被誅。古弼、張黎，魏世祖之所親任者也。宗愛弑逆，不能聲其罪而誅之；南安之立，首居公位；雖不爲巫蠱，罪固不容於死矣。被，皮義翻。

19 壬寅，廬陵昭王紹卒。

20 魏追尊景穆太子爲景穆皇帝，皇妣閭氏爲恭皇后，尊乳母常氏爲保太后。

21 隴西屠各王景文叛魏，屠，直於翻。署置王侯；魏統萬鎮將南陽王惠壽、外都大官于洛拔督四州之衆討平之，四州，謂秦、雍、河、涼。徙其黨三千餘家於趙、魏。此言戰國時趙、魏大界。

22 十二月，戊申，魏葬恭皇后于金陵。

23 魏世祖晚年，佛禁稍弛，魏禁佛見一百二十四卷二十三年。民間往往有私習者。及高宗即位，羣臣多請復之。乙卯，詔州郡縣衆居之所，各聽建佛圖一區；民欲爲沙門者，聽出家，捨俗爲僧謂之出家。大州五十人，小州四十人。於是曏所毀佛圖，率皆修復。佛圖，即浮屠，或曰：佛圖，即佛寺。魏主親爲沙門師賢等五人下髮，爲，于僞翻。下髮，剃髮也，亦謂之祝髮。以師賢爲道人統。道人統，猶宋之都僧錄，北人謂之僧總攝。魏書：沙門師賢，本罽賓國王種人，少入道，東遊涼州，涼平赴代。罷佛法時，師賢假爲醫術還俗，而守道不改。於修復日，即反沙門，爲道人統。和平初，師賢卒，曇曜代之，更名沙門統。

24 丁巳，魏以樂陵王周忸爲太尉，忸，女九翻。南部尙書陸麗爲司徒，鎭西將軍杜元寶爲司空。麗以迎立之功，受心膂之寄，朝臣無出其右者。朝，直遙翻；下同。賜爵平原王，麗辭曰：「陛下，國之正統，世嫡皇孫，故曰正統。當承基緒；效順奉迎，臣子常職，不敢慆天之功慆，義與叨同，貪也。以干大賞。」再三不受。魏主不許。麗曰：「臣父奉事先朝，忠勤著效。陸俟事世祖，威行北鎭，功著關中。今年逼桑榆，桑榆，晚景也。願以臣爵授之。」帝曰：「朕爲天下主，豈不能使卿父子爲二王邪！」戊午，進其父建業公俟爵爲東平王。考異曰：魏紀曰「戊申」。按上有丁巳，下有癸亥，不當中有戊申；蓋「戊午」字誤耳。又命麗妻爲妃，復其子孫，復，方目翻。麗力辭不受。帝益嘉之。

以東安公劉尼爲尙書僕射，西平公源賀爲征北將軍，並進爵爲王。帝班賜羣臣，謂源賀曰：「卿任意取之。」賀辭曰：「南北未賓，府庫不可虛也。」謂魏南有宋，北有柔然，不可一日弛備；府庫所以供軍國之用，不可虛於賞賜。固與之，乃取戎馬一匹。示欲宣力於邊垂。

高宗之立也，高允預其謀，陸麗等皆受重賞，而不及允，允終身不言。高允不言功，其後位遇隆厚，天豈嗇其報也！

甲子，周忸坐事，賜死。時魏法深峻，源賀奏：「謀反之家，男子十三以下本不預謀者，宜免死沒官。」從之。

25 江夏王義恭還朝。自盱眙還也。夏，戶雅翻。朝，直遙翻。辛未，以義恭爲大將軍、南徐州刺史，欲以代始興王濬也。錄尚書如故。

26 初，魏入中原，晉孝武帝太元二十一年，魏伐燕，至安帝隆安二年克中山，始得中原。用景初曆，景初曆，楊偉所造，曹魏明帝景初元年行之。世祖克沮渠氏，見一百二十三卷十六年。沮，子余翻。得趙敺玄始曆，偏考字書無「敺」字，以偏傍從「匪」從「文」，離而合之於上下，讀如斐字。時人以爲密，是歲，始行之。

聶崇岐標點王崇武覆校

資治通鑑卷第一百二十七

端明殿學士兼翰林侍讀學士朝散大夫右諫議大夫充集賢殿修撰提舉西京嵩山崇福宮上柱國河内郡開國侯食邑一千八百户食實封六百户賜紫金魚袋臣　司馬光　奉敕編集

後　學　天　台　胡三省　音　註

宋紀九 昭陽大荒落（癸巳），一年。

太祖文皇帝下之下

元嘉三十年（癸巳、四五三）

1 春，正月，戊寅，以南譙王義宣爲司徒、揚州刺史。用義宣刺揚州，至是始出命。

2 蕭道成等帥氐、羌攻魏武都，魏高平鎮將苟莫于將突騎二千救之。帥，讀曰率。將，卽亮翻。騎，奇計翻。道成等引還南鄭。南鄭，宋梁、南秦二州刺史治所。兵志所謂「知難而退」，蕭道成有焉。

3 壬午，以征北將軍始興王濬爲荆州刺史。帝怒未解，故濬久留京口；既除荆州，乃聽入朝。朝，直遥翻。

4 戊子，詔江州刺史武陵王駿統諸軍討西陽蠻，軍于五洲。水經註：江水東逕江夏軑縣故城南。縣故弦國也。城在山之陽，南對五洲。江中有五洲相接，故以爲名，其地當在今黄州、江州之間。孟康曰：軑，音汰。師古曰：軑，又音徒系翻。

5 嚴道育之亡命也，道育亡命事始上卷上年。上分遣使者搜捕甚急。使，疏吏翻。道育變服爲尼，匿於東宫，又隨始興王濬至京口，或出止民張旿家。旿，疑古翻。濬入朝，復載還東宫，復，扶又翻。欲與俱往江陵。丁巳，上臨軒，濬入受拜。受拜荆州刺史之命。是日，有告道育在張旿家者，上遣掩捕，得其二婢，云道育隨征北還都。濬爲征北將軍，故稱之。上謂濬與太子劭已斥遣道育，而聞其猶與往來，惆悵惋駭，惆，丑鳩翻。惋，烏貫翻。乃命京口送二婢，須至檢覆，乃治劭、濬之罪。言待二婢至，檢覈覆審其事，乃罪二子也。治，直之翻。

潘淑妃抱濬泣曰：「汝前祝詛事發，事見上卷上年。祝，讀與呪同，職救翻。猶冀能刻意思愆；何意更藏嚴道育！上怒甚，我叩頭乞恩不能解，今何用生爲！可送藥來，當先自取盡，謂欲先自殺也。不忍見汝禍敗也。」濬奮衣起曰：「天下事尋自當判，願小寬慮，必不上累！」累，力瑞翻。判，決也，欲決意爲商臣之事也。濬辭氣凶悖如此，潘妃承帝寵又如此，而不以濬言白上，何也？婦人之仁，知愛子而欲掩覆之，不知其變愈激也。

6 己未，魏京兆王杜元寶坐謀反誅；建寧王崇及其子濟南王麗皆爲元寶所引，賜死。史言魏難未已。濟，子禮翻。

7帝欲廢太子劭，賜始興王濬死，先與侍中王僧綽謀之；使僧綽尋漢魏以來廢太子、諸王典故，典，經常之籍也。故，舊事也。送尚書僕射徐湛之及吏部尚書江湛。送典故與二人也。武陵王駿素無寵，故屢出外藩，不得留建康；駿自彭城還，復出刺江州。南平王鑠、建平王宏皆爲帝所愛。鑠妃，江湛之妹；隨王誕妃，徐湛之之女也；湛勸帝立鑠，湛之意欲立誕。史言江、徐各私其私以亂國殺身。僧綽曰：「建立之事，仰由聖懷。臣謂唯宜速斷，不可稽緩。『當斷不斷，反受其亂。』按漢書齊相召平所引道家之言。斷，丁亂翻；下同。願以義割恩，略小不忍；論語，孔子曰：小不忍則亂大謀。不爾，便應坦懷如初，謂坦懷待之，如父子天性之初也。無煩疑論。事機雖密，易致宣廣，不可使難生慮表，取笑千載。」易，以豉翻。難，乃旦翻。載，祖亥翻。言禍難生於思慮之外，將取笑於後世也。帝曰：「卿可謂能斷大事。然此事至重，不可不慇懃三思。且彭城始亡，彭城王義康死見上卷二十八年。三，息暫翻，又音如字。人將謂我無復慈愛之道。」復，扶又翻。僧綽曰：「臣恐千載之後，言陛下惟能裁弟，不能裁兒。」帝默然。江湛同侍坐，坐，徂臥翻。出閤，謂僧綽曰：「卿向言將不太傷切直！」僧綽曰：「弟亦恨君不直！」僧綽年少於湛，故自稱爲弟。

鑠自壽陽入朝，既至，失旨。帝欲立宏，嫌其非次，建平王宏之齒未也，於兄弟長幼之序爲非次。是以議久不決。每夜與湛之屛人語，或連日累夕。常使湛之自秉燭，繞壁檢行，慮有竊聽者。屏，必郢翻。帝自以爲謀莫密於此矣。帝以其謀告潘淑妃，淑妃以告濬，左氏傳有言：謀及婦人，宜其死也。宋文帝處此事，其識略又在吳孫亮之下。濬馳報劭。劭乃密與腹心隊主陳叔兒、齋帥張超之等謀爲逆。齋帥主齋內仗衛，又掌湯沐、燈燭、汛掃、鋪設。帥，所類翻。

初，帝以宗室強盛，慮有內難，慮諸弟爲難也。難，乃旦翻。特加東宮兵，使與羽林相若，事見一百二十三卷十六年。至有實甲萬人。考異曰：宋元凶劭傳云：「二十八年，彗星入太微，掃帝座。二十九年十一月，霖雨連雪，太陽罕曜。三十年正月，風霰且雷。上憂有竊發，輒加劭兵衆，東宮實甲萬人。」按二十九年，劭、濬巫蠱事已發，豈有因十二月及明年正月災異而更加劭兵！今從宋略。劭性黠而剛猛，黠，下八翻，桀也，慧也。帝深倚之。及將作亂，每夜饗將士，或親自行酒。王僧綽密以啓聞。王僧綽又啓聞此事，劭之逆狀彰灼無可疑者，而帝猶豫不斷，殆天奪之鑒也。將，即亮翻。會嚴道育婢將至，癸亥夜，考異曰：劭傳云「二十一日夜」。按長曆，是月甲辰朔。宋略云「癸亥夜」，乃二十日也。今從之。劭詐爲帝詔云：「魯秀謀反，汝可平明守闕，帥衆入。」帥，讀曰率。因使張超之等集素所畜養兵士二千餘人，皆被甲；畜，許六翻。被，皮義翻。召內外幢隊主副，豫加部勒，云有所討。幢，傳江翻。夜，呼前中庶子右軍長史蕭斌、蕭斌前嘗爲太子中庶子，而此時則爲右軍長史也。斌，音彬。左衞率袁淑、中舍人殷仲素、左積弩將軍王正見晉武帝泰始四年罷振威、揚威護軍，置左右積弩將軍。宋、齊之制，東宮亦置左右積弩將軍。並入宮。劭流涕謂曰：「主上信讒，將見罪廢。內省無過，不能受枉。省，所景翻。明旦當行大事，左傳：楚潘崇謂商臣曰：「能行大事乎？」對曰：「能。」遂以宮甲圍其父成王而弑之。望相與戮力。」因起，徧拜之，衆驚愕，莫敢對。淑、【章：十二行本「淑」上有「久之」二字；乙十一行本同；孔本同；張校同。】斌皆曰：「自古無此。願加善思。」善思，猶今人言好思量也。劭怒，變色。斌懼，與衆俱曰：「當竭身奉令。」淑叱之曰：「卿便謂殿下眞有是邪？殿下幼嘗患風，或是疾動耳。」言病風喪心，或致有是言。劭愈怒，因眄淑曰：「事當克不？」眄，眠見翻，目偏合而斜視也。不，讀曰否。淑曰：「居不疑之地，何患不克！但恐既克之後，不爲天地所容，大禍亦旋至耳。旋，還反也，疾也。假有此謀，猶將可息。」左右引淑出，曰：「此何事，而云可罷乎！」淑還省，還左衛率省也。繞牀行，至四更乃寢。更，工衡翻。

甲子，宮門未開，劭以朱衣加戎服上，乘畫輪車，朱衣，太子入朝之服。晉志曰：畫輪車，駕牛，以綵漆畫輪轂，故名曰畫輪車。上起四夾杖，左右開四望，綠油幢，朱絲絡，其上形制事事如輦，其下猶如犢車耳。太子法駕亦謂之鸞路，非法駕則乘畫輪車，兩箱裏飾以金錦、黃金，塗五采。與蕭斌共載，衛從如常入朝之儀。從，才用翻。朝，直遙翻。呼袁淑甚急，淑眠不起，劭停車奉化門奉化門，東宮西門。催之相續。淑徐起，至車後；劭使登車，又辭不上，上，時掌翻。劭命左右殺之。守門開，停留以候門開曰守。從萬春門入。萬春門，臺城東門。舊制，東宮隊不得入城。言不得入臺城也。劭以僞詔示門衛曰：「受敕，有所收討。」令後隊速來。張超之等數十人馳入雲龍門及齋閤，拔刀徑上合殿。

李延壽曰：晉世諸帝多處內房，朝宴所臨，東、西二堂而已。孝武末年，清暑方構，永初受命，無所改作，所居惟稱西殿，不製嘉名，文帝因之，亦有合殿之稱。帝其夜與徐湛之屏人語至旦，燭猶未滅，門階戶席直衛兵尚寢未起。帝見超之入，舉几捍之，五指皆落，遂弒之。年四十七。湛之驚起，趣北戶，未及開，兵人殺之。趣，七喻翻。劭進至合殿中閤，聞帝已殂，出坐東堂。蕭斌執刀侍直，呼中書舍人顧嘏，嘏震懼，不時出，既至，問曰：「欲共見廢，何不早啓？」嘏未及答，卽於前斬之。江湛直上省，侍中省有上省、下省，上省在禁中。湛時爲侍中，入直上省。聞諠譟聲，歎曰：「不用王僧綽言，以至於此！」乃匿傍小屋中，劭遣兵就殺之。宿衛舊將羅訓、徐罕皆望風屈附。南史卜天與傳作「徐牢」。將，卽亮翻。左細仗主、廣威將軍吳興卜天與宋宿衛之官，有細鎧主、細鎧將、細仗主等。不暇被甲，被，皮義翻。執刀持弓，疾呼左右出戰。徐罕曰：「殿下入，汝欲何爲！」天與罵曰：「殿下常來，云何於今乃作此語！只汝是賊！」手射劭於東堂，幾中之。射，而亦翻。幾，居希翻。中，竹仲翻。劭黨擊之，斷臂而死。隊將張泓之、朱道欽、陳滿與天與俱戰死。斷，丁管翻。將，卽亮翻。左衛將軍尹弘惶怖通啓，求受處分。怖，普布翻。處，昌呂翻。分，扶問翻。劭使人從東閤入，東閤，東閤門也。殺潘淑妃及太祖親信左右數十人，劭尊帝廟號中宗；孝武帝卽位，改廟號曰太祖。急召始興王濬使帥衆屯中堂。

濬時在西州，濬自京口入朝，蹔居西州。帥，讀曰率。府舍人朱法瑜府舍人者，濬府之舍人也。自晉以來，諸王府舍人十人。奔告濬曰：「臺内喧譟，宮門皆閉，道上傳太子反，未測禍變所至。」濬陽驚曰：「今當柰何？」法瑜勸入據石頭。濬未得劭信，不知事之濟不，濟不，讀曰否。騷擾不知所爲。將軍王慶曰：「今宮内有變，未知主上安危，凡在臣子，當投袂赴難；難，乃旦翻。憑城自守，非臣節也。」濬不聽，乃從南門出，徑向石頭，文武從者千餘人。時南平王鑠戍石頭，兵士亦千餘人。從，才用翻。史言濬、鑠之衆足以討除逆亂。俄而劭遣張超之馳馬召濬，濬屏人問狀，屏，必逞翻。卽戎服乘馬而去。朱法瑜固止濬，濬不從；出中門，王慶又諫曰：「太子反逆，天下怨憤。明公但當堅閉城門，坐食積粟，石頭倉城有積粟。不過三日，凶黨自離。公情事如此，今豈宜去！」濬曰：「皇太子令，敢有復言者斬！」復，扶又翻。既入，見劭，劭【章：十二行本「劭」下有「謂濬」二字；乙十一行本同；孔本同；張校同。】曰：「潘淑妃遂爲亂兵所害。」濬曰：「此是下情由來所願。」梟食母，破獍食父，若濬者，兼梟獍之心以爲心。

劭詐以太祖詔召大將軍義恭、尚書令何尚之入，拘於内；内，謂臺内。并召百官，至者纔數十人。劭遽卽位，下詔曰：「徐湛之、江湛弑逆無狀，吾勒兵入殿，已無所及，號惋崩衂，號，戶刀翻。惋，烏貫翻。衂，女六翻。肝心破裂。今罪人斯得，元凶克殄，可大赦，改元太初。」

卽位畢，亟稱疾還永福省，永福省，太子所居也，在禁中。不敢臨喪；以白刃自守，夜則列燈以防左右。以蕭斌爲尚書僕射、領軍將軍，以何尚之爲司空，前右衞率檀和之戍石頭，征虜將軍營道侯義綦鎭京口。義綦，義慶之弟也。義慶，長沙王道憐第二子，嗣臨川王道規國。乙丑，悉收先給諸處兵還武庫，殺江、徐親黨尚書左丞荀赤松、右丞臧凝之等。凝之，燾之孫也。以殷仲素爲黄門侍郎，王正見爲左軍將軍，張超之、陳叔兒皆拜官，賞賜有差。輔國將軍魯秀在建康，劭謂秀曰：「徐湛之常欲相危，事見上卷二十八年。我已爲卿除之矣。」爲，于僞翻。使秀與屯騎校尉龐秀之對掌軍隊。騎，奇計翻。校，戶教翻。軍隊，軍主、隊主所統之兵。劭不知王僧綽之謀，以僧綽爲吏部尚書，王僧綽於此時不受劭官，繼之以死，則人臣之節盡矣。司徒左長史何偃爲侍中。

武陵王駿屯五洲，沈慶之自巴水來，咨受軍略。水經：巴水出廬江雩婁縣之巴山，南歷蠻中，又南流注于江；今謂之巴河，在蘄州界；源出板石山。去年，帝使沈慶之討蠻，是年，使武陵王駿統討蠻諸軍，故慶之來詣駿咨受軍略。軍略，謂用兵之策略也。三月，乙亥，典籤董元嗣武陵王鎭彭城，董元嗣已爲府典籤。自建康至五洲，具言太子殺逆，殺，讀曰弒。【章：十二行本正作「弒」；孔本同；張校同。】駿使元嗣以告僚佐。宣劭弒逆之罪，將舉兵也。沈慶之密謂腹心曰：「蕭斌婦人，言其怯弱無能爲也。其餘將帥，皆易與耳。易，以豉翻。東宮同惡，不過三十人；謂張超之、陳叔兒等。此外屈逼，謂魯秀、龐秀之等。必不爲用。今輔順討逆，順謂武陵王，逆謂劭也。不憂不濟也。」沈慶之以此言作諸人義勇之氣。

8 壬午，魏主尊保太后爲皇太后，尊保太后見上卷上年。以乳母爲母，非禮也。追贈祖考，官爵兄弟，皆如外戚。史言魏主寵秩私昵之過。

9太子劭分浙東五郡爲會州，以會稽名州也。會，古外翻。省揚州，立司隸校尉，浙東五郡本屬揚州，分爲會州，又改揚州爲司隸校尉以統京畿，欲倣魏、晉都洛舊制。以其妃父殷沖爲司隸校尉。沖，融之曾孫也。殷融見九十四卷晉成帝咸和三年。以大將軍義恭爲太保，荆【嚴：「荆」改「揚」。】州刺史南譙王義宣爲太尉，始興王濬爲驃騎將軍，驃，匹妙翻。騎，奇計翻。雍州刺史臧質爲丹楊尹，雍，於用翻。會稽太守隨王誕爲會州刺史。欲就會稽用誕統浙東五郡。

劭料檢文帝巾箱料音聊。巾箱所以藏要密文書，便於尋閱。及江湛家書疏，得王僧綽所啓饗士幷前代故事，即所上廢太子諸王典故。疏，所去翻。甲申，收僧綽，殺之。僧綽弟僧虔爲司徒左西屬，左西屬，左西曹屬也。舊制，司徒府有東西曹，曹有掾，有屬。宋於西曹又分左、右。所親咸勸之逃，僧虔泣曰：「吾兄奉國以忠貞，撫我以慈愛，今日之事，苦不見及耳；若得同歸九泉，猶羽化也。」羽化，猶言登仙，神仙家所謂飛昇也。劭因誣北第諸王侯，云與僧綽謀反，諸王侯列第於臺城北，故曰北第。此皆穆、武子孫也。殺長沙悼王瑾、瑾弟【章：十二行本「弟」下有「楷」字；乙十一行本同；孔本同；張校同；退齋校同。】臨川哀王燁、臨川王義慶本長沙王道憐之子，嗣臨川王道規，今燁又以長沙王瑾弟嗣義慶。瑾，渠吝翻。桂陽孝侯覬、新渝懷侯玠，覬，音冀。「新渝」當作「新喻」。考異曰：劭傳作「球」，今從長沙王道憐傳。皆劭所惡也。惡，烏路翻。瑾，義欣之子；義欣，長沙王道憐之子。燁，義慶之子；覬、玠，義慶之弟子也。

劭密與沈慶之手書，令殺武陵王駿。慶之求見王，王懼，辭以疾。慶之突入，以劭書示王，王泣求入內與母訣，武陵王母路淑媛。慶之曰：「下官受先帝厚恩，今日之事，惟力是視；殿下何見疑之深！」王起再拜曰：「家國安危，皆在將軍。」慶之卽命內外勒兵。府主簿顏竣曰：竣，七倫翻。「今四方未知義師之舉，劭據有天府，天府謂建康。若首尾不相應，首，謂武陵已倡義於九江；尾，謂諸方征鎭。此危道也。宜待諸鎭協謀，然後舉事。」慶之厲聲曰：「今舉大事，而黃頭小兒皆得參預，男女始生爲黃頭小兒。言其如嬰兒，未有知識也。何得不敗！宜斬以徇！」王令竣拜謝慶之，慶之曰：「君但當知筆札事耳！」於是專委慶之處分。旬日之間，內外整辦，人以爲神兵。宋帝紀曰：三月乙未，建牙于軍門。是時多不悉舊儀，有一翁班白，自稱少從武帝征伐，頗悉其事；因使指麾，事畢忽失所在。余謂沈慶之甚練軍事，西征北伐，久在兵間，安有不悉舊儀之理！或者舉義之時，託武帝神靈以昭神人之助順，啓諸方赴義之心也。通鑑不語怪，故不書。處，昌呂翻。分，扶問翻。竣，延之之子也。顏延之與謝靈運俱以文義著稱；靈運死，延之獨擅名於時，時在建康。

庚寅，武陵王戒嚴誓衆。以沈慶之領府司馬；襄陽太守柳元景、隨郡太守宗慤爲諮議參軍，領中兵；江夏內史朱脩之行平東將軍；記室參軍顏竣爲諮議參軍，領錄事，兼總內外；柳元景、宗慤以諮議參軍領中兵參軍，以前驅之任命二人也。顏竣本記室參軍，陞諮議，領錄事參軍，以總錄軍府之任命竣也。記室參軍掌牋記。夏，戶雅翻。諮議參軍劉延孫爲長史、尋陽太守，行留府事。延孫，道產之子也。劉道產鎮襄陽有政績，見一百二十四卷十九年。

南譙王義宣及臧質皆不受劭命，與司州刺史魯爽同舉兵以應駿。質、爽俱詣江陵見義宣，司、雍皆受督於義宣，故俱詣之。且遣使勸進於王。使，疏吏翻。辛卯，臧質子敦等在建康者聞質舉兵，皆逃亡。考異曰：宋略：「庚申，武陵王戒嚴。辛亥，臧敷逃。」按長曆，是月甲戌朔，無庚申、辛亥。又宋略上有甲申，下有癸巳，此必庚寅、辛卯字誤也。宋書「敷」作「敦」，今從之。劭欲相慰悅，下詔曰：「臧質，國戚勳臣，臧質，高祖敬皇后之姪，故曰國戚；有邊功，故曰勳臣。方翼贊京輦，謂用爲丹楊尹也。而子弟波迸，良可怪歎。迸，北諍翻。可遣宣譬令還，咸復本位。」劭尋錄得敦，毛晃曰：錄，收拾也。使大將軍義恭行訓杖三十，以外戚子弟，行杖以訓敕之，故曰訓杖。厚給賜之。

10 癸巳，劭葬太祖于長寧陵，據齊書豫章王嶷傳，長寧陵隧道出嶷第前路，則陵近臺城矣。謚曰景皇帝，廟號中宗。史不用劭所上謚號，而用孝武帝所改謚號，正劭弒逆之罪，絕之也。

11 乙未，武陵王發西陽；丁酉，至尋陽。庚子，王命顏竣移檄四方，考異曰：宋略移檄亦在庚申日。按謝莊傳曰：「奉三月二十七日檄」，然則發檄在庚子日也。使共討劭。州郡承檄，翕然響應。南譙王義宣遣臧質引兵詣尋陽，與駿同下，留魯爽於江陵。

劭以兗、冀二州刺史蕭思話爲徐、兗二州刺史，起張永爲青州刺史。思話自歷城引部曲還平城，起兵以應尋陽；濟南郡東平陵縣有平陸城。余謂「平城」當作「彭城」。還，從宣翻，又如字。建武將軍垣護之在歷城，亦帥所領赴之。帥，讀曰率；下同。南譙王義宣版張永爲冀州刺史。永遣司馬崔勳之等將兵赴義宣。將，卽亮翻。義宣慮蕭思話與永不釋前憾，思話繫張永於獄，事見上卷上年。自爲書與思話，使長史張暢爲書與永，張暢，永之羣從也，故義宣使之爲書。勸使相與坦懷。

隨王誕將受劭命，受會州刺史之命。參軍事沈正說司馬顧琛曰：說，輸芮翻。「國家此禍，開闢未聞。今以江東驍鋭之衆，此江東，謂浙江之東也。驍，堅堯翻。唱大義於天下，其誰不響應！豈可使殿下北面兇逆，受其僞寵乎！」琛曰：「江東忘戰日久，雖逆順不同，然強弱亦異，琛意謂雖以順討逆，然建康強而江東弱，其勢異也。當須四方有義舉者，須，待也。然後應之，不爲晚也。」正曰：「天下未嘗有無父無君之國，寧可自安讎恥而責義於餘方乎！今正以弑逆冤酷，義不共戴天，禮記曰：父母之讎，不共戴天。舉兵之日，豈求必全邪！馮衍有言：『大漢之貴臣，將不如荊、齊之賤士乎！』此蓋馮衍責田邑之言。荊、齊之賤士，謂申包胥赴秦求救以存荊，王孫賈殺淖齒以存齊也。況殿下義兼臣子，事實國家者哉！」琛乃與正共入說誕，誕從之。說，輸芮翻。正，田子之兄子也。沈田子從武帝入關有功，後以殺王鎭惡受誅。

劭自謂素習武事，語朝士曰：「卿等但助我理文書，勿措意戎旅；若有寇難，語，牛倨翻。

朝，直遙翻。難，乃旦翻。吾自當之；但恐賊虜不敢動耳。」及聞四方兵起，始憂懼，戒嚴，悉召下番將吏，宿衞分上下番，更休迭代。今悉召下番將吏以自備，更不分番。遷淮南【章：十二行本「南」下有「岸」字；乙十一行本同；孔本同；退齋校同。】居民於北岸，秦淮南岸當新亭、石頭來路，北岸卽臺城。遷淮南居民於北岸，欲阻淮以自固。盡聚諸王及大臣於城內，防其出奔也。移江夏王義恭處尚書下舍，分義恭諸子處侍中下省。處，昌呂翻。據南史，侍中下省在神虎門外。

夏，四月，癸卯朔，柳元景統寧朔將軍薛安都等十二軍發湓口，湓，音盆。司空中兵參軍徐遺寶以荆州之衆繼之。南譙王義宣旣進位司空，以徐遺寶爲中兵參軍。丁未，武陵王發尋陽，沈慶之總中軍以從。從，才用翻。

劭立妃殷氏爲皇后。

庚戌，武陵王檄書至建康，劭以示太常顏延之曰：「彼誰筆也？」延之曰：「竣之筆也。」劭曰：「言辭何至於是！」延之曰：「竣尚不顧老臣，安能顧陛下！」劭怒稍解。悉拘武陵王子於侍中下省，南譙王義宣子於太倉空舍。劭欲盡殺三鎭士民家口。三鎭，謂雍、荆、江。江夏王義恭、何尚之皆曰：「凡舉大事者不顧家；且多是驅逼，今忽誅其室累，正足堅彼意耳。」累，力瑞翻。劭以爲然，乃下書一無所問。

劭疑朝廷舊臣皆不爲己用，乃厚撫魯秀及右軍參軍王羅漢，悉以軍事委之；二人皆驍勇善戰，故厚撫之，委以軍事，冀得其力。以蕭斌爲謀主，殷沖掌文符。蕭斌勸劭勒水軍自上決戰，不爾則保據梁山。上，時掌翻。今太平州當塗縣西南三十里有天門山，亦曰蛾眉山。兩山夾大江對峙，東曰博望山，西曰梁山。江夏王義恭以南軍倉猝，船舫陋小，不利水戰，江水東流至武昌以下，漸漸向北流。蓋南紀諸山所迫，坡陀之勢，漸使之然也。至于江寧，江流愈北。建康當下流都會，望尋陽、武昌皆直南，望歷陽、壽陽皆直西，故建康謂歷陽、皖城以西皆曰江西，而江西亦謂建康爲江東。建康謂采石爲南州，京口爲北府，皆地勢然也。江夏王義恭在建康，以義師爲南軍，即此義。舫，甫妄翻。乃進策曰：「賊駿小年未習軍旅，遠來疲弊，宜以逸待之。今遠出梁山，則京都空弱，東軍乘虛，或能爲患。東軍，謂會稽隨王誕之兵也。若分力兩赴，則兵散勢離，不如養鋭待期，坐而觀釁。割棄南岸，栅斷石頭，此先朝舊法，釁，許靳翻。斷，丁管翻。朝，直遙翻。先朝舊法，謂晉明帝拒王含及武帝拒盧循時用兵之法。不憂賊不破也。」劭善之。斌厲色曰：「南中郎二十年少，能建如此大事，豈復可量！時武陵王駿爲南中郎將、江州刺史，故稱之。武陵王時年二十四。少，詩照翻。復，扶又翻。量，音良。三方同惡，勢據上流；三方，謂荆、雍、江。沈慶之甚練軍事，柳元景、宗慤屢嘗立功，沈慶之常與蕭斌同在碻磝；柳元景討蠻，出關、陝皆有功；宗慤有平林邑之功，又有討蠻之功；故斌皆憚之。形勢如此，實非小敵。唯宜及人情未離，尚可決力一戰；端坐臺城，何由得久！今主、相咸無戰意，豈非天也！」弒逆事起，蕭斌以宮僚之舊，逼於兇威，遂爲同惡。其心慚負天地，無所自容，唯欲幸一戰之勝，相與苟活。今劭不肯逆戰，斌知必敗，故歸之天。相，息亮翻。劭不聽。或勸劭保石頭城。劭曰：「昔人所以固石頭城者，俟諸侯勤王耳。我若守此，誰當見救！唯應力戰決之；不然，不克。」日日自出行軍，慰勞將士，行，下孟翻。勞，力到翻。親督都水治船艦。都水，漢官，處處有之；前漢屬水衡都尉，後漢屬少府，其後分屬郡國；晉屬大司農。治，直之翻。壬子，焚淮南岸室屋、淮內船舫，悉驅民家渡水北。秦淮水之北也。

立子偉之爲皇太子。以始興王濬妃父褚湛之爲丹楊尹。湛之，裕之之兄子也。褚裕之見一百十卷晉安帝義熙六年。濬爲侍中、中書監、司徒、錄尚書六條事，加南平王鑠開府儀同三司，以南兗州刺史建平王宏爲江州刺史。欲以代武陵王。太尉司馬龐秀之自石頭先衆南奔，人情由是大震。劭委龐秀之以掌軍隊，秀之先奔南軍，故人情大震。先，息薦翻。以營道侯義綦爲湘州刺史，檀和之爲雍州刺史。欲以代臧質。雍，於用翻。

癸丑，武陵王軍于鵲頭。鵲頭在宣城郡界。左傳：楚以諸侯伐吳，吳敗之于鵲岸。唐志：宣州南陵縣有鵲頭鎮兵，蓋其地在鵲洲之頭。宣城太守王僧達得武陵王檄，未知所從。客說之曰：「方今釁逆滔天，說，輸芮翻。釁，許覲翻。古今未有。爲君計，莫若承義師之檄，移告傍郡。苟在有心，誰不響應！謂凡有人心者，皆若響之應聲。此上策也。如其不能，可躬帥向義之徒，帥，讀曰率。詳擇水陸之便，致身南歸，亦其次也。」僧達乃自侯道南奔，侯道，伺候邊上警急之道也。今沿路列置烽臺者即候道。逢武陵王於鵲頭。王即以爲長史。僧達，弘之子也。王弘歷事武、文，位任隆重。

王初發尋陽，沈慶之謂人曰：「王僧達必來赴義。」人問其故。慶之曰：「吾見其在先帝前議論開張，意向明決；以此言之，其至必也。」王氏江南冠族，僧達又名公之子也。沈慶之於建義之初，欲致之以爲民望耳。

柳元景以舟艦不堅，憚於水戰，乃倍道兼行，丙辰，至江寧步上，江寧縣臨江渚，晉咸和之後，以江外無事，於南浦置江寧縣。宋白曰：江寧縣本秣陵之地，晉置江寧縣，在今縣南七十里，故城存焉。隋開皇十年，移於冶城。按宋白所謂今縣，乃天祐十四年楊氏所置縣也。艦，戶黯翻。上，時掌翻。使薛安都帥鐵騎曜兵於淮上，秦淮之上也。移書朝士，爲陳逆順。朝，直遙翻。爲，于僞翻。觀柳元景用兵方略，固有必勝之理矣。

劭加吳興太守汝南周嶠冠軍將軍。隨王誕檄亦至，嶠素恇怯，回惑不知所從；冠，古玩翻。恇，去王翻。府司馬丘珍孫殺之，舉郡應誕。

戊午，武陵王至南洲，降者相屬；南洲，屬姑孰。降，戶江翻；下同。屬，之欲翻。己未，軍于溧洲。溧，音栗。王自發尋陽，有疾不能見將佐，唯顏竣出入臥內，在室在舟，凡寢臥之所皆謂之臥內。將，即亮翻。擁王於膝，親視起居。疾屢危篤，不任咨稟，竣皆專決。言病甚不能決事，凡內外咨稟，竣皆專決。任音壬。軍政之外，間以文教書檄，應接遐邇，間，古莧翻。昏曉臨哭，若出一人。臨，力鴆翻。如是累旬，自舟中甲士亦不知王之危疾也。按是月丁未，王發尋陽，己未至溧洲，十三日耳，丙寅至江寧，方二十日；今曰累旬，當是以至江寧爲限耳。癸亥，柳元景潛至新亭，依山爲壘。考異曰：宋略云：「壬戌，元景次新林，依山爲壘。」按本紀：「癸亥，元景至新亭。」元景傳：「元景至新亭經日，劭乃水陸出軍。」今從之。新降者皆勸元景速進，元景曰：「不然。理順難恃，同惡相濟，輕進無防，實啓寇心。」兵法所謂「先爲不可勝以待敵之可勝」，柳元景以之。

元景營未立，劭龍驤將軍詹叔兒覘知之，驤，思將翻。勸劭出戰，劭不許。甲子，劭使蕭斌統步軍，褚湛之統水軍，與魯秀、王羅漢、劉簡之精兵合萬人，史言唯魯秀、王羅漢、劉簡之所部之兵精耳。攻新亭壘，劭自登朱雀門督戰。元景宿令軍中曰：「鼓繁氣易衰，叫數力易竭；宿令者，先未戰之日而令之也。易，以豉翻。數，所角翻。但銜枚疾戰，一聽吾鼓聲。」劭將士懷劭重賞，皆殊死戰。元景水陸受敵，意氣彌強，麾下勇士，悉遣出鬭，左右唯留數人宣傳。宣傳號令也。劭兵勢垂克，魯秀擊退鼓，劭衆遽止。師之耳目在於旗鼓，鼓疾所以進衆，鼓徐所以退衆，魯秀誤鳴退鼓，天使之也。元景乃開壘鼓譟以乘之，劭衆大潰，墜淮死者甚多。劭更帥餘衆，自來攻壘，帥，讀曰率。元景復大破之，所殺傷過於前戰，士卒爭赴死馬澗，澗爲之溢；死者塞澗，故澗水溢。復，扶又翻。爲，于僞翻。劭手斬退者，不能禁。劉簡之死，蕭斌被創，被，皮義翻。創，初良翻。劭僅以身免，走還宮。魯秀、褚湛之、檀和之皆南奔。

丙寅，武陵王至江寧。丁卯，江夏王義恭單騎南奔；夏，戶雅翻。騎，奇計翻。劭殺義恭十二子。

劭、濬憂迫無計，以輦迎蔣侯神像置宮中，稽顙乞恩，拜爲大司馬，封鍾山王；蔣侯，蔣子文也；廟食鍾山。吳孫氏以其祖諱鍾，改曰蔣山。稽，音啓。拜蘇侯神爲驃騎將軍。據齊書崔祖思傳，蘇侯神卽蘇峻。驃，匹妙翻。騎，奇計翻。以濬爲南徐州刺史，與南平王鑠並錄尚書事。

戊辰，武陵王軍于新亭，大將軍義恭上表勸進。散騎侍郎徐爰在殿中誑劭，云自追義恭，遂歸武陵王。因出追義恭，遂得歸順。散，悉亶翻。誑，居況翻。時王軍府草創，不曉朝章；爰素所諳練。諳，烏含翻。乃以爰兼太常丞，撰卽位儀注。己巳，王卽皇帝位，大赦。文武賜爵一等，從軍者二等。謂從軍自尋陽至新亭，進爵二等以優之。改謚大行皇帝曰文，廟號太祖。以大將軍義恭爲太尉、錄尚書六條事、南徐州刺史。是日，劭亦臨軒拜太子偉之。大赦，唯劉駿、義恭、義宣、誕不在原例。此劭所下赦文所該也。庚子，以南譙王義宣爲中書監、丞相、錄尚書六條事、揚州刺史，隨王誕爲衞將軍、開府儀同三司、荆州刺史，臧質爲車騎將軍、開府儀同三司、江州刺史，騎，奇計翻；下同。沈慶之爲領軍將軍，蕭思話爲尚書左僕射。壬申，以王僧達爲右僕射，柳元景爲侍中、左衞將軍，宗慤爲右衞將軍，張暢爲吏部尚書，劉延孫、顏竣並爲侍中。

五月，癸酉朔，臧質以雍州兵二萬至新亭。雍，於用翻。豫州刺史劉遵考遣其將夏侯獻之帥步騎五千軍于瓜步。將，卽亮翻。帥，讀曰率。

先是，世祖遣寧朔將軍顧彬之將兵東入，受隨王誕節度。孝武帝廟號世祖。時初卽位，而遽以廟號書之，蓋因舊史耳。先，悉薦翻。誕遣參軍劉季之將兵與彬之俱向建康，誕自頓西陵，爲之後繼。西陵，今紹興府蕭山縣西興鎭是也。其地西臨浙江，吳越王錢鏐以陵非吉語，改曰西興。將，音卽亮翻。劭遣殿中將軍燕欽等拒之，相遇於曲阿奔牛塘，今常州武進縣有奔牛鎭及奔牛堰，故老相傳，云古有金牛奔此，因以名之。欽等大敗。劭於是緣淮樹柵以自守，又決破崗、方山埭以絕東軍。破崗在晉陵郡延陵縣西北，亦有埭。埭，音代。時男丁既盡，召婦女供役。

甲戌，魯秀等募勇士攻大航，克之。大航，卽朱雀航。航，戶剛翻。考異曰：元凶傳云「其月三日」。按宋略，甲戌乃二日也。王羅漢聞官軍已渡，卽放仗降，緣渚幢隊以次奔散，渚，謂秦淮渚也。時劭兵緣渚備守以禦義師，卽秦淮北岸也。幢隊，幢隊主副所領兵也。降，戶江翻。器仗鼓蓋，充塞路衢。塞，悉則翻。是夜，劭閉守六門，臺城六門，大司馬門、東華門、西華門、萬春門、太陽門、承明門也。於門內鑿塹立柵；城中沸亂，塹，七豔翻。丹楊尹尹弘等文武將吏爭踰城出降。降，戶江翻；下同。劭燒輦及袞冕服于宮庭。蕭斌宣令所統，使皆解甲，自石頭戴白幡來降；詔斬斌於軍門。濬勸劭載寶貨逃入海，劭以人情離散，不果行。

乙亥，輔國將軍朱脩之克東府，丙子，諸軍克臺城，各由諸門入會于殿庭，獲王正見，斬之。張超之走至合殿御床之所，爲軍士所殺，刳腸割心，諸將臠其肉，生噉之。噉，徒覽翻，又徒濫翻。建平等七王號哭俱出。七王，建平王宏及東海王禕、義陽王昶、武昌王渾、湘東王彧、建安王休仁；餘一人當是休祐，但未封。劭蓋拘七王於宮中，故號哭俱出。號，戶高翻。劭穿西垣，入武庫井中，隊副高禽執之。劭曰：「天子何在？」禽曰：「近在新亭。」至殿前，臧質見之慟哭，劭曰：「天地所不覆載，丈人何爲見哭？」覆，敷又翻。臧質，武敬皇后之姪，故劭呼爲丈人。又謂質曰：「劭可啓得遠徙不？」不，讀曰否。質曰：「主上近在航南，航南，謂大航之南。自當有處分。」處，昌呂翻。分，扶問翻。縛劭於馬上，防送軍門。時不見傳國璽，璽，斯氏翻。以問劭，劭曰：「在嚴道育處。」就取，得之。斬劭及四子於牙下。濬帥左右數十人挾南平王鑠南走，帥，讀曰率。遇江夏王義恭於越城。濬下馬曰：「南中郎今何所作？」義恭曰：「上已君臨萬國。」又曰：「虎頭來得無晚乎？」義恭曰：「殊當恨晚。」又曰：「故當不死邪？」義恭曰：「可詣行闕請罪。」天子出行幸，所居之所謂之行宮；豹尾之內同之禁中；旌門之外謂之行闕。又曰：「未審能賜一職自效不？」不，讀曰否。史言劭、濬狂愚望生。義恭又曰：「此未可量。」量，音良。勒與俱歸，於道斬之，及其三子。劭、濬父子首並梟於大航，梟，堅堯翻。暴尸於市。劭妃殷氏及劭、濬諸女、妾媵，皆賜死於獄。媵，以證翻。汙瀦劭所居齋。古者，臣弒君，子弒父，殺無赦；壞其室，汙其宮而瀦焉。鄭玄曰：瀦，都也。南方人謂都爲瀦，釋停水曰瀦。殷氏且死，謂獄丞江恪曰：「汝家骨肉相殘，何以枉殺無罪人？」恪曰：「受拜皇后，非罪而何？」殷氏曰：「此權時耳，當以鸚鵡爲后。」褚湛之之南奔也，濬卽與褚妃離絕，故免於誅。史言褚妃得免死之由。嚴道育、王鸚鵡並都街鞭殺，焚尸，揚灰於江。殷沖、尹弘、王羅漢及淮南太守沈璞皆伏誅。璞累爲濬參佐，守于湖不迎義師，故誅。

庚辰，解嚴。辛巳，帝如東府，百官請罪，詔釋之。甲申，尊帝母路淑媛爲皇太后。淑媛，魏文帝所制。晉武帝采漢、魏之制，淑妃、淑媛、淑儀、脩華、脩儀、脩容、婕妤、容華、充華，爲九嬪，位視九卿。媛，于眷翻。太后，丹楊人也。乙酉，立妃王氏爲皇后。后父偃，導之玄孫也。王導，東晉元臣，子孫爲江左衣冠甲族。戊子，以柳元景爲雍州刺史。雍，於用翻。辛卯，追贈袁淑爲太尉，謚忠憲公；徐湛之爲司空，謚忠烈公；江湛爲開府儀同三司，謚忠簡公；王僧綽爲金紫光祿大夫，謚簡侯。旌其死難也。壬辰，以太尉義恭爲揚、南徐二州刺史，進位太傅，領大司馬。

初，劭以尚書令何尚之爲司空、領尚書令，子征北長史偃爲侍中，父子並居權要。及劭敗，尚之左右皆散，自洗黃閤。舊制，三公聽事置黃閤。五代志曰：三公府三門，當中開黃閤，設內屏。殷沖等既誅，人爲之寒心。爲，于僞翻。帝以尚之、偃素有令譽，且居劭朝用智將迎，時有全脫，所謂全脫者，活三鎭士民家口。朝，直遙翻。故特免之；復以尚之爲尚書令，偃爲大司馬長史，位遇無改。

甲午，帝謁初寧、長寧陵。追贈卜天與益州刺史，謚壯侯，旌死節也。與袁淑等四家，長給稟祿。卜天與、袁淑、徐湛之、江湛四家。稟，筆錦翻，賜穀也，供給也；又力錦翻，廩食也。張泓之等各贈郡守。旌其戰死也。戊戌，以南平王鑠爲司空，建平王宏爲尚書左僕射，蕭思話爲中書令、丹楊尹。六月，丙午，帝還宮。還自謁陵也。

12 初，帝之討西陽蠻也，屯五州時。臧質使柳元景將兵會之。及質起兵，欲奉南譙王義宣爲主，潛使元景帥所領西還，帥，讀曰率。還，從宣翻。元景卽以質書呈帝，語其信曰：語，牛倨翻。信，使也。「臧冠軍當是未知殿下義舉耳。臧質以冠軍將軍鎮襄陽，冠，古玩翻。方應伐逆，不容西還。」質以此恨之。及元景爲雍州，雍，於用翻。質慮其爲荆、江後患，建議元景當爲爪牙，不宜遠出。帝重違其言，戊申，以元景爲護軍將軍，領石頭戍事。

13 己酉，以司州刺史魯爽爲南豫州刺史。庚戌，以衞軍司馬徐遺寶爲兗州刺史。爲魯爽、徐遺寶與臧質同反張本。

14 庚申，詔有司論功行賞，封顏竣等爲公、侯。竣，七倫翻。

15 辛未，徙南譙王義宣爲南郡王，隨王誕爲竟陵王，立義宣次子宜陽侯愷爲南譙王。

16 閏月，壬申，以領軍將軍沈慶之爲南兗州刺史，鎮盱眙。盱眙，音吁怡。癸酉，以柳元景爲領軍將軍。

17 乙亥，魏太皇太后赫連氏殂。

18 丞相義宣固辭內任及子愷王爵。甲午，更以義宣爲荆、湘二州刺史，沈約曰：晉懷帝分荆州立湘州，成帝咸和三年省，安帝義熙八年復立，十二年又省，宋武帝永初三年又立，文帝元嘉八年省，十七年又立，二十九年又省，孝武帝孝建元年又立。今按是年四月，元凶劭以營道侯義綦爲湘州刺史，蓋以義宣以荆州舉義，欲分其軍府耳。帝既即位，遂以義宣爲荆、湘二州刺史，湘州之立寔在是年也。更，工衡翻。愷爲宜陽縣王，將佐以下並加賞秩。將，即亮翻。以竟陵王誕爲揚州刺史。

19 秋，七月，辛酉【章：十二行本「酉」作「丑」；乙十一行本同；孔本同。】朔，日有食之。甲寅，詔求直言。辛酉，詔省細作并尚方彫文塗飾；貴戚競利，悉皆禁絕。宋有細作署令，大明四年改爲左右御府令。

中軍錄事參軍周朗上疏，以爲：「毒之在體，必割其緩處。歷下、泗間，不足戍守。歷下，謂歷城；泗間，謂彭城湖陸。議者必以爲胡衰不足避，當時議者，蓋以魏連有內難，遂謂之衰。而不知我之病甚於胡矣。兵甲饋餫之費，虛內以給外，則吾國之病甚於胡運之衰。今空守孤城，徒費財役。使虜但發輕騎三千，更互出入，騎，奇計翻。更，工衡翻。春來犯麥，秋至侵禾，水陸漕輸，居然復絕；虜騎至則江南之人不敢至彭、泗，水陸漕輸絕矣。復，扶又翻。於賊不勞而邊已困，不至二年，卒散民盡，可蹻足而待也。蹻，巨驕翻。今人知不以羊追狼、蟹捕鼠，而令重車弱卒與肥馬悍胡相逐,其不能濟固宜矣。言不濟事也。悍,下罕翻,又侯旰翻。又,三年之喪,天下之達喪;漢氏節其臣則可矣,薄其子則亂也。短喪自漢景帝始,詳見十五卷漢文帝後七年。凡法有變於古而刻於情,則莫能順焉;至乎敗於禮而安於身,必遽而奉之。今陛下以大孝始基,宜反斯謬。言帝既能討元凶劭之罪,當行三年之喪,以反短喪之謬。又,舉天下以奉一君,何患不給?一體炫金,不及百兩,炫,胡練翻;炫金,今之銷金是也。一歲美衣,不過數襲;而必收寶連櫝,集服累笥,目豈常視,身未時親,是櫝帶寶、笥著衣也,著,陟略翻。何糜蠹之劇,惑鄙之甚邪!且細作始并,以爲儉節;而市造華怪,即傳於民。如此,則遷也,非罷也。此等語切中當時之病。凡欲言時政,若此可也;否則,迎合以徼利祿耳。凡厥庶民,制度日侈,見車馬不辨貴賤,視冠服不知尊卑。尚方今造一物,小民明已睤睨;明,謂來旦也。睤,與睥同,匹詣翻。宮中朝製一衣,庶家晚已裁學。侈麗之源,實先宮閫。嗚呼!我宋之將亡,其習俗亦如此,吾是以悲二宋之一轍也,嗚呼!先,悉薦翻。又,設官者宜官稱事立,人稱官置。稱,尺證翻。王侯識未堪務,不應強仕。此強仕,謂強之使仕也。強,其兩翻。且帝子未官,人誰謂賤?但宜詳置賓友,茂擇正人,亦何必列長史、參軍、別駕從事,然後爲貴哉。此言亦深切宋藩王出鎮之弊。又,俗好以毀沈人,不察其所以致毀;好,呼到翻。沈,持林翻;沈,言沒人之實也。以譽進人,不察其所以致譽。譽,音余;下同。毀徒皆鄙,則宜擢其毀者;譽黨悉庸,則宜退其譽者。如此,則毀譽不妄,善惡分矣。論語:子貢問孔子曰：「鄉人皆好之，何如？」子曰：「未可也。」「鄉人皆惡之何如？」子曰：「未可也。不如鄉人之善者好之，其不善者惡之。」周朗之言，正得此意。蓋晉、宋以來，諸州中正品定人物，高下其手，毀譽之失實也久矣。凡無世不有言事，無時不有下令。然升平不至，昏危相繼，何哉？設令之本非實故也。」朗指帝求言非實。書奏，忤旨，自解去職。朗，嶠之弟也。周嶠爲丘珍孫所殺，事見上。忤，五故翻。

侍中謝莊上言：「詔云：『貴戚競利，悉皆禁絕。』此實允愜民聽。若有犯違，則應依制裁糾；若廢法申恩，便爲明詔既下而聲實乖爽也。爽，差也。臣愚謂大臣在祿位者，尤不宜與民爭利。不審可得在此詔不？」不，讀曰否。莊，弘微之子也。謝弘微進用於元嘉之初。

上多變易太祖之制，郡縣以三周爲滿，宋之善政，於是乎衰。元嘉之制，守宰以六期爲斷。然自時厥後，率以三周爲滿，而又有數更數易，不及三周者。

20 乙丑，魏濮陽王閭若文、征西大將軍永昌王仁皆坐謀叛，仁賜死於長安，若文伏誅。

21 南平穆王鑠素負才能，意常輕上；又爲太子劭所任，出降最晚。鑠爲始興王濬所挾而走，遇江夏王義恭乃降，非本心也。降，戶江翻。上潛使人毒之，己巳，鑠卒，贈司徒，以商臣之謚謚之。楚世子商臣弑君父而自立，卒後謚曰穆。

22 南海太守蕭簡據廣州反。簡，斌之弟也。蕭斌以逆黨誅，其弟懼連坐而反。詔新南海太守南昌鄧琬、考異曰：蕭簡傳作「劉玩」，今從本紀。始興太守沈法系討之。法系，慶之之從弟也。從，才用翻。簡誑其衆曰：「臺軍是賊劭所遣。」衆信之，爲之固守。誑，居況翻。爲，于僞翻。琬先至，止爲一攻道；法系至，曰：「宜四面並攻；若守一道，何時可拔！」琬不從。法系曰：「更相申五十日。」申，容也。又，緩爲之期曰申。日盡又不克，乃從之。八道俱攻，一日即破之。九月，丁卯，斬簡，廣州平。法系封府庫付琬而還。史言沈氏兄弟皆能宣力於一時。還，從宣翻，又如字。

23 冬，十一月，丙午，以左軍將軍魯秀爲司州刺史。爲魯秀從臧質等稱兵張本。

24 辛酉，魏主如信都、中山。

25 十二月，癸未，以將置東宮，省太子率更令等官，中庶子等各減舊員之半。懲元凶劭之禍也。晉制：東宮中庶子四人，中舍人四人，庶子四人，舍人十六人，洗馬八人。更，工衡翻。

26 甲午，魏主還平城。

聶崇岐標點王崇武覆校

資治通鑑卷第一百二十八

端明殿學士兼翰林侍讀學士朝散大夫右諫議大夫充集賢殿修撰提舉西京嵩山崇福宮上柱國河內郡開國侯食邑一千八百戶食實封六百戶賜紫金魚袋臣司馬光　奉敕編集

後學天台胡三省　音註

宋紀十 起閼逢敦牂（甲午），盡著雍閹茂（戊戌），凡五年。

世祖孝武皇帝上 諱駿，字休龍，小字道民，文帝第三子也。

孝建元年（甲午、四五四）

1 春，正月，己亥朔，上祀南郊，改元，大赦。上既平元凶之亂，依故事即位踰年而後改元。孝建者，蓋欲以孝建平禍亂安宗廟之功。甲辰，以尚書令何尚之爲左光祿大夫、護軍將軍，以左衞將軍顏竣爲吏部尚書、領驍騎將軍。竣，七倫翻。驍，堅堯翻。騎，奇寄翻。

2 壬戌，更鑄孝建四銖錢。更，工衡翻。

3 乙丑，魏以侍中伊馛爲司空。馛，蒲撥翻。

4 丙子，【嚴：「子」改「寅」。】立皇子子業爲太子。

初，江州刺史臧質，自謂人才足爲一世英雄；太子劭之亂，質潛有異圖，以荆州刺史南郡王義宣庸闇易制，易，以豉翻。欲外相推奉，因而覆之。質於義宣爲内兄，臧質，武敬皇后之姪，年長於義宣，故爲内兄。既至江陵，質初起兵與魯爽同詣江陵，事見上卷上年。即稱名拜義宣。義宣驚愕問故。質曰：「事中宜然。」謂國家多事之中，宜相推奉也。時義宣已奉帝爲主，故其計不行。及至新亭，去年五月朔，質至新亭。又拜江夏王義恭，夏，戶雅翻。曰：「天下屯危，禮異常日。」屯，陟倫翻。

劭既誅，義宣與質功皆第一，由是驕恣，事多專行，凡所求欲，無不必從。必上之從己。義宣在荆州十年，文帝元嘉二十年義宣鎮荆州。財富兵强；朝廷所下制度，意有不同，一不遵承。史歷言義宣、質驕横之由。下，遐稼翻。質自建康之江州，舫千餘乘，部伍前後百餘里。舫，甫妄翻。乘，繩證翻。帝方自攬威權，而質以少主遇之，少，詩照翻。政刑慶賞，一不咨稟。擅用湓口、鉤圻米，湓口米，荆、湘、郢三州之運所積也。鉤圻米，南江之運所積也。水經註：灨水自南昌歷郴丘城下，又歷鉤圻邸閣下，而後至彭澤。圻，音畿。臺符屢加檢詰，漸致猜懼。檢詰，謂檢校米斛，而詰問擅用之由也。詰，去吉翻。

帝淫義宣諸女，義宣由是恨怒。質迺遣密信說義宣，密信，密使也。說，輸芮翻；下說誘同。以爲「負不賞之功，挾震主之威，自古能全者有幾？今萬物係心於公，聲迹已著；見幾不作，將爲他人所先。幾，居希翻。先，悉薦翻。若命徐遺寶、魯爽驅西北精兵來屯江上，徐遺寶刺兗州，直建康北；魯爽刺南豫，直建康西。魯爽素奉義宣，徐遺寶由義宣府參軍起，故欲命之同逆。質帥九江樓船爲公前驅，帥，讀曰率。已爲得天下之半。公以八州之衆，徐進而臨之，義宣都督荆、雍、梁、益、湘、交、廣、寧八州。雖韓、白更生，不能爲建康計矣。韓、白，謂韓信、白起。且少主失德，聞於道路；聞，音問，同。沈、柳諸將，亦我之故人，沈慶之與質同以武幹事文帝，質爲雍州，柳元景其部曲將也。將，卽亮翻；下同。誰肯爲少主盡力者！爲，于僞翻；下爲公同。夫不可留者年也，不可失者時也。質常恐溘先朝露，溘，苦答翻，又苦合翻。溘，奄也。朝露，言其易晞。溘先朝露，言奄然而死在朝露未晞之先。先，悉薦翻。不得展其旅力，毛萇曰：旅，衆也。考孔安國書註亦然。爲公掃除，於時悔之何及。」義宣腹心將佐諮議參軍蔡超、司馬竺超民等咸有富貴之望，蔡超等以江州將佐從帝起義以得富貴，故懷非望。欲倚質威名以成其業，共勸義宣從其計。質女爲義宣子採之婦。義宣謂質無復異同，復，扶又翻。遂許之。超民，夔之子也。景平、元嘉之間，竺夔守東陽有功。臧敦時爲黃門侍郎，帝使敦至義宣所，道經尋陽，質更令敦說誘義宣，誘，音酉。義宣意遂定。

豫州刺史魯爽有勇力，義宣【章：甲十一行本「宣」下有「質」字；乙十一行本同；孔本同；張校同。】素與之相結。義宣密使人報爽及兗州刺史徐遺寶，期以今秋同舉兵。使者至壽陽，爽方飲醉，失義宣指，卽日舉兵。考異曰：宋本紀：「二月庚午，爽、臧質、南郡王義宣、徐遺寶舉兵反。」義宣傳云其年正月便反。宋略云：「二月，義宣等反。」按爽之反，帝猶遣質收魯弘，則非同日反明矣。又按長曆，是月戊辰朔；然則庚午三日也。義宣傳，起兵在二月二十六日，但不知爽反在正月與二月耳。爽弟瑜在建康，聞之，逃叛。爽使其衆戴黃標，戴黃以爲標識。竊造法服，登壇，自號建平元年；疑長史韋處穆、中兵參軍楊元駒、治中庾騰之不與己同，皆殺之。處，昌呂翻。徐遺寶亦勒兵向彭城。

二月，義宣聞爽已反，狼狽舉兵。魯瑜弟弘爲質府佐，帝敕質收之，質即執臺使，舉兵。使，疏吏翻。

義宣與質皆上表，言爲左右所讒疾，欲誅君側之惡。義宣進爽號征北將軍。爽於是送所造輿服詣江陵，使征北府戶曹版義宣等，晉、宋之制，藩方權宜授官者謂之版授。文曰：「丞相劉，今補天子，名義宣；車騎臧，今補丞相，名質；平西朱，今補車騎，名脩之；先是，臧質進號車騎將軍，鎮尋陽；朱脩之進號平西將軍，鎮襄陽；進義宣丞相，辭不受。皆版到奉行。」義宣駭愕，爽所送法物並留竟陵，不聽進。質加魯弘輔國將軍，下戍大雷。義宣遣諮議參軍劉諶之將萬人就弘，諶，氏壬翻。將，即亮翻。召司州刺史魯秀，欲使爲諶之後繼。秀至江陵見義宣，出，拊膺曰：「吾兄誤我，乃與癡人作賊，今年敗矣！」

義宣兼荆、江、兗、豫四州之力，威震遠近。帝欲奉乘輿法物迎之，乘，繩證翻。竟陵王誕固執不可，曰：「柰何持此座與人！」乃止。竟陵王誕時爲揚州刺史。

己卯，以領軍將軍柳元景爲撫軍將軍；辛卯，以左衛將軍王玄謨爲豫州刺史。欲以代魯爽。命元景統玄謨等諸將以討義宣。癸巳，進據梁山洲，時梁山江中有洲，玄謨等舟師據之。於兩岸築偃月壘，水陸待之。義宣自稱都督中外諸軍事，命僚佐悉稱名。

6 甲午，魏主詣道壇受圖籙。寇謙之之遺教也。

7 丙申，以安北司馬夏侯祖歡爲兗州刺史。代徐遺寶。三月，己亥，內外戒嚴。考異曰：宋本紀、宋略皆作癸亥，下有辛丑。按長曆，是月戊戌朔，癸亥二十六日，辛丑乃四日也；當作己亥。辛丑，以徐州刺史蕭思話爲江州刺史，欲以代臧質。柳元景爲雍州刺史。欲以代朱脩之。雍，於用翻。癸卯，以太子左衛率龐秀之爲徐州刺史。欲以代蕭思話。

義宣移檄州郡，加進位號，使同發兵。雍州刺史朱脩之僞許之，而遣使陳誠於帝。遣使，疏吏翻；下同。益州刺史劉秀之斬義宣使者，遣中兵參軍韋崧【嚴：「崧」改「山松」。】將萬人襲江陵。將，即亮翻；下使將同。

戊申，義宣帥衆十萬發江津，舳艫數百里。帥，讀曰率。舳，音逐。艫，音盧。以子慆爲輔國將軍，與左司馬竺超民留鎮江陵。慆，土刀翻。檄朱脩之使發兵萬人繼進，脩之不從。義宣知脩之貳於己，乃以魯秀爲雍州刺史，使將萬餘人擊之。王玄謨聞秀不來，魯秀善戰，故王玄謨憚之。喜曰：「臧質易與耳。」易，以豉翻。

冀州刺史垣護之妻，徐遺寶之姊也，遺寶邀護之同反，護之不從，發兵擊之。遺寶遣兵襲徐州長史明胤於彭城，不克。蕭思話已離彭城，長史明胤守之。胤與夏侯祖歡、垣護之共擊遺寶於湖陸，宋兗州治湖陸。遺寶棄衆焚城，奔魯爽。

義宣至尋陽，以質爲前鋒而進，爽亦引兵直趣歷陽，趣，七喻翻。與質水陸俱下。殿中將軍沈靈賜將百舸，破質前軍於南陵，擒軍主徐慶安等。舸，古我翻。質至梁山，夾陳兩岸，與官軍相拒。陳，讀曰陣。

夏，四月，戊辰，以後將軍劉義綦爲湘州刺史；甲申，以朱脩之爲荊州刺史。義宣爲荊、湘二州刺史而反，故二州皆命代，以朱脩之效順，使制其後，故命以荊州。

上遣左軍將軍薛安都、龍驤將軍南陽宗越等戍歷陽，驤，思將翻。與魯爽前鋒楊胡興等戰，斬之。考異曰：安都傳作「胡與」，今從宗越傳。爽不能進，留軍大峴，使魯瑜屯小峴。小峴在合肥之東，大峴又在小峴之東。峴，戶典翻。上復遣鎮軍將軍沈慶之濟江，督諸將討爽，復，扶又翻。爽食少，引兵稍退，自留斷後；少，詩沼翻。斷，音短；斷後，古之所謂殿也。慶之使薛安都帥輕騎追之，帥，讀曰率。騎，奇寄翻。丙戌，及爽於小峴。爽將戰，飲酒過醉，安都望見爽，卽躍馬大呼，直往刺之，呼，火故翻。刺，七亦翻。應手而倒，左右范雙斬其首。爽衆奔散，瑜亦爲部下所殺，遂進攻壽陽，克之。爽爲南豫州刺史，鎮壽陽。徐遺寶奔東海，東海人殺之。

李延壽論曰：凶人之濟其身，非世亂莫由焉。魯爽以亂世之情，而行之於平日，平日，謂安平無事之日。其取敗也宜哉！考異曰：此語本出沈約宋書吳喜黃回傳贊，而延壽取之。以約施用失所，故紬其名。

8 南郡王義宣至鵲頭，慶之送爽首示之，并與書曰：「僕荷任一方，而釁生所統。去年，慶之鎮盱眙，今使之專征，蓋兼督兗、豫。荷，下可翻。釁，許覲翻。近聊帥輕師，指往翦撲，輕師，言非重兵。撲，普卜翻。軍鋒裁及，賊爽授首。公情契異常，言義宣與爽相結，情契異於常人。或欲相見，及其可識，指送相呈。」爽累世將家，魯爽父軌，軌父宗之，三世將家。驍猛善戰，號萬人敵；驍，堅堯翻。義宣與質聞其死，皆駭懼。

柳元景軍于採石；王玄謨以臧質衆盛，遣使來求益兵，使，疏吏翻。上使元景進屯姑孰。考異曰：垣護之傳作「南州」，蓋南州即姑孰也。按宋白續通典曰：「桓玄居南州，以在國南，故曰南州。」載之宣州之下。晉書云：「桓玄於南州起齋，號曰盤龍齋。劉毅小字盤龍。玄既敗，毅以豫州刺史出鎮姑孰，正居是齋。」桓玄既誅司馬元顯，出鎮姑孰，起盤龍齋，蓋是時也。晉書正指姑孰爲南州，宋白誤矣。

太傅義恭與義宣書曰：「往時仲堪假兵，靈寶尋害其族；孝伯推誠，牢之旋踵而敗。假兵、推誠事並見一百一十卷晉安帝隆安二年，桓玄殺殷仲堪見一百一十一卷三年。桓玄，字靈寶。王恭，字孝伯。臧質少無美行，弟所具悉。質少輕薄無檢，爲文帝所嫌。少，詩照翻。行，下孟翻。今籍西楚之強力，圖濟其私；凶謀若果，果，勝也，克也，決也。恐非復池中物也。」復，扶又翻。義宣由此疑之。五月，甲辰，義宣至蕪湖，質進計曰：「今以萬人取南州，則梁山中絕；柳元景屯南州爲梁山後鎮，若取之，則梁山之路中絕。萬人綴梁山，則玄謨必不敢動；下官中流鼓棹，直趣石頭，此上策也。」沈慶之、薛安都等在江西，柳元景、王玄謨等與義宣相持；若質計得行，建康殆矣。趣，七喻翻。義宣將從之。劉諶之密言於義宣曰：「質求前驅，此志難測。不如盡銳攻梁山，事克然後長驅，此萬安之計也。」義宣乃止。

宂從僕射胡子反等守梁山西壘，會西南風急，質遣其將尹周之攻西壘；因西南風急而攻西壘，東壘之兵難以逆風赴救。宂，而隴翻。從，才用翻。將，卽亮翻。子反方渡東岸就玄謨計事，聞之，馳歸。【章：甲十一行本「歸」下有「周之攻壘甚急」六字；乙十一行本同；孔本同；張校同；退齋校同。】偏將劉季之帥水軍殊死戰，帥，讀曰率。求救於玄謨，玄謨不遣；大司馬參軍崔勳之固爭，乃遣勳之與積弩將軍垣詢之救之。比至，城已陷，勳之、詢之皆戰死。比，必寐翻，及也。考異曰：義宣傳曰：「五月十九日，西南風猛。」宋略曰：「己亥，質遣尹周之攻梁山西壘，陷之。」按長曆，是月丁酉朔，三日己亥，八日甲辰，十八日甲寅。宋略於己亥上有甲辰，下有甲寅，然則決非十九日與己亥，或者是己酉與辛亥也。今不書日，闕疑。詢之，護之之弟也。子反等奔還東岸。質又遣其將龐法起將數千兵趨南浦，欲自後掩玄謨，龐，皮江翻。趨，七俞翻。時玄謨使其將鄭琨、武念戍南浦，其地則今之大信港也，俗謂之扁擔河。游擊將軍垣護之引水軍與戰，破之。此以上皆梁山交戰事。

朱脩之斷馬鞍山道，水經註：檀溪水出襄陽西柳子山下，東爲鴨湖，湖在馬鞍山東北。按馬鞍山今謂之望楚山，晉劉弘所改名也，高處有三磴。斷，丁管翻。據險自守。魯秀攻之，不克，屢爲脩之所敗，敗，補邁翻。乃還江陵，脩之引兵躡之。或勸脩之急追，脩之曰：「魯秀，驍將也；獸窮則攫，不可迫也。」兵法有言：知彼知己，百戰不殆。朱脩之此戰近之。驍，堅堯翻。將，即亮翻。

王玄謨使垣護之告急於柳元景曰：「西城不守，唯餘東城萬人。賊軍數倍，強弱不敵，欲退還姑孰，就節下協力當之，更議進取。」元景不許，曰：「賊勢方盛，不可先退，吾當卷甲赴之。」護之曰：「賊謂南州有三萬人，而將軍麾下裁十分之一，若往造賊壘，造，七到翻。則虛實露矣。王豫州必不可來，不如分兵援之。」元景曰：「善！」乃留羸弱自守，悉遣精兵助玄謨，多張旗幟。羸，倫爲翻。幟，昌志翻。梁山望之如數萬人，皆以爲建康兵悉至，衆心乃安。

質自請攻東城。諮議參軍顏樂之說義宣曰：「質若復克東城，樂，音洛。說，輸芮翻。復，扶又翻。則大功盡歸之矣；宜遣麾下自行。」義宣乃遣劉諶之與質俱進。甲寅，義宣至梁山，頓兵西岸，義宣自鵲頭至梁山西岸。質與劉諶之進攻東城。玄謨督諸軍大戰，薛安都帥突騎先衝其陳之東南，陷之，帥，讀曰率。騎，奇寄翻。陳，讀曰陣。斬諶之首，劉季之、宗越又陷其西北，質等兵大敗。垣護之燒江中舟艦，煙焰覆水，艦，戶黯翻。覆，敷又翻；下覆頭同。延及西岸營壘殆盡；諸軍乘勢攻之，義宣兵亦潰。義宣單舸迸走，閉戶而泣，舸，古我翻。迸，北孟翻。戶，艦戶也。荊州人隨之者猶百餘舸。質欲見義宣計事，而義宣已去，質不知所爲，亦走，其衆皆降散。降，戶江翻。己未，解嚴。

9 癸亥，以吳興太守劉延孫爲尚書右僕射。守，手又翻。

10 六月，丙寅，魏主如陰山。

11 臧質至尋陽，焚燒府舍，載妓妾西走；使嬖人何文敬領餘兵居前，至西陽。西陽太守魯方平紿文敬曰：妓，渠綺翻。嬖，卑義翻，又博計翻。紿，蕩亥翻。「詔書唯捕元惡，餘無所問，不如逃之。」文敬棄衆亡去。質先以妹夫羊沖爲武昌郡，晉起居注：武帝太康元年改江夏爲武昌郡。又按晉志，吳主權以東鄂置武昌郡；今壽昌軍是也。質往投之；沖已爲郡丞胡庇之所殺，質無所歸，乃逃于南湖，南湖今在壽昌軍武昌縣東八里。掇蓮實噉之。掇，丁括翻。噉，徒濫翻，又徒覽翻。追兵至，以荷覆頭，自沈於水，出其鼻。沈，持林翻。戊辰，軍主鄭俱兒望見，射之，中心，射，而亦翻。中，竹仲翻。兵刃亂至，腸胃縈水草，斬首送建康，子孫皆棄市，幷誅其黨樂安太守【章：甲十一行本作「豫章太守樂安」六字；乙十一行本同；孔本同；張校云：「黨」下脫「豫章太守」四字，「安」下衍「太守」二字。】任薈之、任，音壬。薈，烏外翻。臨川內史劉懷之、鄱陽太守杜仲儒。仲儒，驥之兄子也。杜驥，元嘉中刺青州。功臣柳元景等封賞各有差。

丞相義宣走至江夏，聞巴陵有軍，巴陵之軍，蓋韋崧之兵也；或曰：湘州刺史劉遵考之兵也。夏，戶雅翻。回向江陵，衆散且盡，與左右十許人徒步，脚痛不能前，僦民露車自載，僦，即就翻，賃也。緣道求食。至江陵郭外，遣人報竺超民，超民具羽儀兵衆迎之。時荆州帶甲尚萬餘人，左右翟靈寶誡義宣使撫慰將佐，翟，萇伯翻。將，即亮翻。以：「臧質違指授之宜，用致失利。今治兵繕甲，更爲後圖。治，置之翻。昔漢高百敗，終成大業……」而義宣忘靈寶之言，誤云「項羽千敗」，衆咸掩口。掩口而笑也。魯秀、竺超民等猶欲收餘兵更圖一決；而義宣惛沮，無復神守，入內不復出，沮，在呂翻。復，扶又翻；下夜復同。左右腹心稍稍離叛。魯秀北走，考異曰：宋略云：「秀自襄陽敗退，將及江陵，聞敗北走。」今從宋書。義宣不能自立，欲從秀去，乃攜息慆息，子也。及所愛妾五人，著男子服相隨。著，陟略翻。城內擾亂，白刃交横，義宣懼，墜馬，遂步進；竺超民送至城外，更以馬與之，歸而城守。守，手又翻。義宣求秀不得，左右盡棄之，夜，復還南郡空廨；南郡太守廨舍，蓋在江陵城外。廨，古隘翻。旦日，超民收送刺姦。自漢以來，公府有刺姦掾。義宣止獄戶，坐地歎曰：「臧質老奴誤我！」五妾尋被遣出，義宣號泣，語獄吏曰：「常日非苦，今日分别始是苦。」被，皮義翻。號，戶高翻。語，牛倨翻。别，如字；分别，猶分離也。魯秀衆散，不能去，還向江陵，城上人射之，射，而亦翻。秀赴水死，就取其首。

詔右僕射劉孝【章：甲十一行本「孝」作「延」；乙十一行本同；孔本同；張校同；退齋校同。】孫使荆、江二州，旌别枉直，使，疏吏翻。别，彼列翻。就行誅賞；且分割二州之地，議更置新州。由是遂分荆、湘、江、豫之地置郢州。

初，晉氏南遷，以揚州爲京畿，穀帛所資皆出焉；以荆、江爲重鎮，甲兵所聚盡在焉；常使大將居之。將，卽亮翻。三州戶口，居江南之半，上惡其强大，故欲分之。惡，烏路翻；下同。癸未，分揚州浙東五郡置東揚州，治會稽；五郡：會稽、東陽、永嘉、臨海、新安。會，工外翻。分荆、湘、江、豫州之八郡置郢州，治江夏；分荆州之江夏、竟陵、隨、武陵、天門，湘州巴陵，江州武昌，豫州西陽凡八郡。永初郡國志及何承天志，江夏太守本治安陸，自此之後徙治夏口；今鄂州治江夏縣卽其地。夏，戶雅翻；下夏口同。罷南蠻校尉，遷其營於建康。晉武帝置護南蠻校尉於襄陽，江左初省，尋又置於江陵。水經註：南蠻校尉府在方城，自油口以東，屯營相接，悉是南蠻府屯兵。校，戶教翻。太傅義恭議使郢州治巴陵，尚書令何尚之曰：「夏口在荆、江之中，正對沔口，通接雍、梁，實爲津要。自夏口入沔，泝流而上，至襄陽，又泝流而上至漢中，故云通接雍、梁。雍，於用翻。由來舊鎮，根基不易，夏口自吳以來爲重鎮。既有見城，見，賢遍翻。浦大容舫，於事爲便。」守江之備，船艦爲急，故以浦大容舫爲便。舫，甫妄翻。上從之。既而荆、揚因此虛耗。尚之請復合二州，復，扶又翻。上不許。

12 戊子，省錄尚書事。上惡宗室强盛，不欲權在臣下；太傅義恭知其指，故請省之。

13 上使王公、八座與荆州刺史朱脩之書，晉志曰：五曹尚書、一僕射、二令爲八座。宋蓋二僕射，一令。令丞相義宣自爲計。書未達，庚寅，脩之入江陵，殺義宣，幷誅其子十六人，及同黨竺超民、從事中郎蔡超、諮議參軍顏樂之等。超民兄弟應從誅，何尚之上言：「賊既遁走，一夫可擒。若超民反覆昧利，即當取之，非唯免愆，亦可要不義之賞。而超民曾無此意，微足觀過知仁。何尚之此言爲竺超民兄弟道地耳。要，一遙翻。且爲官保全城府，謹守庫藏，爲，于僞翻。藏，徂浪翻。端坐待縛。今戮及兄弟，則與其餘逆黨無異，於事爲重。」上乃原之。

14 秋，七月，丙申朔，日有食之。

15 庚子，魏皇子弘生；辛丑，大赦，改元興光。

16 丙辰，大赦。

17 八月，甲戌，魏趙王深卒。

18 乙亥，魏主還平城。是年夏，書魏主如陰山。

19 冬，十一月，戊戌，魏主如中山，遂如信都；十二月，丙子，還，幸靈丘，靈丘縣自漢以來屬代郡，唐爲蔚州。至溫泉宮；庚辰，還平城。

二年（乙未、四五五）

1 春，正月，魏車騎大將軍樂平王拔有罪賜死。騎，奇寄翻。

2 鎮北大將軍、南兗州刺史沈慶之請老；二月，丙寅，以爲左光祿大夫、開府儀同三司。慶之固讓，表疏數十上，又面自陳，乃至稽顙泣涕。上，時掌翻。稽，音啓。上不能奪，聽以始興公就第，厚加給奉。頃之，上復欲用慶之，復，扶又翻；下同。使何尚之往起之。尚之累陳上意，慶之笑曰：「沈公不效何公，往而復返。」尚之不能固志，見一百二十六卷文帝元嘉二十八年。尚之慚而止。辛巳，以尚書右僕射劉延孫爲南兗州刺史。

3 夏，五月，戊戌，以湘州刺史劉遵考爲尚書右僕射。

4 六月，壬戌，魏改元太安。

5 甲子，大赦。

6 甲申，魏主還平城。史亦不書所如之地。

7 秋，七月，癸巳，立皇弟休祐爲山陽王，休茂爲海陵王，休業爲鄱陽王。

8 丙辰，魏主如河西。

9 雍州刺史武昌王渾朱脩之已赴江陵，柳元景又留建康，以渾刺雍州。雍，於用翻。與左右作檄文，自號楚王，改元永光，備置百官，以爲戲笑。長史王翼之封呈其手迹。八月，庚申，廢渾爲庶人，徙始安郡。上遣員外散騎侍郎東海戴明寶詰責渾，散，悉亶翻。騎，奇寄翻。詰，去吉翻。因逼令自殺，時年十七。

10 丁亥，魏主還平城。

11 詔祀郊廟，初設備樂，從前殿中曹郎荀萬秋之議也。晉氏南渡草創，二郊無樂；宗廟雖有登歌，亦無二舞。及破苻堅，得樂工，始有金石之樂。文帝元嘉二十二年，南郊，始設登歌。此所謂備樂，非能備雅樂，魏、晉以來世俗之樂耳。順帝昇明二年，王僧虔所謂「朝廷禮樂多違舊典」，蓋指此類。

12 上欲削弱王侯。冬，十月，己未，江夏王義恭、竟陵王誕奏裁【章：甲十一行本「裁」下有「損」字；乙十一行本同；孔本同。】王、侯車服、器用、樂舞制度，凡九事；上因諷有司奏增廣爲二十四條：聽事，不得南面坐，施帳幷蜡。藩國官正、冬不得徒跣登國殿及夾侍國師，傳令及油戟。公主、妃傳令不得朱服。輿不得重掆。鄣扇不得雉尾。槊毦不得孔雀白氅。夾轂隊不得絳襖。平乘但馬不得過二匹。胡伎不得綵衣。舞妓正、冬著袿衣，不得莊面蔽花。正、冬會不得劍舞、杯柈舞。長蹻伎、透舒丸劍、博山伎、緣大橦伎、五案伎，自非正、冬會奏舞曲不得舞。諸妃、主不得著綖帶。信幡，非臺省官悉用絳。郡、縣內史、相及封內官長，於其封君，既非在三，罷官則不復追敬；不合稱臣，止宜上下官敬而已。諸鎮常行車，前後不得過六隊，白直夾轂不在其限；刀不得過銀銅飾。諸王女封縣主，諸王子孫襲封，王之妃及封侯者夫人，行並不得鹵簿。諸王子繼體爲王，婚葬吉凶，悉依諸國公侯之禮，不得同皇弟、皇子。車輿非軺車不得油幢。平乘船皆平兩頭，作露平形，不得擬象龍舟。悉不得朱油帳。錯不得作五花及豎筍形。聽事不得南向坐；劍不得爲鹿盧形；晉灼曰：古長劍，首以玉作井鹿盧形。內史、相及封內官長止稱下官，不得稱臣，罷官則不復追敬。長，知兩翻。復，扶又翻。詔可。

13 庚午，魏以遼西王常英爲太宰。

14 壬午，以太傅義恭領揚州刺史，竟陵王誕爲司空、領南徐州刺史，建平王宏爲尚書令。

15是歲，以故氐王楊保宗子元和爲征虜將軍，楊頭爲輔國將軍。頭，文德之從祖兄也。元和雖楊氏正統，從，才用翻。楊保宗，氐王楊玄之子，故元和爲楊氏正統。朝廷以其年幼才弱，未正位號；部落無定主。頭先戍葭蘆，母妻子弟並爲魏所執，文帝元嘉二十年，魏克仇池，楊文德敗走；頭母妻子弟爲魏所執，當在是年。二十七年，始使頭戍葭蘆。而頭爲宋堅守無貳心。爲，于僞翻。雍州刺史王玄謨上言：雍，於用翻。上，時掌翻。「請以頭爲假節、西秦州刺史，用安輯其衆。俟數年之後，元和稍長，使嗣故業。若元和才用不稱，長，知兩翻。稱，尺證翻。便應歸頭。頭能藩扞漢川，使無虜患，彼四千戶荒州殆不足惜。若葭蘆不守，漢川亦無立理。」上不從。

三年（丙申、四五六）

1春，正月，庚寅，立皇弟休範爲順陽王，休若爲巴陵王。戊戌，立皇子子尚爲西陽王。

2壬子，納右衞將軍何瑀女爲太子妃。瑀，澄之曾孫也。甲寅，大赦。

3乙卯，魏立貴人馮氏爲皇后。后，遼西郡公朗之女也；馮朗降魏見一百二十二卷文帝元嘉九年。朗爲秦、雍二州刺史，雍，於用翻。坐事誅，后由是沒入宮。爲馮后專魏政張本。

4二月，丁巳，魏主立子弘爲皇太子，先使其母李貴人條記所付託兄弟，然後依故事賜死。

5甲子，以廣州刺史宗慤爲豫州刺史。故事，府州部內論事，皆籤前直敘所論之事，置典籤以主之。宋世諸皇子爲方鎮者多幼，時主皆以親近左右領典籤，近，其靳翻。典籤之權稍重。至是，雖長王臨藩，長，知兩翻。素族出鎮，典籤皆出納教命，執其樞要，刺史不得專其職任。及慤爲豫州，臨安吳喜爲典籤。吳分餘杭爲臨水縣，晉武帝太康元年，更名臨安，屬吳興郡。慤刑政所施，喜每多違執，慤大怒，曰：「宗慤年將六十，爲國竭命，爲，于僞翻。正得一州如斗大，正，一作「止」。不能復與典籤共臨之！」喜稽顙流血，乃止。復，扶又翻。稽，音啓。

6 丁零數千家匿井陘山中爲盜，陘，音刑。魏選部尙書陸眞初學記：漢成帝置列曹尙書四人，其一曰常侍曹；光武改常侍曹曰吏部，主選舉；靈帝改吏部爲選部。後魏初有殿中、樂部、駕部、南部、北部五尙書，選部尙書蓋此時方置。與州郡合兵討滅之。

7 閏月，戊午，以尙書左僕射劉遵考爲丹楊尹。

8 癸酉，鄱陽哀王休業卒。

9 太傅義恭以南兗州刺史西陽王子尙有寵，將避之，乃辭揚州。秋，七月，解義恭揚州；丙子，以子尙爲揚州刺史。時熒惑守南斗，上廢西州舊館，使子尙移治東城以厭之。厭，於葉翻，又於琰翻。斗，揚州分，故厭之。揚州別駕從事沈懷文曰：「天道示變，宜應之以德。今雖空西州，恐無益也。」不從。懷文，懷遠之兄也。

10 八月，魏平西將軍漁陽公尉眷擊伊吾，克其城，大獲而還。李寶以伊吾、敦煌降魏。寶既入朝，伊吾復叛，故擊之。尉，紆勿翻。還，從宣翻，又如字。

11 九月，壬戌，以丹楊尹劉遵考爲尚書右僕射。

12 冬，十月，甲申，魏主還平城。亦不書所如之地。

13 丙午，太傅義恭進位太宰，領司徒。

14 十一月，魏以尚書西平王源賀爲冀州刺史，更賜爵隴西王。更，工衡翻。賀上言：「今北虜遊魂，南寇負險，疆埸之間，猶須防戍。埸，音亦。臣愚以爲，自非大逆、赤手殺人，其坐贓盜及過誤應入死者，皆可原宥，謫使守邊；則是已斷之體受更生之恩，傜役之家蒙休息之惠。」魏高宗從之。久之，謂羣臣曰：「吾用賀言，一歲所活不少，少，詩沼翻。增戍兵亦多。卿等人人如賀，朕何憂哉！」會武邑人石華告賀謀反，武邑縣，前漢屬信都，後漢屬安平，晉武帝分立武邑郡，至隋唐爲武邑、武強、衡水三縣地。有司以聞，帝曰：「賀竭誠事國，朕爲卿等保之，爲，于僞翻。無此，明矣。」命精加訊驗；華果引誣，自引服誣告之罪。帝誅之，因謂左右曰：「以賀忠誠，猶不免誣謗，不及賀者可無慎哉！」

15 十二月，濮陽太守姜龍駒、新平太守楊自倫棄【章：甲十一行本「棄」上有「帥吏民」三字；乙十一行本同；孔本同；張校同。】郡奔魏。按沈約志：濮陽、新平皆屬兗州而不載治所，蓋僑郡也。新平郡，又明帝泰始七年立，當考。又按五代志：鄄城縣舊置濮陽郡。濮，博木翻。

16 上欲移青、冀二州并鎮歷城，議者多不同。青、冀二州刺史垣護之曰：「青州北有河、濟，濟，子禮翻。又多陂澤，非虜所向；每來寇掠，必由歷城。二州并鎮，此經遠之略也。北又近河，歸順者易。近，其靳翻。易，以豉翻。近息民患，遠申王威，安邊之上計也。」由是遂定。青州本治東陽，冀州治歷城，今并爲一鎮。

17 元嘉中，官鑄四銖錢，輪郭、形制與五銖同，用費無利，言鑄一錢之費適當一錢之用，無贏利也。故民不盜鑄。及上卽位，又鑄孝建四銖，形式薄小，輪郭不成。錢，外圓爲輪，內方爲郭。於是盜鑄者衆，雜以鉛、錫；翦鑿古錢，錢轉薄小。守宰不能禁，坐死、免者相繼。盜鑄益甚，物價踊貴，朝廷患之。去歲春，詔錢薄小無輪郭者悉不得行，民間喧擾。是歲，始興郡公沈慶之建議，以爲「宜聽民鑄錢，郡縣置錢署，樂鑄之家皆居署內，樂，音洛。平其準式，去其雜僞。去，羌呂翻。去春所禁新品，一時施用，今鑄悉依此格。萬稅三千，嚴檢盜鑄。」檢，束也，勘察也。丹楊尹顏竣駁之，竣，七倫翻。駁，北角翻。以爲「五銖輕重，定於漢世，漢武帝元狩五年行五銖錢。魏、晉以降，莫之能改；誠以物貨既均，改之僞生故也。今云去春所禁一時施用；若巨細總行而不從公鑄，利己既深，情僞無極，私鑄、翦鑿盡不可禁，財貨未贍，大錢已竭，數歲之間，悉爲塵土矣。今新禁初行，品式未一，須臾自止，不足以垂聖慮；唯府藏空匱，實爲重憂。藏，徂浪翻；下同。今縱行細錢，官無益賦之理；百姓雖贍，贍，昌豔翻。無解官乏。

唯箇費去華，去，羌呂翻。專在節儉，求贍之道，莫此爲貴耳。」議者又以爲「銅轉難得，欲鑄二銖錢。」竣曰：「議者以爲官藏空虛，宜更改鑄；天下銅少，宜減錢式以救交弊，官藏空虛，無錢以贍用，而天下銅少，又無以鑄錢，是交弊也。議者緣此欲改鑄小錢以救之。少，詩沼翻。賑國舒民。賑，富也，又舉救也。舒，緩也，寬也。賑，津忍翻。愚以爲不然。今鑄二銖，恣行新細，於官無解於乏，而民間姦巧大興，天下之貨將糜碎至盡；空嚴立禁，而利深難絕，不一二年，其弊不可復救。言不待一二年而弊甚也。復，扶又翻。民懲大錢之改，兼畏近日新禁，市井之間，必生紛擾。遠利未聞，切患猥及，富商得志，貧民困窘，此皆甚不可者也。」乃止。窘，渠隕翻。

18 魏定州刺史高陽許宗之求取不節，深澤民馬超謗毀宗之，深澤縣，前漢屬涿郡，後漢屬安平，晉以來屬博陵郡。後魏博陵郡屬定州。唐以博陵郡爲定州，後分定州置祁州，深澤縣屬焉。宗之毆殺超，毆，烏口翻，擊也。恐其家人告狀，上超詆訕朝政。上，時掌翻。魏高宗曰：「此必妄也。魏字衍。朕爲天下主，何惡於超而有此言！惡，烏路翻。必宗之懼罪誣超。」案驗，果然。斬宗之於都南。

19 金紫光祿大夫顏延之卒。延之子竣貴重，凡所資供，供，居用翻。延之一無所受，布衣茅屋，蕭然如故。常乘羸牛笨車，笨，部本翻，竹裹也；一曰，不精也。逢竣鹵簿，即屏住道側。導從之次第曰鹵簿。屏，必郢翻。常語竣曰：「吾平生不喜見要人，語，牛倨翻。喜，許記翻。今不幸見汝！」竣起宅，延之謂曰：「善爲之，無令後人笑汝拙也。」延之嘗早詣竣，見賓客盈門，竣尚未起，延之怒曰：「汝出糞土之中，升雲霞之上，遽驕傲如此，其能久乎！」物忌盛滿。顔竣之禍，其父知之矣。竣丁父憂，丁，當也；郭璞曰：值也。裁踰月，起爲右將軍，丹楊尹如故。竣固辭，表十上；上，時掌翻。上不許，遣中書舍人戴明寶抱竣登車，載之郡舍，之，往也。郡舍，丹楊尹廨也。賜以布衣一襲，絮以綵綸，遣主衣就衣諸體。主衣，主御衣服，唐尚衣奉御之職也。就衣，於既翻。

大明元年（丁酉、四五七）

1 春，正月，辛亥朔，改元，大赦。

2 壬戌，魏主畋於崞山，崞山在鴈門郡崞縣。崞，古博翻。戊辰，還平城。

3 魏以漁陽王尉眷爲太尉、錄尚書事。尉，紆勿翻。

4 二月，魏人寇兗州，向無鹽，敗東平太守南陽劉胡。無鹽縣，自漢以來屬東平郡。敗，補邁翻。詔遣太子左衞率薛安都將騎兵，東陽太守沈法系將水軍，向彭城以禦之，率，所律翻。將，即亮翻。騎，奇寄翻。並受徐州刺史申坦節度。比至，比，必利翻，及也。魏兵已去。先是，羣盜聚任城荆榛中，累世爲患，謂之任榛。先，悉薦翻。任，音壬。任城縣，前漢屬東平郡，後漢分爲任城國，後遂爲郡。宋省郡爲任城縣，屬高平郡。申坦請回軍討之。上許之。任榛聞之，皆逃散。時天旱，人馬渴乏，無功而還。還，從宣翻，又如字。安都、法系坐白衣領職。坦當誅，羣臣爲請，莫能得。爲，于僞翻。沈慶之抱坦哭於市曰：「汝無罪而死。我哭汝於市，行當就汝矣！」有司以聞，上乃免之。

5 三月，庚申，魏主畋于松山；己巳，還平城。

6 魏主立其弟新成爲陽平王。

7 上自即吉之後，三年之喪既除而即吉。奢淫自恣，多所興造。丹楊尹顏竣以藩朝舊臣，上爲藩王時，竣爲僚佐，是藩朝舊臣也。晉、宋之間，郡曰郡朝，府曰府朝，藩王曰藩朝。宋武帝爲宋王，齊高帝爲齊王，時曰霸朝。朝，直遥翻；下同。數懇切諫爭，數，所角翻。爭，則迸翻。無所回避，上浸不悦。竣自謂才足幹時，恩舊莫比，當居中永執朝政，而所陳多不納，疑上欲疏之，乃求外出以占上意。夏，六月，丁亥，詔以竣爲東揚州刺史，竣始大懼。爲帝殺竣張本。

8 癸卯，魏主如陰山。

9 雍州所統多僑郡縣，雍，於用翻；下同。刺史王玄謨上言：「僑郡縣無有境土，新舊錯亂，租課不時，請皆土斷。」斷，丁亂翻。秋，七月，辛未，詔并雍州三郡十六縣爲一郡。郡縣流民不願屬籍，屬土著之籍也。訛言玄謨欲反。時柳元景宗強，羣從多爲雍部二千石，柳元景，河東解人，南徙，僑居于雍部。羣從，羣從兄弟。從，才用翻。乘聲皆欲討玄謨。玄謨令內外晏然以解衆惑，馳使啓上，具陳本末。使，疏吏翻。上知其虚，遣主書吴喜撫慰之，主書，後漢尚書令史之職。漢尚書曹有主書令史二十一人；江左以來，中書省有主書。且報曰：「七十老公，反欲何求！君臣之際，足以相保，聊復爲笑，伸卿眉頭耳。」復，扶又翻。玄謨性嚴，未嘗妄笑，故上以此戲之。

10 八月，己亥，魏主還平城。

11 甲辰，徙司空、南徐州刺史竟陵王誕爲南兗州刺史，以太子詹事劉延孫爲南徐州刺史。初，高祖遺詔，以京口要地，去建康密邇，自非宗室近親，不得居之。延孫之先雖與高祖同源，而高祖屬彭城，延孫屬莒縣，南史延孫傳作「呂縣」。呂縣屬彭城郡，而莒縣屬東莞郡。詳而考之，呂縣爲是。彭城、呂二縣並屬彭城郡，延孫與帝室同源同郡，特異縣耳。從來不序昭穆。昭，讀如字。上既命延孫鎮京口，仍詔與延孫合族，使諸王皆序長幼。長，知兩翻。

上閨門無禮，不擇親疏、尊卑，流聞民間，無所不至。誕寬而有禮，又誅太子劭、丞相義宣，皆有大功，誕起兵討劭見上卷文帝元嘉三十年；勸止上迎義宣事見上。人心竊向之。誕多聚才力之士，蓄精甲利兵，上由是畏而忌之，不欲誕居中，使出鎮京口；猶嫌其逼，更徙之廣陵。南兗州時治廣陵。以延孫腹心之臣，使鎮京口以防之。爲帝討誕張本。

12 魏主將東巡，冬，十月，詔太宰常英起行宮於遼西黃山。魏收地形志，遼西郡肥如縣有黃山。

13 十二月，丁亥，更以順陽王休範爲桂陽王。休範，孝建三年封順陽王。更，工衡翻。

二年（戊戌、四五八）

1 春，正月，丙午朔，魏設酒禁，釀、酤、飲者皆斬之；釀者、酤者、飲者皆斬。吉凶之會，聽開禁，有程日。魏主以士民多因酒致鬬及議國政，故禁之。增置內外候官，伺察諸曹及州、鎮，魏自道武帝以來有候官，今增其員。伺，相吏翻。或微服雜亂於府寺間，以求百官過失，有司窮治，訊掠取服；治，直之翻。百官贓滿二丈者皆斬。又增律七十九章。

2 乙卯，魏主如廣甯溫泉宮，遂巡平州；魏平州之地，止遼西、北平二郡。庚午，至黃山宮；二月，丙子，登碣石山，觀滄海；戊寅，南如信都，畋於廣川。廣川縣，前漢屬廣川國，後漢屬清河郡，晉屬勃海郡，魏收地形志屬長樂郡，長樂卽信都也。五代志曰：北齊廢廣川入棗強。劉昫曰：隋於舊縣東八十里置新縣，尋改爲長河縣，屬德州。

3 乙酉，以金紫光祿大夫褚湛之爲尚書左僕射。

4 丙戌，建平宣簡王宏以疾解尚書令；三月，丁未，卒。

5 丙辰，魏高宗還平城，起太華殿。酈道元曰：魏太和十六年，破太華、安昌諸殿，造太極殿東西堂及朝堂。是時，給事中郭善明，性傾巧，說帝大起宮室，說，輸芮翻。中書侍郎高允諫曰：「太祖始建都邑，其所營立，必因農隙。況建國已久，永安前殿足以朝會，朝，直遙翻。西堂、溫室足以宴息，紫樓足以臨望；縱有脩廣，亦宜馴致，易曰：馴致其道。向秀曰：馴，從也。程頤曰：馴，謂習，習而漸至於盛。馴，似遵翻。不可倉猝。今計所當役凡二萬人，老弱供餉又當倍之，期半年可畢。一夫不耕，或受之飢，況四萬人之勞費，可勝道乎！勝，音升。此陛下所宜留心也。」帝納之。

允好切諫，朝廷事有不便，允輒求見，帝常屏左右以待之。好，呼到翻。屏，必郢翻。屏左右者，欲其言無不盡。或自朝至暮，或連日不出；羣臣莫知其所言。語或痛切，帝所不忍聞，命左右扶出，然終善遇之。時有上事爲激訐者，帝省之，上，時掌翻。訐，居謁翻。省，悉景翻。謂羣臣曰：「君、父一也。父有過，子何不作書於衆中諫之？而於私室屏處諫者，屏，蔽也。屏處，隱蔽之處。屏，必郢翻。豈非不欲其父之惡彰於外邪！至於事君，何獨不然。君有得失，不能面陳，而上表顯諫，欲以彰君之短，明己之直，此豈忠臣所爲乎！如高允者，乃【章：甲十一行本「乃」下有「眞」字；乙十一行本同；孔本同。】忠臣也。朕有過，未嘗不面言，至有朕所不堪聞者，允皆無所避。朕知其過而天下不知，可不謂忠乎！」

允所與同徵者游雅等徵允等見一百二十二卷文帝元嘉八年。皆至大官，封侯，部下吏至刺史、二千石者亦數十百人，部下吏，謂中書之吏嘗事允在部下者。而允爲郎，二十七年不徙官。魏世祖神䴥四年，允徵拜中書博士，領著作郎，至是年二十五年耳。帝謂羣臣曰：「汝等雖執弓刀在朕左右，徒立耳，言徒能侍立而不能規諫。未嘗有一言規正；唯伺朕喜悅之際，伺，相吏翻。祈官乞爵，今皆無功而至王公。允執筆佐我國家數十年，爲益不小，不過爲郎，汝等不自愧乎！」乃拜允中書令。上云二十七年不徙官，意允拜中書令不在是年。

時魏百官無祿，允常使諸子樵采以自給。司徒陸麗言於帝曰：「高允雖蒙寵待，而家貧，妻子不立。」立，成也，置也，建也；謂不能建置家業也。帝曰：「公何不先言，今見朕用之，乃言其貧乎！」即日，至允第，惟草屋數間，布被，緼袍，孔安國曰：緼，枲著也。謂雜用枲麻以著袍。禮記曰：緼爲袍。鄭康成註曰：緼，舊絮也，又亂麻。緼，於粉翻。廚中鹽菜而已。帝歎息，賜帛五百匹，粟千斛，拜長子悅【嚴：「悅」改「忱」。】爲長樂太守。樂，音洛。守，手又翻。允固辭，不許。帝重允，常呼爲令公而不名。

游雅常曰：「前史稱卓子康、劉文饒之爲人，卓茂，字子康。劉寬，字文饒。褊心者或不之信。褊，補典翻。余與高子游處四十年，處，昌呂翻。未嘗見其喜慍之色，慍，於問翻。乃知古人爲不誣耳。高子內文明而外柔順，其言呐呐不能出口。呐，如悅翻，又奴劣翻；呐呐，言緩也。昔崔司徒嘗謂余云：『高生豐才博學，一代佳士，所乏者，矯矯風節耳。』余亦以爲然。及司徒得罪，起於纖微，詔指臨責，司徒聲嘶股栗，殆不能言；嘶，先齊翻；聲破曰嘶。宗欽已下，伏地流汗，皆無人色。高子獨敷陳事理，申釋是非，辭義清辯，音韻高亮。人主爲之動容，聽者無不神聳，事見一百二十五卷文帝元嘉二十七年。爲，于僞翻。此非所謂矯矯者乎！宗愛方用事，威振四海。嘗召百官於都坐，魏有都坐大官。魏之都坐，猶唐之朝堂也。或曰都坐尚書。都坐即唐之政事堂。坐，徂臥翻。王公已下皆趨庭望拜，高子獨升階長揖。由此觀之，汲長孺可以臥見衞青，何抗禮之有！言以高允之揖宗愛觀之，則汲黯可以臥見衞青，與之抗禮，未爲過也。汲黯字長孺；抗禮事見十九卷漢武帝元朔五年。此非所謂風節者乎！夫人固未易知；易，以豉翻。吾既失之於心，崔又漏之於外，發之於言，則是漏之於外。此乃管仲所以致慟於鮑叔也。」管仲曰：「生我者父母，知我者鮑子也。」致慟，蓋感其知己之深。

6 乙丑，魏東平成王陸俟卒。

7 夏，四月，甲申，立皇子子綏爲安陸王。

8 帝不欲權在臣下，六月，戊寅，分吏部尚書置二人，吏部尚書掌銓選，以其權重，江左謂之大尚書，言其位任與諸曹殊絕也。今置二人以分其權。以都官尚書謝莊、度支尚書吳郡顧覬之爲之。漢置六曹尚書，中都官曹主水火盜賊事；魏、晉省，宋復置。隋改都官爲刑部尚書，改度支爲民部尚書。唐避太宗諱，改民部爲戶部。度，徒洛翻。覬音冀；下同。又省五兵尚書。曹魏置五兵尚書，隋改曰兵部尚書。

初，晉世，散騎常侍選望甚重，上之所遴簡爲選，時之所瞻屬爲望。散，悉亶翻。騎，奇寄翻。與侍中不異；其後職任閒散，散，悉但翻。用人漸輕。上欲重其選，乃用當時名士臨海太守孔覬、司徒長史王彧爲之。彧，於六翻。侍中蔡興宗謂人曰：「選曹要重，常侍閒淡，改之以名而不以實，雖主意欲爲輕重，人心豈可變邪！」既而常侍之選復卑，選部之貴不異。言選部貴重與前時無以異也。選部，須絹翻。復，扶又翻。覬，琳之之孫；孔琳之事桓玄，不務迎合，諫其廢錢用穀帛，復肉王謐識武帝於龍潛。蔡廓以方直著於宋初。或，謐之兄孫；興宗，廓之子也。

裴子野論曰：官人之難，先王言之，尚矣。書：皋陶曰：在知人。禹曰：惟帝其難之，知人則哲，能官人。周禮，始於學校，校，戶教翻。論之州里，告諸六事，而後貢于王庭。六事，周之六卿也。其在漢家，州郡積其功能，五府舉爲掾屬，掾，以絹翻。三公參其得失，尚書奏之天子；一人之身，所閱者衆，閱，更歷也。故能官得其才，鮮有敗事。鮮，息淺翻。魏、晉易是，所失弘多。弘，大也。夫厚貌深衷，險如谿壑，擇言觀行，猶懼弗周；況今萬品千羣，俄折乎一面，行，下孟翻；下戒行同。折，之列翻，斷也。一面，一覿面之頃也。庶僚百位，專斷於一司，一司，謂選部。斷，丁亂翻。於是囂風遂行，不可抑止。囂風，謂喧競之風。干進務得，兼加諂瀆；易大傳曰：君子上交不諂，下交不瀆。無復廉恥之風，謹厚之操；官邪國敗，左傳曰：國家之敗，由官邪也。復，扶又翻。不可紀綱。假使龍作納言，尚書，古之納言也。舜居南面，而治致平章，不可必也，堯典曰：平章百姓。孔註曰：百姓，百官。平和章明，不可必言，不可必致也。治，直吏翻。況後之官人者哉！孝武雖分曹爲兩，謂吏部置兩尚書。不能反之於周、漢，朝三暮四，其庸愈乎！莊子曰：狙公賦芧，曰：「朝三而暮四。」衆狙皆怒。曰：「然則朝四而暮三。」衆狙皆喜。名實未虧而喜怒爲用。

9 丙申，魏主畋于松山；庚【章：甲十一行本「庚」上有「秋七月」三字；乙十一行本同；孔本同。】午，如河西。

10 南彭城民高闍、晉氏南渡，僑立南彭城郡於晉陵界。闍，視遮翻。沙門曇標以妖妄相扇，曇，徒貪翻。妖，於遥翻。與殿中將軍苗允等謀作亂，立闍爲帝。事覺，甲辰，皆伏誅，死者數十人。於是下詔沙汰諸沙門，設諸科禁，嚴其誅坐；自非戒行精苦，並使還俗。行，下孟翻。而諸尼多出入宫掖，此制竟不能行。

中書令王僧達，幼聰警能文，而跌蕩不拘。跌，徒結翻。蕩，徒浪翻。不拘，言其不拘常檢也。帝初踐阼，擢爲僕射，居顔、劉之右。顔竣、劉延孫，帝之腹心也。自負才地，地，謂門地。謂當時莫及，一二年間，即望宰相。既而遷護軍，怏怏不得志，怏，於兩翻。累啓求出。上不悦，由是稍稍下遷，五歲七徙，七徙官也。再被彈削。僧達既恥且怨，所上表奏，辭旨抑揚，又好非議朝政，上，時掌翻。好，呼到翻。朝，直遥翻。上已積憤怒。路太后兄子嘗詣僧達，趨升其榻，僧達令舁棄之。路太后兄慶之嘗爲王氏門下騶，故僧達麾其子。舁，音余，又羊茹翻，對舉也。孔光屈身於董賢以保其禄位，人以爲諂；王僧達抗意於路瓊之以殺其身，人以爲褊躁。遠小人不惡而嚴，君子蓋必有道也。太后大怒，固邀上令必殺僧達。會高闍反，上因誣僧達與闍通謀，八月，丙戌，收付廷尉，賜死。

沈約論曰：夫君子、小人，類物之通稱，蹈道則爲君子，違之則爲小人。稱，尺證翻。是以太公起屠釣爲周師，傅説去版築爲殷相，太公屠牛於朝歌，釣於渭濱，周文王迎以爲師。傅說築於傅巖之野，殷高宗求以爲相。說，於悅翻。相，息亮翻。明敭幽仄，書曰：明明揚側陋。敭，與揚同。唯才是與。逮于二漢，茲道未革：胡廣累世農夫，致位公相；黃憲牛醫之子，名重京師；非若晚代分爲二途也。魏武始立九品，蓋以論人才優劣，詳見八十一卷晉武帝太康五年。非謂世族高卑。而都正俗士，隨時俯仰，憑藉世資，用相陵駕；都正，謂諸州中正也。因此相沿，遂爲成法。周、漢之道，以智役愚；魏、晉以來，以貴役賤；士庶之科，較然有辨矣。

裴子野論曰：古者，德義可尊，無擇負販；苟非其人，何取世族！名公子孫，還齊布衣之伍；士庶雖分，本無華素之隔。華，榮也，輝也；故榮貴之族謂之華宗，其子弟謂之華胄。素，白也，質也；故白屋謂之素門，寒士謂之素士。自晉以來，其流稍改，草澤之士，猶顯清途；降及季年，專限閥閱。史記：明其等曰閥，積其功曰閱。又，門在左曰閥，在右曰閱。閥，音伐。自是三公之子，傲九棘之家，周禮：朝士掌外朝之法：左九棘，孤、卿、大夫位焉；右九棘，公、侯、伯、子、男位焉。後世直謂九棘爲九卿。黃散之孫，蔑令長之室；散，悉亶翻。長，知兩翻。轉相驕矜，互爭銖兩，唯論門戶，不問賢能。以謝靈運、王僧達之才華輕躁，使其生自寒宗，猶將覆折；折，而設翻。重以怙其庇廕，召禍宜哉。重，直用翻。

11 九月，乙巳，魏主還平城。自河西還。

12 丙寅，魏大赦。

冬，十月，甲戌，魏主北巡，欲伐柔然，至陰山，會雨雪，魏主欲還，太尉尉眷曰：「今動大衆以威北狄，【章：甲十一行本「狄」作「敵」；乙十一行本同；孔本同。】去都不遠而車駕遽還，虜必疑我有內難。尉尉，下紆勿翻。難，乃旦翻。將士雖寒，不可不進。」魏主從之，辛卯，軍于車崙山。「車崙山」，北史作「車輪山」。魏收地形志：秀容郡敷城縣有車輪泉神。

13 積射將軍殷孝祖築兩城於清水之東。文帝元嘉九年置積射、強弩等將軍。沈約曰：晉太康十年置。魏鎮西將軍封敕文攻之，清口戍主、振威將軍傅乾愛拒破之。孝祖，羨之曾孫也。殷羨，殷浩之父。上遣虎賁主龐孟虯救清口，虎賁主，主虎賁士。賁，音奔。考異曰：宋顏師伯傳云：「魏遣清水公拾賁敕文寇清口，世祖遣孟虯及殷孝祖赴討。」魏本紀：「孝祖脩兩城於清水東，詔封敕文擊之。」今從之。青、冀二州刺史顏師伯遣中兵參軍苟思達助之，敗魏兵於沙溝。按此清口非清水入淮之口，乃濟水與汶水合之口，水經：濟水東北過壽張縣西安民亭南，汶水從東北來注之。註云：戴延之所謂清口也。濟水又北過須昌、穀城、臨邑、盧縣，又東北與中川水合。註云：中川水與賓溪水合而北流，逕盧縣故城東，又北流入濟，俗謂之沙溝水。敗，補邁翻。師伯，竣之族兄也。上遣司空參軍卜天生將兵會傅乾愛及中兵參軍江方興共擊魏兵，屢破之，江方興蓋司空中兵參軍。將，即亮翻；下同。斬魏將窟瓌公等數人。窟，苦骨翻。瓌，姑回翻。十一月，魏征西將軍皮豹子等將三萬騎助封敕文寇青州，顏師伯禦之，輔國將【章：甲十一行本「將」作「參」；乙十一行本同；孔本同。】軍焦度刺豹子墜馬，獲其鎧矟具裝，手殺數十人。度，本南安氐也。刺，七亦翻。鎧，苦亥翻。矟，色角翻。

14 魏主自將騎十萬、車十五萬兩擊柔然，度大漠，旌旗千里。柔然處羅可汗遠遁，其別部烏朱駕頹等帥數千落降于魏。騎，奇寄翻。兩，音亮。可，從刊入聲。汗，音寒。帥，讀曰率。降，戶江翻。魏主刻石紀功而還。還，從宣翻。

15 初，上在江州，山陰戴法興、戴明寶、蔡閑爲典籤；及卽位，皆以爲南臺侍御史兼中書通事舍人。御史臺謂之南臺。晉初置中書舍人、通事各一人，江左令舍人通事，謂之通事舍人，掌呈奏案，又掌詔命。是歲，三典籤並以初舉兵預密謀，賜爵縣男；閑已卒，追賜之。

時上親覽朝政，朝，直遙翻。不任大臣；而腹心耳目，不得無所委寄。法興頗知古今，素見親待。魯郡巢尚之，人士之末，涉獵文史，爲上所知，亦以爲中書通事舍人。凡選授【章：甲十一行本「授」下有「遷徙」二字；乙十一行本同；孔本同；張校同。】誅賞大處分，處，昌呂翻。分，扶問翻；下定分同。上皆與法興、尚之參懷；宋、齊之間，凡參決機務，率皆謂之參懷。內外雜事，多委明寶。三人權重當時；而法興、明寶大納貨賄，凡所薦達，言無不行，天下輻湊，門外成市，家產並累千金。

吏部尚書顧覬之獨不降意於法興等。蔡興宗與覬之善，嫌其風節太峻，覬之曰：「辛毗有言：『孫、劉不過使吾不爲三公耳。』」魏明帝時，劉放、孫資制斷時政，大臣莫不交好，而辛毗不與往來。毗子敞諫曰：「劉、孫用事，衆皆影附，大人宜少降意；不然，必有謗言。」毗正色曰：「吾之立身，自有本末；就與孫、劉不平，不過不爲三公。大丈夫欲爲公而毀其高節邪！」覬，音冀。覬之常以爲：「人稟命有定分，非智力可移，唯應恭己守道；而闇者不達，妄意僥倖，僥，堅堯翻。徒虧雅道，無關得喪。」喪，息浪翻。乃以其意命弟子原著定命論以釋之。「原」，南史作「愿」。

聶崇岐標點王崇武覆校

資治通鑑卷第一百二十九

端明殿學士兼翰林侍讀學士朝散大夫右諫議大夫充集賢殿修撰提舉西京嵩山崇福宮上柱國河內郡開國侯食邑一千八百戶食實封六百戶賜紫金魚袋臣司馬光　奉敕編集
後學天台胡三省　音註

宋紀十一

起屠維大淵獻（己亥），盡閼逢執徐（甲辰），凡六年。

世祖孝武皇帝下

大明三年（己亥、四五九）

1 春，正月，己巳朔，兗州兵與魏皮豹子戰于高平，兗州兵不利。

2 己丑，以驃騎將軍柳元景爲尚書令，驃，匹妙翻。騎，奇寄翻。右僕射劉遵考爲領軍將軍。

3 己酉，魏河南公伊馛卒。馛，蒲撥翻。卒，子恤翻。

4 三月，乙卯，以揚州六郡爲王畿；六郡：丹陽、淮南、宣城、吳郡、吳興、義興也。更以東揚州爲揚州，徙治會稽，置東揚州見上卷孝建元年。會，工外翻。猶以星變故也。星變見上卷孝建三年。

5 三月，庚寅，以義興太守垣閬爲兗州刺史。閬，遵之子也。垣遵，卽垣苗也。武帝西征長安，使遵守洛當城；城據河、濟之會，後人謂之垣苗城。守，式又翻。

6 夏，四月，乙巳，魏主立其弟子推爲京兆王。

7 竟陵王誕知上意忌之，亦潛爲之備；因魏人入寇，修城浚隍，聚糧治仗。治，直之翻。誕記室參軍江智淵知誕有異志，請假先還建康，假，古訝翻。假，休假也。上以爲中書侍郎。智淵，夷之弟子也，江夷，江湛之父；夷之弟曰僧安。少有操行，少，詩照翻。操，七到翻。行，下孟翻。沈懷文每稱之曰：「人所應有盡有，人所應無盡無者，其唯江智淵乎！」

是時，道路皆云誕反。會吳郡民劉成上書稱：「息道龍昔事誕，息，子也。見誕在石頭城修乘輿法物，習唱警蹕。此蓋言誕爲揚州刺史時。誕時一心奉上，必無是事，劉成誣告之也。乘，繩證翻。道龍憂懼，私與伴侶言之，誕殺道龍。」考異曰：宋略、南史作「道就」。今從宋書。又豫章民陳談之上書稱：「弟詠之在誕左右，見誕書陛下年紀姓諱，往巫鄭師憐家祝詛。祝，職叔翻。詛，莊助翻。詠之密以啓聞，誕誣詠之乘酒罵詈，殺之。」劉道龍、陳詠之蓋先皆爲誕所殺，其父兄希指誣告以報子弟之讎耳。詈，力智翻。上乃令有司奏誕罪惡，請收付廷尉治罪。治，直之翻。乙卯，詔貶誕爵爲侯，遣之國。詔書未下，下，遐稼翻。先以羽林禁兵配兗州刺史垣閬，使以之鎮爲名，與給事中戴明寶襲誕。

閬至廣陵，誕未悟也。明寶夜報誕典籤蔣成，使明晨開門爲內應。成以告府舍人許宗之，宗之，竟陵王府舍人也。宗之入告誕；誕驚起，呼左右及素所畜養數百人畜，許六翻。執蔣成，勒兵自衞。天將曉，明寶與閬帥精兵數百人猝至，而門不開；誕已列兵登陴，帥，讀曰率。陴，頻彌翻。自在門上斬蔣成，赦作徒、繫囚，作徒，坐徒罪居作者。繫囚，逮捕在獄者。開門擊閬，殺之，考異曰：宋略云己亥殺閬。按本紀，乙卯貶誕爵，今從之。明寶從間道逃還。間，古莧翻。詔內外纂嚴。考異曰：宋略乙亥纂嚴。按長曆，是月戊戌朔，無乙亥；蓋己亥也。以始興公沈慶之爲車騎大將軍、開府儀同三司、南兗州刺史，將兵討誕。騎，奇寄翻。將，卽亮翻；下同。甲子，上親總禁兵頓宣武堂。

司州刺史劉季之，誕故將也，誕爲會稽，季之爲參軍，及起兵討元凶，以季之爲將。素與都督宗慤有隙，宗慤爲豫州，兼督司州。聞誕反，恐爲慤所害，委官，間道自歸朝廷，至盱眙，盱眙太守鄭瑗疑季之與誕同謀，邀殺之。盱眙，音吁怡。

沈慶之至歐陽，水經註曰：吳城邗溝，通江、淮。自永和中，江都水斷。其水上承歐陽，引江入埭，六十里至廣陵城。余據此地則今之眞州閘也。誕遣慶之宗人沈道愍齎書說慶之，餉以玉環刀。慶之遣道愍反，數以罪惡。誕焚郭邑，驅居民悉使入城，閉門自守，說，輸芮翻。數，所具翻。守，手又翻。分遣書檄，邀結遠近。時山陽內史梁曠，家在廣陵，誕執其妻子，遣使邀曠，曠斬使拒之；使，疏吏翻。誕怒，滅其家。

誕奉表投之城外曰：「陛下信用讒言，遂令無名小人來相掩襲；不任枉酷，任，音壬。卽加誅翦。雀鼠貪生，仰違詔敕。今親勒部曲，鎮扞徐、兗。先經何福，同生皇家？誕於帝同氣也，故云然。今有何愆，便成胡、越？陵鋒蹈【章：甲十一行本「蹈」作「奮」；乙十一行本同；孔本同。】戈，萬沒豈顧；萬沒，猶言萬死也。遏定之期，冀在旦夕。」又曰：「陛下宮帷之醜，豈可三緘！」家語：孔子觀周，入后稷之廟，有金人，三緘其口而銘其背曰：「古之慎言人也。」上大怒，凡誕左右、腹心、同籍、期親在建康者並誅之，同籍，諸同宗屬之籍者；期親，謂期喪之親也。死者以千數，或有家人已死，方自城內出奔者。

慶之至城下，誕登樓謂之曰：「沈公垂白之年，白髮下垂，故曰垂白。何苦來此！」慶之曰：「朝廷以君狂愚，不足勞少壯故耳。」少，詩照翻。

上慮誕奔魏，使慶之斷其走路，斷，音短。慶之移營白土，去城十八里，又進軍新亭。此新亭在廣陵城外，非建康之新亭也。豫州刺史宗慤、徐州刺史劉道隆並帥衆來會；帥，讀曰率。兗州刺史沈僧明，慶之兄子也，亦遣兵助慶之。先是誕誑其衆，云「宗慤助我」；慤至，繞城躍馬呼曰：「我，宗慤也！」先，悉薦翻。呼，火故翻。誑，居況翻。

誕見諸軍大集，欲棄城北走，留中兵參軍申靈賜守廣陵；自將步騎數百人，將，卽亮翻。騎，奇寄翻。親信並自隨，聲云出戰，邪趨海陵道，晉安帝分廣陵立海陵郡，今泰州也。誕自廣陵北門聲言出戰，邪而趨東，則海陵之路。趨，七喩翻。慶之遣龍驤將軍武念追之。驤，思將翻。誕行十餘里，衆皆不欲去，互請誕還城，誕曰：「我還易耳，卿能爲我盡力乎？」衆皆許諾。誕乃復還，易，以豉翻。爲，于僞翻。復，扶又翻。築壇歃血以誓衆，歃，色洽翻。凡府州文武皆加秩。府，司空、竟陵王府；州，南兗州。以主簿劉琨之爲中兵參軍；琨之，遵考之子也，劉遵考時在朝爲尚書右僕射。辭曰：「忠孝不得並。琨之老父在，不敢承命。」誕囚之十餘日，終不受，乃殺之。

右衞將軍垣護之、虎賁中郎將殷孝祖等擊魏還，至廣陵，上並使受慶之節度。賁，音奔。慶之進營，逼廣陵城。誕餉慶之食，提挈者百餘人，出自北門；慶之不開視，悉焚之。誕於城上授函表，「授」，南史作「投」，當從之。請慶之爲送，慶之曰：「我受詔討賊，不得爲汝送表。汝必欲歸死朝廷，自應開門遣使，吾爲汝護送。」誕之爲此，以帝猜忍，欲以間慶之也。慶之峻絕之，蓋亦自爲謀耳。爲，于僞翻。

8 東揚州刺史顏竣遭母憂，送喪還都，上恩待猶厚，竣時對親舊有怨言，竣，七倫翻。或語及朝廷得失。會王僧達得罪，僧達死見上卷上年。疑竣譖之；將死，具陳竣前後怨望誹謗之語。上乃使御史中丞庾徽之劾奏，免竣官。鄭樵曰：御史之名，周官有之，蓋掌贊書而授法令，非今任也。戰國時，秦、趙澠池之會，各命御史書事。又，淳于髡謂齊王曰：「御史在前，」則皆記事之任。至秦、漢爲糾察之任。竣愈懼，上啓陳謝，且請生命；上益怒，詔答曰：「卿訕訐怨憤，已孤本望；乃復過煩思慮，懼不自全，許，居謁翻。復，扶又翻；下復沈同。豈爲下事上誠節之至邪！」及竟陵王誕反，上遂誣竣與誕通謀，五月，收竣付廷尉，先折其足，折，而設翻。然後賜死。妻子徙交州，至宮亭湖，宮亭湖，卽彭蠡湖，在彭澤縣西。復沈其男口。沈，持林翻。顏竣失職怨望，固爲可罪；而自尋陽東下之時，保護之功，不可忘也。既殺其身，又沈其男口，孝武帝亦少恩哉！

9 六月，戊申，魏主如陰山。

10 上命沈慶之爲三烽於桑里，桑里，在廣陵城西南。若克外城，舉一烽，克內城，舉兩烽，擒劉誕，舉三烽；璽書督趣，前後相繼。璽，斯氏翻。趣，讀曰促。慶之焚其東門，塞塹，造攻道，立行樓、土山幷諸攻具，塞，悉則翻。塹，七豔翻。爲樓車推進以攻城，故曰行樓。值久雨，不得攻城。上使御史中丞庾徽之奏免慶之官，詔勿問，以激之。自四月至于秋七月，雨止，城猶未拔。上怒，命太史擇日，將自濟江討誕；太宰義恭固諫，乃止。

誕初閉城拒使者，使，疏吏翻。記室參軍山陰賀弼固諫，誕怒，抽刀向之，乃止。誕遣兵出戰屢敗，將佐多踰城出降。將，卽亮翻。降，戶江翻；下同。或勸弼宜早出，弼曰：「公舉兵向朝廷，此事既不可從；荷公厚恩，又義無違背，荷，下可翻。背，蒲妹翻。唯當以死明心耳！」乃飲藥自殺。參軍何康之謀開門納官軍，不果，斬關出降。誕爲高樓，置康之之母於其上，暴露之，不與食，母呼康之，數日而死。誕以中軍長史濮【章：甲十一行本「濮」作「濟」；乙十一行本同；

孔本同。】陽范義爲左司馬。濮，博木翻。義母妻子皆在城內，或謂義曰：「事必不振，言誕必陷敗不能振起也。子其行乎！」義曰：「吾，人吏也；人吏，言爲人之佐吏。子不可以棄母，吏不可以叛君。必若何康之而活，吾弗爲也。」

沈慶之帥衆攻城，身先士卒，親犯矢石，帥，讀曰率。先，悉薦翻。乙巳，克其外城；乘勝而進，又克小城。誕聞兵入，走趨後園，趨，七喩翻。隊主沈胤之等追及之，擊傷誕，墜水，引出，斬之。誕母、妻皆自殺。誕母，文帝殷脩華；妻，徐妃。

上聞廣陵平，出宣陽門，敕左右皆呼萬歲。侍中蔡興宗陪輦，上顧曰：「卿何獨不呼？」興宗正色曰：「陛下今日正應涕泣行誅，豈得皆稱萬歲！」謂同氣相殘，乃天理人倫之變；必若以義滅親，應涕泣而行誅也。上不悅。

詔貶誕姓留氏；廣陵城中士民，無大小悉命殺之。沈慶之請自五尺以下全之，其餘男子皆死，女子以爲軍賞；猶殺三千餘口。長水校尉宗越臨決，皆先刳腸抉眼，抉，於決翻。或笞面鞭腹，苦酒灌創，然後斬之，苦酒，蓋醯之類也。創，初良翻。越對之，欣欣若有所得。史言宗越之忍。上聚其首於石頭南岸爲京觀，沈慶之蓋悉獻其首，故聚於石頭南岸。觀，古玩翻。侍中沈懷文諫，不聽。史言當時近侍皆正人，但諫不行、言不聽耳。

初，誕自知將敗，使黃門呂曇濟與左右素所信者將世子景粹匿於民間，將，攜也。曇，徒含翻。謂曰：「事若不濟，思相全脫；如其不免，可深埋之。」謂深埋景粹之尸也。各分以金寶齎送。既出門，並散走；唯曇濟不去，攜負景粹十餘日，捕得，斬之。

臨川內史羊璿坐與誕素善，下獄死。璿，音旋。下，遐稼翻。

擢梁曠爲後將軍，贈劉琨之給事黃門侍郎。

蔡興宗奉旨慰勞廣陵。興宗與范義素善，收斂其尸，送喪歸豫章。范義蓋寓居豫章也。蔡興宗之先亦濟陽人。勞，力到翻。斂，力贍翻。上謂曰：「卿何敢故觸王憲？」興宗抗言對曰：「陛下自殺賊，臣自葬故交，何不可之有！」上有慙色。兄弟、朋友，皆天倫也。興宗能不忘故交，而帝忍誅屠同氣，故慙。

宗越治軍嚴，善爲營陳。每數萬人止頓，越自騎馬行前，使軍人隨其後，馬止營合，未嘗參差。治，直之翻。陳，讀曰陣。參，初今翻；差，叉宜翻，又初佳翻；參差，不齊也。

11 辛未，大赦。廣陵既平，故肆赦。

12 丙子，以丹楊尹劉秀之爲尚書右僕射。

13 丙戌，以南兗州刺史沈慶之爲司空，刺史如故。

14 八月，庚戌，魏主如雲中；壬戌，還平城。

15 九月，壬辰，築上林苑於玄武湖北。文帝元嘉二十二年，築北隄，立玄武湖於樂游苑北。

16 初，晉人築南郊壇於巳位，尚書右丞徐爰以爲非禮，詔徙於牛頭山西，牛頭山在今建康府上元縣南四十里，兩峯如闕。直宮城之午位。及廢帝卽位，以舊地爲吉，復還故處。復，扶又翻。史終言之。帝又命尚書左丞荀萬秋造五路，依金根車，加羽葆蓋。五路之制與金根車不同，加羽葆蓋，愈非古矣。沈約曰：秦閱三代之車，獨取殷制。古曰桑根車，秦曰金根車。

四年（庚子、四六〇）

1 春，正月，甲子朔，魏大赦，改元和平。

2 乙亥，上耕籍田，大赦。

3 己卯，詔祀郊廟，初乘玉路。

4 庚寅，立皇子子勛爲晉安王，勛，古勳字。子房爲尋陽王，子頊爲歷陽王，子鸞爲襄陽王。

5 魏散騎侍郎馮闡來聘。散，悉亶翻。騎，奇寄翻。

6 二月，魏衞將軍樂安王良討河西叛胡。以下文叛胡詣長安首罪觀之，此河西蓋謂自龍門東至華陰河之西岸也。

7 三月，魏人寇北陰平，陰平道，漢屬廣漢屬國都尉，晉武帝泰始中，分立陰平郡，宋分立南陰平、北陰平二郡。五代志：普安郡陰平縣，宋立北陰平郡。宋白曰：文州陰平郡，戰國時氐、羌所據。永嘉之後，羌虜數叛，遂立郡以遏之。輿地志云：晉永嘉末，太守王鑒以郡降李雄，晉人於是悉流移於蜀漢，其氐、羌並屬楊茂搜，此郡不復預受正朔，故南史諸志悉無所錄。其晉人流寓於蜀者，仍於益州立南、北二陰平；寓於漢中者，亦於梁州立南、北二陰平。朱提太守楊歸子擊破之。考異曰：宋帝紀：「索虜寇北陰平，孔堤太守楊歸子擊破之。」宋略云：「索虜寇壯降平，朱太守楊歸子擊破之。」按郡縣名無「壯降平」及「孔堤」、「北陰平」，參酌二書，當爲朱提。今按魏收地形志，武都郡有孔堤縣。五代志：武都建威縣，後周併西魏之孔堤郡及縣入焉。此時魏人蓋寇北陰平之孔堤，爲北陰平太守楊歸子所破也。當從宋紀。朱提郡在南中，時屬寧州，去陰平甚遠，蓋考異誤以宋紀、宋略二書所載合爲朱提也，當讀作孔堤，屬上句。宋略所謂「壯降平」，亦「北陰平」三字之誤，「朱」字於下文無所附着，當爲衍字。

8 甲申，皇后親桑于西郊，皇太后觀禮。

9 夏，四月，魏太后常氏殂。本保太后，尊爲太后，見一百二十七卷文帝元嘉三十年。五月，癸丑，魏葬昭太后於鳴雞山。魏土地記曰：下洛城東北三十里有延河，東流，北有鳴雞山。史記：趙襄子殺代王于夏屋，其姊爲代王夫人，襄子迎之，至此，曰：「代已亡矣，吾將安歸乎！」遂磨笄於山而自殺。代人憐之，爲立祠焉，因名爲磨笄山。每夜有野雞羣鳴王祠屋上，故亦謂之鳴雞山。杜佑曰：嬀州治懷戎縣，有鳴雞山，本名磨笄山。

10 丙戌，尚書左僕射褚湛之卒。

11 吐谷渾王拾寅兩受宋、魏爵命，吐，從暾入聲。谷，音浴。居止出入，擬於王者，魏人忿之。定陽侯曹安表言：「拾寅今保白蘭，若分軍出其左右，必走保南山，不過十日，人畜乏食，可一舉而定。」六月，甲午，魏遣征西大將軍陽平王新成等督統萬、高平諸軍出南道，南郡公中山李惠等督涼州諸軍出北道，以擊吐谷渾。

12 魏崔浩之誅也，見一百二十五卷宋文帝元嘉二十七年。史官遂廢，至是復置。復，扶又翻。

13 河西叛胡詣長安首罪，樂安王良兵威臨之，故首罪。首，式又翻。魏遣使者安慰之。

14 秋七月，遣使如魏。

15 甲戌，開府儀同三司何尚之卒。

16 壬午，魏主如河西。

17 魏軍至西平，西平，漢落都之地；禿髮所都樂都，即落都也；唐爲鄯州。吐谷渾王拾寅走保南山。九月，魏軍濟河追之，會疾疫，引還，獲雜畜三【章：甲十一行本「三」作「二」；乙十一行本同；孔本同。】十餘萬。畜，許又翻。

18 庚午，魏主還平城。

19 丁亥，徙襄陽王子鸞爲新安王。

20 冬，十月，庚寅，詔沈慶之討緣江蠻。

21 前廬陵內史周朗，言事切直，見一百二十七卷文帝元嘉三十年。上銜之，使有司奏朗居母喪不如禮，傳送寧州，傳，知戀翻，又直戀翻。於道殺之。朗之行也，侍中蔡興宗方在直，請與朗別；坐白衣領職。蔡興宗立於猜暴之朝，葬范義，別周朗，犯時主之怒而不加刑，素行有以孚乎人也。

22十一月，魏散騎常侍盧度世等來聘。散，悉亶翻。騎，奇寄翻。

23是歲，上徵青、冀二州刺史顏師伯爲侍中。師伯以諂佞被親任，被，皮義翻。羣臣莫及，多納貨賄，家累千金。上嘗與之樗蒲，上擲得雉，自謂必勝；師伯次擲，得盧，樗蒲采名：有黑犢，有雉，有盧；得盧者勝。上失色。師伯遽斂子曰：「幾作盧！」子，五木也。此亦師伯爲佞之一端。幾，居希翻。是日，師伯一輸百萬。

24柔然攻高昌，殺沮渠安周，滅沮渠氏，文帝元嘉十六年，魏克涼州，沮渠無諱與弟安周西走，保據高昌，今爲柔然所滅。沮，子余翻。以闞伯周爲高昌王。高昌稱王自此始。

五年（辛丑、四六一）

1春，正月，戊午朔，朝賀。朝，直遙翻。雪落太宰義恭衣，有六出，義恭奏以爲瑞；上悅。義恭以上猜暴，懼不自容，每卑辭遜色，曲意祇奉；由是終上之世，得免於禍。

2二月，辛卯，魏主如中山；丙午，至鄴，遂如信都。

3三月，遣使如魏。使，疏吏翻。

4魏主發并、肆州民五千人治河西獵道；魏道武天賜二年，分并州北境爲九原鎮，太武眞君七年，置肆州。宋白曰：十三州志云：漢末大亂，匈奴侵邊，自定襄已西，盡雲中、鴈門之間遂空。曹公集荒郡之戶，聚之九原界，以立新興郡，領五原等縣，卽唐忻州定襄縣之地。後魏書云：太平二年，置肆州，寄理秀容城。秀容縣，忻州所治，卽漢末所置九原縣也。治，直之翻。辛巳，還平城。

5 夏，四月，癸巳，更以西陽王子尚爲豫章王。

6 庚子，詔經始明堂，直作大殿於丙、己之地，制如太廟，唯十有二間爲異。

7 雍州刺史海陵王休茂，年十七，雍，於用翻。司馬新野庾深之行府事。休茂性急，欲自專處決，處，昌呂翻。深之及主帥每禁之，主帥，典籤也；又齋內亦有主帥，謂之齋帥。帥，所類翻。常懷忿恨。左右張伯超有寵，多罪惡，主帥屢責之。伯超懼，說休茂曰：說，輸芮翻。「主帥密疏官過失，欲以啓聞，如此恐無好。」疏，使去翻，記也。好，如字；無好，猶今人言無好處，言將得罪也。休茂曰：「爲之柰何？」伯超曰：「惟有殺行事及主帥，行事，謂庾深之；江左率謂長史、司馬行府州事者爲行事。舉兵自衞。此去都數千里，雍州鎭襄陽，去建康，水行四千餘里。縱大事不成，不失入虜中爲王。」休茂從之。

丙午夜，休茂與伯超等帥夾轂隊，宋諸王有夾轂隊，蓋左右親兵也，出則夾車爲衞。帥，讀曰率；下同。殺典籤楊慶於城中，出金城，殺深之及典籤戴雙；徵集兵衆，建牙馳檄，使佐吏上己爲車騎大將軍，開府儀同三司，加黃鉞。凡府州僚屬皆謂之佐吏。上，時掌翻。騎，奇寄翻。侍讀博士荀詵諫，侍讀博士，授諸王經者也。詵，疏臻翻。休茂殺之。伯超專任軍政，生殺在己，休茂左右曹萬期挺身斫休茂，不克而死。

休茂出城行營，行，下孟翻，巡行也。諮議參軍沈暢之等帥衆閉門拒之。休茂馳還，不得入。義成太守薛繼考爲休茂盡力攻城，爲，于僞翻。義成太守治襄陽；註詳見前。克之，斬暢之及同謀數十人。其日，參軍尹玄慶復起兵攻休茂，生擒，斬之，母、妻皆自殺，復，扶又翻。休茂母，文帝蔡美人。同黨伏誅。城中擾亂，莫相統攝。中兵參軍劉恭之，秀之之弟也，劉秀之，孝建元年不附義宣，時爲尚書右僕射。衆共推行府州事。繼考以兵脅恭之，使作啓事，言「繼考立義」，自乘驛還都；上以爲北中郎諮議參軍，賜爵冠軍侯；冠，古玩翻。事尋泄，伏誅。以玄慶爲射聲校尉。校，戶教翻。

上自卽位以來，抑黜諸弟；既克廣陵，欲更峻其科。沈懷文曰：「漢明不使其子比光武之子，前史以爲美談。見四十五卷漢明帝永平十五年。陛下既明管、蔡之誅，願崇唐、衞之寄。」周成王既誅管叔，因蔡叔，封叔虞於唐，封康叔於衞，以藩屏周室。及襄陽平，太宰義恭探知上指，【章：甲十一行本「請」上有「復上表」三字；乙十一行本同；孔本同。】請裁抑諸王，不使任邊州，及悉輸器甲，禁絕賓客；沈懷文固諫以爲不可，乃止。

8 上畋遊無度，嘗出，夜還，敕開門。侍中謝莊居守，守，手又翻。以棨信或虛，棨，音啓，傳也，刻木爲合符。執不奉旨，須墨敕乃開。墨敕，手敕也。上後因燕飲，從容曰：「卿欲效郅君章邪？」郅惲，字君章。事見四十三卷漢光武建武十三年。從，千容翻。對曰：「臣聞王者祭祀、畋遊，出入有節。今陛下晨往宵歸，宵，夜也。臣恐不逞之徒，妄生矯詐，是以伏須神筆，乃敢開門耳。」

9 魏大旱，詔：「州郡境內，神無大小，悉灑掃致禱；灑，所賣翻；掃，素報翻；又各上聲。俟豐登，各以其秩祭之。」於是羣祀之廢者皆復其舊。魏罷羣祀，見一百二十四卷文帝元嘉二十七年。

10 秋，七月，戊寅，魏主立其弟小新成爲濟陽王，大明元年，魏主立其弟新成爲陽平王。此小新成，又陽平王之弟也。濟，子禮翻。加征東大將軍，鎮平原；平原，河津之要。時魏未得靑、齊，故於此置鎮。天賜爲汝陰王，加征南大將軍，鎮虎牢；虎牢，宋舊鎮，爲司州刺史治所，魏得之，置孫州。萬壽爲樂浪王，加征北大將軍，鎮和龍；和龍，燕舊都，魏得之，以爲鎮，後爲營州。樂浪，音洛琅。洛侯爲廣平王。

11 壬午，魏主巡山北；八月，丁丑，還平城。

12 戊子，立皇子子仁爲永嘉王，子眞爲始安王。

13 九月，甲寅朔，日有食之。

14 沈慶之固讓司空，柳元景固讓開府儀同三司，詔許之；仍命慶之朝會位次司空，俸祿依三司，朝，直遙翻；下同。考異曰：宋略，此事在戊戌。按長曆，是月甲寅朔，無戊戌。元景在從公之上。晉制：文官光祿三大夫，武官驃騎、車騎、衞將軍及諸大將軍開府者，位從公。從，從用翻。

慶之目不知書，家素富，產業累萬金，童奴千計；再獻錢千萬，穀萬斛。先有四宅，又有園舍在婁湖；按南史齊武帝永明元年，望氣者云：新林婁湖東府西有王氣。正月甲子，築青溪舊宮，作新婁湖苑以厭之；則婁湖當在新林、東府間也。慶之一夕攜子孫及中表親戚徙居婁湖，以四宅輸官。慶之多蓄妓妾，妓，渠綺翻。優游無事，盡意歡娛，非朝賀不出門；車馬率素，從者不過三五人，從，才用翻。遇之者不知其爲三公也。

甲戌，移南豫州治于湖。沈約宋志曰：晉江左胡寇強盛，豫部殲覆。元帝永昌元年，豫州刺史祖約自譙城退屯壽春。成帝咸和四年，僑立豫州，庾亮爲刺史，鎮蕪湖。咸康四年，毛寶爲刺史，鎮邾城。八年，庾懌爲刺史，又鎮蕪湖。穆帝永和元年，刺史趙胤鎮牛渚。二年，刺史謝尚鎮蕪湖；四年，進屯壽春；九年，還鎮歷陽；十一年進馬頭。升平元年，刺史謝奕戍譙。哀帝隆和元年，刺史袁眞自譙退守壽春。簡文咸安元年，刺史桓熙戍歷陽。孝武寧康元年，刺史桓沖戍姑孰。太元十年，刺史朱序戍馬頭。十二年，刺史桓石虔戍歷陽。安帝義熙二年，刺史劉毅戍姑孰。宋武帝欲開拓河南，綏定豫土，九年，割揚州大江以西，大雷以北，悉屬豫州，豫之基址因此而立。十三年，刺史劉義慶鎮壽陽。永初二年，分淮東爲南豫州，治歷陽；淮西爲豫州。文帝元嘉七年，又分……五年，割揚州之淮南，宣城又屬焉，徙治姑孰。今按自宋元以來，分立兩豫：豫州治淮西，南豫治壽陽。孝建之初，魯爽以南豫州刺史鎮壽陽，居然可知也。移南豫州於姑孰，實在大明五年。自永初至元嘉七年，兩豫必嘗復合；而所謂「五年割揚州之淮南，宣城又屬焉，徙治姑孰」者，蓋指帝之大明五年。後人傳寫沈志，於「文帝元嘉七年又分」上下文皆有漏脫。而劉義慶鎮壽陽，通鑑在義熙十四年；罷南豫州入豫州，在元嘉二十二年。丁丑，以潯陽王子房爲南豫州刺史。

16 閏月，戊子，皇太子妃何氏卒，謚曰獻妃。

17 壬寅，更以歷陽王子頊爲臨海王。考異曰：宋略作「子項」，今從宋書。

18 冬，十月，甲寅，以南徐州刺史劉延孫爲尚書左僕射，右僕射劉秀之爲雍州刺史。雍，於用翻。

19 乙卯，以新安王子鸞爲南徐州刺史。子鸞母殷淑儀，寵傾後宮，子鸞愛冠諸子，冠，古玩翻。凡爲上所眄遇者，莫不入子鸞之府。眄，彌見翻，或作「盼」。及爲南徐州，割吳郡以屬之。吳郡自晉氏渡江以來屬揚州，最爲近畿大郡。

初，巴陵王休若爲北徐州刺史，以山陰【章：甲十一行本「陰」下有「令」字；乙十一行本同；孔本同。】張岱爲諮議參軍，行府、州、國事。諸幼王臨州，率置行府、州事，此命岱并巴陵國事行之。後臨海王子頊爲廣州，豫章王子尚爲揚州，晉安王子勛爲南兗州，勛，古勳翻。岱歷爲三府諮議、三王行事，與典籤、主帥共事，帥，所類翻。事舉而情不相失。或謂岱曰：「主王既幼，江左以來，諸王出鎮，僚屬呼爲主王，諸公，府僚呼爲主公。執事多門，而每能緝和公私，「緝」，一作「輯」。云何致此？」岱曰：「古人言：『一心可以事百君。』我爲政端平，待物以禮，悔吝之事，無由而及；明闇短長，更是才用之多少耳。」少，詩沼翻。及子鸞爲南徐州，復以岱爲別駕、行事。復，扶又翻。岱，永之弟也。

20 魏員外散騎常侍游明根等來聘。明根，雅之從祖弟也。散，悉亶翻。騎，奇寄翻。從，才用翻。

21 魏廣平王洛侯卒。

22 十二月，壬申，以領軍將軍劉遵考爲尚書右僕射。

23 甲戌，制民戶歲輸布四匹。

24 是歲，詔士族雜婚者皆補將吏。雜婚，謂與工商雜戶爲婚也。將，即亮翻。士族多避役逃亡，乃嚴爲之制，捕得卽斬之，往往奔竄湖山爲盜賊。水則入湖，陸則阻山，皆依險而爲盜賊。沈懷文諫，不聽。

六年（壬寅、四六二）

1 春，正月，癸未，魏樂浪王萬壽卒。樂浪，音洛琅。

2 辛卯，上初祀五帝於明堂，大赦。

3 丁未，策秀、孝于中堂。秀、孝，秀才、孝廉也。揚州秀才顧法對策曰：「源清則流潔，神聖則刑全。聖，當作「王」，音于況翻。刑，當作「形」。躬化易於上風，體訓速於草偃。」顧法對策之意，欲帝謹厥身於宮帷、衽席之間，則可以化天下。易，以豉翻。上覽之，惡其諒也，許慎說文曰：諒，信也。諸儒說經者莫能易此義。今此當以諒直爲義。參考經典，則直自是直，諒自是諒。惡，烏路翻。投策於地。

4 二月，乙卯，復百官祿。文帝元嘉二十七年，以軍興減內外百官俸三分之一；繼而國有內難，日不暇給，今始復百官祿。

5 三月，庚寅，立皇子子元爲邵陵王。

6 初，侍中沈懷文數以直諫忤旨。數，所角翻。忤，五故翻。懷文素與顏竣、周朗善，竣，七倫翻。上謂懷文曰：「竣若知我殺之，亦當不敢如此。」懷文嘿然。侍中王彧，言次稱竣、朗人才之美，懷文與相酬和，彧，於六翻。和，胡臥翻。顏師伯以白上，上益不悅。上嘗出射雉，自曹魏以來，人主率好自出射雉。射，而亦翻。風雨驟至，懷文與王彧、江智淵約相與諫。會召入雉場，懷文曰：「風雨如此，非聖躬所宜冒。」彧曰：「懷文所啓，宜從。」智淵未及言，上注弩作色曰：「卿欲效顏竣邪，何以恆知人事！」恆，戶登翻。又曰：「顏竣小子，恨不先鞭其面！」每上燕集，在坐者皆令沈醉，坐，徂臥翻。沈，持林翻。嘲謔無度。謔，迄卻翻。懷文素不飲酒，又不好戲調，好，呼到翻。調，田聊翻。上謂故欲異己。謝莊嘗戒懷文曰：「卿每與人異，亦何可久！」懷文曰：「吾少來如此，少，詩照翻。豈可一朝而變！非欲異物，性所得耳。」上乃出懷文爲晉安王子勛征虜長史，子勛帶號征虜將軍，以懷文爲長史。領廣陵太守。子勛鎮南兗州，故懷文以長史領廣陵太守。

懷文詣建康朝正，朝正，謂赴元正朝會也。朝，直遙翻。事畢遣還，還，從宣翻，又如字；下同。以女病求申期，申，重也；申期，重爲之期也。至是猶未發；免【章：甲十一行本「免」上有「爲有司所糾」五字；

乙十一行本同；孔本同；張校同。】官，禁錮十年。懷文賣宅，欲還東，懷文，吳興人；吳興在建康東。上聞，【章：甲十一行本「聞」下有「之」字；乙十一行本同；孔本同；張校同。】大怒，收付廷尉，丁未，賜懷文死。懷文三子，澹、淵、沖，行哭爲懷文請命，見者傷之。澹，徒覽翻。爲，于僞翻。柳元景欲救懷文，言於上曰：「沈懷文三子，塗炭不可見；見，視也；言其在塗炭之中，不堪著眼也。願陛下速正其罪。」言速正其罪者，婉而導之，謂若正其罪，當不至於死也。上竟殺之。

7 夏，四月，淑儀殷氏卒。考異曰：南史曰：殷淑儀，南郡王義宣女也；義宣敗後，帝密取之，假姓殷氏，左右宣泄者多死。或云，貴妃是殷琰家人，入義宣家，義宣敗，入宮。今從宋書。追拜貴妃，謚曰宣。上痛悼不已，精神爲之罔罔，罔罔，失志也，若有若無也。爲，于僞翻。頗廢政事。

8 五月，壬寅，太宰義恭解領司徒。

9 六月，辛酉，東昌文穆公劉延孫卒。沈約志，廬陵郡有東昌國，吳立；隋開皇十一年，省東昌入太和縣。

10 庚午，魏主如陰山。

11 魏石樓胡賀略孫反，石樓胡，即吐京胡也。吐京有石樓山。隋廢吐京郡爲石樓縣，唐屬隰州。長安鎮將陸眞討平之。將，卽亮翻。魏主命眞城長蛇鎮。長蛇鎮在南田縣東南，有長蛇水；唐隴州吳山縣卽其地。氐豪仇傉檀反，傉，奴沃翻。眞討平之，卒城而還。卒，子恤翻。

12 秋，七月，壬寅，魏主如河西。

13 乙未，立皇子子雲爲晉陵王；是日卒，謚曰孝。

14 初，晉庾冰議使沙門敬王者，桓玄復述其議，復，扶又翻。並不果行。至是，上使有司奏曰：「儒、法枝派，名、墨條分，班志：儒家助人君，順陰陽，明教化；游文於六經之中，留意於仁義之際；祖述堯、舜，憲章文、武，宗師仲尼，以重其言，於道最爲高。法家信賞必罰，以輔禮制。名家正名，名位不同，禮亦異數。墨家貴儉，兼愛，上賢，右鬼，非命，尚同。至於崇親嚴上，厥猷靡爽。唯浮圖爲教，反經提傳，釋氏以自西天竺來者爲經，中國沙門譯而演其義者爲傳。提，拈掇也。傳，直戀翻。拘文蔽道，在末彌扇。夫佛以謙卑自牧，忠虔爲道，寧有屈膝四輩而簡禮二親，謂拜四輩而不拜父母也。釋氏有所謂戒外四聖：佛，一也；菩薩，二也；圓覺，三也；聲聞，四也。亦謂之四輩。稽顙耆臘而直體萬乘者哉！沙門重戒臘，以捨俗爲僧之年爲始。耆，老也。直體，謂不屈身也。稽，音啓。臣等參議，以爲沙門接見，比當盡虔；比，毗志翻，並也，總也。禮敬之容，依其本俗。」九月，戊寅，制沙門致敬人主。及廢帝即位，復舊。

15 乙未，以尚書右僕射劉遵考爲左僕射，丹楊尹王僧朗爲右僕射。僧朗，彧之父也。

16 冬，十月，壬申，葬宣貴妃於龍山。九域志：江寧府有龍山，山形似龍。江寧府即建康。鑿岡通道數十里，民不堪役，死亡甚衆；亡，逃亡也。自江南葬埋之盛，未之有也。又爲之別立廟。

古者，宗廟之制，妾祔於妾祖姑。漢氏以來，薄太后生文帝，鉤弋夫人生昭帝，皆就園置寢廟，未嘗別立廟也。史言帝溺於女寵，縱情敗禮。爲，于僞翻。

17 魏員外散騎常侍游明根等來聘。

18 辛巳，加尚書令柳元景司空。

19 壬寅，魏主還平城。自河西還也。

20 南徐州從事史范陽祖沖之自漢以來，諸州皆有從事史、假佐。上言，何承天【章：甲十一行本「天」下有「元嘉」二字；乙十一行本同；孔本同；張校同；退齋校同。】曆疏舛猶多，何承天撰曆，見一百二十四卷文帝元嘉二十一年。更造新曆，更，工衡翻。以爲：「舊法，冬至日有定處，未盈百載，輒差二度。載，子亥翻。今令冬至日度，歲歲微差，將來久用，無煩屢改。又，子爲辰首，位在正北；虛爲北方列宿之中。今曆，上元日度，發自虛一。又，日辰之號，甲子爲先；今曆，上元歲在甲子。又，承天法，日、月、五星各自有元。今法，交會、遲疾，悉以上元歲首爲始。」所謂今曆、今法，皆祖沖之更造者也。曆家分上元、中元、下元甲子，各六十年，凡一百八十年，而下元甲子終矣，復於上元甲子。上令善曆者難之，不能屈。會上晏駕，不果施行。難，乃旦翻。

七年（癸卯、四六三）

1 春，正月，丁亥，以尚書右僕射王僧朗爲太常，衞將軍顏師伯爲尚書僕射。

上每因晏集，使【章：甲十一行本「使」上有「好」字；乙十一行本同；孔本同；張校同。】羣臣自相謿訐以爲樂。謔人以成其過，謂之謿；發人之陰私，謂之訐。訐，居謁翻。樂，音洛。吏部郎江智淵素恬雅，漸不會旨。會，合也。嘗使智淵以王僧朗戲其子彧。智淵正色曰：「恐不宜有此戲！」上怒曰：「江僧安癡人，癡人自相惜。」僧安，智淵之父也。智淵伏席流涕，古人畏聞父母名，惟君所無私諱。今人雖各有家諱，然稠人廣座中，往往不敢以爲諱。吾是以歎隋世以前人士，猶爲近古也。由是恩寵大衰。武帝以是怒江智淵，何異孫晧之怒韋昭邪！又議殷貴妃謚曰懷，上以爲不盡美，甚銜之。他日與羣臣乘馬至貴妃墓，舉鞭指墓前石柱，石柱，墓表也。謂智淵曰：「此上不容有『懷』字！」智淵益懼，竟以憂卒。考異曰：宋略曰：「帝既以僧安辱智淵，自是詆之無度，智淵不堪其恥，退而自殺。」今從宋書。

2 己丑，以尚書令柳元景爲驃騎大將軍、開府儀同三司。驃，匹妙翻。騎，奇寄翻。

3 二月，甲寅，上巡南豫、南兗二州；丁卯，【嚴：「卯」改「巳」。】校獵於烏江；烏江縣，始見於晉書，屬淮南郡，不記置立；宋屬歷陽郡。宋白曰：晉太康六年於東城界置烏江縣。校，戶教翻。壬戌，大赦；甲子，如瓜步山；壬申，還建康。

4 夏，四月，甲子，詔：「自非臨軍戰陳，並不得專殺；其罪應重辟者，陳，讀曰陣。辟，毗亦翻。皆先上須報；先上其罪狀，待報乃行刑；此漢法也。上，時掌翻。違犯者以殺人論。」

5 五月，丙子，詔曰：「自今刺史、守宰，動民興軍，皆須手詔施行；唯邊隅外警及姦釁內發，變起倉猝者，不從此例。」釁，許覲翻。

6 戊辰，【嚴：「辰」改「寅」。】以左民尚書蔡興宗、曹魏置左民尚書。左衛將軍袁粲爲吏部尚書。粲，淑之兄子也。袁淑死於元凶劭之難。

上好狎侮羣臣，好，呼到翻。自太宰義恭以下，不免穢辱。常呼金紫光祿大夫王玄謨爲老傖，江南人呼中州人爲傖。王玄謨，太原人也，故呼之爲老傖。傖，助庚翻。僕射劉秀之爲老慳，顏師伯爲齴；齴，魚蹇翻，露齒也。其餘短、長、肥、瘦，皆有稱目。黃門侍郎宗靈秀體肥，拜起不便，每至集會，多所賜與，欲其瞻謝傾踣，以爲歡笑。踣，蒲北翻。又寵一崑崙奴，崑崙奴者，言其狀似崑崙國人也。崑崙國在林邑南。崙，盧昆翻。令以杖擊羣臣，尚書令柳元景以下皆不能免；唯憚蔡興宗方嚴，不敢侵媟。媟，私列翻。顏師伯謂儀曹郎王耽之曰：曹魏置二十三郎，儀曹其一也。「蔡尚書常免昵戲，去人實遠。」昵，尼質翻。耽之曰：「蔡豫章昔在相府，亦以方嚴不狎，武帝宴私之日，未嘗相召。蔡豫章，興宗父廓也，嘗爲豫章太守，故稱之。相府，謂武帝相晉時，廓爲司徒左長史也。相府，息亮翻。蔡尚書今日可謂能負荷矣。」左傳：子產曰：「其父析薪，其子不克負荷。」荷，音下可翻，又如字。

7 壬寅，魏主如陰山。

8 六月，戊辰，以秦郡太守劉德願爲豫州刺史。德願，懷慎之子也。上既葬殷貴妃，數與羣臣至其墓，數，所角翻。謂德願曰：「卿哭貴妃，悲者當厚賞。」德願應聲慟哭，撫膺擗踊，涕泗交流。膺，胸也。擗，毗亦翻，以手擊胸也。詩註曰：自目曰涕，自鼻曰泗。上甚悅，故用豫州刺史以賞之。「用」下當有「爲」字。上又令醫術人羊志哭貴妃，志亦嗚咽極悲。他日有問志者曰：「卿那得此副急淚？」志曰：「我爾日自哭亡妾耳。」史言上淫荒，爲下所侮弄。

上爲人，機警勇決，學問博洽，文章華敏；省讀書奏，能七行俱下。省，悉景翻。行，戶剛翻。一注目間，能了七行文義。又善騎射，騎，奇寄翻。而奢欲無度。自晉氏渡江以來，宮室草創，朝宴所臨，東、西二堂而已。晉孝武末，始作清暑殿。宋興，無所增改。上始大脩宮室，土木被錦繡，嬖妾幸臣，賞賜傾府藏。壞高祖所居陰室，被，皮義翻。藏，徂浪翻。壞，音怪。江左諸帝既崩，以其所居殿爲陰室，藏諸御服。於其處起玉燭殿，與羣臣觀之，牀頭有土障，壁上挂葛燈籠、麻蠅拂。以葛爲燈籠，以麻爲蠅拂。侍中袁顗因盛稱高祖儉素之德。上不答，獨曰：「田舍公得此，已爲過矣。」周公無逸之書曰：否則侮厥父母，曰「昔之人無聞知。」宋孝武是也。顗，淑之兄子也。

9 秋，八月，乙丑，立皇子子孟爲淮南王，子產爲臨賀王。

10 丙寅，魏主畋于河西；九月，辛巳，還平城。

11 庚寅，以新安王子鸞兼司徒。

12 丙申，立皇子子嗣爲東平王。

13 冬，十月，癸亥，以東海王禕爲司空。

14 己巳，上校獵姑孰。

15 魏員外散騎常侍游明根等來聘。明根奉使三返，上以其長者，禮之有加。明根連三年來聘。長，知兩翻。

16 十一月，癸巳，上習水軍於梁山。

十二月，丙午，如歷陽。

甲寅，大赦。

17 己未，太宰義恭加尚書令。

18 癸亥，上還建康。

八年（甲辰、四六四）

1 春，正月，丁亥，魏主立其弟雲爲任城王。任，音壬。

2 戊子，以徐州刺史新安王子鸞領司徒。

夏，閏五月，壬寅，太宰義恭領太尉。

3 上末年尤貪財利，刺史、二千石罷還，必限使獻奉，又以蒲戲取之，蒲戲，樗蒲之戲也。要令罄盡乃止。終日酣飲，少有醒時。少，詩沼翻。常憑几昏睡，或外有奏事，即肅然整容，無復酒態。復，扶又翻。由是內外畏之，莫敢弛惰。庚申，上殂於玉燭殿。年三十五。遺詔：「太宰義恭解尚書令，加中書監；以驃騎將軍、南兗州刺史柳元景領尚書令，入居城內。入居臺城之內也。建康無外城，設六籬門而已。百官第宅皆在臺城之外。驃，匹妙翻。騎，奇寄翻。事無巨細，悉關二公，大事與始興公沈慶之參決；若有軍旅，悉委慶之；尚書中事，委僕射顏師伯；外監所統，委領軍將軍王玄謨。」舊制：外監不隸領軍，宜相統攝者，自有別詔。文帝元嘉十八年，以趙伯符爲領軍將軍，始統領外監。李延壽曰：若徵兵動衆，大興人役，優劇遠近，斷於外監之心。延壽之言，爲宋末嬖倖專擅發也。是日，太子即皇帝位，諱子業，小字法師，孝武帝長子也。年十六；大赦。吏部尚書蔡興宗親奉璽綬，璽，斯氏翻。綬，音受。太子受之，傲惰無戚容。興宗出，告人曰：「昔魯昭不戚，叔孫知其不終。左傳：魯襄公薨，立昭公。叔孫穆子曰：「是人也，居喪而不哀，在慼而有嘉容。是謂不度。」比葬，三易衰，衰衽如故衰。於是昭公十九年矣，猶有童心，君子是以知其不終也。家國之禍，其在此乎！」爲明年帝以狂暴見弑張本。

4 甲子，詔復以太宰義恭錄尚書事，柳元景加開府儀同三司，領丹楊尹，解南兗州。

5 六月，丁亥，魏主如陰山。

6秋，七月，己亥，以晉安王子勛爲江州刺史。爲明年子勛起兵張本。勛，古勳字。

7柔然處羅可汗卒，子予成立，號受羅部眞可汗，魏收曰：受羅部眞，魏言惠也。可，從刊入聲。汗，音寒。改元永康。部眞帥衆侵魏；帥，讀曰率。辛丑，魏北鎮遊軍擊破之。

8壬寅，魏主如河西。高車五部相聚祭天，衆至數萬。魏主親往臨視之，高車大喜。

9丙午，葬孝武皇帝于景寧陵，景寧陵在丹楊秣陵縣巖山。廟號世祖。

10庚戌，尊皇太后曰太皇太后，皇后曰皇太后。

11乙卯，罷南北二馳道，世祖大明五年，立南北二馳道，自閶闔門至于朱雀門，又自承明門至于玄武湖。及孝建以來所改制度，還依元嘉。尚書蔡興宗於都座慨然謂顏師伯曰：此都座，謂尚書八座會坐之所，猶今之都堂也。「先帝雖非盛德之主，要以道始終。三年無改，古典所貴。論語曰：三年無改於父之道，可謂孝矣。今殯宮始撤，山陵未遠，而凡諸制度興造，不論是非，一皆刊削，雖復禪代，亦不至爾。復，扶又翻；下復非、復留同。天下有識，當以此窺人。」師伯不從。

太宰義恭素畏戴法興、巢尚之等，雖受遺輔政，而引身避事，由是政歸近習。法興等專制朝權，朝，直遥翻。威行近遠，詔敕皆出其手；尚書事無大小，咸取決焉，義恭與顏師伯但守空名而已。義恭錄尚書事，師伯爲僕射，而尚書事決於法興等，是守空名也。

蔡興宗自以職管銓衡，興宗爲吏部尚書。每至上朝，上，時掌翻。朝，直遥翻；下同。輒爲義恭陳登賢進士之意，爲，于僞翻。又箴規得失，博論朝政。義恭性恇撓，恇，怯也。撓，屈也。恇，去王翻。撓，奴教翻。阿順法興，恆慮失旨，恆，戶登翻。聞興宗言，輒戰懼無答。興宗每奏選事，選，須絹翻。選事，選曹事也。法興、尚之等輒點定回換，僅有在者。興宗於朝堂謂義恭、師伯曰：「主上諒闇，不親萬機；闇，音陰。而選舉密事，多被删改，復非公筆，被，皮義翻。復，扶又翻；下同。亦不知是何天子意！」數與義恭等爭選事，往復論執。義恭、法興皆惡之。數，所角翻。惡，烏路翻；下同。左遷興宗新昌太守；吳孫晧建衡三年，分交趾立新興郡，晉武帝太康三年，更名新昌郡，屬交州。五代志：交州嘉寧縣，舊置新昌郡。既而以其人望，復留之建康。

12 丙辰，追立何妃曰獻皇后。何妃，大明五年薨。

13 乙丑，新安王子鸞解領司徒。戴法興等惡王玄謨剛嚴，八月，丁卯，以玄謨爲南徐州刺史。

14 王太后疾篤，使呼廢帝。帝曰：「病人間多鬼，那可往！」太后怒，謂侍者：「取刀來，剖我腹，那得生寧馨兒！」寧，相傳讀從去聲。劉禹錫詩從平聲。己丑，太后殂。

15 九月，辛丑，魏主還平城。自河西還也。

16 癸卯，以尚書左僕射劉遵考爲特進、右光祿大夫。

17 乙卯，葬文穆皇后于景寧陵。王后從孝武帝謚，當作「武穆」。

18 冬，十二月，壬辰，以王畿諸郡爲揚州，大明三年，以丹楊等六郡爲王畿。以揚州爲東揚州。以會稽爲揚州，亦見三年。癸巳，以豫章王子尚爲司徒、揚州刺史。

是歲，青州移治東陽。青州移治歷城，見上卷孝建三年。

宋之境內，凡有州二十二，郡二百七十四，縣千二百九十九，戶九十四萬有奇。此大較以沈約宋志爲據，沈約作志，大較以是年爲正，然是年止二十一州耳，沈志所謂二十二州，以明帝泰始七年分交廣置越州足之；而此時又已省司州，蓋止二十一州也。揚州，領丹楊、吳興、淮南、宣城、義興五郡。東揚州，領會稽、東陽、臨海、永嘉、新安五郡。南徐州，領南東海、南琅邪、晉陵、吳、南蘭陵、南東莞、淮陵、臨淮、南彭城、南清河、南高平、南平昌、南濟陰、南濮陽、南泰山、濟陽、南魯郡十七郡。徐州，領彭城、沛、下邳、蘭陵、東海、東莞、東安、琅邪、陽平、濟陰、北濟陰十二郡。南兗州，領廣陵、海陵、山陽、盱眙、秦郡、南沛、鍾離、北沛、臨江九郡。兗州，領泰山、高平、魯、東平、陽平、濟北六郡。南豫州，領歷陽、南譙、廬江、南汝陰、南梁、晉熙、弋陽、安豐、南汝南、南新蔡、東郡、南潁、南潁川、西汝陰、南汝陽、南陳留、南陳左郡、邊城左郡、光城左郡十九郡。豫州，領汝南、新蔡、譙、梁、陳、南頓、潁川、汝陰、汝陽、陳留、馬頭十一郡。江州，領尋陽、豫章、鄱陽、臨川、廬陵、安成、南康、南新蔡、建安、晉安十郡。青州，領齊、濟南、樂安、高密、平昌、北海、東萊、太原、長廣九郡。冀州，領廣川、平原、清河、樂陵、魏、河間、頓丘、高陽、勃海九郡。司州，領義陽、隨陽、安陸、南汝南四郡。荊州，領南郡、南平、宜都、巴東、汶陽、南義陽、新興、南河東、建平、長寧、武寧十一郡。郢州，領江夏、竟陵、隨、武陵、天門、巴陵、武昌、西陽八郡。湘州，領長沙、衡陽、桂陽、零陵、營陽、湘東、邵陵、始興、臨慶、始安十郡。雍州，領襄陽、南陽、新野、順陽、京兆、始平、扶風、南上洛、河南、廣平、義成、馮翊、天水、建昌、華山、北河南、弘農十七郡。梁州，領漢中、魏興、新興、新城、上庸、晉壽、華陽、新巴、北巴西、北陰平、南陰平、巴渠、懷安、宋熙、白水、南上洛、北上洛、安康、南宕渠、懷安二十郡。秦州，領武都、略陽、安固、西京兆、南太原、南安、馮翊、隴西、始平、金城、安定、天水、西扶風、北扶風十四郡。益州，領蜀郡、廣漢、巴西、梓潼、巴郡、遂寧、江陽、懷寧、寧蜀、越嶲、汶山、南陰平、犍爲、始康、晉熙、晉原、永寧、安固、南漢中、北陰平、武都、新城、南新巴、南晉壽、宋興、南宕渠、天水、東江陽、沈黎二十九郡。寧州，領建寧、晉寧、牂柯、平蠻、夜郎、朱提、南廣、建都、西平、西河陽、東河陽、興寧、興古、梁水十五郡。廣州，領南海、蒼梧、晉康、新寧、永平、鬱林、桂林、高涼、新會、東官、義安、宋康、綏康、海昌、宋熙、寧浦、晉興、樂昌、臨鄣十九郡。交州，領交趾、武平、新昌、九眞、九德、日南、合浦、義昌、宋平九郡。合二百六十八。蓋以新立百梁、慬蘇、永寧、安昌、富昌、南流六郡，足爲二百七十四。其間荒外有郡而無縣，有縣而無戶口，有戶數而無口數，亦不能詳也。奇，居宜翻。**東方諸郡連歲旱饑，**東方諸郡，謂三吳及浙江東五郡。**米一升錢數百，建康亦至百餘錢，餓死什六七。**

聶崇岐標點王崇武覆校

資治通鑑卷第一百三十

端明殿學士兼翰林侍讀學士朝散大夫右諫議大夫充集賢殿修撰提舉西京嵩山崇福宮上柱國河内郡開國侯食邑一千八百户食實封六百户賜紫金魚袋臣 司馬光 奉敕編集

後 學 天 台 胡三省 音 註

宋紀十二 旃蒙大荒落(乙巳),一年。

太宗明皇帝上之上 諱彧,字休景,小字榮期,文帝第十一子也。

泰始元年(乙巳、四六五)

1 春,正月,乙未朔,廢帝改元永光,大赦。是歲八月,殺江夏王義恭、柳元景、顔師伯,改元景和,既弑廢帝,改元泰始。一年凡三改元。

2 丙申,魏大赦。

3 二月,丁丑,魏主如樓煩宮。樓煩縣,漢屬鴈門郡,魏、晉棄之荒外。魏收地形志:鴈門郡原平縣有樓煩城。賢曰:樓煩故城,在今代州崞縣東北。余按唐書,憲州,古樓煩地也。

4 自孝建以來,民間盜鑄濫錢,事始一百二十八卷孝武帝孝建二年。商貨不行。庚寅,更鑄二銖錢,更,工衡翻。形式轉細。官錢每出,民間即模效之,而更薄小,無輪郭,不磨鑢,謂之「耒子」。鑢，良倨翻，錯也。耒，盧對翻。杜佑通典「耒子」作「來子」。

5 三月，乙巳，魏主還平城。

6 夏，五月，癸卯，魏高宗殂。年二十六，謚曰文成皇帝。初，魏世祖經營四方，國頗虛耗，重以內難，重，直用翻。難，乃旦翻。內難，謂宗愛既弒世祖，又弒南安王余。朝野楚楚。楚楚，酸痛之貌。朝，直遙翻。高宗嗣之，與時消息，消，衰滅也；息，生長也。靜以鎮之，懷集中外，民心復安。復，扶又翻。甲辰，太子弘卽皇帝位，弘，文成帝之長子也。蕭子顯曰：弘，字萬民。大赦，尊皇后曰皇太后。顯祖魏獻文帝廟號顯祖。時年十二，侍中、車騎大將軍乙渾專權，騎，奇寄翻。矯詔殺尚書楊保年、平陽公賈愛仁、南陽公張天度于禁中。侍中、司徒、平原王陸麗治疾於代郡溫泉，魏土地記曰：代城北九十里有桑乾城，城西渡桑乾水，去桑乾城十里，有溫湯，療疾有驗。治，直之翻。乙渾使司衞監穆多侯召之。魏官有司衞監，典宿衞。多侯謂麗曰：「渾有無君之心。今宮車晏駕，王德望素重，魏高宗之立，麗有功焉，而又忠篤，故德望重於一時。姦臣所忌，宜少淹留以觀之；朝廷安靜，然後入，未晚也。」少，詩沼翻。麗曰：「安有聞君父之喪，慮患而不赴者乎！」卽馳赴平城。乙渾所爲多不法，麗數爭之。數，所角翻。戊申，渾又殺麗及穆多侯。多侯，壽之弟也。穆壽事魏世祖，封宜都王。己酉，魏以渾爲太尉、錄尚書事，東安王劉尼爲司徒，尚書左僕射代人和其奴爲司空。殿中尚書順陽公郁謀誅乙渾，渾殺之。主少國疑，姦臣擅命，屠戮忠賢；魏之不亡者幸也。

7 壬子，魏以淮南王它爲鎮西大將軍、儀同三司，鎮涼州。

8 魏【章：甲十一行本「魏」上有「六月」二字；乙十一行本同；孔本同；張校同；退齋校同。】開酒禁。魏設酒禁，見一百二十八卷孝武孝建三年。

9 壬午，加柳元景南豫州刺史，加顏師伯丹楊尹。

10 秋，七月，癸巳，魏以太尉乙渾爲丞相，位居諸王上；事無大小，皆決於渾。

11 廢帝幼而狷暴。狷，吉掾翻。及卽位，始猶難太后、大臣及戴法興等，未敢自恣。太后既殂，去年，太后殂。帝年漸長，長，知兩翻。欲有所爲，法興輒抑制之，謂帝曰：「官所爲如此，欲作營陽邪！」營陽王事見一百二十卷文帝元嘉元年。廢帝固狂暴，戴法興此言亦足以取死。帝稍不能平。所幸閹人華願兒，賜與無算，華，戶化翻。法興常加裁減，願兒恨之。帝使願兒於外察聽風謠，願兒言於帝曰：「道路皆言『宮中有二天子：法興眞【章：甲十一行本「眞」上有「爲」字；乙十一行本同；孔本同。】天子，官爲贋天子。』贋，五晏翻。考異曰：宋書作「應天子」，宋略作「鴈天子」，按字書：贋，僞物也。韓愈詩曰：「居然見眞贋，」書或作「鴈」。今從宋略。且官居深宮，與人物不接，法興與太宰、顏、柳共爲一體，義恭錄尚書事，柳元景爲尚書令，顏師伯爲僕射，而事皆法興專決，故云然。往來門客恆有數百，恆，戶登翻。內外士庶莫不畏服。法興是孝武左右，久在宮闈；今與他人作一家，深恐此坐席非復官有。」坐，徂臥翻。復，扶又翻，又如字。帝遂發詔免法興，免者，免其所居官也。遣還田里，仍徙遠郡。八月，辛酉，賜法興死；解巢尚之舍人。巢尚之自孝武時爲中書通事舍人。

員外散騎侍郎東海奚顯度，散，悉亶翻。騎，奇寄翻。亦有寵於世祖。常典作役，課督苛虐，捶扑慘毒，捶，止橤翻。扑，普卜翻，擊也。人皆苦之。帝常戲曰：「顯度爲百姓患，比當除之。」比，毗寐翻。左右因唱諾，卽宣旨殺之。

尚書右僕射、領衞尉卿、丹楊尹顏師伯居權日久，孝武大明四年，徵顏師伯於歷城，自侍中遷尚書僕射，居權要。驕【章：甲十一行本「驕」上有「海內輻湊」四字；乙十一行本同；孔本同；張校同；退齋校同。】奢淫恣，爲衣冠所疾。帝欲親朝政，朝，直遙翻。庚午，以師伯爲尚書左僕射，解卿、尹，解衞尉卿及丹楊尹。以吏部尚書王彧爲右僕射，分其權任。師伯始懼。彧，於六翻。

初，世祖多猜忌，王公、大臣，重足屏息，重，直龍翻。屏，必郢翻。莫敢妄相過從。過，古禾翻。世祖殂，太宰義恭等皆相賀曰：「今日始免橫死矣。」橫，戶孟翻。甫過山陵，義恭與柳元景、顏師伯等聲樂酣飲，不捨晝夜；酣，戶甘翻。帝內不能平。既殺戴法興，諸大臣無不震慴，慴，之涉翻。各不自安；於是元景、師伯密謀廢帝，立義恭，日夜聚謀，而持疑不能決。元景以其謀告沈慶之；慶之與義恭素不厚，又師伯常專斷朝事，不與慶之參懷，斷，丁亂翻。朝，直遙翻；下同。孝武遺詔，令慶之參決大事，見上卷上年。謂令史曰：尚書令史也。「沈公，爪牙耳，安得預政事！」慶之恨之，乃發其事。

癸酉，帝自帥羽林兵討義恭，殺之，幷其四子。斷絕義恭支體，分裂腸胃，挑取眼睛，以蜜漬之，謂之「鬼目粽」。宋人以蜜漬物曰粽。盧循以益智粽遺武帝，即蜜漬益智也。帥，讀曰率。斷，丁管翻。挑，土彫翻。睛，子盈翻，眼珠子也。漬，疾智翻。粽，子宋翻。別遣使者稱詔召柳元景，以兵隨之。使，疏吏翻；下同。左右奔告，「兵刃非常」。非常，言異於常時也。元景知禍至，入辭其母，整朝服乘車應召。弟車騎司馬叔仁戎服，帥左右壯士欲拒命，元景苦禁之。既出巷，軍士大至。元景下車受戮，容色恬然；幷其八子、六弟及諸姪。獲顏師伯於道，殺之，幷其六子。又殺廷尉劉德願。改元景和，文武進位二等。遣使誅湘州刺史江夏世子伯禽。義恭命其世子曰伯禽，是以周公自處矣。自是公卿以下，皆被捶曳如奴隸矣。卑賤之人，有所附屬謂之隸，人之下者謂之奴。被，皮義翻。捶，止橤翻。

初，帝在東宮，多過失，世祖欲廢之而立新安王子鸞，侍中袁顗盛稱「太子好學，有日新之美」，世祖乃止；帝由是德之。既誅羣公，欲引進顗，任以朝政，遷爲吏部尙書，顗，魚豈翻。好，呼到翻。爲袁顗寵衰求出張本。與尙書右【章：甲十一行本「右」作「左」；乙十一行本同；孔本同；熊校同。】丞徐爰皆以誅義恭等功，賜爵縣子。

徐爰便僻善事人，頗涉書傳，便，毗連翻。傳，直戀翻。自元嘉初，入侍左右，豫參顧問；既長於附會，又飾以典文，故爲太祖所任遇；大明之世，委寄尤重。時殿省舊人多見誅逐，唯爰巧於將迎，始終無迕；廢帝待之益厚，迕，五故翻，迎也。羣臣莫及。帝每出，常與沈慶之及山陰公主同輦，爰亦預焉。徐爰得志於大明、景和之間，宜也，而啓寵實在於元嘉。便僻之足以惑人，雖明君不能免也。漢宣用恭、顯而遺禍於元帝，事正如此。

山陰公主，帝姊也，適駙馬都尉何戢。戢，偃之子也。何偃，尚之之子。戢，疾立翻。公主尤淫恣，嘗謂帝曰：「妾與陛下，男女雖殊，俱託體先帝。陛下六宮萬數，而妾唯駙馬一人，事太不均。」帝乃爲公主置面首左右三十人；面，取其貌美，首，取其髮美。進爵會稽郡長公主，秩同郡王。爲，于僞翻。長，知兩翻。吏部郎褚淵貌美，公主就帝請以自侍；帝許之。淵侍公主十餘日，備見逼迫，以死自誓，乃得免。淵，湛之之子也。褚湛之進用於元嘉、孝建之間。

帝令太廟別畫祖考之像，畫，讀曰畫。帝入廟，指高祖像曰：「渠大英雄，生擒數天子。」謂擒桓玄、慕容超、姚泓也。大，讀曰太。指太祖像曰：「渠亦不惡；但末年不免兒斫去頭。」謂爲元凶劭所弒也。指世祖像曰：「渠大齇鼻，如何不齇？」立召畫工令齇之。齇，壯加翻，鼻上皰也。柳宗元詩曰：嗜酒鼻成齇。

12 以建安王休仁爲雍州刺史，雍，於用翻。湘東王彧爲南豫州刺史，皆留不遣。

13 甲戌，以司徒、揚州刺史豫章王子尚領尚書令。以【章：甲十一行本「以」上有「乙亥」二字；乙十一行本同；孔本同；張校同。】始興公沈慶之爲侍中、太尉；慶之固辭。徵青、冀二州刺史王玄謨爲領軍將軍。

14 魏葬文成皇帝于金陵，廟號高宗。

15 九月，癸巳，帝如湖熟；湖熟，漢湖熟侯國，屬丹陽郡；晉、宋爲縣；淳化中廢爲鎭，屬上元縣。戊戌，還建康。

新安王子鸞有寵於世祖，事見上卷大明五年。帝疾之。辛丑，遣使賜子鸞死，又殺其母弟南海王子師及其母妹，發殷貴妃墓，殷貴妃，蓋生子鸞、子師及一女。母弟、母妹，謂同母弟、妹也。又欲掘景寧陵，太史以爲不利於帝，乃止。

初，金紫光祿大夫謝莊爲殷貴妃誄，誄，魯水翻。誄丈夫者，述其功德；誄婦人者，述其容德也。曰：「贊軌堯門。」帝以莊比貴妃於鉤弋夫人，鉤弋事見二十二卷漢武帝太始三年。欲殺之。或說帝曰：「死者人之所同，一往之苦，不足爲困。莊生長富貴，說，輸芮翻。長，知兩翻。謝莊，弘微之子，謝萬之玄孫。諸謝自晉以來貴盛，故云然。今繫之尚方，使知天下苦劇，劇，甚也。言莊享天下之所甚樂而未知天下之所甚苦，今繫囚，則使知之。然後殺之，未晚也。」帝從之。

16 徐州刺史義陽王昶，素爲世祖所惡，昶，丑兩翻。昶，文帝子，世祖之諸弟也。惡，烏路翻。民間每訛言昶當反；是歲，訛言尤甚，廢帝常謂左右曰：「我卽大位以來，遂未嘗戒嚴，使人邑邑！」邑邑，不得志也。昶使典籤蘧法生奉表詣建康，求入朝，蘧，姓也。春秋時，衛有大夫蘧伯玉。蘧，其於翻。朝，直遙翻。帝謂法生曰：「義陽與太宰謀反，我正欲討之。今知求還，甚善！」又屢詰問法生，詰，去吉翻。「義陽謀反，何故不啓？」法生懼，逃還彭城；帝因此用兵。己酉，下詔討昶，內外戒嚴。帝自將兵渡江，將，即亮翻。命沈慶之統諸軍前驅。

法生至彭城，昶卽聚兵反；移檄統內諸郡，沈約宋志，以大明八年爲止，徐州統彭城、沛郡、下邳、蘭陵、東海、東莞、東安、琅邪、淮陽、陽平、濟陰、北濟陰、鍾離、馬頭等郡。皆不受命，斬昶使；將佐文武悉懷異心。昶知事不成，棄母、妻，攜愛妾，夜與數十騎開北門奔魏。使，疏吏翻。將，即亮翻。騎，奇寄翻。昶頗涉學，能屬文，屬，之欲翻。魏人重之，使尚公主，拜侍中、征南將軍、駙馬都尉，賜爵丹楊王。爲後魏挾劉昶以伐齊張本。

17 吏部尚書袁顗，始爲帝所寵任，俄而失指，待遇頓衰，使有司糾奏其罪，白衣領職。顗懼，詭辭求出。甲寅，以顗督雍・梁【章：甲十一行本「梁」下有「等四州」三字；乙十一行本同；孔本同；張校同。】諸軍事、雍州刺史。雍，於用翻。顗舅蔡興宗謂之曰：「襄陽星惡，何可往？」興宗蓋以天道言之。顗曰：「白刃交前，不救流矢。言白刃交乎前，則流矢之來不暇救。禍近而急，故圖出外以求賒死，後患非所計也。今者之行，唯願生出虎口耳。且天道遼遠，何必皆驗！」

是時，臨海王子頊爲都督荆・湘等八州諸軍事、荆州刺史，朝廷以興宗爲子頊長史、南郡太守，行府、州事，興宗辭不行。顗說興宗曰：說，輸芮翻。「朝廷形勢，人所共見。在內大臣，朝不保夕，舅今出居陝西，爲八州行事，蕭子顯曰：江左大鎮莫過荆、揚。弘農郡陝縣，周世二伯主諸侯：周公主陝東，召公主陝西，故稱荆州爲陝西。顗在襄、沔，地勝兵強，去江陵咫尺，水陸流通。襄陽至江陵，水則由漢、沔，陸則由長林、當陽。沔，彌兗翻。若朝廷有事，可以共立桓、文之功，豈比受制凶狂，臨不測之禍乎！今得間不去，間，隙也。謂得可行之隙，而興宗不肯去。間，古莧翻。後復求出，豈可得邪！」復，扶又翻。興宗曰：「吾素門平進。蔡興宗，蔡廓之子，蔡謨之玄孫，以方嚴自處。官以序遷，謂之平進可也；謂之素門，可乎？蓋江左以王、謝爲高門，其餘有才望者，或以姻戚擢用，或以舊恩。興宗此言，蓋亦感切其甥，指其在世祖之世，調護昏狂，階此以見寵任，寵衰則求出以避禍，進退皆無所據也。與主上甚疏，未容有患。宮省內外，人不自保，會應有變。若內難得弭，外釁未必可量。難，乃旦翻。釁，許覲翻。量，音良。汝欲在外求全，我欲居中免禍，各行其志，不亦善乎！」蔡興宗可謂先見矣。

顗於是狼狽上路，狼狽者，倉皇而行，如恐不及之意。上，時掌翻。猶慮見追；行至尋陽，喜曰：「今始免矣。」鄧琬爲晉安王子勛鎮軍長史、尋陽內史，行江州事。子勛以鎮軍將軍爲江州刺史，鎮尋陽，鄧琬爲長史，行事。顗與之款狎過常，每清閒，必盡日窮夜。顗與琬人地本殊，袁顗有清望，又名門也；鄧琬性貪鄙，又寒族也；故云人地本殊。見者知其有異志矣。爲顗、琬起兵奉子勛張本。

尋復以蔡興宗爲吏部尚書。復，扶又翻。

18 戊午，解嚴。帝因自白下濟江至瓜步。晉、宋都建康，新亭、白下皆江津要地，新亭在西，白下在東；白下蓋今之龍灣也。按白下城合白石壘，唐武德中，移江寧縣於此，名白下縣。

19 沈慶之復啓聽民私鑄錢，慶之始議，見一百二十八卷孝武帝孝建二年。由是錢貨亂敗。千錢長不盈三寸，大小稱此，謂之「鵝眼錢」；稱，尺證翻。劣於此者，謂之「綖環錢」；綖，與線同，私箭翻。貫之以縷，入水不沈，沈，持林翻。隨手破碎。市井不復料數，料，音聊。料，量也。料數者，料其多少之數也。十萬錢不盈一掬，鄭玄曰：兩手曰掬。斗米一萬，商貨不行。

20 冬，十月，丙寅，帝還建康。

21 帝舅東陽太守王藻尙世祖女臨川長公主。公主妬，譖藻於帝。己卯，藻下獄死。王太后，晉丞相導之玄孫女。藻，后弟也。下，戶稼翻。

會稽太守孔靈符，所至有政績；以忤犯近臣，近臣譖之，帝遣使鞭殺靈符，幷誅其二子。會，工外翻。忤，立故翻。使，疏吏翻。

寧朔將軍何邁，瑀之子也，何瑀見一百二十八卷孝武孝建二年。尙帝姑新蔡長公主。主，文帝第十女也，名英媚。長，知兩翻。帝納主於後宮，謂之謝貴嬪；詐言公主薨，殺宮婢，送邁第殯葬，行喪禮。庚辰，拜貴嬪爲夫人。嬪，毗賓翻。加鸞輅龍旂，出警入蹕。邁素豪俠，多養死士，俠，戶頰翻。謀因帝出遊，廢之，立晉安王子勛。事泄，十一月，壬辰，帝自將兵誅邁。

初，沈慶之既發顔、柳之謀，遂自昵於帝，數盡言規諫，將，即亮翻。昵，尼質翻。數，所角翻。帝浸不悅。慶之懼，杜門不接賓客。嘗遣左右范羨至吏部尚書蔡興宗所。興宗使羨謂慶之曰：「公閉門絕客，以避悠悠請託者耳。如興宗，非有求於公者也，何爲見拒？」慶之使羨邀興宗。

興宗往見慶之，因說之曰：「主上比者所行，人倫道盡；言內亂也。說，輸芮翻。比，毗至翻。率德改行，無可復望。行，下孟翻。復，扶又翻；下不復同。今所忌憚，唯在於公；百姓喁喁，喁，魚容翻。喁，魚口向上也，以喻百姓仰望如羣魚然。所瞻賴者，亦在公一人而已。瞻，仰視也。賴，倚恃也。公威名素著，天下所服。今舉朝遑遑，遑遑，急也。朝，直遥翻。人懷危怖，怖，普布翻。指麾之日，誰不響應！如猶豫不斷，斷，丁亂翻。欲坐觀成敗，豈惟旦夕及禍，四海重責將有所歸！言慶之自昵於廢帝，今忤帝意，不惟行且及禍；若他人舉事，必謂慶之從君於昏，慶之何所逃其責！僕蒙眷異常，故敢盡言，願公詳思其計。」慶之曰：「僕誠知今日憂危，不復自保，但盡忠奉國，始終以之，當委任天命耳。言委之於天，任命所至。加老退私門，兵力頓闕，頓，讀曰鈍，又讀如字。雖欲爲之，事亦無成。」興宗曰：「當今懷謀思奮者，非欲邀功賞富貴，正求脫朝夕之死耳。殿中將帥，唯聽外間消息；將，即亮翻。帥，所類翻。若一人唱首，則俯仰可定。況公統戎累朝，慶之自元嘉以來統兵，歷事三世。朝，直遥翻。舊日部曲，布在宮省，受恩者多，謂宗越等。沈攸之輩皆公家子弟耳，沈攸之者，慶之從父兄子也。何患不從！且公門徒、義附，並三吳勇士。殿中將軍陸攸之，公之鄉人，陸攸之蓋亦吳興人。今入東討賊，大有鎧仗，在青溪未發。公取其器仗以配衣麾下，鎧，可亥翻。衣，於既翻。使陸攸之帥以前驅，帥，讀曰率；下同。僕在尚書中，自當帥百僚按前代故事，更簡賢明以奉社稷，天下之事立定矣。又，朝廷諸所施爲，民間傳言公悉豫之。公今不決，當有先公起事者，公亦不免附從之禍。此興宗所謂「重責將有所歸」也。先，悉薦翻。聞車駕屢幸貴第，貴第，謂時貴之宅第也。酣醉淹留；又聞屏左右，屏，必郢翻。獨入閤內；此萬世一時，不可失也。」慶之曰：「感君至言。然此大事，非僕所能行；事至，固當抱忠以沒耳。」事至，猶言若事果至如興宗所言，當抱忠以死也。

青州刺史沈文秀，慶之弟子也，將之鎮，帥部曲出屯白下，亦說慶之曰：說，輸芮翻。「主上狂暴如此，禍亂不久，而一門受其寵任，萬物皆謂與之同心。盈天地之間者萬物，人亦物也，此萬物謂人。且若人愛憎無常，猜忍特甚，若人，謂廢帝。不測之禍，進退難免。今因此衆力，圖之易於反掌。易，以豉翻。機會難値，不可失也。」再三言之，至於流涕。慶之終不從。文秀遂行。沈慶之從君於昏狂，杜門以待死，伊、霍之事，固非常人所能行也。

及帝誅何邁，量慶之必當入諫。量，音良，度也。先閉青溪諸橋以絕之。慶之聞之，果往，不得進而還。還，從宣翻，又如字。帝乃使慶之從父兄子直閤將軍攸之賜慶之藥。慶之不肯飮，攸之以被揜殺之，攸之隨慶之討隨王誕有功，慶之抑其賞，由是恨之，故果於殺。從，才用翻。時年八十。慶之子侍中文叔欲亡，恐如太宰義恭被支解，被，皮義翻。謂其弟中書郎文季曰：「我能死，爾能報。」中書郎，卽中書侍郎。左傳，楚平王信費無極之譖，執伍奢。無極曰：「奢之子材，若在吳，必憂楚國，盍以免其父召之。彼仁，必來；不然，將爲患。」王使召之，曰：「來，吾免而父。」棠君尚謂其弟員曰：「爾適吳，我將歸死，吾智不若；我能死，爾能報。」伍尚至，楚幷奢殺之。員奔吳，藉兵以報楚，入郢，鞭平王之墓。遂飮慶之之藥而死。弟祕書郎昭明亦自經死。杜佑通典曰：後漢馬融爲祕書郎，詣東觀典校書。晉掌中外三閣經書，校閱脫誤，亦謂之郎中。武帝分祕圖書籍爲甲乙丙丁四部，使祕書郎中四人各掌其一；宋、齊尤爲美職，皆爲甲族起家之選，居職，例十日便遷。齊、梁末，多以貴遊子弟爲之，無其才實。文季揮刀馳馬而去，追者不敢逼，遂得免。爲後沈文季盡誅沈攸之親屬以報仇張本。帝詐言慶之病薨，贈侍中、太尉，諡曰忠武公，葬禮甚厚。

領軍將軍王玄謨數流涕諫帝以刑殺過差，數，所角翻。帝大怒。玄謨宿將，有威名，王玄謨自元嘉末爲將，孝建初有破臧質、平義宣之功。將，卽亮翻。道路訛言玄謨已見誅。蔡興宗嘗爲東陽太守，玄謨典籤包法榮家在東陽，玄謨使法榮至興宗所。興宗謂法榮曰：「領軍殊當憂懼。」法榮曰：「領軍比日殆不復食，夜亦不眠，比日，近日也。比，毗寐翻。復，扶又翻。恆言收已在門，不保俄頃。」收，謂帝將遣吏兵收之也。恆，戶登翻。興宗曰：「領軍憂懼，當爲方略，那得坐待禍至！」因使法榮勸玄謨舉事。玄謨使法榮謝曰：「此亦未易可行，易，以豉翻。期當不泄君言。」

右衛將軍劉道隆，爲帝所寵任，專典禁兵。興宗嘗與之俱從帝夜出，從，才用翻。道隆過興宗車後，興宗曰：「劉君！比日思一閒寫。」閒寫者，謂欲淸閒寫其所懷也。道隆解其意，解，戶買翻，曉也。掐興宗手掐，苦洽翻，以爪掐之也。曰：「蔡公勿多言！」廢昏立明，非常之謀也。蔡興宗建非常之謀，既以告沈慶之，又以告王玄謨，又以擿發劉道隆，而人不敢泄其言，何也？昏暴之朝，人不自保；「時日害喪，予及汝皆亡，」蓋人心之所同然也。

22 壬寅，立皇后路氏，太皇太后弟道慶之女也。

23 帝畏忌諸父，恐其在外爲患，皆聚之建康，拘於殿內，毆捶陵曳，無復人理。親親悌長，人之常理；廢帝悖之。毆，烏口翻。捶，止橤翻。復，扶又翻，又如字。湘東王彧、建安王休仁、山陽王休祐，皆肥壯，帝爲竹籠，盛而稱之，彧，於六翻。盛，時征翻；下同。稱，敕陵翻，稱其輕重也。以彧尤肥，謂之「豬王」，謂休仁爲「殺王」，休祐爲「賊王」。以三王年長，尤惡之，長，知兩翻。惡，烏路翻。常錄以自隨，不離左右。錄，收也，攝也。離，力智翻。東海王褘性凡劣，劣，弱也，鄙也。褘，吁韋翻。謂之「驢王」；桂陽王休範、巴陵王休若年尚少，故並得從容。少，詩照翻。從，千容翻。嘗以木槽盛飯，幷雜食攪之，攪，古巧翻。掘地爲阬，實以泥水，裸彧內阬中，使以口就槽食之，用爲歡笑。裸，郎果翻。前後欲殺三王以十數；休仁多智數，每以談笑佞諛說之，故得推遷。推，移也；遷，轉也；言以談笑佞諛轉移帝意也。或曰，推遷，延緩之意。說，讀曰悅。

少府劉曚妾孕臨月，曚，謨蓬翻。將產之月曰臨月。考異曰：宋書帝紀作「少府劉勝」，始安王休仁傳作「廷尉劉曚」。宋略及南史帝紀皆作「少府劉曚」，休仁傳作「廷尉劉蒙」；今從其多者。帝迎入後宮，俟其生男，欲立爲太子。或嘗忤旨，帝裸之，縛其手足，貫之以杖，使人擔付太官。忤，五故翻。裸，郎果翻。擔，都甘翻，荷也。曰：「今日屠豬！」休仁笑曰：「豬未應死。」帝問其故。休仁曰：「待皇子生，殺豬取其肝肺。」帝怒乃解，曰：「且付廷尉。」一宿，釋之。丁未，曚妾生子，名曰皇子，爲之大赦，爲，于僞翻。賜爲父後者爵一級。

帝又以太祖、世祖在兄弟數皆第三，太祖，高祖第三子；世祖，太祖第三子。江州刺史晉安王子勛亦第三，子勛，世祖第三子。故惡之，惡，烏路翻。因何邁之謀，使左右朱景雲送藥賜子勛死。景雲至湓口，停不進。子勛典籤謝道邁、主帥潘欣之、侍書褚靈嗣聞之，諸王有侍讀，掌授王經；有侍書，掌教王書。帥，所類翻。馳以告長史鄧琬，泣涕請計。考異曰：子勛傳云：「景雲遣信使告琬。」宋略曰：「帝使道遇賫敕至潯陽，琬謂道遇」云云。今從琬傳。琬曰：「身南土寒士，鄧琬，南昌人，起於寒素。蒙先帝殊恩，以愛子見託，豈得惜門戶百口，期當以死報效。幼主昏暴，社稷危殆，雖曰天子，事猶獨夫。猶，若也，似也。今便指帥文武，直造京邑，帥，讀曰率。造，七到翻。與羣公卿士，廢昏立明耳。」戊申，琬稱子勛教，令所部戒嚴。子勛戎服出聽事，集僚佐，使潘欣之口宣旨諭之。四座未對，錄事參軍陶亮首請效死前驅，衆皆奉旨。乃以亮爲諮議參軍，領中兵，總統軍事；功曹張沈爲諮議參軍，統作舟艦；沈，持林翻。艦，戶黯翻。南陽太守沈懷寶、岷山太守薛常寶、岷山，卽漢武帝所開汶山郡也，宣帝地節三年，併入蜀郡，劉蜀復立。沈懷寶、薛常寶先常爲郡守，因各以其官稱之。守，手又翻。彭澤令陳紹宗等並爲將帥。將，卽亮翻。帥，所類翻。初，帝使荊州錄送前軍長史、荊州行事張悅至湓口，琬稱子勛命，釋其桎梏，桎，職日翻。梏，工沃翻。迎以所乘車，以爲司馬。悅，暢之弟也。張暢見一百二十五卷、六卷文帝元嘉二十六年、七年。琬、悅二人共掌內外衆事，遣將軍俞伯奇帥五百人斷大雷，帥，讀曰率。斷，丁管翻。禁絕商旅及公私使命。遣使上諸郡民丁，遣使詣江州部內諸郡，籍民丁上之以爲兵。使，疏吏翻。上，時掌翻。收斂器械；旬日之內，得甲士五千人，出頓大雷，於兩岸築壘。又以巴東、建平二郡太守孫沖之爲諮議參軍，領中兵，與陶亮並統前軍。移檄遠近。

24 戊午，帝召諸妃、主列於前，強左右使辱之。強，其兩翻。南平王鑠妃江氏不從。妃卽江湛之妹。鑠，式灼翻。帝怒，殺妃三子南平王敬猷、廬陵王敬先、安南侯敬淵，鞭江妃一百。

先是民間訛言湘中出天子，先，悉薦翻。帝將南巡荊、湘二州以厭之。厭，一涉翻。師古曰：塞，當也。明旦，欲先誅湘東王彧，然後發。

初，帝既殺諸公，恐羣下謀己，以直閤將軍宗越、譚金、童太一、沈攸之等有勇力，引爲爪牙，賞賜美人、金帛，充牣其家。江左以直閤將軍出入省閤，總領宿衛。牣，滿也。越等久在殿省，衆所畏服，皆爲帝盡力；爲，于僞翻。帝恃之，益無所顧憚，恣爲不道，中外騷然。左右宿衛之士皆有異志，而畏越等不敢發。時三王久幽，不知所爲。湘東王彧主衣會稽阮佃夫、內監始【章：甲十一行本「始」作「吳」；乙十一行本同；孔本同；張校同。】興王道隆、江左之制，天子及諸王皆有內監。內監，齋監也。齋內自主帥以下，皆得監察之。會，工外翻。佃，音田。學官令臨淮李道兒晉制：諸王國置學官令一人。與直閤將軍柳光世及帝左右琅邪淳于文祖等謀弒帝。帝以立后故，假諸王閹人。閹，於廉翻。彧左右錢藍生亦在中，彧密使候帝動止。

先是帝遊華林園竹林堂，先，悉薦翻。竹林堂，華林園後堂也。使宮人倮相逐，倮，郎果翻。一人不從命，斬之，夜，夢在竹林堂，有女子罵曰：「帝悖虐不道，悖，蒲妹翻。明年不及熟矣！」帝於宮中求得一人似所夢者斬之。又夢所殺者罵曰：「我已訴上帝矣！」通鑑不語怪，而獨書此事者，以明人不可妄殺，而天聰明爲不可欺也。於是巫覡言竹林堂有鬼。是日晡時，帝出華林園。建安王休仁、山陽王休祐、會稽公主並從，覡，刑狄翻。晡，奔謨翻。從，才用翻。湘東王彧獨在祕書省，祕書省，藏圖書之所，在禁中。不被召，益憂懼。被，皮義翻。

帝素惡主衣吳興壽寂之，見輒切齒，惡，烏路翻。風俗通：壽姓，吳王壽夢之後；又有大夫壽越。

阮佃夫以其謀告寂之及外監典事東陽朱幼、李延壽恩倖傳論曰：若徵兵動衆，大興人役，優劇遠近，斷於內監之心；譴辱詆訶，恣於典事之口；抑符緩詔，姦僞非一。書死爲生，請謁成市，左臂揮金，右手刊字，紙爲銅落，筆爲利染。細鎧主南彭城姜產之、晉氏渡江，立南彭城郡於晉陵界。鎧，可亥翻。考異曰：「產」，或作「彥」，宋書、宋略、南史皆作「產」，今從之。細鎧將晉陵王敬則、吳分吳郡無錫以西爲毗陵郡。晉東海王越世子名毗，而東海國故食毗陵，懷帝永嘉五年改爲晉陵郡。將，卽亮翻。中書舍人戴明寶，寂之等聞之，皆響應。幼豫約勒內外，使錢藍生密報休仁、休祐。時帝欲南巡，腹心宗越等並聽出外裝束，唯隊主樊僧整防華林閤。防守華林閤門也。柳光世與僧整，鄉人，因密邀之；僧整卽受命。柳氏本河東人，僑居襄陽；樊僧整蓋亦河東人也。凡同謀十餘人。阮佃夫慮力少不濟，更欲招合，少，詩沼翻。壽寂之曰：「謀廣或泄，不煩多人。」其夕，帝悉屏侍衛，屏，必郢翻。與羣巫及綵女數百人綵女，倣後漢采女之制。射鬼於竹林堂。射，而亦翻；下射之同。事畢，將奏樂，壽寂之抽刀前入，姜產之次之，淳于文祖等皆隨其後。休仁聞行聲甚疾，謂休祐曰：「事作矣！」相隨奔景陽山。文帝元嘉二十三年，起景陽山於華林園。帝見寂之至，引弓射之，不中。綵女皆迸走，帝亦走，大呼「寂寂」者三，中，竹仲翻。迸，北孟翻。呼，火故翻。寂之追而弒之。年十七。宣令宿衛曰：「湘東王受太皇太后令，除狂主，今已平定。」殿省惶惑，未知所爲。

休仁就祕書省見湘東王，卽稱臣，引升西堂，登御座，召見諸大臣。見，賢遍翻。于時事起倉猝，王失履，跣至西堂，猶著烏帽。著，陟略翻。坐定，休仁呼主衣以白帽代之。江南，天子宴居著白紗帽。令備羽儀，雖未卽位，凡事悉稱令書施行。宣太皇太后令，數廢帝罪惡，數，所具翻。命湘東王纂承皇極。及明，宗越等始入，湘東王撫接甚厚。廢帝母弟司徒、揚州刺史豫章王子尚，頑悖有兄風，悖，蒲内翻，又蒲沒翻；下同。己未，湘東王以太皇太后令，賜子尚及會稽公主死。會，工外翻。建安王休仁等始得出居外舍。外舍，外第也。釋謝莊之囚。謝莊以誄殷貴妃被囚，事見上。廢帝猶橫尸太醫閤口。蔡興宗謂尚書右僕射王彧曰：「此雖凶悖，要是天下之主，宜使喪禮粗足；若直如此，四海必將乘人。」言乘此以奉辭伐罪。王彧，湘東王妃兄也，故蔡興宗與之言。粗，坐五翻。乃葬之秣陵縣南。葬於秣陵縣南郊壇西。

初，湘東王母沈婕妤早卒，婕妤，音接予。卒，子恤翻。路太后養之。王事太后甚謹，太后愛王亦篤。王既弒廢帝，欲慰太后心，下令以太后弟子休之爲黃門侍郎，茂之爲中書侍郎。

論功行賞，壽寂之等十四人皆封縣侯、縣子。

十二月，庚申朔，以東海王禕爲中書監、太尉。禕於湘東王，兄也。禕，吁韋翻。進鎮軍將軍、江州刺史晉安王子勛爲車騎將軍、開府儀同三司。騎，奇寄翻。癸亥，以建安王休仁爲司徒、尚書令、揚州刺史，以山陽王休祐爲荆州刺史，桂陽王休範爲南徐州刺史。乙丑，徙安陸王子綏爲江夏王。

25丙寅，湘東王卽皇帝位，大赦，改元。至此始改元泰始。其廢帝時昏制謬封，並皆刊削。庚午，以右衞將軍劉道隆爲中護軍。道隆暱於廢帝，嘗無禮於建安太妃；此廢帝使左右辱妃主時事。暱，尼質翻。至是，建安王休仁求解職，明帝乃賜道隆死。書明帝者，因前史成文。宗越、譚金、童太一等雖爲上所撫接，內不自安；上亦不欲使居中，從容謂之曰：從，千容翻。「卿等遭罹暴朝，朝，直遙翻。勤勞日久，應得自養之地；兵馬大郡，隨卿等所擇。」越等素已自疑，聞之，皆相顧失色，因謀作亂；以告沈攸之，攸之以聞。上收越等，下獄死。攸之復入直閤，沈攸之繼此有平尋陽之功，遂總戎北討，歷居方面之任。下，戶嫁翻。復，扶又翻。

26辛未，徙臨賀王子產爲南平王，晉熙王子輿爲廬陵王。

27壬申，以尙書右僕射王景文爲尙書僕射。景文，卽彧也，避上名，以字行。

28乙亥，追尊沈太妃曰宣太后，卽上母沈婕妤也。陵曰崇寧。

29初，豫州刺史山陽王休祐入朝，以長史、南梁郡太守【章：甲十一行本「守」下有「陳郡」二字；乙十一行本同；孔本同；張校同。】殷琰行府州事。晉孝武太元中，僑立南梁郡於淮南。安帝義熙中土斷，始有淮南故地，屬南豫州。五代志，淮南郡壽春縣舊有南梁郡。朝，直遙翻。及休祐徙荆州，卽以琰爲督豫·司二州諸軍事、豫州刺史。爲殷琰舉州以附尋陽張本。

30有司奏路太后宜卽前號，移居外宮；上不許。戊寅，尊路太后爲崇憲皇太后，居崇憲宮，供奉禮儀，不異舊日。立妃王氏爲皇后。后，景文之妹也。

31 罷二銖錢，禁鵝眼、綖環錢，二銖、鵝眼、綖環，並見卷首。綖，與線同。餘皆通用。

32 江州佐吏得上所下令書，皆喜，共造鄧琬曰：「暴亂既除，殿下又開黃閤，造，七到翻。時加子勛開府儀同三司，故云開黃閤。實爲公私大慶。」琬以晉安王子勛次第居三，又以尋陽起事與世祖同符，世祖於兄弟次第三；以尋陽起兵事見一百二十七卷文帝元嘉三十年。謂事必有成。取令書投地曰：「殿下當開端門，天子開端門。宮門正南門曰端門。黃閤是吾徒事耳！」衆皆駭愕。琬更與陶亮等繕治器甲，徵兵四方。治，直之翻。

袁顗既至襄陽，卽與諮議參軍劉胡繕修兵械，簡集士卒，詐稱被太皇太后令，使其起兵，顗，魚豈翻。被，皮義翻。卽建牙馳檄，奉表勸子勛卽大位。

辛巳，更以山陽王休祐爲江州刺史，欲以代子勛。更，工衡翻。荆州刺史臨海王子頊卽留本任。休祐不之荆州，留子頊本任以安之。

先是，廢帝以邵陵王子元爲湘州刺史，先，悉薦翻。中兵參軍沈仲玉爲道路行事，未至州，使爲道路行事，沿塗之事，一以委之。至鵲頭，聞尋陽兵起，不敢進。琬遣數百人劫迎之，令子勛建牙於桑尾，桑尾，卽桑落洲尾。傳檄建康，稱：「孤志遵前典，黜幽陟明。」子勛自稱曰孤。黜幽陟明，卽廢昏立明。又謂上「矯害明茂，明茂，謂明德茂親，謂上矯太皇太后令賜豫章王子尚死也。篡【章：甲十一行本「纂」作「篹」；乙十一行本同；張校同。】竊大寶，干我昭穆，禮，父爲昭，子爲穆。昭，時招翻。寡我兄弟。藐孤同氣，猶有十三，左傳：晉獻公曰：「以是藐諸孤。」藐，謂小也。孝武帝二十八子，時存者子勛、子綏、子房、子頊、子仁、子眞、子元、子輿、子孟、子嗣、子趨、子期、子悅凡十三人。藐，妙小翻，又亡角翻。聖靈何辜，而當乏饗。」聖靈，謂世祖之靈也。乏饗，不祀也。

郢州刺史安陸王子綏承子勛初檄，欲攻廢帝；言初檄者，以別今此傳建康之檄。聞廢帝已隕，即解甲下標。初起兵，立標以募兵；罷兵，故下標。既而聞江、雍猶治兵，江，謂鄧琬；雍，謂袁顗。雍，於用翻。治，直之翻。郢府行事荀【嚴：「苟」改「荀」。】卞之大懼，郢州居江、雍之間，懼其夾攻，以問罷兵之由。即遣諮議、領中兵參軍鄭景玄帥衆馳下，幷送軍糧。帥，讀曰率。荊州行事孔道存奉刺史臨海王子頊，會稽將佐奉太守尋陽王子房，皆舉兵以應子勛。會，工外翻。將，即亮翻。

聶崇岐標點王崇武覆校

資治通鑑卷第一百三十一

端明殿學士兼翰林侍讀學士朝散大夫右諫議大夫充集賢殿修撰提舉嵩山崇福宮上柱國河內郡開國侯食邑一千八百戶食實封六百戶賜紫金魚袋臣 司馬光 奉敕編集

後學天台胡三省音註

宋紀十三柔兆敦牂（丙午），一年。

太宗明皇帝上之下

泰始二年（丙午、四六六）

1 春，正月，己丑朔，魏大赦，改元天安。

2 癸巳，徵會稽太守尋陽王子房爲撫軍將軍，以巴陵王休若代之。去年，子房已舉兵應尋陽，欲以休若代之。會，工外翻。

甲午，中外戒嚴。以司徒建安王休仁都督征討諸軍事，車騎將軍、江州刺史王玄謨副之。使王玄謨拒尋陽之兵，因以爲江州；不復用休祐。休仁軍於南州，以沈攸之爲尋陽太守，將兵屯虎檻。虎檻，洲名，在赭圻東北江中，蕪湖之西南也。守，式又翻。將，卽亮翻；下同。時玄謨未發，前鋒凡十軍，絡繹繼至，每夜各立姓號，不相稟受。攸之謂諸將曰：「今衆軍姓號不同，若有耕夫、漁父夜相呵叱，呵，虎何翻。叱，昌栗翻。便致駭亂，取敗之道也。請就一軍取號。」衆咸從之。史言沈攸之有將帥之略，所以能立功。

3鄧琬稱說符瑞，詐稱受路太后璽書，帥將佐上尊號於晉安王子勛。璽，斯氏翻。帥，讀曰率。上，時掌翻。勛，古勳字。乙未，子勛卽皇帝位於尋陽，改元義嘉。以安陸王子綏爲司徒、揚州刺史；尋陽王子房、臨海王子頊並加開府儀同三司；以鄧琬爲尚書右僕射，張悅爲吏部尚書，袁顗加尚書左僕射；顗，魚豈翻。自餘將佐及諸州郡，除官進爵號各有差。

4丙申，以征虜司馬申令孫爲徐州刺史。令孫，坦之子也。元嘉、孝建之間，申坦爲將帥。置司州於義陽；文帝元嘉末，置司州於汝南，孝武大明中省廢，今復置之，領義陽、隨陽、安陸、南汝南四郡；水行至建康二千七百里，陸行一千七百里。以義陽內史龐孟虯爲司州刺史。龐，皮江翻。虯，渠幽翻。

徐州刺史薛安都、冀州刺史清河崔道固皆舉兵應尋陽。上徵兵於青州刺史沈文秀，文秀遣其將【章：甲十一行本「將」下有「平原」二字；乙十一行本同；孔本同。】劉彌之等將兵赴建康。會薛安都遣使邀文秀，文秀更令彌之等應安都。濟陰太守申闡據睢陵應建康，將，卽亮翻。使，疏吏翻。濟，子禮翻。睢，音雖。睢陵縣，前漢屬臨淮郡，後漢屬下邳郡，孝武大明元年，度屬濟陰郡。沈約曰：濟陰本屬兗州，其民流寓徐土，因割地爲郡境。隋幷睢陵入夏丘縣，唐以夏丘爲虹縣，屬泗州，復漢舊縣名也。虹，漢書音貢，今音絳。杜佑曰：睢陵縣故城，在泗州下邳縣東南。安都遣其從子直閤將軍索兒、太原太守清河傅靈越等攻之。文帝元嘉十年，割濟南、太山立太原郡；唐齊州長清縣，宋太原郡地也。從，才用翻。守，手又翻。闡，令孫之弟也。安都壻裴祖隆守下邳，劉彌之至下邳，更以所領應建康，襲擊祖隆。祖隆兵敗，與征北參軍垣崇祖奔彭城。崇祖，護之之從子也。垣護之爲將，著功名於元嘉、孝建之間。彌之族人北海太守懷恭、從子善明皆舉兵以應彌之，薛索兒聞之，釋睢陵，引兵擊彌之。彌之戰敗，走保北海。申令孫進據淮陽，晉安帝義熙中，土斷，立淮陽郡於下邳角城；唐泗州治宿豫縣，古角城也。請降於索兒。降，戶江翻。龐孟虯亦不受命，舉兵應尋陽。

帝召尋陽王長史行會稽郡事孔覬爲太子詹事，以平西司馬庾業代之；又遣都水使者孔璪入東慰勞。漢官有都水長，屬少府，晉屬大司農；後遂置都水使者，掌河津、漕渠凡水利事，并督治船艦。會，工外翻。覬，音冀。使，疏吏翻。璪，子皓翻。勞，力到翻。璪說覬以「建康虛弱，不如擁五郡以應袁、鄧。」東揚州所統五郡。說，輸芮翻。覬遂發兵，馳檄奉尋陽。吳郡太守顧琛、吳興太守王曇生、琛，丑林翻。曇，徒含翻。義興太守劉延熙、晉陵太守袁標皆據郡應之。上又以庾業代延熙爲義興，業至長塘湖，卽與延熙合。

益州刺史蕭惠開，聞晉安王子勛舉兵，集將佐謂之曰：「湘東，太祖之昭；晉安，世祖之穆；其於當璧，並無不可。左傳：楚共王無冢適；有寵子五人，無適立焉。乃大事於羣望而祈曰：「請神擇於五人，使主社稷。」乃偏以璧見於羣望曰：「當璧而拜者，神所立也。」既乃密埋璧於太室之庭，使五人齋，而長入拜；康王跨之，靈王肘加焉，子干、子晳皆遠之；平王弱，抱而入，再拜，皆厭紐，其後卒有楚國。昭，市招翻。**但景和雖昏，本是世祖之嗣；**廢帝改元景和。**不任社稷，其次猶多。吾荷世祖之眷，當推奉九江。」**任，音壬。荷，下可翻。自宋以來，率謂江州爲九江。晁氏志曰：太湖一湖而曰五湖。昭餘祁一澤而曰九澤；九江一水而曰九江。余按書禹貢曰：荆及衡陽爲荆州。江、漢朝宗于海，九江孔殷。孔安國註曰：江於此州界分爲九道，甚得地勢之中。漢書地理志：廬江郡尋陽縣，禹貢九江在南，皆東合於大江。應劭曰：江自廬江、尋陽分爲九。尋陽地記曰：九江：一曰烏江，二曰蚌江，三曰烏白江，四曰嘉靡江，五曰畎江，六曰源江，七曰廩江，八曰提江，九曰箘江。張須元九江圖云：一曰三里江，二曰五州江，三曰嘉靡江，四曰烏土江，五曰白蚌江，六曰白烏江，七曰箘江，八曰沙提江，九曰廩江：參差隨水長短，或百里，或五十里，始於鄂陵，終於江口，會于桑落洲。太康地記曰：九江，劉歆以爲湖漢九水入彭蠡澤也。夏撰曰：據此數說，皆謂江水至是分爲九道；獨曾氏謂爲不然。曾氏謂下文「導江過九江，至于東陵東，迆北會于匯。」說者謂東陵，巴陵也。蓋今巴陵與夷陵相爲東西，夷陵一曰西陵，則巴陵爲東陵可知。許愼曰：迆，邪行也。今江水過洞庭至巴陵而後，東北邪行，合於彭蠡，卽經所謂「過九江至于東陵東，迆北會于匯」也。由是觀之：九江不在潯陽明矣；所謂九江者，蓋今洞庭也。考之前志，沅水、漸水、潕水、辰水、敍水、酉水、醴水、湘水、資水皆合洞庭中，東入于江，所謂九江者，豈非此乎！宋白曰：江州潯陽郡，禹貢：「九江孔殷，彭蠡既豬，」彭蠡在州南東五十三里，九江在州西北二十五里是也。然則彭蠡以東爲揚州之域，九江以西卽荆州之域。周景式廬山記云：柴桑，彭蠡之郊，古三苗國，舊屬廬江地。又按尋陽記云：春秋時爲吳之西境，楚之東境，本在大江之北，今蘄州界古蘭城是也。秦幷天下，以此屬廬江郡，漢屬淮南國，後漢爲豫章、廬江二郡之境。三國之時，此地雖爲督護要津，而未立郡，吳但分尋陽隸武昌。晉初，尋陽猶理江北，溫嶠移於此，始置尋陽郡，隋爲九江郡。余按秦并天下，置九江郡。項羽封黥布爲九江王，都六，漢地理志所謂「九江在潯陽縣南。」沈約宋志：尋陽本縣名，因水名縣。水南注江，二漢屬廬江，吳立蘄春郡，尋陽縣屬焉。此時尋陽之地在江北。晉亂，立尋陽郡，後郡治於柴桑，而尋陽之名遂移於江南。晉惠帝置江州，治豫章，成帝移江州治尋陽。時人蓋因漢志所謂「九江在尋陽縣南」，而尋陽又爲江州治所，遂謂尋陽爲九江。若禹貢之九江，其地實難考見。若必以夷陵爲西陵，遂以巴陵爲禹貢之東陵，摭取會洞庭之水爲九江；考之前志，會洞庭者不止九水，而酈道元水經註，謂廬江郡有東陵鄉，江夏有西陵縣，故是言東，尚書云「江水過九江，至于東陵」者也。西南流，水積爲湖，湖西有青林山。又考水經註，自沔口以下有湖口水，加湖江水、武口水、烏石水、舉水、巴水、希水、蘄水、利水皆南流注于江，而後至青林水口，亦可傅合九水之說，但未敢以爲是。九河之迹，至漢已不可悉考；而欲強爲九江之說，難矣。乃遣巴郡太守費欣壽將五千人東下。於是湘州行事何慧文、廣州刺史袁曇遠、梁州刺史柳元怙、山陽太守程天祚皆附於子勛。元怙，元景之從兄也。費，扶沸翻。將，卽亮翻。曇，徒含翻。從，才用翻。

是歲，四方貢計皆歸尋陽，貢，謂貢方物；計，謂上計帳。朝廷所保，唯丹楊、淮南等數郡，其間諸縣或應子勛，東兵已至永世，吳分溧陽爲永平縣，晉武帝太康元年更名永世縣，屬丹楊郡，其地蓋在今安吉州、建康府、廣德軍三郡界。下云「永世令叛，義興兵垂至延陵」，則其地又犬牙入今常州界。東兵欲自此進取曲阿。宮省危懼。上集羣臣以謀成敗。蔡興宗曰：「今普天同叛，【章：甲十一行本「叛」下有「人有異志」四字；乙十一行本同；孔本同；張校同。】宜鎭之以靜，至信待人。叛者親戚布在宮省，若繩之以法，則土崩立至，宜明罪不相及之義。父、子、兄、弟，罪不相及，古義也。物情既定，人有戰心，六軍精勇，器甲犀利，以待不習之兵，其勢相萬耳。願陛下勿憂。」上善之。蔡興宗豈特以方嚴自將，蓋識時審勢者也。

5 建武司馬劉順說豫州刺史殷琰使應尋陽；說，輸芮翻。琰以家在建康，未許。右衞將軍柳光世自省內出奔彭城，過壽陽，言建康必不能守。琰信之，且素無部曲，爲土豪前右軍參軍杜叔寶等所制，不得已而從之。琰以叔寶爲長史，內外軍事，皆叔寶專之。上謂蔡興宗曰：「諸處未平，殷琰已復同逆；復，扶又翻。頃日人情云何？事當濟不？」不，讀曰否。興宗曰：「逆之與順，臣無以辨。今商旅斷絕，米甚豐賤，四方雲合，而人情更安，湘東纂位，非其本心；尋陽起兵，名正言順；故曰逆之與順，臣無以辨。商旅斷絕，米甚豐賤者，前朝之積也；四方雲合，人情更安者，積苦於狂暴而驟樂寬政也。天下嗷嗷，新主之資，斯言豈不信哉！以此卜之，清蕩可必。但臣之所憂，更在事後，猶羊公言：『既平之後，方當勞聖慮耳。』」羊祜之言，見八十卷晉武帝咸寧四年。上曰：「誠如卿言。」上知琰附尋陽非本意，乃厚撫其家以招之。

6 汝南、新蔡二郡太守周矜起兵於懸瓠以應建康。汝南郡時治懸瓠。宋以新蔡郡帖治汝南，故周矜領二郡太守；自是二郡太守多矣。袁顗誘矜司馬汝南常珍奇執矜，斬之，誘，音酉。以珍奇代爲太守。

7 上使冗從僕射垣榮祖還徐州說薛安都，諸垣自略陽歸南，世在青、徐立効，爲土人所信重，故使還說薛安都。冗，而隴翻。從，才用翻。說，輸芮翻；下說孝同。安都曰：「今京都無百里地，京都，謂建康；四方皆奉尋陽，故言無百里地。不論攻圍取勝，自可拍手笑殺；且我不欲負孝武。」榮祖曰：「孝武之行，足致餘殃。不善之積，必有餘殃。孝武貪淫，濟以奢虐，人倫道盡，故榮祖云然。行，下孟翻。今雖天下雷同，雷之發聲，物無不隨時而應者；故以響應爲雷同。正是速死，無能爲也。」安都不從，因留榮祖使爲將。將，卽亮翻。榮祖，崇祖之從父兄也。從，才用翻。

8 兗州刺史殷孝祖之甥司法參軍【章：甲十一行本「軍」下有「潁川」二字；乙十一行本同；孔本同；張校同。】葛僧韶請徵孝祖入朝，據南史，「司法參軍」當作「司徒參軍」。「請」下當有「徵」字。【章：胡註「請下當有徵字」。甲十一行本「徵」作「殷」；乙十一行本同。按「徵」字乃後來所改。退齋校云：從宋方與註合。】朝，直遙翻。上遣之。時薛索兒屯據津逕。僧韶間行得至，間，古莧翻。說孝祖曰：「景和凶狂，開闢未有；朝野危極，假命漏刻。朝，直遙翻；下同。主上夷兇翦暴，更造天地，國亂朝危，宜立長君。更，工衡翻。長，知兩翻。而羣迷相煽，搆造無端，貪利幼弱，競懷希望。使天道助逆，羣凶事申，則主幼時艱，權柄不一，兵難互起，豈有自容之地！舅少有立功之志，難，乃旦翻。少，詩照翻。若能控濟義勇，還奉朝廷，控，引也。濟，謂濟河，音子禮翻。南史作「控濟河義勇」，文意尤爲明暢。非唯匡主靜亂，乃可以垂名竹帛。」孝祖具問朝廷消息，僧韶隨方訓譬，幷陳兵甲精強，主上欲委以前驅之任。孝祖卽日委妻子於瑕丘，瑕丘縣，故魯瑕邑，漢屬山陽郡，魏、晉省，宋爲兗州治所。帥文武二千人，隨僧韶還建康。帥，讀曰率。時四方皆附尋陽，朝廷唯保丹楊一郡；而永世令孔景宣復叛，復，扶又翻。義興兵垂至延陵，晉武帝太康二年，分曲阿之延陵鄉立延陵縣，屬晉陵郡。內外憂危，咸欲奔散。孝祖忽至，衆力不少，並傖楚壯士，江南謂中原人爲傖，荆州人爲楚。少，詩照翻。傖，助庚翻。人情大安。甲辰，進孝祖號撫軍將軍，假節、都【章：甲十一行本無「都」字；乙十一行本同。】督前鋒諸軍事，遣向虎檻，寵賚甚厚。賚，來代翻。

初，上遣東平畢衆敬詣兗州募人，至彭城，薛安都以利害說之，說，輸芮翻。矯上命以衆敬行兗州事，衆敬從之。殷孝祖使司馬劉文石守瑕丘，衆敬引兵擊殺之。安都素與孝祖有隙，使衆敬盡殺孝祖諸子。州境皆附之，爲畢衆敬以兗州降魏張本。唯東平太守申纂據無鹽，不從。爲申纂以城拒魏而死張本。無鹽縣，自漢、晉以來屬東平，隋廢省，其地當在唐鄆州界。水經註：濟水逕壽張縣須朐城西。濟水西有安民亭，亭北對安民山，東臨濟水，水東卽無鹽縣界也。杜佑曰：鄆州治須昌縣，漢無鹽故城在今縣東，東平國故城亦在縣東。纂，鍾之曾孫也。申鍾見九十五卷晉成帝咸和九年。

9 丙午，上親總兵，出頓中堂。辛亥，以山陽王休祐爲豫州刺史，督輔國將軍彭城劉勔、勔，彌兗翻。寧朔將軍廣陵呂安國等諸軍西討殷琰。考異曰：宋略：「二月庚申，以休祐都督西討。」今從宋書。巴陵王休若督建威將軍吳興沈懷明、尚書張永、輔國將軍蕭道成等諸軍東討孔覬。

時將士多東方人，父兄子弟皆已附覬。覬，音冀。上因送軍，普加宣示曰：「朕方務德簡刑，使父子兄弟罪不相及，將【章：甲十一行本「將」作「助」；乙十一行本同；孔本同；退齋校同；熊校同。】順同逆者，一以所從爲斷。斷，丁亂翻。卿等當深達此懷，勿以親戚爲慮也。」衆於是大悅，凡叛者親黨在建康者，皆使居職如故。

10 壬子，路太后殂。考異曰：宋略、南史皆曰：「義嘉之難，太后心幸之，延上飲酒，置毒以進。侍者引上衣，上寤，起，以其卮上壽。是日，太后崩，喪事如禮。」宋書無之，今不取。

11 孔覬遣其將孫曇瓘等軍於晉陵九里，其地在晉陵西北九里，因以爲名。將，即亮翻。曇，徒含翻。部陳甚盛。陳，讀曰陣；下戰陳同。沈懷明至奔牛，所領寡弱，乃築壘自固。張永至曲阿，未知懷明安否；百姓驚擾，永退還延陵，就巴陵王休若，諸將帥咸勸休若退保破岡。帥，所類翻。其日，大寒，風雪甚猛，塘埭決壞，埭，徒耐翻；以土遏水曰埭。衆無固心。休若宣令：「敢有言退者斬！」衆小定，乃築壘息甲。尋得懷明書，賊定未進，軍主劉亮又至，兵力轉盛，人情乃安。亮，懷慎之從孫也。從，才用翻。

殿中御史吳喜以主書事世祖，稍遷河東太守。晉成帝咸康三年，庾亮鎮荊州，以司州僑戶立河東郡，隋、唐之松滋縣即其地也。至是，請得精兵三百，致死於東。上假喜建武將軍，簡羽林勇士配之。議者以「喜刀筆主者，未嘗爲將，不可遣。」將，即亮翻；下同。中書舍人巢尚之曰：「喜昔隨沈慶之，屢經軍旅，性既勇決，又習戰陳；若能任之，必有成績。諸人紛紜，皆是不別才耳。」別，彼列翻。乃遣之。喜先時數奉使東吳，先，悉薦翻。數，所角翻。使，疏吏翻。性寬厚，所至人並懷之。百姓聞吳河東來，皆望風降散，降，戶江翻。故喜所至克捷。

永世人徐崇之攻孔景宣，斬之，喜版崇之領縣事。喜至國山，國山在陽羨縣界。晉立義興郡，分陽羨置國山縣屬焉。隋廢國山入義興縣。遇東軍，進擊，大破之。自國山進屯吳城，吳城當在義興西南，九域志所謂泰伯城是也。劉延熙遣其將楊玄等拒戰。喜兵力甚弱，玄等衆盛，喜奮擊，斬之，進逼義興。延熙柵斷長橋，保郡自守，義興，今常州之宜興也。我朝太平興國元年，避太宗御名，改爲宜興。此長橋蓋在荆溪之上。今宜興縣南二十步有荆溪，上承百瀆，兼受數郡之水。劉延熙蓋柵斷荆溪之橋以自保。輿地志曰：今常州宜興縣南三十步有長橋，卽周處斬蛟之所。喜築壘與之相持。

庾業於長塘湖口夾岸築城，有衆七千人，與延熙遙相應接。庾業叛建康與延熙合，見上。沈懷明、張永與晉陵軍相持，久不決。外監朱幼舉司徒參軍督護任農夫驍勇有膽力，任，音壬。驍，堅堯翻。上以四百人配之，使助東討。農夫自延陵出長塘，庾業築城猶未合，農夫馳往攻之，力戰，大破之，庾業棄城走義興。走，音奏。農夫收其船仗，進向義興助吳喜。二月，己未朔，喜渡水攻郡城，渡荆溪之水也。分兵擊諸壘，登高指麾，若令四面俱進者。義興人大懼，諸壘皆潰，延熙赴水死，遂克義興。

12魏丞相太原王乙渾專制朝權，朝，直遥翻；下同。多所誅殺。安遠將軍賈秀掌吏曹事，渾屢言於秀，爲其妻求稱公主，秀曰：「公主豈庶姓所宜稱！魏制：掌吏曹事，卽掌選曹事，吏部尚書之職也。凡非國之同姓，皆謂之庶姓。爲，于僞翻。秀寧取死今日，不可取笑後世！」渾怒，罵曰：「老奴官，慳！」會侍中拓跋丕告渾謀反，庚申，馮太后收渾，誅之。秀，彝之子；賈彝見一百八卷晉孝武太元二十年。丕，烈帝之玄孫也。拓跋翳槐追謚烈皇帝。太后臨朝稱制，引中書令高允、中書侍郎【章：甲十一行本「郎」下有「漁陽」二字；乙十一行本同；孔本同。】高閭及賈秀共參大政。

13沈懷明、張永、蕭道成等軍於九里西，與東軍相持。東軍聞義興敗，皆震恐。上遣積射將軍濟陽江方興、御史王道隆至晉陵視東軍形勢。濟，子禮翻。孔覬將孫曇瓘、程扞宗列五城，互相連帶。扞宗城猶未固，王道隆與諸將謀曰：「扞宗城猶未立，可以藉手，上副聖旨，下成衆氣。」辛酉，道隆帥所領急攻，拔之，帥，讀曰率。斬扞宗首。永等因乘勝進擊曇瓘等，壬戌，曇瓘等兵敗，與袁標俱棄城走，遂克晉陵。

吳喜軍至義鄉。晉惠帝永興元年，分吳興之長城立義鄉縣，屬義興郡。今湖州，古吳興也；長興縣，古長城也，在州西北七十里。孔璪屯吳興南亭，太守王曇生詣璪計事；聞臺軍已近，璪大懼，墮牀，曰：「懸賞所購，唯我而已；今不遽走，將爲人擒！」遂與曇生奔錢唐。孔璪將命于東，乃勸孔覬舉兵，故懼而走。璪，子皓翻。喜入吳興，任農夫引兵向吳郡，顧琛棄郡奔會稽。琛，丑林翻。會，工外翻。上以四郡既平，四郡：晉陵、義興、吳興、吳郡也。乃留吳喜使統沈懷明等諸將東擊會稽，召張永等北擊彭城，江方興等南擊尋陽。

14 以吏部尚書蔡興宗爲左僕射，侍中褚淵爲吏部尚書。

15 丁卯，吳喜軍至錢唐，孔璪、王曇生奔浙東。喜遣強弩將軍任農夫等引兵向黃山浦，黃山浦，今漁浦是也。漁浦東南卽後黃山。諸暨志：長寧鄉在縣東四十五里，管五里，一曰黃山里，在今越州西北四十五里。東軍據岸結寨，農夫等擊破之。喜自柳浦渡，取西陵，柳浦，卽今浙江亭東跨浦橋之浦也。劉昫唐書曰：隋於餘杭縣置杭州，又自餘杭徙治錢唐，又移州於柳浦，今州城是。擊斬庾業。會稽人大懼，將士多奔亡，孔覬不能制。將，卽亮翻。覬，音冀。戊寅，上虞令王晏起兵攻郡，覬逃奔嶀山；嶀，資昔翻。據南史，覬門生載覬以小船，竄于嶀山村。車騎從事中郎張綏封府庫以待吳喜。騎，奇寄翻。己卯，王晏入城，殺綏，執尋陽王子房於別署。張綏蓋遷子房於別署，故王晏就執之。縱兵大掠，府庫皆空；獲孔璪，殺之。庚辰，嶀山民縛孔覬送晏，晏謂之曰：「此事孔璪所爲，無預卿事，可作首辭，首，式又翻。首辭，所以首罪。當相爲申上。」爲，于僞翻。上，時掌翻。覬曰：「江東處分，莫不由身；處，昌呂翻。分，扶問翻。委罪求活，便是君輩行意耳。」晏乃斬之。史言孔覬臨死不改節。顧琛、王曇生、袁標等詣吳喜歸罪，自歸而請罪也。喜皆宥之。東軍主凡七十六人，一軍之帥，謂之軍主。臨陳斬十七人，其餘皆原宥。爲吳喜得罪張本。陳，讀曰陣。

16薛索兒攻申闡，久不下；使申令孫入睢陵説闡，闡出降，索兒幷令孫殺之。古人有言：「禍莫大於殺已降。」爲申令孫之子殺薛索兒張本。説，輸芮翻。降，戶江翻；下同。

17山陽王休祐在歷陽，輔國將軍劉勔進軍小峴。勔，彌兗翻。峴，戶典翻。殷琰所署南汝陰太守裴季之以合肥來降。沈約曰：江左置南汝陰郡，所治卽合肥縣。降，戶江翻。

18鄧琬性鄙闇貪吝，既執大權，父子賣官鬻爵，使婢僕出市道販賣；酣歌博弈，日夜不休；酣，戶甘翻。大自矜遇，賓客到門者，歷旬不得前；內事悉委褚靈嗣等三人，羣小橫恣，競爲威福。於是士民忿怨，內外離心。史言尋陽敗亡之由。橫，戶孟翻。

琬遣孫沖之帥龍驤將軍薛常寶、陳紹宗、焦度等兵一萬爲前鋒，據赭圻。劉昫曰：池州南陵縣，漢春穀縣地，秦置南陵縣，治赭圻城，唐長安四年移治青陽城。帥，讀曰率。赭，音者。圻，音畿。沖之於道與晉安王子勛書曰：「舟檝已辦，糧仗亦整，檝，與楫同。三軍踴躍，人爭效命；便欲沿流挂帆，直取白下。白下，在江寧縣界臨江津。願速遣陶亮衆軍兼行相接，分據新亭、南州，則一麾定矣。」子勛加沖之左衞將軍；以陶亮爲右衞將軍，統郢、荆、湘、梁、雍五州兵雍，於用翻。合二萬人，一時俱下。陶亮本無幹略，聞建安王休仁自上，上，時掌翻。殷孝祖又至，不敢進，屯軍鵲洲。鵲洲，在宣城郡南陵縣，左傳之鵲岸也。杜預曰：鵲岸，謂廬江舒縣鵲尾渚。審是，則鵲頭在宣城界，鵲尾在廬江界，鵲洲則江中之洲也。

殷孝祖負其誠節，誠節，謂委鎮勤王，不顧妻子也。陵轢諸將，陵，侵也，侮也。轢，車踐也，音狼狄翻。臺軍有父子兄弟在南者，孝祖悉欲推治。南，南軍也。南，謂尋陽在南，臺軍泝江南上而攻之。治，直之翻。由是人情乖離，莫樂爲用。樂，音洛。寧朔將軍沈攸之，內撫將士，外諧羣帥，衆並賴之。孝祖每戰，常以鼓蓋自隨，軍中人相謂：「殷統軍可謂死將矣！撫將，卽亮翻；下同。帥，所類翻。今與賊交鋒，而以羽儀自標顯，若善射者十人共射之，共射，而亦翻。欲不斃，得乎？」三月，庚寅，衆軍水陸並進，攻赭圻；陶亮等引兵救之，孝祖於陳爲流矢所中，死。陳，讀曰陣。中，竹仲翻。軍主范潛帥五百人降於亮。帥，讀曰率；下同。降，戶江翻。人情震駭，並謂沈攸之宜代孝祖爲統。

時建安王休仁屯虎檻，遣寧朔將軍江方興、龍驤將軍襄陽劉靈遺各將三千人赴赭圻。驤，思將翻。各將，卽亮翻。攸之以爲孝祖既死，亮等有乘勝之心，明日若不更攻，則示之以弱。方興名位相亞，必不爲己下；攸之、方興皆寧朔將軍，故言名位相亞。亞，次也。軍政不壹，致敗之由也。乃帥諸軍主詣方興曰：「今四方並反，國家所保，無復百里之地。唯有殷孝祖爲朝廷所委賴，鋒鏑裁交，輿尸而反，文武喪氣，喪，息浪翻。朝野危心。事之濟否，唯在明旦一戰；戰若不捷，大事去矣。詰朝之事，詰，起吉翻。杜預曰：詰朝，明旦。諸人或謂吾應統之，自卜懦薄，幹略不如卿。今輒相推爲統，但當相與勠力耳。」方興甚悅，許諾。攸之既出，諸軍主並尤之，攸之曰：「吾本濟國活家，豈計此之升降！且我能下彼，彼必不能下我，【章：甲十一行本「我」下有「共濟艱難」四字；乙十一行本同；孔本同；張校同；退齋校同。】豈可自措同異也！」沈攸之成尋陽之功，攝也；郢城之敗，驕也。下，戶嫁翻。不從。孫沖之謂陶亮曰：「孝祖梟將，一戰便死，天下事定矣，不須復戰，便當直取京都。」亮不從。孫沖之狃殷孝祖之死，便欲順流長驅。輕敵如此，使陶亮從其計，必與沈攸之等遇，亦將以輕敵取敗矣。梟，堅堯翻。將，卽亮翻。復，扶又翻。

辛卯，方興帥諸將進戰，帥，讀曰率；下同。建安王休仁又遣軍主郭季之、步兵校尉杜幼文、屯騎校尉垣恭祖、龍驤將軍濟地頓生京兆段佛榮「濟地頓生」四字必有誤。等三萬人往會戰，自寅及午，大破之，追北至姥山而還。今太平州當塗縣西北四十五里有慈姥山；又巢湖中有姥山。幼文，驥之子也。元嘉中，杜驥任當方面。

孫沖之於湖、白口巢湖口及白水口也。築二城，軍主竟陵張興世攻拔之。

壬辰，詔以沈攸之爲輔國將軍、假節，代殷孝祖督前鋒諸軍事。

陶亮聞湖、白二城不守，大懼，急召孫沖之還鵲尾，留薛常寶等守赭圻；先於姥山及諸岡分立營寨，亦各散還，共保濃湖。濃湖在鵲尾下。先，悉薦翻。

時軍旅大起，國用不足，募民上錢穀者，賜以荒縣、荒郡，或五品至三品散官有差。荒郡、荒縣，極邊郡縣被兵荒殘者也；賜之者，以郡守、縣令及參佐等職名賜之。上，時掌翻。散，悉亶翻。軍中食少，少，詩沼翻。建安王休仁撫循將士，均其豐儉，弔死問傷，身自隱卹；隱，度也，痛也。恤，憂也，愍也。故十萬之衆，莫有離心。

鄧琬遣其豫州刺史劉胡帥衆三萬，鐵騎二千，東屯鵲尾，并舊兵凡十餘萬。舊兵，謂尋陽先所遣陶亮、孫沖之等之兵。騎，奇寄翻；下同。胡，宿將，勇健多權略，屢有戰功，將士畏之。將，即亮翻；下同。司徒中兵參軍冠軍蔡那，蔡那，南陽冠軍人。冠，古玩翻。子弟在襄陽，胡每戰，懸之城外；劉胡自襄陽東下，拘蔡那子弟以隨軍。爲蔡道淵執子勛張本。那進戰不顧。吳喜既定三吳，帥所領五千人，并運資實，至于赭圻。史言建康兵勢益盛。

19 薛索兒將馬步萬餘人自睢陵渡淮，進逼青、冀二州刺史張永營。丙申，詔南徐州刺史桂陽王休範統北討諸軍事，進據廣陵；又詔蕭道成將兵救永。

20 戊戌，尋陽王子房至建康，上宥之，貶爵爲松滋侯。

21 庚子，魏以隴西王源賀爲太尉。

22 上遣寧朔將軍劉懷珍帥龍驤將軍王敬則等步騎五千，助劉勔討壽陽，斬廬江太守劉道蔚。懷珍，善明之從子也。劉善明，彌之之從子。蔚，紆勿翻。從，才用翻。

23 中書舍人戴明寶啓上，遣軍主竟陵黃回募兵擊斬尋陽所署馬頭太守王廣元。杜佑曰：

馬頭城在壽州盛唐縣北。

24 前奉朝請壽陽鄭黑，起兵於淮上以應建康，東扞殷琰，西拒常珍奇；乙巳，以黑爲司州刺史。以鄭黑之東扞西拒觀之，則起兵淮上，蓋在東西正陽之間。朝，直遥翻。考異曰：宋殷琰傳作「鄭墨」，今從宋本紀、宋略。

25 殷琰將劉順、柳倫、皇甫道烈、龐天生等馬步八千人東據宛唐；「宛唐」，按水經註作「死雩」，云：肥水過九江成德縣西北，入芍陂；又北，右合閻潤水，水積爲陽湖。陽湖水自塘西北，逕死雩亭，宋泰始初，劉順據之以拒劉勔。杜佑通典作「死虎」，曰：死虎，地名，在壽州壽春縣東四十餘里。龐，皮江翻。劉勔帥衆軍並進，去順數里立營。勔，彌兖翻。帥，讀曰率；下同。時琰所遣諸軍，並受順節度；而以皇甫道烈土豪，柳倫臺之所遣，順本卑微，唯不使統督二軍。土豪既不可令，臺之所遣者又不可令，則置帥果何爲也？其敗宜矣。勔始至，塹壘未立；塹，七豔翻。順欲擊之，道烈、倫不同，順不能獨進，乃止。勔營既立，不可復攻，因相持守。復，扶又翻。

26 壬子，斷新錢，并元嘉四銖，孝建四銖，皆斷不用也。斷，讀如短。專用古錢。

27 沈攸之帥諸軍圍赭圻。薛常寶等糧盡，告劉胡求救；胡以囊盛米，繫流查及船腹，盛，時征翻。查，鋤加翻，水中浮木也。船腹，船中心也。陽覆船，順風流下以餉之。沈攸之疑其有異，遣人取船及流查，大得囊米。丙辰，劉胡帥步卒一萬，夜，斫山開道，以布囊運米餉赭圻。平旦，至城下，猶隔小塹，未能入。沈攸之帥諸軍邀之，殊死戰，胡衆大敗，捨糧棄甲，緣山走，斬獲甚衆。胡被創，僅得還營；被，皮義翻。常寶等惶懼，夏，四月，辛酉，開城突圍，走還胡軍。攸之拔赭圻城，斬其寧朔將軍沈懷寶等，納降數千人。陳紹宗單舸奔鵲尾。降，戶江翻。舸，古我翻。建安王休仁自虎檻進屯赭圻。

劉胡等兵猶盛。上欲綏慰人情，遣吏部尚書褚淵至虎檻，選用將士。時以軍功除官者衆，版不能供，程大昌曰：魏、晉至梁、陳，授官有版，長一尺二寸，厚一寸，闊七寸。授官之辭，在於版上，爲鵲頭書。始用黃紙。

鄧琬以晉安王子勛之命，徵袁顗下尋陽，顗悉雍州之衆馳下。琬以黃門侍郎劉道憲行荆州事，侍中孔道存行雍州事。雍，於用翻。上庸太守柳世隆乘虛襲襄陽，不克。世隆，元景之弟子也。

28 散騎侍郎明僧暠起兵，攻沈文秀以應建康。明氏自云吳太伯之裔，百里奚之子孟明視以明爲姓。散，悉亶翻。騎，奇寄翻。暠，工老翻。壬午，以僧暠爲青州刺史。平原、樂安二郡太守王玄默據琅邪，武帝平齊，置平原郡於梁鄒，樂安郡於千乘。玄默據琅邪起兵，非就郡起兵也。劉昫曰：平原，隋改曰龔丘，屬兗州。清河、廣川二郡太守王玄邈據盤陽城，武帝置清河郡於盤陽，廣川郡於武強。五代志：齊郡長山縣，舊曰武強，置廣川，後併東清河平原二郡入焉，改曰東平原郡；隋廢郡，改武強曰長山。則是平原、清河、廣川三郡皆置於脩長山縣界。盤陽，漢般陽縣也，屬濟南郡。應劭曰：在般水之陽。按水經註：般陽縣西南卽梁鄒縣。劉昫曰：唐淄州淄川縣，漢般陽縣地也。高陽、勃海二郡太守劉乘民據臨濟城，文帝置高陽郡於樂安地，孝武置勃海郡於臨淄地；臨濟縣屬樂安郡。按水經註：臨濟縣在梁鄒東北。臨濟，子禮翻。並起兵以應建康。玄邈，玄謨之從弟；乘民，彌之之從子也。從，才用翻。沈文秀遣軍主解彥士攻北海，拔之，殺劉彌之。乘民從弟伯宗，合帥鄉黨，復取北海，解，戶買翻。帥，讀曰率。復，扶又翻；下而復、更復、可復、假復、國復、復嬰同。因引兵向青州所治東陽城。杜佑曰：東陽城，青州所治益都縣東城是也。治，直之翻。文秀拒之，伯宗戰死。僧暠、玄默、玄邈、乘民合兵攻東陽城，每戰輒爲文秀所破，離而復合，如此者十餘，卒不能克。言不能克東陽城。卒，子恤翻。

29 杜叔寶謂臺軍住歷陽，不能遽進；及劉勔等至，上下震恐。劉順等始行，唯齎一月糧，既與勔相持，糧盡。叔寶發車千五百乘，載米餉順，自將五千精兵送之。乘，繩證翻。將，卽亮翻。呂安國聞之，言於劉勔曰：「劉順精甲八千，我衆不能居半。相持既久，強弱勢殊，更復推遷，則無以自立；所賴者，彼糧行竭，我食有餘耳。若使叔寶米至，非唯難可復圖，我亦不能持久。今唯有間道襲其米車，間，古莧翻。出彼不意，若能制之，當不戰走矣。」勔以爲然，以疲弱守營，簡精兵千人配安國及龍驤將軍黃回，使從間道出順後，於橫塘抄之。水經註：閻潤水上承施水於合肥縣北，復逕縣西，積爲陽湖。陽湖水自塘西北，逕死雩亭南，夾橫塘西注。宋泰始初，劉順據之以拒劉勔，杜叔寶送糧死雩，劉勔破之此塘。驤，思將翻。抄，楚交翻。

安國始行，齎二日熟食；食盡，叔寶不至，將士欲還，安國曰：「卿等旦已一食。今晚米車不容不至；若其不至，夜去不晚。」叔寶果至，以米車爲函箱陳，陳，讀曰陣。叔寶於外爲遊軍。幢主楊仲懷將五百人居前，幢，傳江翻。安國、回等擊斬之，及其士卒皆盡。叔寶至，回欲乘勝擊之，安國曰：「彼將自走，不假復擊。」退三十里，止宿，夜遣騎參候，騎，奇寄翻。叔寶果棄米車走。安國復夜往燒米車，驅牛二千餘頭而還。還，從宣翻，又如字。

五月，丁亥朔，夜，劉順衆潰，走淮西就常珍奇。常珍奇據懸瓠在淮水之西。走，音奏。於是劉勔鼓行，進向壽陽。叔寶斂居民及散卒，嬰城自守，勔與諸軍分營城外。

山陽王休祐與殷琰書，爲陳利害，爲，于僞翻。上又遣御史王道隆齎詔宥琰罪。勔與琰書，并以琰兄瑗子邈書與之。琰與叔寶等皆有降意，降，戶江翻；下同。而衆心不壹，復嬰城固守。

弋陽西山蠻田益之起兵應建康，詔以益之爲輔國將軍，督弋陽西蠻事。壬辰，以輔國將軍沈攸之爲雍州刺史。雍，於用翻。丁未，以尚書左僕射王景文爲中軍將軍。庚戌，以寧朔將軍劉乘民爲冀州刺史。沈攸之在南征軍前，欲以代袁顗；劉乘民在臨濟，就以冀州授之。

30 甲寅，葬昭太后於脩寧陵。路太后謚曰昭；脩寧陵在孝武陵東南。

31 張永、蕭道成等與薛索兒戰，大破之，索兒退保石梁；今揚州六合縣有石梁河，江左置石梁郡，隋唐之間置石梁縣。食盡而潰，走向樂平，樂平縣，前漢曰清，屬東郡，後漢章帝更名樂平；江左界樂平縣民流寓者，僑立樂平縣於鍾離郡界。爲申令孫子孝叔所斬。申孝叔報父之讎也。薛安都子道智走向合肥，詣裴季之降。傅靈越走至淮西，武衛將軍沛郡王廣之生獲之，送詣劉勔。勔詰其叛逆，詰，去吉翻。靈越曰：「九州唱義，豈獨在我！薛公不能專任智勇，委付子姪，此其所以敗也。人生歸於一死，實無面求活。」勔送詣建康。上欲赦之，靈越辭終不改，乃殺之。

32 鄧琬以劉胡與沈攸之等相持久不決，乃加袁顗督征討諸軍事。六月，甲戌，顗帥樓船千艘，戰士二萬，來入鵲尾。顗本無將略，性又怯橈，顗，魚豈翻。帥，讀曰率。艘，蘇遭翻。將，卽亮翻。橈，奴教翻。在軍中未嘗戎服，語不及戰陳，唯賦詩談義而已，不復撫接諸將；劉胡每論事，酬對甚簡。陳，讀曰陣。復，扶又翻。酬，答也。由此大失人情，胡常切齒恚恨。恚，於避翻。胡以南運米未至，軍士匱乏，就顗借襄陽之資，顗不許，曰：「都下兩宅未成，方應經理。」兩敵相向，勝負之決，存亡係焉。袁顗乃欲留襄陽之資以經理私宅，子勛既敗，都下兩宅豈顗有哉！又信往來之言，云「建康米貴，斗至數百，」以爲將不攻自潰，擁甲以待之。擁甲，猶言擁兵也。

33 田益之帥蠻衆萬餘人圍義陽，宋白曰：義陽本漢平氏縣義陽鄉之地，魏黃初中，分平氏屬義陽郡及義陽縣。鄧琬使司州刺史龐孟虯帥精兵五千救之，益之不戰潰去。

34 安成太守劉襲，始安內史王識之，考異曰：宋書作「王職之」。今從宋略。建安內史趙道生，並舉郡來降。降，戶江翻。襲，道憐之孫也。道憐，武帝之弟。

35 蕭道成世子賾爲南康贛令，賾，士革翻。蕭道成爲齊公，賾始爲世子，此「世」字衍。贛縣，漢屬豫章郡，吳屬廬陵郡，晉分屬南康郡，章、貢二水合而爲贛，音古暗翻。鄧琬遣使收繫之。使，疏吏翻。門客蘭陵桓康擔賾妻裴氏及其子長懋、子良逃於山中，與賾族人蕭欣祖等結客得百餘人，攻郡，破獄出賾。南康相沈肅之帥將吏追賾，賾與戰，擒之。賾自號寧朔將軍，據郡起兵，據南康郡也。帥，讀曰率。將，卽亮翻。考異曰：宋鄧琬傳云：「世子與南康相沈用之等據郡起義。」宋略亦云：「沈肅之以郡起義。」按賾始自獄中劫出，琬所署南康相不容便與之同。今從蕭子顯南齊書紀。與劉襲等相應。琬以中護軍殷孚爲豫章太守，督上流五郡豫章、廬陵、臨川、安成、南康五郡，皆在南江上流。以防襲等。

36 衡陽內史王應之起兵應建康，襲擊湘州行事何慧文於長沙。應之與慧文捨軍身戰，斫慧文八創，創，初良翻。慧文斫應之斷足，殺之。

37 始興人劉嗣祖等據郡起兵應建康，廣州刺史袁曇遠遣其將李萬周等討之。嗣祖誑萬周云「尋陽已平」。萬周還襲番禺，擒曇遠，斬之。曇，徒含翻。誑，居況翻。番禺，音潘愚。上以萬周行廣州事。

38 初，武都王楊元和治白水，據北史，此武都之白水也。按五代志：武昌建威縣舊立白水郡，建威，唐省入階州將利縣。微弱不能自立，棄國奔魏。元和從弟僧嗣復自立，屯葭蘆。從，才用翻。復，扶又翻；下開復同。

費欣壽至巴東，費，扶沸翻。巴東人任叔兒據白帝，自號輔國將軍，擊欣壽，斬之，蕭惠開遣欣壽東下，見上正月。叔兒遂阻守三峽。江水自巴東至夷陵，其間有廣溪峽、巫峽、西陵峽，謂之三峽。一曰，三峽，西峽、歸峽、巫峽。七百里中，兩岸連山，略無缺處，隱天蔽日，非日中夜分，不見日月。蕭惠開復遣治中程法度將兵三千出梁州，楊僧嗣帥羣氐斷其道，間使以聞。帥，讀曰率。斷，丁管翻。間，古莧翻。使，疏吏翻。秋，七月，丁酉，以僧嗣爲北秦州刺史、武都王。

39 諸軍與袁顗相拒於濃湖，久未決。龍驤將軍張興世建議曰：「賊據上流，兵強地勝，我雖持之有餘而制之不足。若以奇兵數千潛出其上，因險而壁，見利而動，使其首尾周遑，進退疑阻，中流既梗，糧運自艱，此制賊之奇也。錢溪江岸最狹，新唐書地理志：宣州南陵縣有梅根監錢官，下云：陳慶至錢溪，軍於梅根，蓋今之梅根港是也；以有鑄錢監，故謂之錢溪。去大軍不遠，下臨洄洑，旋流曰洄，伏流曰洑。船下必來泊岸，又有橫浦可以藏船，千人守險，萬夫不能過。衝要之地，莫出於此。」沈攸之、吳喜並贊其策。會龐孟虯引兵來助殷琰，龐孟虯自義陽來援壽陽。劉勔遣使求援甚急，勔，彌兗翻。使，疏吏翻。建安王休仁欲遣興世救之。沈攸之曰：「孟虯蟻聚，必無能爲，遣別將馬步數千，足以相制。將，即亮翻；下同。興世之行，是安危大機，必不可輟。」乃遣段佛榮將兵救勔，而選戰士七千、輕舸二百配興世。

興世帥其衆泝流稍上，尋復退歸，舸，古我翻。帥，讀曰率。上，時掌翻。復，扶又翻。如是者累日。劉胡聞之，笑曰：「我尚不敢越彼下取揚州，揚州，謂建康。張興世何物人，欲輕據我上！」不爲之備。一夕，四更，更，工衡翻。值便風，興世舉帆直前，渡湖、白，過鵲尾。胡既覺，乃遣其將胡靈秀將兵於東岸，翼之而進。戊戌夕，興世宿景洪浦，靈秀亦留。興世潛遣其將黄道標帥七十舸徑趣錢溪，立營寨。趣，七喻翻。己亥，興世引兵進據之，靈秀不能禁。庚子，劉胡自將水步二十六軍來攻錢溪。考異曰：宋略曰：「胡進軍鵲頭，遣其將陳慶以三百舸逼錢溪。」今從宋書。將士欲迎擊之，興世禁之曰：「賊來尚遠，氣盛而矢驟；驟既易盡，言矢易盡。易，以豉翻；下同。盛亦易衰，不如待之。」令將士治城如故。俄而胡來轉近，船入洄洑；興世命壽寂之、任農夫帥壯士數百擊之，衆軍相繼並進，胡敗走，斬首數百，胡收兵而下。時興世城寨未固，建安王休仁慮袁顗并力更攻錢溪，欲分其勢。辛丑，命沈攸之、吳喜等以皮艦進攻濃湖，以牛皮冒艦以禦矢石，因謂之皮艦。艦，戶黯翻。斬獲千數。是日，劉胡帥步卒二萬、鐵馬一千，欲更攻興世。未至錢溪數十里，袁顗以濃湖之急，遽追之，錢溪城由此得立。胡遣人傳唱，「錢溪已平」，衆並懼，沈攸之曰：「不然。若錢溪實敗，萬人中應有一人逃亡得還者，必是彼戰失利，唱空聲以惑衆耳。」勒軍中不得妄動；勒，約勒也。錢溪捷報尋至。攸之以錢溪所送胡軍耳鼻示濃湖，袁顗駭懼。攸之日暮引歸。

40 龍驤將軍劉道符攻山陽，程天祚請降。程天祚附子勛，見上正月。

41 龐孟虯進至弋陽，劉勔遣呂安國等迎擊於蓼潭，漢志，六安國有蓼縣，晉屬安豐郡。水經註：決水逕蓼縣故城東，灌水會焉。所謂蓼潭，當在此處。大破之。孟虯走向義陽。王玄謨之子曇善起兵據義陽以應建康，曇，徒含翻。孟虯走死蠻中。

42 劉胡遣輔國將軍薛道標襲合肥，殺汝陰太守裴季之，裴季之以合肥降劉勔，見上二月。劉勔遣輔國將軍垣閎擊之。閎，閬之弟；垣閬見一百二十九卷孝武帝大明三年。道標，安都之子也。

43 淮西人鄭叔舉起兵擊常珍奇以應鄭黑；辛亥，以叔舉爲北豫州刺史。

44 崔道固爲土人所攻，閉門自守。崔道固以歷城應尋陽，見上正月。上遣使宣慰，道固請降。降，戶江翻；下同。甲寅，復以道固爲徐州刺史。道固本刺冀州。復，扶又翻；下不復、足復同。

45 八月，皇甫道烈等聞龐孟虯敗，並開門出降。死虎師潰，皇甫道烈蓋奔還壽陽。

46 張興世既據錢溪，濃湖軍乏食。鄧琬大送資糧，畏興世，不敢進。劉胡帥輕舸四百，由鵲頭內路欲攻錢溪，鵲洲在江中；江水分流，故有內路、外路。舸，古我翻。既而謂長史王念叔曰：「吾少習步戰，未閑水鬭。少，詩照翻。閑，亦習也。若步戰，恆在數萬人中；水戰在一舸之上，舸舸各進，不復相關，恆，戶登翻。復，扶又翻。正在三十人中，此非萬全之計，吾不爲也。」乃託瘧疾，任鵲頭不進，瘧，逆約翻。疾而寒熱迭作爲瘧。遣龍驤將軍陳慶將三百舸向錢溪，戒慶不須戰：「張興世吾之所悉，自當走耳。」陳慶至錢溪，軍於梅根。

胡遣別將王起將百舸攻興世，興世擊起，大破之。胡帥其餘舸馳還，謂顗曰：「興世營寨已立，不可猝攻；昨日小戰，未足爲損。陳慶已與南陵、大雷諸軍共遏其上，大軍在此，鵲頭諸將又斷其下流；斷，丁管翻。已墮圍中，不足復慮。」顗怒胡不戰，謂曰：「糧運鯁塞，當如此何？」鯁塞，言若魚骨之鯁塞咽喉然。塞，悉則翻。胡曰：「彼尚得泝流越我而上，上，時掌翻。此運何以不得沿流越彼而下邪！」乃遣安北府司馬沈仲玉將千人步趣南陵迎糧。趣，七喻翻；下同。

仲玉至南陵，載米三十萬斛，錢布數十舫，豎榜爲城，舫，甫妄翻。豎，臣庾翻，立也。榜，補曩翻，木片也。規欲突過。行至貴口，不敢進，水經註：江水自石城東入爲貴口。今池州貴池縣之池口卽貴口也。張舜民曰：自銅陵舟行六十許里至梅根港，又五十許里至貴池口。遣間信報胡，間，古莧翻。令遣重軍援接。張興世遣壽寂之、任農夫等將三千人至貴口擊之，仲玉走還顗營，悉虜其資實；胡衆駭懼，胡將張喜來降。將，卽亮翻。降，戶江翻；下同。

鎮東中兵參軍劉亮進兵逼胡營，胡不能制。袁顗懼曰：「賊入人肝脾裏，何由得活！」胡陰謀遁去，己卯，誑顗云：「欲更帥步騎二萬，誑，居況翻。帥，讀曰率。騎，奇寄翻。上取錢溪，兼下大雷餘運。」令顗悉選馬配之。其日，胡委顗去，徑趣梅根。先令薛常寶辦船，悉發南陵諸軍，燒大雷諸城而走。至夜，顗方知之，大怒，罵曰：「今年爲小子所誤！」呼取常所乘善馬「飛鷰」，謂其衆曰：「我當自追之！」因亦走。

庚辰，建安王休仁勒兵入顗營，納降卒十萬，遣沈攸之等追顗。顗走至鵲頭，與戍主薛伯珍并所領數千人偕去，欲向尋陽。夜，止山間，殺馬以勞將士，勞，力到翻。將，卽亮翻。顧謂伯珍曰：「我非不能死；且欲一至尋陽，謝罪主上，然後自刎耳。」因慷慨叱左右索節，無復應者。及旦，伯珍請屏人言事，刎，扶粉翻。索，山客翻。復，扶又翻。屏，必郢翻。遂斬顗首，南史：顗走至青林山見殺。詣錢溪軍【章：甲十一行本「軍」上有「馬」字；乙十一行本同；孔本同；退齋校同。】主襄陽俞湛之。湛之因斬伯珍，并送首以爲己功。

劉胡帥二萬人向尋陽，詐晉安王子勛云：「袁顗已降，軍皆散，唯己帥所領獨返；宜速處分，爲一戰之資。帥，讀曰率。處，昌呂翻。分，扶問翻。當停據湓城，誓死不貳。」乃於江外夜趣沔口。江中洲嶼節節有之，舟行附南岸者謂之內路，附北岸者謂之外路。

鄧琬聞胡去，憂惶無計，呼中書舍人褚靈嗣等謀之，並不知所出。張悅詐稱疾，呼琬計事，令左右伏甲帳後，戒之：「若聞索酒，便出。」索，山客翻。琬既至，悅曰：「卿首唱此謀，今事已急，計將安出！」琬曰：「正當斬晉安王，封府庫，以謝罪耳。」悅曰：「今日寧可賣殿下求活邪！」因呼酒。子洵提刀出斬琬。洵，悅子也。中書舍人潘欣之聞琬死，勒兵而至。悅使人語之曰：語，牛倨翻。「鄧琬謀反，今已梟戮。」梟，堅堯翻。欣之乃還。取琬子，並殺之。悅因單舸齎琬首馳下，詣建安王休仁降。舸，古我翻。降，下江翻。

尋陽亂。無主，故亂。蔡那之子道淵在尋陽被繫作部，作部，主作器仗，在尋陽城外。脫鎖入城，執子勛，囚之。沈攸之諸軍至尋陽，斬晉安王子勛，傳首建康，時年十一。晉安舉兵，實義舉也。鄧琬不足道，若袁顗、孔覬豈可謂不得其死哉！世無以成敗論之。

初，鄧琬遣臨川內史張淹自鄱陽嶠道入三吳，軍于上饒，晉太康地志：鄱陽郡有上饒縣，而晉書無之，當是吳立。今爲信州，有路通鄱陽。宋白曰：信州上饒縣，本秦番縣界，漢爲番陽縣；今州古城遺蹟，開皇中所廢古上饒也。所謂上饒者，以其旁下饒州之故也。九域志：番陽東南至上饒五百四十里。聞劉胡敗，軍副鄱陽太守費曄斬淹以降。淹，暢之子也。張暢，元嘉之季，從世祖爲徐州長史。費，父沸翻。

廢帝之世，衣冠懼禍，咸欲遠出。至是流離外難，難，乃旦翻。百不一存，衆乃服蔡興宗之先見。先見，事見上卷元年。

九月壬辰，以山陽王休祐爲荆州刺史。

癸巳，解嚴，大赦。

庚子，司徒休仁至尋陽，遣吳喜、張興世向荆州，沈懷明向郢州，劉亮及寧朔將軍南陽張敬兒向雍州，雍，於用翻。孫超之向湘州，沈思仁、任農夫向豫章，平定餘寇。劉胡逃至石城，此竟陵之石城，今郢州長壽縣是也。捕得，斬之。郢州行事張沈變形爲沙門，潛走，追獲，殺之。沈，持林翻。荊州行事劉道憲聞濃湖平，散兵，遣使歸罪。使，疏吏翻。荊州治中宗景等勒兵入城，殺道憲，執臨海王子頊以降。孔道存知尋陽已平，遣使請降；尋聞柳世隆、劉亮當至，【章：甲十一行本「至」下有「衆悉逃潰」四字；乙十一行本同；孔本同；張校同；退齋校同。】道存及三子皆自殺。孔道存時爲雍州行事。上以何慧文才兼將吏，有將才，又有吏才也。將，卽亮翻。使吳喜宣旨赦之。慧文曰：「既陷逆節，手害忠義，謂殺王應之也。何面見天下之士！」遂自殺。史言何慧文不肯苟活。安陸王子綏、臨海王子頊、邵陵王子元並賜死，劉順及餘黨在荊州者皆伏誅。劉順自死虎奔淮西，又自淮西奔荊州。詔追贈諸死節之臣，及封賞有功者各有差。

47 己酉，魏初立郡學，置博士、助教、生員，從中書令高允、相州刺史李訢之請也。古者，家有塾，黨有庠，術有序，國有學。秦雖焚書坑儒，齊、魯學者未嘗廢業。漢文翁守蜀，起立學官，學者比齊、魯。武帝令天下郡國皆立學校官，則學官之立尚矣。此書魏初立郡學、置官及生員者，蓋悲五胡兵爭，不暇立學，魏起北荒，數世之後始及此；既悲之，猶幸斯文之墜地而復振也。相，息亮翻。訢，許斤翻。訢，崇之子也。此別一李崇，非頓丘之李崇也。

48 上既誅晉安王子勛等，待世祖諸子猶如平日。司徒休仁還自尋陽，言於上曰：「松滋侯兄弟尚在，將來非社稷計，宜早爲之所。」冬，十月，乙卯，松滋侯子房、永嘉王子仁、始安王子眞、淮南王子孟、南平王子產、廬陵王子輿、子趨、子期、東平王子嗣、子悅並賜死，及鎮北諮議參軍路休之、司徒從事中郎路茂之、二路，皆昭太后子姪。兗州刺史劉祗、中書舍人嚴龍皆坐誅。世祖二十八子於此盡矣。休仁尚書下省之禍，自取之也。導上使去其兄子，上手滑矣，其視諸弟何有哉！蕭齊易姓，劉氏殲焉，骨肉相殘，禍至此極。有國有家者，其鑒于茲！祗，義欣之子也。

49 劉勔圍壽陽，垣閎攻合肥，俱未下。勔患之，召諸將會議。馬隊主王廣之曰：「得將軍所乘馬，判能平合肥。」判，斷也，决也。幢主皇甫肅怒曰：「廣之敢奪節下馬，可斬！」勔笑曰：「觀其意，必能立功。」卽推鞍下馬與之。幢，傳江翻。推，吐雷翻。廣之往攻合肥，三日，克之；薛道標突圍奔淮西歸常珍奇。勔擢廣之爲軍主。廣之謂肅曰：「節下若從卿言，何以平賊？卿不賞才，乃至於此！」肅有學術，及勔卒，卒，子恤翻。更依廣之，廣之薦於齊世祖爲東海太守。史竟其事，以言王廣之能以恩易怨。

50 沈靈寶自廬江引兵攻晉熙，晉安帝分廬江立晉熙郡，今舒州卽其地也。晉熙先附尋陽，故攻之。晉熙太守閻湛之棄城走。

51 徐州刺史薛安都、益州刺史蕭惠開、梁州刺史柳元怙、考異曰：宋略作「元哲」。今從宋書。

兗州刺史畢衆敬、考異曰：宋略作「畢榛」，後魏書云「小名榛」，今從本傳。豫章太守殷孚、汝南太守常珍奇，並遣使乞降。尋陽已平，故並乞降。使，疏吏翻。降，戶江翻。上以南方已平，欲示威淮北，乙亥，命鎮軍將軍張永、中領軍沈攸之將甲士五萬迎薛安都。將甲，卽亮翻。考異曰：後魏紀安都與常珍奇降皆在九月，而宋本紀、宋略遣張永等北出皆在十月，今從之。蔡興宗曰：「安都歸順，此誠非虛，正須單使尺書。使，疏吏翻。今以重兵迎之，勢必疑懼；或能招引北虜，爲患方深。若以叛臣罪重，不可不誅，則歸之所宥亦已多矣。況安都外據大鎮，密邇邊陲，地險兵強，攻圍難克，考之國計，尤宜馴養；馴，松倫翻。如其外叛，將爲朝廷旰食之憂。」上不從，爲上愧蔡興宗張本。旰，苦汗翻。謂征北司馬行南徐州事蕭道成曰：「吾今因此北討，卿意以爲何如？」對曰：「安都狡猾有餘，今以兵逼之，恐非國之利。」上曰：「諸軍猛銳，何往不克！卿勿多言！」蔡興宗、蕭道成，人地雖殊，所見不異。蓋識時達變，唯智者能之，文武無二道也。安都聞大兵北上，地勢，西北高，東南下。濟、泗、沂之水皆南流，逕彭城而注于淮，故謂南兵北向爲北上。上，時掌翻。懼，遣使乞降於魏，常珍奇亦以懸瓠降魏，考異曰：宋略：「十二月，甲寅，珍奇復以郡叛。」蓋於時宋朝始聞之耳。皆請兵自救。

52 戊寅，立皇子昱爲太子。

53 薛安都以其子爲質於魏，質，音致。魏遣鎮東大將軍代人尉元、鎮東將軍魏郡孔伯恭等帥騎一萬出東道，救彭城；鎮西大將軍西河公石、都督荆·豫·南雍州諸軍事張窮奇出西道，救懸瓠。尉，紆勿翻。帥，讀曰率。騎，奇寄翻。雍，於用翻。魏無南雍州；下又書安都都督徐、雍五州諸軍事，蓋一時創置，尋省併也。西河公石，魏之宗室。以安都爲都督徐·雍【章：甲十一行本「雍」作「兗」；孔本同；張校同。】等五州諸軍事、鎮南大將軍、徐州刺史、河東公；常珍奇爲平南將軍、豫州刺史、河內公。

兗州刺史申纂詐降於魏，尉元受之而陰爲之備。魏師至無鹽，纂閉門拒守。爲魏攻殺申纂張本。

薛安都之召魏兵也，畢衆敬不與之同，遣使來請降；是年春，畢衆敬叛建康從薛安都，及安都降魏，乃不與之同耳。上以衆敬爲兗州刺史。衆敬子元賓在建康，先坐他罪誅。考異曰：後魏書衆敬傳云：「元賓有他罪，或獨不捨之。」宋略云「榛息在都已誅矣」，今從之。衆敬聞之，怒，拔刀斫柱曰：「吾皓首唯一子，不能全，安用獨生！」十一月，壬子，魏師至瑕丘，衆敬請降於魏。尉元遣部將先據其城，將，卽亮翻。衆敬悔恨，數日不食。元長驅而進，十二月，己未，軍于秺。秺縣，漢屬濟陰郡，後漢省，其地當在唐曹州界。孟康曰：秺，音妬。

西河公石至上蔡，常珍奇帥文武出迎。石欲頓軍汝北，未卽入城，懸瓠城在汝水南。中書博士鄭羲曰：「今珍奇雖來，意未可量。量，音良。不如直入其城，奪其管籥，管，鍵也。籥，關牡也。據有府庫，制其腹心，策之全者也。」石遂策馬入城，因置酒嬉戲。羲曰：「觀珍奇之色甚不平，不可不爲之備。」乃嚴兵設備。其夕，珍奇使人燒府屋，欲爲變，以石有備而止。羲，豁之曾孫也。

淮西七郡民多不願屬魏，連營南奔。淮西七郡：汝南、新蔡、汝陽、汝陰、陳郡、南頓、潁川。魏遣建安王陸馛宣慰新附。民有陷軍爲奴婢者，馛悉免之，馛，蒲撥翻。新民乃悅。

54 乙丑，詔坐依附尋陽削官爵禁錮者，皆從原蕩，隨才銓用。

55 劉勔圍壽陽，自首春至于末冬，內攻外禦，戰無不捷，以寬厚得將士心。將，卽亮翻。尋陽既平，上使中書爲詔諭殷琰，蔡興宗曰：「天下既定，是琰思過之日。陛下宜賜手詔數行以相慰引。慰者，安其心；引者，引使歸順。行，戶剛翻。今直中書爲詔，彼必疑謂非眞，非所以速清方難也。」難，乃旦翻。方難，謂一方之難。不從。琰得詔，謂劉勔詐爲之，不敢降。降，戶江翻；下同。杜叔寶閉絕尋陽敗問，有傳者卽殺之，守備益固。凡有降者，上輒送壽陽城下，使與城中人語，由是衆情離沮。沮，在呂翻。

琰欲請降於魏，主簿譙郡夏侯詳說琰曰：說，輸芮翻；下同。「今日之舉，本効忠節。若社稷有奉，便當歸身朝廷，何可北面左衽乎！且今魏軍近在淮次，謂西河公石在汝南之軍也。官軍未測吾之去就，若建使歸款，「建使」當作「遣使」。款，誠也。使，疏吏翻。必厚相慰納，豈止免罪而已。」琰乃使詳出見劉勔。詳説勔曰：「今城中士民知困而猶固守者，畏將軍之誅，皆欲自歸於魏。願將軍緩而赦之，則莫不相帥而至矣。」帥，讀曰率；下同。勔許諾，使詳至城下，呼城中人，諭以勔意。丙寅，琰帥將佐面縛出降，勔悉加慰撫，不戮一人。入城，約勒將士，將，即亮翻。士民貲財，秋毫無所失。壽陽人大悦。魏兵至師水，水經註：師水源出大潰山，又北逕賢首山西，又東逕義陽故城北。南北對境圖：浉河在今信陽軍羅山縣西北界。將救壽陽；聞琰已降，乃掠義陽數千人而去。久之，琰復仕至少府而卒。復，扶又翻。卒，子恤翻。

56 蕭惠開在益州，多任刑誅，蜀人猜怨。聞費欣壽敗沒，費，扶沸翻。程法度不得前，事並見上六月。於是晉原一郡反，沈約曰：李雄分蜀郡之江原、臨邛爲漢原郡，晉穆帝更名晉原。唐爲蜀州。諸郡皆應之，合兵圍成都。城中東兵不滿二千，惠開悉遣蜀人出，獨與東兵拒守。東兵，惠開隨行部曲也。蜀人聞尋陽已平，爭欲屠城，衆至十餘萬人。惠開每遣兵出戰，未嘗不捷。

上遣其弟惠基自陸道使成都，赦惠開罪。惠基至涪，蜀人遏留惠基，不聽進。惠基帥部曲擊之，斬其渠帥，使，疏吏翻。涪，音浮。基帥，讀曰率。渠帥，所類翻。然後得前。惠開奉旨歸降，城圍得解。

上遣惠開宗人寶首自水道慰勞益州。寶首欲以平蜀爲己功，更獎説蜀人，使攻惠開。勞，力到翻。獎，勸也。説，式芮翻，誘也。於是處處蜂起，凡諸離散者一時還合，與寶首進逼成都，衆號二十萬。惠開欲擊之，將佐皆曰：「今慰勞使至而拒之，使，疏吏翻；下同。何以自明？」惠開曰：「今表啓路絕，不戰則何以得通使京師？」乃遣宋寧太守蕭惠訓等將萬兵與戰，大破之，生擒寶首，囚於成都。沈約曰：文帝元嘉十年，免吳營，僑立宋寧郡，寄治成都。將，卽亮翻；下同。遣使言狀。上使執送寶首，召惠開還建康。【章：甲十一行本「康」下有「旣至」二字；乙十一行本同；孔本同；張校同。】上問以舉兵狀。惠開曰：「臣唯知逆順，不識天命；且非臣不亂，非臣不平。」上釋之。

57 是歲，僑立兗州，治淮陰；徐州治鍾離；青、冀二州共一刺史，治鬱洲。兗、徐、青、冀皆降於魏，故立僑州。鬱洲在海中，周數百里，累石爲城，高八九尺，高，居傲翻。虛置郡縣，荒民無幾。幾，居豈翻。

58 張永、沈攸之進兵逼彭城，軍于下礚，礚，丘蓋翻。分遣羽林監王穆之將卒五千守輜重於武原。水經註：武原縣在下邳縣西北。按，武原縣，自漢以來屬彭城郡。宋志，南彭城郡有武原縣，而徐州之彭城無之。蓋自晉氏永嘉之亂，其民南徙，而故縣丘墟也。杜佑曰：泗州下邳縣北有漢武原縣故城。重，直用翻。魏尉元至彭城，薛安都出迎。元遣李璨與安都先入城，收其管籥；別遣孔伯恭以精甲二千安撫內外，然後入。受降如受敵，尉元得之。其夜，張永攻南門，不克而退。元不禮於薛安都，安都悔降，復謀叛魏，降，戶江翻。復，扶又翻。元和【張：「和」作「知」。】之，不果發。和之者，諧輯之也。或曰，和之，當作「知之」。安都重賂元等，委罪於女壻裴祖隆而殺之。元使李珠【章：甲十一行本「珠」作「瓅」；乙十一行本同；孔本同；退齋校同。】與安都守彭城，自將兵擊張永，絕其糧道，又破王穆之於武原。穆之帥餘衆就永，元進攻之。帥，讀曰率。

聶崇岐標點王崇武覆校

資治通鑑卷第一百三十二

端明殿學士兼翰林侍讀學士朝散大夫右諫議大夫充集賢殿修撰提舉西京嵩山崇福宮上柱國河內郡開國侯食邑一千八百戶食實封六百戶賜紫金魚袋臣　司馬光　奉敕編集

後學天台　胡三省　音註

宋紀十四 起強圉協洽（丁未），盡上章閹茂（庚戌），凡四年。

太宗明皇帝中

泰始三年（丁未、四六七）

1 **春，正月，張永等棄城夜遁。** 考異曰：宋本紀，去年冬，「永、攸之大敗，遂失淮北四州及豫州淮西地。」宋略，今年正月，「永、攸之師次彭城，虜掩其輜重，敗王穆之於武原，薛安都開彭城以納虜，永等引退；虜追之，王師敗績；畢捺亦舉兗州歸虜，遂失淮北之地。」魏帝紀，去年九月，「常珍奇、薛安都內屬，張永、沈攸之擊安都，詔尉元救彭城，西河公石救懸瓠。十一月，畢衆敬內屬。十二月己未，次于秺，周凱、張永、沈攸之相繼退走。」今年正月癸巳，「尉元破永、攸之於呂梁東。閏月，沈文秀、崔道固舉州內屬。」按青冀今歲始叛宋，去年豈得已失淮北！安都爲永、攸之所逼，故降魏，豈得今年永、攸之始次彭城，安都始納魏兵乎！蓋去冬穆之等已敗退，今春永大敗耳。今從後魏帝紀。**會天大雪，泗水冰合，永等棄船步走，士卒凍死者太半，手足斷者什七八。尉元邀**

其前，薛安都乘其後，大破永等於呂梁之東，水經註：泗水自彭城東南過呂縣南。泗水之上有石梁焉，故曰呂梁。尉，紆勿翻。死者以萬數，枕尸六十餘里，枕，職任翻。委棄軍資器械不可勝計；勝，音升。永足指亦墮，與沈攸之僅以身免，梁、南秦二州刺史垣恭祖等爲魏所虜。上聞之，召蔡興宗，以敗書示之曰：「我愧卿甚！」永降號左將軍；攸之免官，以貞陽公領職，還屯淮陰。漢志，桂陽郡有湞陽縣。沈約志，宋泰始三年改湞爲貞，屬廣興公相。由是失淮北四州及豫州淮西之地。淮北四州，青、冀、徐、兗。豫州淮西，汝南、新蔡、譙、梁、陳、南頓、潁川、汝南、汝陰諸郡也。考異曰：後魏帝紀：閏月，「沈文秀、崔道固舉州內屬。」宋索虜傳曰：「永、攸之敗退，虜攻青、冀二州，執文秀、道固。又下書曰：『淮北三州民，自天安二年正月三十日壬寅昧爽已前罪，一切原免。』」按青州破在五年，淮北三州，蓋謂徐、司、豫。壬寅二十日，壬子三十日也。

裴子野論曰：昔齊桓矜於葵丘而九國叛；公羊傳曰：貫澤之會，齊桓公有憂中國之心，不召而至者，江人、黃人也。葵丘之會，桓公震而矜之，叛者九國。曹公不禮張松而天下分。見六十五卷漢獻帝建安十三年。一失豪釐，其差遠矣。太宗之初，威令所被，不滿百里，被，皮義翻。卒有離心，士無固色，而能開誠心，布款實，莫不感恩服德，致命效死，故西摧北蕩，寓內褰開。既而六軍獻捷，方隅束手，天子欲賈其餘威，賈，音古。師出無名，長淮以北，倏忽爲戎。惜乎！若以嚮之虛懷，不驕不伐，則三叛奚爲而起哉！三叛，薛安都、畢衆敬、常珍奇也。高祖蟣虱生介胄，蟣，居豨翻，蝨子也。蝨，色櫛翻。經啓疆埸；埸，音亦。後之子孫，日蹙百里。大雅召旻之詩曰：昔先王受命，有如召公，日辟國百里；今也日蹙國百里。播穫堂構，豈云易哉！書大誥曰：若考作室，既底法，厥子乃弗肯堂，矧肯構！厥父菑，厥子乃弗肯播，矧肯穫！易，以豉翻。

2 魏尉元以彭城兵荒之後，公私困竭，請發冀、相、濟、兗四州粟，相，息亮翻。濟，子禮翻。取張永所棄船九百艘，沿清運載，以賑新民；新民，謂新取徐州之民；謂沿清水而運載也。艘，蘇遭翻。賑，津忍翻。魏朝從之。朝，直遥翻。

3 魏東平王道符反於長安，殺副將駙馬都尉萬古眞等，副將，副鎮將也。將，卽亮翻；下同。丙午，司空和其奴等將殿中兵討之。丁未，道符司馬段太陽攻道符，斬之；以安西將軍陸眞爲長安鎮將以撫之。道符，翰之子也。秦王翰死於正平宗愛之禍。

4 閏月，魏以頓丘王李峻爲太宰。

5 沈文秀、崔道固爲土人所攻，土人，謂青、冀二州之人。遣使乞降於魏，使，疏吏翻。降，戶江翻；下同。且請兵自救。

6 二月，魏西河公石自懸瓠引兵攻汝陰太守張超，不克；此汝陰郡蓋猶治汝陰也；當在隋蔡州新蔡縣界。守，式又翻。考異曰：宋帝紀云：「索虜寇汝陰，太守張景遠擊破之。」景遠，卽超也。宋略，「七月，張景遠先卒，汝陰城又陷」，亦誤也。今從後魏書。退屯陳項，陳、項本二邑，時陳郡治項，因曰陳項。議還長社，待秋擊之。鄭羲曰：「張超蟻聚窮命，糧食已盡，不降當走，可翹足而待也。今棄之遠去，超修城浚隍，積薪儲穀，更來恐難圖矣。」石不從，遂還長社。爲石再攻汝陰不克張本。

7 初，尋陽既平，帝遣沈文秀弟文炳以詔書諭文秀，又遣輔國將軍劉懷珍將馬步三千人與文炳偕行。未至，值張永等敗退，懷珍還鎮山陽。文秀攻青州刺史明僧暠，僧暠起兵見上卷上年。暠，古老翻。帝使懷珍帥龍驤將軍王廣之將五百騎、步卒二千人浮海救之，帥，讀曰率。驤，思將翻。將，即亮翻。騎，奇寄翻。至東海，僧暠已退保東萊。懷珍進據朐城，衆心兇懼，欲且保郁洲，兇，許拱翻。兇，恐懼聲。朐城，漢東海之朐縣城也。水經註曰：朐山西側，有朐縣故城。東北海中有大洲，故謂之郁洲。朐，音劬。懷珍曰：「文秀欲以青州歸索虜，索，昔各翻。計齊之士民，安肯甘心左衽邪！今揚兵直前，宣布威德，諸城可飛書而下；柰何守此不進，自爲沮撓乎！」沮，在呂翻。撓，奴教翻，屈也。遂進，至黔陬，黔陬縣，前漢屬琅邪郡，後漢屬東萊郡，晉屬城陽郡，宋屬高密郡。陬，子侯翻。隋志：膠州膠西縣，舊曰黔陬。杜佑曰：漢黔陬縣故城，在密州諸城縣東北。文秀所署高密、平昌二郡太守棄城走。高密，漢郡。平昌郡，魏文帝分城陽立。宋志，高密郡領黔陬、淳于、高密、夷安、營陵、昌安；平昌郡領安丘、平昌、東武、琅邪、朱虛。五代志：黔陬縣舊置平昌郡。懷珍送致文炳，達朝廷意，文秀猶不降；降，戶江翻；下同。百姓聞懷珍至，皆喜。文秀所署長廣太守劉桃根將數千人戍不其城。不其縣，前漢屬琅邪郡，後漢屬東萊郡，晉分屬長廣郡。唐萊州膠水縣卽長廣郡地。章懷太子賢曰：不其故城，在今萊州卽墨縣西南。其，音基。懷珍軍於洋水，水經：巨洋水出朱虛縣東泰山北，過縣西北，過臨朐縣東，又北過劇縣西，又東北過壽光縣西，又東北入于海。師古曰：洋，音祥。衆謂且宜堅壁伺隙，懷珍曰：「今衆少糧竭，少，詩沼翻。懸軍深入，正當以精兵速進，掩其不備耳。」乃遣王廣之將百騎襲不其城，拔之。文秀聞諸城皆敗，乃遣使請降，使，疏吏翻。帝復以爲青州刺史。崔道固亦請降，復以爲冀州刺史。懷珍引還。懷珍既還，兵勢不接，故青、冀二州尋爲魏有。復，扶又翻。

8 魏濟陰王小新成卒。濟，子禮翻。

9 沈攸之之自彭城還也，留長水校尉王玄載守下邳，校，戶教翻。積射將軍沈韶守宿豫，睢陵、淮陽皆留兵戍之。玄載，玄謨之從弟也。王玄謨以功名著於太祖、世祖二朝。從，才用翻。時東平太守申纂守無鹽，幽州刺史劉休賓守梁鄒，梁鄒縣，漢屬濟南郡。并州刺史清河房崇吉守升城，魏收志：東太原郡太原縣治升城，其地在唐濟州長清縣界。輔國將軍清河張讜守團城，水經註：琅邪郡東莞縣，春秋之鄆邑，今有鄆亭在團城東北四十里。及兗州刺史王整、蘭陵太守桓忻，沈約志：蘭陵太守治昌慮，漢舊縣也。肥城、麋溝、垣苗等戍皆不附於魏。肥城縣，前漢屬泰山郡，後漢屬濟北郡，晉罷，宋復置濟北郡於肥城。魏收志：麋溝、垣苗二城亦在東太原郡大原縣界。又據水經註：濟水自平陰城西東北流，逕垣苗城西。宋武帝西征長安，令垣苗鎮此，故俗以爲稱。濟水又東北過盧縣北。賢曰：肥城縣故城，在今濟州平陰縣東南。則此三戍皆在漢太山郡盧縣及肥城縣界，至後漢和帝永安二年，始分太山爲濟北郡。休賓，乘民之兄子也。劉乘民見上卷上年。

魏遣平東將軍長孫陵等將兵赴青州，長，知兩翻。征南大將軍慕容白曜將騎五萬爲之繼援。白曜，燕太祖之玄孫也。燕王皝，廟號太祖。白曜至無鹽，欲攻之；將佐皆以爲攻具未備，不宜遽進。左司馬范陽酈範曰：「今輕軍遠襲，深入敵境，豈宜淹緩！且申纂必謂我軍來速，不暇攻圍，將不爲備；師速而疾者，略也；略，謂略地也，無暇於攻城圍邑。白曜以形形申纂，故料其不爲備也。今若出其不意，可一鼓而克。」白曜曰：「司馬策是也。」乃引兵僞退。申纂不復設備，白曜夜中部分，復，扶又翻。分，扶問翻。三月，甲寅旦，攻城，食時，克之；纂走，追擒，殺之。考異曰：宋略云「七月，纂戰死。」蓋贈官之月。今從魏帝紀。白曜欲盡以無鹽人爲軍賞，酈範曰：「齊，形勝之地，宜遠爲經略。今王師始入其境，人心未洽，連城相望，咸有拒守之志，苟非以德信懷之，未易平也。」易，以豉翻。白曜曰：「善！」皆免之。

白曜將攻肥城，酈範曰：「肥城雖小，攻之引日；勝之不能益軍勢，不勝足以挫軍威。彼見無鹽之破，死傷塗地，不敢不懼；若飛書告諭，縱使不降，亦當逃散。」此即李左車教韓信以破趙之勢而喻燕故智也。降，戶江翻；下同。白曜從之，肥城果潰，獲粟三十萬斛。白曜謂範曰：「此行得卿，三齊不足定也。」遂取垣苗、麋溝二戍，一旬中連拔四城，威震齊土。史言慕容白曜能用酈範之計以取勝。

10 丙子，以尚書左僕射蔡興宗爲郢州刺史。

11 房崇吉守升城，勝兵者不過七百人。勝，音升，任也。勝兵者，謂能操五兵而戰也。慕容白曜築長圍以攻之，自二月至于夏四月，乃克之。白曜忿其不降，欲盡阬城中人，參軍事昌黎韓麒麟諫曰：「今勍敵在前而阬其民，勍，渠京翻。自此以東，諸城人自爲守，不可克也。師老糧盡，外寇乘之，此危道也。」白曜乃慰撫其民，各使復業。

崇吉脱身走。崇吉母傅氏，申纂妻賈氏，與濟州刺史盧度世有中表親，然已疏遠。濟，子禮翻。及爲魏所虜，度世奉事甚恭，贍給優厚。親者毋失其爲親，故者毋失其爲故，其盧度世之謂乎。度世閨門之內，和而有禮。雖世有屯夷，屯，陟倫翻，多難也。夷，平易也。家有貧富，百口怡怡，豐儉同之。史言盧度世有行。

崔道固閉門拒魏。沈文秀遣使迎降於魏，請兵援接，白曜欲遣兵赴之。酈範曰：「文秀室家墳墓皆在江南，沈文秀，吳興武康人。擁兵數萬，城固甲堅，強則拒戰，屈則遁去。我師未逼其城，無朝夕之急，何所畏忌而遽求援軍！且觀其使者，視下而色愧，語煩而志怯，此必挾詐以誘我，不可從也。春秋之時，諸侯交兵，謀人之軍師者，多能以此覘敵；酈範亦祖其故智耳。誘，音酉。不若先取歷城，克盤陽，般陽縣，漢屬濟南郡。應劭曰：在般水之陽。師古曰：般，音盤。劉昫曰：唐淄州淄川縣，漢盤陽縣也。下梁鄒，平樂陵，晉武帝分平原立樂陵郡，宋文帝置樂陵郡於故千乘地，皆在隋唐青州界。然後按兵徐進，不患其不服也。」白曜曰：「崔道固等兵力單弱，不敢出戰；吾通行無礙，直抵東陽，彼自知必亡，故望風求服，夫又何疑！」範曰：「歷城兵多糧足，非朝夕可拔。文秀坐據東陽，爲諸城根本。今多遣兵則無以攻歷城，少遣兵則不足以制東陽；少，詩沼翻。若進爲文秀所拒，退爲諸城所邀，腹背受敵，必無全理。願更審計，無墮賊彀中。」彀，古候翻。張子厚曰：彀，指拇也。彀弓既持滿，以指拇爲度，而發矢以志於中。墮彀中者，言敵彀弓指我，而我不知避，則矢必集于我而受其害。白曜乃止。文秀果不降。

魏尉元上表稱：「彭城賊之要藩，不有重兵積粟，則不可固守；若資儲既廣，雖劉彧師徒悉起，不敢窺淮北之地。」彧，於六翻。又言：「若賊向彭城，必由清、泗過宿豫，歷下邳；趨青州，亦由下邳、沂水經東安；東安縣，前漢屬城陽國，後漢屬琅邪郡，晉屬東莞郡，惠帝元康七年分東莞置東安郡，唐沂州沂水縣即東安郡地。趨，七喻翻。此數者，皆爲賊用師之要。今若先定下邳，平宿豫，鎮淮陽，戍東安，則青、冀諸鎮可不攻而克；若四城不服，青、冀雖拔，百姓狼顧，猶懷僥倖之心。僥，堅堯翻。臣愚以爲，宜釋青、冀之師，先定東南之地，斷劉彧北顧之意，斷，丁管翻。絕愚民南望之心；夏水雖盛，無津途可由，冬路雖通，無高城可固。如此，則淮北自舉，暫勞永逸。兵貴神速，久則生變；若天雨既降，彼或因水通，運糧益衆，規爲進取，恐近淮之民翻然改圖，青、冀二州猝未可拔也。」考異曰：尉元傳，先上表論取四城利害，後乃云「沈攸之欲援下邳，遣孔道恭擊破之。」按元以泰始二年九月受詔救薛安都，此表云「受命出疆，再離寒暑。」又云：「今雖向熱，猶可行師。」則似上表時在四年春末夏初也。又按沈攸之以三年八月出師，尋卽敗退；則上表當在攸之敗後。今此表但言陳顯達循宿豫，不言攸之救下邳。又慕容白曜以四年二月十七日拔歷城，而此表欲「釋青冀之師，先定東南之地」，則此表不在其年春末夏初決矣。蓋「再」當作「載」，是語助之辭，非謂兩經寒暑也。故置於此。

12 五月，壬戌，以太子詹事袁粲爲尚書右僕射。

13 沈攸之自送運米至下邳，沈攸之自淮陰至下邳。魏人遣清、泗間人詐攸之云：「薛安都欲降，降，戶江翻。求軍迎接。」軍副吳喜請遣千人赴之，攸之不許。既而來者益多，喜固請不已，攸之乃集來者告之曰：「君諸人既有誠心，若能與薛徐州子弟俱來者，皆卽假君以本鄉縣，唯意所欲；如其不爾，無爲空勞往還。」自是一去不返。以攸之知其情也。攸之使軍主彭城陳顯達將千人助戍下邳而還。將，卽亮翻；下同。還，從宣翻，又如字。

薛安都子令伯亡命梁、雍之間，雍，於用翻。聚黨數千人，攻陷郡縣。秋七月，雍州刺史巴陵王休若遣南陽太守張敬兒等擊斬之。

14 上復遣中領軍沈攸之等擊彭城。攸之以爲清、泗方涸，糧運不繼，固執以爲不可。使者七返，上怒，強遣之。復，扶又翻。強，其兩翻。考異曰：宋沈攸之傳、宋略皆云：帝怒攸之云：「卿若不行，使可使吳喜獨去。」按喜傳乃無與攸之討彭城事。後魏書作吳僖公，不知卽吳喜，爲別一人也？按南史亦有謂吳喜爲吳喜公者。八月，壬寅，以攸之行南兖州刺史，將兵北出；使行徐州事蕭道成將千人鎭淮陰。去年僑立徐州於鍾離，今使蕭道成屯淮陰，爲沈攸之後鎭。道成收養豪俊，賓客始盛。爲後蕭道成取宋張本。

魏之入彭城也，事見上卷上年。垣崇祖將部曲奔朐山，據之；魏收曰：朐縣，漢屬東海；晉曰臨朐，屬琅邪郡；有朐山臨海瀕。今按晉志，臨朐屬東莞郡，後魏復曰朐，屬琅邪郡。朐，音劬。遣使來降；蕭道成以爲朐山戍主。朐山瀕海孤絕，人情未安，崇祖浮舟水側，欲有急則逃入海。魏東徐州刺史成固公戍圂城，魏收地形志：魏置南青州於圂城。圂城當在唐沂州沂水縣界。圂，戶困翻。崇祖部將有罪，亡降魏。成固公遣步騎二萬襲朐山，將，卽亮翻。降，戶江翻。騎，奇寄翻；下同。去城二十里；崇祖方出送客，城中人驚懼，皆下船欲去，崇祖還，謂腹心曰：「虜非有宿謀，承叛者之言而來耳，易誑也。易，以豉翻。誑，居況翻。今得百餘人還，事必濟矣。但人情一駭，不可斂集，卿等可亟去此一里外，大呼而來云：『艾塘義人已得破虜，呼，火故翻。艾塘當在唐海州懷仁縣界；北齊於此置義塘郡。宋人謂淮北起兵拒魏者爲義人。須戍軍速往，相助逐之。』」舟中人果喜，爭上岸。上，時掌翻。崇祖引入，據城；遣羸弱入島，島，海中山也。羸，倫爲翻。人持兩炬火，登山鼓譟。魏參騎以爲軍備甚盛，乃退。參騎，候騎也。上以崇祖爲北琅邪、蘭陵二郡太守。

垣榮祖亦自彭城奔朐山，以奉使不效，奉使說薛安都，見上卷上年。畏罪不敢出，往依蕭道成于淮陰。榮祖少學騎射，或謂之曰：「武事可畏，謂矢刃交乎前，生死在於須臾也。少，詩照翻。何不學書！」榮祖曰：「昔曹公父子上馬橫槊，下馬談詠，謂魏王操及文帝兄弟也。上，時掌翻。槊，色角翻。此於天下，可不負飲食矣。君輩無自全之伎，伎，渠綺翻，能也，藝也。何異犬羊乎！」此犬羊，直謂其無防身之術耳。劉善明從弟僧副將部曲二千人避魏居海島，道成亦召而撫之。從，才用翻。

15 魏於天宮寺作大像，高四十三尺，高，居傲翻。用銅十萬斤，黃金六百斤。

16 魏尉元遣孔伯恭帥步騎一萬拒沈攸之，帥，讀曰率。騎，奇寄翻。又以攸之前敗所喪士卒瘃墮膝行者悉還攸之，以沮其氣。喪，息浪翻。瘃，陟玉翻，寒瘡也。沮，在呂翻。上尋悔遣攸之等，復召使還。復，扶又翻。攸之至焦墟，去下邳五十餘里，陳顯達引兵迎攸之至睢清口，清水合於泗水，故泗水亦得清水之名。水經註：泗水過下邳縣西，又東南得睢水口。泗水又東南入于淮水，故謂之睢清口。睢，音雖。伯恭擊破之。攸之引兵退，伯恭追擊之，攸之大敗，龍驤將軍姜彥〔産〕之等戰沒。攸之創重，驤，思將翻。創，初良翻。入保顯達營；丁酉夜，衆潰，攸之輕騎南走，委棄軍資器械以萬計，還屯淮陰。

魏尉元以書諭徐州刺史王玄載，玄載棄下邳走，沈攸之留王玄載戍下邳，因領徐州刺史。魏以隴西辛紹先爲下邳太守。守，式又翻。紹先不尙苛察，務舉大綱，敎民治生禦寇而已；由是下邳安之。治，直之翻。

孔伯恭進攻宿豫，宿豫戍將魯僧遵亦棄城走。魏將孔大恆等將千騎南攻淮陽，淮陽太守崔武仲焚城走。尉元取下邳等城，不愆于素，使沈攸之不敗於再舉，元亦未敢輕動也。淮陽太守治角城，角城在唐泗州宿遷縣界。宿遷，卽宿豫，唐避諱改焉。

慕容白曜進屯瑕丘。崔道固之未降也，降，戶江翻；下同。綏邊將軍房法壽爲王玄邈司馬，屢破道固軍，歷城人畏之。崔道固鎭歷城，其軍皆歷城人。及道固降，皆罷兵。道固畏法壽扇動百姓，迫遣法壽使還建康。會從弟崇吉自升城來，從，才用翻。以母妻爲魏所獲，謀於法壽。法壽雅不欲南行，雅，素也。怨道固迫之。時道固遣兼治中房靈賓督清河、廣川二郡事，戍磐【嚴：「磐」改「盤」；下同。】陽，法壽乃與崇吉謀襲磐陽，據之，降於慕容白曜，以贖崇吉母妻。道固遣兵攻之，白曜自瑕丘遣將軍長孫觀救磐陽，磐陽，卽盤陽。道固兵退。白曜表冠軍將軍韓麒麟與法壽對爲冀州刺史，冠，古玩翻。以法壽從弟靈民、思順、靈悅、伯憐、伯玉、叔玉、思安、幼安等八人皆爲郡守。此冀州，卽宋所置冀州，以命法壽。郡守，卽守冀州所領廣川、平原、清河、樂陵、魏郡、河間、頓丘、高陽、勃海，皆僑郡也。

白曜自瑕丘引兵攻崔道固於歷城，遣平東將軍長孫陵等攻沈文秀於東陽。道固拒守不降，白曜築長圍守之。陵等至東陽，文秀請降；陵等入其西郭，縱士卒暴掠。文秀悔怒，閉城拒守，擊陵等，破之。考異曰：文秀傳云：「八月，虜蜀郡公拔式入西郭。」今從慕容白曜傳。陵等退屯清西，屢進攻城，不克。

17 癸卯，大赦。

18 戊申，魏主李夫人生子宏。夫人，惠之女也。李惠蓋李貴人兄弟。貴人，魏主之母，賜死，見一百二十八卷宋孝建三年，夫人則惠之女而宏之母也。宏，是爲魏孝文帝。馮太后自撫養宏；頃之，還政於魏主。魏主始親國事，勤於爲治，治，直吏翻。賞罰嚴明，拔清節，黜貪汙，於是魏之牧守始有以廉潔著聞者。

19 太中大夫徐爰，自太祖時用事，徐爰事始一百二十六卷文帝元嘉二十八年。素不禮於上。上銜之，詔數其姦佞之罪，數，所具翻。徙交州。

20 冬，十月，辛巳，詔徙義陽王昶爲晉熙王，昶，丑兩翻。考異曰：宋帝紀在十一月，今從宋略。使員外郎李豐以金千兩贖昶於魏。昶奔魏見一百三十卷元年。魏人弗許，使昶與上書，爲兄弟之儀；上責其不稱臣，不答。魏主復使昶與上書，復，扶又翻；下復攻、復以同。昶辭曰：「臣本實彧兄，昶，文帝第九子；帝，文帝第十一子。未經爲臣。若改前書，事爲二敬；既稱臣於魏，復稱臣於宋，是爲二敬也。苟或不改，彼所不納。臣不敢奉詔。」乃止。魏人愛重昶，凡三尚公主。

21 十一月，乙卯，分徐州置東徐州，以輔國將軍張讜爲刺史。張讜時守團城，就置東徐州，以刺史命之。讜，音黨。

十二月，庚戌，以幽州刺史劉休賓爲兗州刺史。時兗州之境已沒於魏。劉休賓守梁鄒，就以刺史命之。休賓之妻，崔邪利之女也，生子文曄，與邪利皆沒於魏。邪利沒於魏見一百二十五卷文帝元嘉二十七年。慕容白曜將其妻子至梁鄒城下示之。休賓密遣主簿尹文達至歷城見白曜，且視其妻子；休賓欲降，而兄子聞慰不可。白曜使人至城下呼曰：「劉休賓數遣人來見僕射約降，呼，火故翻。數，所角翻。降，戶江翻。何故違期不至！」由是城中皆知之，共禁制休賓不得降，魏兵圍之。

22 魏西河公石復攻汝陰，今年春石攻汝陰不克。汝陰有備，無功而還。還，從宣翻，又如字。常珍奇雖降於魏，實懷貳心；劉勔復以書招之。會西河公石攻汝陰，珍奇乘虛燒劫懸瓠，驅掠上蔡、安成、平輿三縣民，屯於灌水。水經註：灌水導源廬江金蘭縣西北東陵鄉大蘇山東北，逕蓼縣故城西，而北注決水。許慎曰：灌水出雩婁縣。輿，音預。

四年（戊申、四六八）

1 春，正月，己未，上祀南郊，大赦。

2 魏汝陽司馬趙懷仁帥衆寇武津，汝陽司馬，汝陽郡司馬也。沈約曰：武津縣屬汝陽郡。何志不註置立。在隋、唐上蔡縣界。帥，讀曰率。豫州刺史劉勔遣龍驤將軍申元德擊破之，又斬魏于都公閼于拔於汝陽臺東，魏收地形志：汝陽郡汝陽縣有章華臺。此書汝陽臺者，蓋以別南郡之章華臺也。獲運車千三百乘。乘，繩證翻。魏復寇義陽，復，扶又翻。勔使司徒參軍孫臺瓘擊破之。「臺瓘」當作「曇瓘」。

淮西民賈元友上書，陳伐魏取陳、蔡之策，宋豫州淮西之地，春秋陳、蔡之地也。上以其書示劉勔。勔上言：「元友稱『虜主幼弱，內外多難，難，乃旦翻。天亡有期。』臣以爲虜自去冬蹈藉王土，磐據數郡，百姓殘亡；今春以來，連城圍逼，國家未能復境，何暇滅虜！元友所陳，率多夸誕狂謀，皆無事實，言之甚易，行之甚難。易，以豉翻。臣竊尋元嘉以來，傖荒遠人，多干國議，負擔歸闕，傖，助庚翻。擔，丁濫翻。皆勸討虜，從來信納，皆貽後悔。境上之人，唯視強弱；王師至彼，必壺漿候塗；裁見退軍，便抄截蜂起。抄，楚交翻。此前後所見，明驗非一也。」上乃止。史言劉勔諳識邊情。

3 魏尉元遣使說東徐州刺史張讜，讜以團城降魏。魏已得彭城，又得團城，故因宋所置東徐州以命讜。據水經註：東莞郡治團城，城在春秋之鄆邑西南四十里。魏後徙東徐州治下邳。說，輸芮翻。魏以中書侍郎高閭與讜對爲東徐州刺史，考異曰：尉元傳：「沈攸之既走，元以書諭王玄載，玄載與魯僧遵、崔武仲、楊繼皆走，遂以高閭與張讜對爲東徐州刺史。」按三年十一月乙卯，始以讜爲東徐州刺史，則於時未降魏也；故置於此。李璨與畢衆敬對爲東兗州刺史。宋兗州治瑕丘。畢衆敬以瑕丘降魏，魏以爲東兗州，蓋先已有兗州也。元又說兗州刺史王整、說，輸芮翻。沈約曰：宋失淮北，僑立兗州，寄治淮陰。時蕭道成鎮淮陰，王整蓋屯徐州界，領兗州刺史耳。此時宋、魏交兵，疆吏能自守者，即以州刺史命之，無常處也。蘭陵太守桓忻，整、忻皆降於魏。魏以元爲開府儀同三司、都督徐·南·北兗三州諸軍事、徐州刺史，鎮彭城。兗州治瑕丘，以王整新降，故分南、北兗。召薛安都、畢衆敬入朝，朝，直遙翻。至平城，魏以上客待之，羣從皆封侯，賜第宅，資給甚厚。從，才用翻。

4慕容白曜圍歷城經年，二月，庚寅，拔其東郭；癸巳，崔道固面縛出降。考異曰：宋略云：「丙申，索虜陷歷城，執崔道固。」按後魏列傳道固表云：「以今月十四日臣東郭失守，以十七日面縛請罪。」長曆是月丁丑朔。今從之。白曜遣道固之子景業與劉文曄同至梁鄒，劉休賓亦出降。白曜送道固、休賓及其僚屬於平城。

5辛丑，以前龍驤將軍常珍奇爲都督司·北豫二州諸軍事、司州刺史。魏西河公石攻之，珍奇單騎奔壽陽。常珍奇自灌水奔壽陽。驤，思將翻。騎，奇寄翻；下同。

6乙巳，車騎大將軍、曲江莊公王玄謨卒。曲江縣，漢屬桂陽郡，宋屬廣興公相。謚法：屢征殺伐曰莊；武征而不遂曰莊。

7三月，魏慕容白曜進圍東陽。白曜既得歷城，始進圍東陽，用酈範之計也。

上以崔道固兄子僧祐爲輔國將軍，將兵數千從海道救歷城；至不其，聞歷城已沒，遂降於魏。將，卽亮翻。其，音基。降，戶江翻。

8 交州刺史劉牧卒。州人李長仁殺牧北來部曲，據州反，自稱刺史。

9 廣州刺史羊希使晉康太守沛郡劉思道伐俚。晉穆帝永和七年，分蒼梧立晉康郡，今端州卽其地。李延壽曰：記云：南方曰蠻，有不火食者矣。然其種類非一，與華人錯居；其流曰蜑，曰獽，曰俚，曰獠，曰㐌，居無君長，隨山洞而居。俚，音里。思道違節度失利，希遣收之；思道帥所領攻州，帥，讀曰率。希兵敗而死。龍驤將軍陳伯紹將兵伐俚，還擊思道，擒斬之。驤，思將翻。將，卽亮翻。希，玄保之兄子也。羊玄保見一百二十三卷文帝元嘉十七年。

10 夏，四月，己卯，復減郡縣田租之半。復，扶又翻。

11 徙東海王禕爲廬江王，山陽王休祐爲晉平王。上以廢帝謂禕爲驢王，見百三十卷元年。故以廬江封之。

12 劉勔敗魏兵於許昌。敗，補邁翻。

13 魏以南郡公李惠爲征南大將軍、儀同三司、都督關右諸軍事、雍州刺史，進爵爲王。雍，於用翻。

14 五月，乙卯，魏主畋于崞山，遂如繁時；崞山縣，卽漢晉雁門之崞縣，魏曰崞山，天平二年分屬繁時郡。隋志，雁門崞縣有崞山。據水經註，山在繁時之西，灅水之南。孟康曰：崞，音郭。九域志：繁時縣在代州之東六十里。辛酉，還宮。

15 六月，魏以昌黎王馮熙爲太傅。熙，太后之兄也。

16 秋，七月，庚申，以驍騎將軍蕭道成爲南兗州刺史。代沈攸之也。南兗州治廣陵。驍，堅堯翻。騎，奇寄翻。

17 八月，戊子，以南康相劉勃爲交州刺史。相，息亮翻。

18 上以沈文秀之弟征北中兵參軍文靜爲輔國將軍，統高密等五郡軍事，五郡，蓋高密、平昌、長廣、東海、東莞也。自海道救東陽。至不其城，爲魏所斷，其，音基。斷，丁管翻。因保城自固；魏人攻之，不克。辛卯，分青州置東青州，以文靜爲刺史。

19 九月，辛亥，魏立皇叔楨爲南安王，楨，音貞。長壽爲城陽王，太洛爲章武王，休爲安定王。

20 冬，十月，癸酉朔，日有食之。發諸州兵北伐。

21 十一月，李長仁遣使請降，使，疏吏翻。降，戶江翻。自貶行州事；許之。

22 十二月，魏人拔不其城，殺沈文靜，入東陽西郭。

23 義嘉之亂，巫師請發脩寧陵，戮玄宮爲厭勝。是歲，改葬昭太后。昭太后陵曰脩寧。晉安王子勛，於昭后孫也，改元義嘉。南史曰：脩寧陵在孝武陵東南。厭，衣檢翻，又益涉翻，禳也。

24 先是，中書侍郎、舍人皆以名流爲之，史曰先是，謂元嘉以前，通鑑因而書之。先，悉薦翻。太祖始用寒士秋當，秋當，人姓名。姓譜：秋姓，秋胡之後。世祖猶雜選士庶，巢尚之、戴法興皆用事。士，謂巢尚之；庶，謂戴法興。皆，俱也。及上卽位，盡用左右細人，細，微也，纖也，小也。細人，言纖微小人也。游擊將軍阮佃夫、中書通事舍人王道隆、員外散騎侍郎楊運長等，並參預政事，權亞人主，巢、戴所不及也。佃夫尤恣橫，人有順迕，禍福立至。佃，音田。散，悉亶翻。騎，奇寄翻。橫，下孟翻。迕，五故翻。謂順之則有福，迕之則有禍。大納貨賂，所餉減二百匹絹，則不報書。園宅飲饌，過於諸王；妓樂服飾，宮掖不如也。朝士貴賤，莫不自結。僕隸皆不次除官，捉車人至虎賁中郎將，馬士至員外郎。捉車人，持車者。馬士，控馬者。員外郎，謂員外散騎郎也。饌，雛戀翻，又雛皖翻。妓，渠綺翻。朝，直遙翻。賁，音奔。將，卽亮翻。

五年（己酉、四六九）

1 春，正月，癸亥，上耕籍田，大赦。

2 沈文秀守東陽，魏人圍之三年，泰始三年，魏始攻文秀；至此時，首尾涉三年也。外無救援，士卒晝夜拒戰，甲胄生蟣蝨，無離叛之志。乙丑，魏人拔東陽，史言沈文秀善守，以援兵不接而沒。蟣，居豨翻。文秀解戎服，正衣冠，取所持節坐齋內。魏兵交至，問：「沈文秀何在？」文秀厲聲曰：「身是！」身，猶今人言我。魏人執之，去其衣，去，羌呂翻。縛送慕容白曜，使之拜，文秀曰：「各兩國大臣，何拜之有！」白曜還其衣，爲之設饌，鎖送平城。魏主數其罪而宥之，爲，于僞翻。數，所具翻。數其罪者，以文秀既迎降，復拒守也。待爲下客，給惡衣、疏食；疏食，粗飯也。食，祥吏翻。既而重其不屈，稍嘉禮之，拜外都下大夫。外都下大夫，外都大官之屬僚也，拓跋氏所置。於是青、冀之地盡入於魏矣。

3 戊辰，魏平昌宣王和其奴卒。

4 二月，己卯，魏以慕容白曜爲都督青·齊·東徐三州諸軍事、征南大將軍、開府儀同三司、青州刺史，宋置冀州於歷城；魏既得之，改爲齊州，統東魏、東平原、東清河、廣川、濟南、東太原六郡。東徐州統東安、東莞二郡。進爵濟南王。濟，子禮翻。白曜撫御有方，東人安之。荀卿有言：兼幷易也，堅凝之難。魏幷青、徐，淮北四州之民未忘宋也；惟其撫御有方，民安其生，不復引領南望矣。書云：撫我則后，虐我則讎。信哉！

魏自天安以來，泰始二年，魏改元天安。比歲旱饑，重以青、徐用兵，山東之民疲於賦役。比，毗至翻。重，直用翻。師之所聚，荊棘生焉，大兵之後，必有凶年，豈謂是邪！顯祖命因民貧富爲三等輸租之法，等爲三品：上三品輸平城，中輸他州，下輸本州。又，魏舊制：常賦之外，有雜調十五；至是悉罷之，由是民稍贍給。調，徒釣翻。史言魏能紓民力。

5 河東柳欣慰等謀反，欲立太尉廬江王禕。禕自以於帝爲兄，而帝及諸兄弟皆輕之，遂與欣慰等通謀相酬和。禕，吁韋翻。和，戶臥翻。征北諮議參軍杜幼文告之，丙申，詔降禕爲車騎將軍、開府儀同三司、南豫州刺史，出鎮宣城，帝遣腹心楊運長領兵防衛。欣慰等並伏誅。

6 三月，魏人寇汝陰，太守楊文萇擊卻之。

7 夏，四月，丙申，魏大赦。

8 五月，魏徙青、齊民於平城，置升城、歷城民望於桑乾，立平齊郡以居之；據崔道固傳，立平齊郡於平城西北北新城。五代志：馬邑郡雲內縣，後魏立平齊郡。乾，音干。自餘悉爲奴婢，分賜百官。

魏沙門統曇曜奏：沙門統，猶今之僧錄。曇，徒含翻。「平齊戶及諸民有能歲輸穀六十斛入僧曹者，卽爲僧祇戶，粟爲僧祇粟，遇凶歲，賑給飢民。」又請「民犯重罪及官奴，以爲佛圖戶，以供諸寺洒掃。」魏主並許之。於是僧祇戶、粟及寺戶徧於州鎮矣。魏自北方并有諸夏，亦依魏、晉制置諸州刺史，其西北被邊夷、晉雜居之地，則置鎮將以鎮之。祇，翹移翻。史言魏割民力以奉釋氏。

9 六月，魏立皇子宏爲太子。

10 癸酉，以左衞將軍沈攸之爲郢州刺史。

11 上又令有司奏廬江王禕忿懟有怨言，懟，直類翻。請窮治；不許。治，直之翻。丁丑，免禕官爵，遣大鴻臚持節奉詔責禕，臚，陵如翻。因逼令自殺；子輔國將軍充明廢徙新安。

12 冬，十月，丁卯朔，日有食之。

13 魏頓丘王李峻卒。

14 十一月，丁未，魏復遣使來脩和親，自是信使歲通。自元嘉之末，南、北不復通好。帝即位之三年、四年，再遣聘使。是歲，魏使來，復通好。復，扶又翻。使，疏吏翻。

15 閏月，戊子，以輔師將軍孟陽爲兗州刺史，始治淮陰。是歲，改輔國將軍爲輔師將軍。兗州本治瑕丘；既入於魏，始治淮陰。蕭子顯曰：淮陰縣，前漢屬臨淮郡，後漢屬下邳國，晉屬廣陵郡；穆帝永和中，荀羨北討鮮卑，以淮陰舊鎮，地形都要，水陸交通，乃營立城池。是時既失淮北，遂爲重鎮；後爲北兗州治所。九域志：楚州淮陰縣，在州西四十里。

16 十二月，戊戌，司徒建安王休仁解揚州。休仁年與上鄰亞，素相友愛，景和之世，上賴其力以脫禍。事見上卷元年。及泰始初，四方兵起，休仁親當矢石，克成大功，事亦見上卷元年、二年。任總百揆，親寄甚隆；由是朝野輻湊，上漸不悅。爲帝殺休仁張本。朝，直遙翻。休仁悟其旨，故表解揚州。己未，以桂陽王休範爲揚州刺史。

17 分荆州之巴東、建平，益州之巴西、梓潼郡，置三巴校尉，治白帝。校，戶教翻。先是，三峽蠻、獠歲爲抄暴，故立府以鎮之。先，悉薦翻。抄，楚交翻。府，謂三巴校尉府也。上以司徒參軍東莞孫謙爲巴東、建平二郡太守。謙將之官，敕募千人自隨，謙曰：「蠻夷不賓，蓋待之失節耳，何煩兵役以爲國費！」固辭不受。至郡，開布恩信，蠻、獠翕然懷之，獠，魯皓翻。競餉金寶；謙皆慰諭，不受。

18 臨海賊帥田流自稱東海王，剽掠海鹽，殺鄞令，帥，所類翻。剽，匹妙翻。鄞縣，自漢以來屬會稽郡。師古曰：鄞，音牛斤翻。今屬明州。東土大震。

六年（庚戌、四七〇）

1 春，正月，乙亥，初制間二年一祭南郊，間一年一祭明堂。昔周公郊祀后稷以配天，宗祀文王於明堂以配上帝。三歲一郊，始於漢武帝。平帝元始中，始行祫祭明堂之禮，明帝永平初，始盛其儀；亦曰宗祀。公羊傳曰：古者五年而再殷祭，謂祫祭也。然古之所謂祫者，合祭於太祖之廟；而明堂宗祀，則嚴父以配帝。此先儒之說所以異也。蔡邕謂明堂卽太廟，蓋有見於此歟！然明堂九室而太廟七室，則又不得而合也。間年一祭，非古也，故曰初制。間，古莧翻。

2 二月，壬寅，以司徒休仁爲太尉，領司徒；固辭。辭者，以上不悅也；然終不能免於禍。

3 癸丑，納江智淵孫女爲太子妃。甲寅，大赦。令百官皆獻物；始興太守孫奉伯止獻琴、書，上大怒，封藥賜死，既而原之。

4 魏以東郡王陸定國爲司空。定國，麗之子也。宗愛之亂，陸麗有立嫡之功；乙渾之亂，麗死之。

5魏主遣征西大將軍上黨王長孫觀擊吐谷渾。長，知兩翻。吐，從暾入聲。谷，音浴。

6夏，四月，辛丑，魏大赦。

7戊申，魏長孫觀與吐谷渾王拾寅戰於曼頭山，隋伐吐谷渾，置河源郡，有曼頭城，蓋因山得名也。考異曰：宋本紀作「拾虔」。今從後魏書。拾寅敗走，遣別駕康盤龍入貢，魏主囚之。

8癸亥，立皇子燮爲晉熙王，奉晉熙王昶後。昶，時在魏。

9五月，魏立皇弟長樂爲建昌王。樂，音洛。

10六月，癸卯，以江州刺史王景文爲尚書左僕射、揚州刺史，以尚書僕射袁粲爲右僕射。

上宮中大宴，裸婦人而觀之，裸，郎果翻。王后以扇障面。上怒曰：「外舍寒乞！寒乞，猶言窮陋也。今共爲樂，何獨不視！」后曰：「爲樂之事，其方自多；豈有姑姊妹集而裸婦人以爲笑！外舍之樂，雅異於此。」樂，音洛。上大怒，遣后起。后兄景文聞之曰：「后在家劣弱，今段遂能剛正如此！」

11南兗州刺史蕭道成在軍中久，據蕭子顯齊書，文帝元嘉十九年，遣道成討竟陵蠻，則在軍中久矣。民間或言道成有異相，當爲天子。齊書言道成姿表奇異，龍顙鍾聲，鱗文遍體。相，息亮翻。上疑之，徵爲黃門侍郎、越騎校尉。騎，奇寄翻。校，戶教翻。道成懼，不欲內遷，而無計得留。冠軍參軍廣陵荀伯玉勸道成遣數十騎入魏境，安置標榜，道成時假冠軍將軍，以伯玉爲參軍。冠，古玩翻。魏果遣遊騎數百履行境上；行，下孟翻。道成以聞，上使道成復本任。秋，九月，命道成還鎮淮陰。按三年八月，蕭道成以行徐州事鎮淮陰，以沈攸之北伐，使爲後鎮也。攸之北還，道成代爲南兗州刺史，鎮廣陵，今復使還鎮淮陰。以侍中、中領軍劉勔爲都督南徐・兗等五州諸軍事，鎮廣陵。

12 戊寅，立總明觀，置祭酒一人，儒、玄、文、史學士各十人。文帝元嘉十五年，立儒、玄、文、史四學，今置總明觀祭酒以總之。觀，古玩翻。

13 柔然部真可汗侵魏，可，從刊入聲。汗，音寒。魏主引羣臣議之。尚書右僕射南平公目辰曰：「若車駕親征，京師危懼，不如持重固守。虜懸軍深入，糧運無繼，不久自退；遣將追擊，破之必矣。」將，即亮翻。給事中張白澤曰：「蠢爾荒愚，輕犯王略，杜預曰：略，界也。毛晃曰：略，封界也。若鑾輿親行，必望麾崩散，豈可坐而縱敵！以萬乘之尊，嬰城自守，非所以威服四夷也。」乘，繩證翻。魏主從之。白澤，袞之孫也。魏道武之建國也，張袞有功焉。

魏主使京兆王子推等督諸軍出西道，任城王雲等督諸軍出東道，任，音壬。汝陰王天賜等督諸軍爲前鋒，隴西王源賀等督諸軍爲後繼，鎮西將軍呂羅漢等掌留臺事。諸將會魏主於女水之濱，將，即亮翻。與柔然戰，柔然大敗。乘勝逐北，斬首五萬級，降者萬餘人，獲戎馬器械不可勝計。勝，音升。旬有九日，往返六千餘里。改女水曰武川。按魏紀女水當在長川之西，赤城之西北，後魏置武川鎮。隋書：宇文述，代郡武川人。代郡，指代都平城也。魏都平城，謂之代都。代都以北，列置鎮將。其後罷鎮置州，則武川屬代郡。司徒東安王劉尼坐昏醉，軍陳不整，免官。陳，讀曰陣。壬申，還至平城。

是時，魏百官不給祿，少能以廉白自立者。前言魏主拔清節，黜貪汙，魏之牧守始有以廉潔著聞者。此言魏之百官，少能以廉白自立。蓋法行於州郡，未行於朝廷也。少，詩沼翻。魏主詔：「吏受所監臨羊一口、酒一斛者，死；與者以從坐論；監，工銜翻。有能糾告尚書已下罪狀者，隨所糾官輕重授之。」張白澤諫曰：「昔周之下士，尚有代耕之祿。孟子曰：周室班爵祿，下士與庶人在官者同祿，祿足以代其耕也。今皇朝貴臣，服勤無報；若使受禮者刑身，受禮，謂受羊酒之禮；刑身，謂刑加其身。朝，直遙翻。糾之者代職，臣恐姦人闚望，忠臣懈節，懈，居隘翻。如此而求事簡民安，不亦難乎！請依律令舊法，仍班祿以酬廉吏。」魏主乃爲之罷新法。爲，于僞翻。

14 冬，十月，辛卯，詔以世祖繼體，陷憲無遺，事見上卷二年。以皇子智隨爲世祖子，立爲武陵王。孝武廟號世祖。考異曰：宋本紀作「智贇」，宋略作「贇」，列傳作「智隨」。按太宗生子皆筮之，以卦爲其字。今從列傳。

15 初，魏乙渾專政，事見上卷元年、二年。慕容白曜頗附之。魏主追以爲憾，遂稱白曜謀反，誅之，及其弟如意。

16 初，魏南部尚書李敷，儀曹尚書李訢，蕭子顯曰：魏南部尚書知南邊州郡，儀曹尚書蓋知禮儀。按魏初有殿中、樂部、駕部、南部、北部五尚書。儀曹、選曹等尚書，中世所置。訢，許斤翻。少相親善，少，詩照翻。與中書侍郎盧度世皆以才能爲世祖、顯祖所寵任，參豫機密，出納詔命。其後訢出爲相州刺史，相，息亮翻。受納貨賂，爲人所告，敷掩蔽之。顯祖聞之，檻車徵訢，案驗服罪，當死。是時敷弟奕得幸於馮太后，帝意已疏之。有司以中旨諷訢告敷兄弟陰事，可以得免。訢謂其壻裴攸曰：「吾與敷族世雖遠，恩踰同生，今在事勸吾爲此，在事，謂有司也。言在官而主案敷之事。吾情所不忍。每引簪自刺，刺，七亦翻。解帶自絞，終不得死。且吾安能知其陰事！將若之何？」攸曰：「何爲爲人死也！爲爲，上如字，下于僞翻。有馮闡者，先爲敷所敗，敗，補邁翻。其家深怨之。今詢其弟，敷之陰事可得也。」訢從之。又趙郡范檦條列敷兄弟事狀凡三十餘條。檦，與標同，音卑遙翻。有司以聞。帝大怒，誅敷兄弟。爲馮太后鴆魏主張本。告李敷兄弟者范檦，其後告李訢者亦范檦也。訢得減死，鞭髡配役。未幾，復爲太倉尚書，攝南部事。魏中世分殿中尚書所掌倉庫，置太倉尚書，掌倉粟事也。幾，居豈翻。復，扶又翻。敷，順之子也。李順以才能事魏太武而爲崔浩所告而誅。

17 魏陽平王新成卒。

18 是歲，命龍驤將軍義興周山圖將兵屯浹口討田流，平之。驤，思將翻。浹，卽協翻。

19 柔然攻于闐，于闐遣使者素目伽奉表詣魏求救。魏主命公卿議之，皆曰：「于闐去京師幾萬里，北史曰：于闐國去代九千八百里。闐，徒賢翻，又堂見翻。使，疏吏翻。伽，求迦翻。幾，居依翻。蠕蠕唯習野掠，蠕，人兗翻。不能攻城；若其可攻，尋已亡矣。雖欲遣師，勢無所及。」魏主以議示使者，使者亦以爲然。乃詔之曰：「朕應急敕諸軍以拯汝難。難，乃旦翻。但去汝遐阻，必不能救當時之急。汝宜知之！朕今練甲養士，一二歲間，當躬帥猛將，爲汝除患。帥，讀曰率。爲，于僞翻。汝其謹脩警候以待大舉！」

聶崇岐標點王崇武覆校

資治通鑑卷第一百三十三

端明殿學士兼翰林侍讀學士朝散大夫充集賢殿修撰提舉西京嵩山崇福宮上柱國河内郡開國侯食邑一千八百户食實封六百户賜紫金魚袋臣　司馬光　奉敕編集

後　學　天　台　胡三省　音註

宋紀十五

起重光大淵獻（辛亥），盡旃蒙單閼（乙卯），凡五年。

太宗明皇帝下

泰始七年（辛亥、四七一）

1 春，二月，戊戌，分交、廣置越州，治臨漳。劉昫曰：廉州治合浦縣，秦象郡地，吴改爲珠官郡，宋分置臨漳郡及越州，領郡三，治於此。又據沈約志：越州領百梁、龍蘇、永寧、永昌、富昌、南流、臨漳、合浦、宋壽九郡。蕭子顯曰：臨漳郡本合浦郡之北界也。按沈約宋志作「臨障」，宋白續通典作「臨瘴」，以臨界内瘴江爲名。瘴江，一名合浦江。

2 初，上爲諸王，寬和有令譽，獨爲世祖所親。即位之初，義嘉之黨多蒙全宥，晉安王子勛改元義嘉。隨才引用，有如舊臣。及晚年，更猜忌忍虐，好鬼神，好，呼到翻。多忌諱，言語、文書，有禍敗、凶喪及疑似之言應回避者數百千品，有犯必加罪戮。改「騧」字爲「馬瓜」，騧，古花翻。以其似禍字故也。左右忤意，往往有刳斮者。忤，五故翻。斮，側略翻，斬也。

時淮、泗用兵，府藏空竭，內外百官，並斷俸祿。藏，徂浪翻。斷，丁管翻。考異曰：宋本紀云「日給料祿俸」。今從南史，自失青、徐之後，宋魏交兵於淮、泗之間。而奢費過度，每所造器用，必爲正御、副御、次副各三十枚。嬖倖用事，貨賂公行。嬖，卑義翻，又博計翻；後同。

上素無子，密取諸王姬有孕者內宮中，生男則殺其母，孕，以證翻。考異曰：宋書云「閉其母於幽房」，今從宋略。使寵姬子之。

至是寢疾，以太子幼弱，深忌諸弟。南徐州刺史晉平剌王休祐，前鎮江陵，貪虐無度，休祐鎮江陵事始上百三十一卷二年。剌，來葛翻。上不使之鎮，留之建康，遣上佐行府州事。上佐，謂長史、司馬也。休祐性剛狠，前後忤上非一，狠，戶墾翻。忤，五故翻。上積不能平；且慮將來難制，欲方便除之。施方略，乘便利而殺之也。甲寅，休祐從上於巖山射雉，據休祐傳，巖山在建康城南。又據宋紀，巖山在秣陵縣界，世祖景寧陵在焉。射，而亦翻。左右從者並在仗後。從，才用翻。日欲闇，上遣左右壽寂之等數人，逼休祐令墜馬，因共毆，拉殺之，傳呼「驃騎落馬！」毆，烏口翻。拉，盧合翻。驃，匹妙翻。騎，奇寄翻。上陽驚，遣御醫絡驛就視，絡驛，猶絡繹也。比其左右至，休祐已絕，比，必寐翻，及也。絕，氣絕也。去車輪，輿還第。去，羌呂翻；下悉去同。追贈司空，葬之如禮。

建康民間訛言，荊州刺史巴陵王休若有至貴之相，上以此言報之，休若憂懼。戊午，以休若代休祐爲南徐州刺史。休若腹心將佐，皆謂休若還朝，必不免禍，中兵參軍京兆王敬先說休若曰：相，息亮翻。將，卽亮翻。朝，直遙翻；下同。說，輸芮翻。「今主上彌留，書顧命曰：疾大漸，惟幾；病日臻，既彌留。呂祖謙曰：疾大進而瀕於死，病日加則愈留。夏撰曰：重疾謂之病，言重病日至而又久留於體，曾不減去，將必死也。政成省閤，羣豎恟恟，欲悉去宗支以便其私。恟，許拱翻。去，起呂翻。殿下聲著海內，受詔入朝，必往而不返。荆州帶甲十餘萬，地方數千里，上可以匡天子，除姦臣，下可以保境土，全一身；孰與賜劍邸第，使臣妾飲泣而不敢葬乎！」呂向曰：泣，淚也；淚入口曰飲。休若素謹畏，僞許之。敬先出，使人執之，以白於上而誅之。

3 三月，辛酉，魏假員外散騎常侍邢祐來聘。散，悉亶翻。騎，奇寄翻。

4 魏主使殿中尚書胡莫寒簡西部敕勒爲殿中武士。魏書官氏志：拓跋鄰以兄爲紇骨氏，後改爲胡氏。自魏世祖破柔然，高車、敕勒皆來降，其部落附塞下而居，自武周塞外以西謂之西部，以東謂之東部，依漠南而居者謂之北部。莫寒大納貨賂，衆怒，殺莫寒及高平假鎮將奚陵。假鎮將者，未得爲眞。將，卽亮翻；下同。夏，四月，諸部敕勒皆叛。魏主使汝陰王天賜將兵討之，以給事中羅雲爲前鋒；敕勒詐降，襲雲，殺之。降，戶江翻。天賜僅以身免。

5 晉平剌王旣死，剌，來達翻。建安王休仁益不自安。上與嬖臣楊運長等爲身後之計，運長等亦慮上晏駕後，休仁秉政，己輩不得專權，彌贊成之。上疾嘗暴甚，內外莫不屬意於休仁，屬，之欲翻。主書以下皆往東府訪休仁所親信，豫自結納；其或在直不得出者，皆恐懼。上聞，愈惡之。惡，烏路翻。五月，戊午，召休仁入見，見，賢遍翻。既而謂曰：「今夕停尚書下省宿，明可早來。」其夜，遣人齎藥賜死。休仁罵曰：「上得天下，誰之力邪！事見一百三十一卷元年、二年。孝武以誅鉏兄弟，子孫滅絕。孝武誅鉏兄弟，謂殺南平王鑠、竟陵王誕、海陵王休茂也；子孫滅絕於泰始之世，事並見前。今復爲爾，復，扶又翻；下已復同。宋祚其能久乎！」上慮有變，力疾乘輿出端門，休仁死，乃入。下詔稱：「休仁規結禁兵，謀爲亂逆，朕未忍明法，申詔詰厲。詰，起吉翻。休仁慙恩懼罪，遽自引決。可宥其二子，降爲始安縣王，聽其子伯融襲封。」

上慮人情不悅，乃與諸大臣及方鎮詔，稱：「休仁與休祐深相親結，語休祐云：『汝但作佞，此法自足安身；我從來頗得此力。』休祐之隕，本欲爲民除患，而休仁從此日生嬈懼。語，牛倨翻。爲，于僞翻。嬈，集韻，爾紹翻，擾也。吾每呼令入省，便入辭楊太妃。楊太妃，休仁所生母也。吾春中多與之射雉，射，而亦翻。或陰雨不出，休仁輒語左右云：『我已復得今一日。』休仁既經南討，謂南拒尋陽之兵故也。與宿衞將帥經習狎共事。將，卽亮翻。帥，所類翻。吾前者積日失適，失適，謂體中不安和也。休仁出入殿省，無不和顏，厚相撫勞。如其意趣，人莫能測。事不獲已，反覆思惟，不得不有近日處分。恐當不必卽解，勞，力到翻。處，昌呂翻。分，扶問翻。解，戶買翻，曉也。故相報知。」

上與休仁素厚，雖殺之，每謂人曰：「我與建安年時相鄰，謂年齒不相遠也。少便款狎。景和、泰始之間，勳誠實重；事計交切，不得不相除，痛念之至，不能自已。」因流涕不自勝。少，詩照翻。勝，音升。史言帝殘害骨肉，不能自揜其天性之傷。

初，上在藩與褚淵以風素相善；風素相善者，以其風標雅素而與之善也。蕭子顯齊書，「風」作「夙」。及即位，深相委仗。上寢疾，淵爲吳郡太守，蕭子顯齊書淵傳云，爲吳興太守。按吳郡，近畿大郡也，吳興，次郡也，淵以大尙書出守，當得大郡；吳郡爲是。急召之。既至，入見，見，賢遍翻。上流涕曰：「吾近危篤，近，其靳翻。故召卿，欲使著黃纙耳。」黃纙者，乳母服也。著，則略翻。纙，力賀翻，女人上衣也。言託孤於淵。上與淵謀誅建安王休仁，淵以爲不可，上怒曰：「卿癡人！不足與計事！」淵懼而從命。復以淵爲吏部尙書。泰始之初，淵爲吏部尙書；今去郡還朝，復爲之。復，扶又翻。庚午，以尙書右僕射袁粲爲尙書令，褚淵爲左僕射。

6 上惡太子屯騎校尉壽寂之勇健；會有司奏寂之擅殺邏尉，徙越州，惡，烏路翻。邏，郎左翻。徙合浦也。於道殺之。

7 丙戌，追廢晉平王休祐爲庶人。

8 巴陵王休若至京口，聞建安王死，益懼。上以休若和厚，能諧緝物情，恐將來傾奪幼主，欲遣使殺之，慮不奉詔；欲徵入朝，又恐猜駭。使，疏吏翻。朝，直遙翻。六月，丁酉，以江州刺史桂陽王休範爲南徐州刺史，以休若爲江州刺史。手書殷勤，召休若使赴七月七日宴。

9 丁未，魏主如河西。

10 秋，七月，巴陵哀王休若至建康；乙丑，賜死於第，贈侍中、司空。復以桂陽王休範爲江州刺史。復，扶又翻。時上諸弟俱盡，唯休範以人才凡劣，不爲上所忌，故得全。爲後休範稱兵張本。

沈約論曰：聖人立法垂制，所以必稱先王，蓋由遺訓餘風，足以貽之來世也。太祖經國之義雖弘，隆家之道不足。彭城王照不窺古，徒見昆弟之義，未識君臣之禮，冀以家情行之國道，主猜而猶犯，恩薄而未悟，致以呵訓之微行，遂成滅親之大禍。謂文帝殺彭城王義康也。沈約言義康之罪，文帝當呵而訓之，不當遂殺之也。行，下孟翻。開端樹隙，垂之後人。太宗因易隙之情，據已行之典，翦落洪枝，謂據文帝已行之典而翦除兄弟也。洪，大也；枝，兄弟也。嫡統爲本，支庶爲枝。易，弋豉翻。不待顧慮。既而本根無庇，幼主孤立，神器以勢弱傾移，靈命隨樂推回改，樂，音洛。斯蓋履霜有漸，堅冰自至，所由來遠矣。

裴子野論曰：夫噬虎之獸，知愛己子；搏狸之鳥，非護異巢。太宗保字螟蛉，剿拉同氣，既迷在原之天屬，未識父子之自然。詩曰：螟蛉之子，蜾蠃負之。教誨爾子，式穀似之。

故世俗謂抱養者爲螟蛉。又曰：脊令在原，兄弟急難。剿，子小翻，絕也。拉，盧合翻。宋德告終，非天廢也。夫危亡之君，未嘗不先棄本枝，嫗煦旁孽；鄭康成曰：體曰嫗，氣曰煦。陸德明曰：嫗，於具翻；徐於甫翻。煦，許具翻；徐況甫翻。孽，魚列翻。說文：庶子爲孽。旁孽，旁枝之庶子也。推誠嬖狎，嬖，卑義翻，又博計翻。疾惡父兄。惡，烏路翻。前乘覆車，後來并轡。借使叔仲有國，猶不失配天；而他人入室，將七廟絕祀；曾是莫懷，甘心揃落。揃，子踐翻。晉武背文明之託，而覆中州者賈后；事見晉武帝紀。背，蒲妹翻。太祖棄初寧之誓，而登合殿者元凶。事見文帝紀。禍福無門，奚其豫擇！友于兄弟，不亦安乎！

11 丙寅，魏主至陰山。

12 初，吳喜之討會稽也，言於上曰：「得尋陽王子房及諸賊帥，皆卽於東戮之。」會，工外翻。帥，所類翻。既而生送子房，釋顧琛等。事見一百三十一卷之二年。上以其新立大功，不問，而心銜之。及克荆州，剽掠，贓以萬計。尋陽既平，建安王休仁遣喜進克荆州。剽，匹妙翻。壽寂之死，喜爲淮陵太守，督豫州諸軍事。淮陵，漢縣，屬臨淮郡，後屬下邳國；晉復屬臨淮，惠帝永寧元年，以爲淮陵國；宋爲郡，屬南徐州。宋白曰：泗州招信縣，本漢淮陵縣。聞之，內懼，啓乞中散大夫，漢，大夫掌論議。中散大夫，後漢志始有之，魏、晉以來，以爲冗散。散，悉亶翻。上尤疑駭。或譖蕭道成在淮陰有貳心於魏，考異曰：南齊書太祖紀云：「帝常嫌太祖非人臣相，而民間流言蕭諱當爲天子，帝愈以爲疑。」今從宋略。上封銀壺酒，使喜自持賜道成。道成懼，欲逃，喜以情告道成，且先爲之飲，道成卽飲之。爲，于僞翻。考異曰：南齊紀云：「太祖戎服出門迎，卽酌飲之。喜還，帝意乃解。」宋略云：「道成懼，弗肯飲，將出奔。喜語以情，先爲之酌。於是喜得罪，而道成被徵。」蓋南齊書欲成太祖之美，故云爾。今從宋略。喜還朝，保證道成。朝，直遙翻。或密以啓上，上以喜多計數，素得人情，恐其不能事幼主，乃召喜入內殿，與共言謔甚款，既出，賜以名饌。謔，迄却翻。饌，雛戀翻，又雛皖翻。尋賜死，然猶發詔賻賜。賻，音附。

又與劉勔等詔曰：「吳喜輕狡萬端，苟取物情。昔大明中，黟、歙有亡命數千人，攻縣邑，殺官長，劉子尙遣三千精甲討之，再往失利。孝武第二子曰豫章王子尙，與景和同母也。黟，音伊。歙，音攝。長，知兩翻。孝武以喜將數十人至縣，說誘羣賊，將，卽亮翻。說，輸芮翻。誘，音酉。賊卽歸降。詭數幻惑，詭，過委翻。幻，戶辦翻。乃能如此。及泰始初東討，止有三百人，直造三吳，造，七到翻。凡再經薄戰，薄，伯各翻。而自破岡以東，至海十郡，無不清蕩。十郡，謂晉陵、義興、吳郡、吳興、南東海、會稽、東陽、臨海、永嘉、新安等郡也。百姓聞吳河東來，便望風自退，若非積取三吳人情，何以得弭伏如此！弭，緜婢翻。尋喜心迹，豈可奉守文之主，遭國家可乘之會邪！譬如餌藥，當人羸冷，資散石以全身，散，如寒食散之類；石，謂丹石也。羸，倫爲翻。散，悉但翻。及熱勢發動，去堅積以止患，非忘其功，勢不獲已耳。」用人如此，人不自保，其肯終爲之用乎！

13 戊寅，以淮陰爲北兗州，淮陰爲南兗州，事見上卷上年。徵蕭道成入朝。朝，直遙翻；下同。道成所親以朝廷方誅大臣，勸勿就徵，道成曰：「諸卿殊不見事！主上自以太子稚弱，稚，持利翻。翦除諸弟，何預他人！今唯應速發；淹留顧望，必將見疑。且骨肉相殘，自非靈長之祚，禍難將興，方與卿等戮力耳。」史言骨肉相殘，則姦雄生心因之而起，爲蕭氏取宋張本。難，乃旦翻。既至，拜散騎常侍、太子左衞率。散，悉但翻。騎，奇寄翻。率，所律翻。

14 八月，丁亥，魏主還平城。

15 戊子，以皇子躋繼江夏文獻王義恭。景和之初，義恭父子皆死，事見一百三十一卷。夏，戶雅翻。

16 庚寅，上疾有間，間，讀如字。大赦。

17 戊戌，立皇子準爲安成王，實桂陽王休範之子也。

18 魏顯祖聰睿夙成，剛毅有斷；而好黃、老、浮屠之學，每引朝士及沙門共談玄理，雅薄富貴，常有遺世之心。以叔父中都大官京兆王子推沈雅仁厚，素有時譽，欲禪以帝位。中都大官卽□□□□□穆帝之子。斷，丁亂翻。沈，持林翻。時太尉源賀督諸軍屯漠南，馳傳召之。傳，株戀翻。既至，會公卿大議，皆莫敢先言。任城王雲，子推之弟也，任，音壬。對曰：「陛下方隆太平，臨覆四海，覆，敷又翻。豈得上違宗廟，下棄兆民。且父子相傳，其來久矣。陛下必欲委棄塵務，則皇太子宜承正統。夫天下者，祖宗之天下；陛下若更授旁支，恐非先聖之意，啓姦亂之心，斯乃禍福之原，不可不慎也。」源賀曰：「陛下今欲禪位皇叔，臣恐紊亂昭穆，後世必有逆祀之譏。春秋：魯莊公薨，子般弒，季友立閔公；閔公復弒，立僖公。閔公，弟也，僖公，兄也。及僖公薨，魯人以先大後小爲順，遂躋僖公於閔公之上。仲尼以臧文仲不知者三，縱逆祀其一也。言宗廟之祀，姪爲昭而叔爲穆，亂也，後世必以逆祀貽譏。更，工衡翻。紊，亡運翻。昭，時招翻。願深思任城之言。」東陽公丕等曰：「皇太子雖聖德早彰，然實沖幼。陛下富於春秋，始覽萬機，柰何欲隆獨善，不以天下爲心，其若宗廟何！其若億兆何！」尚書陸馛曰：「陛下若捨太子，更議諸王，臣請刎頸殿庭，不敢奉詔！」馛，蒲撥翻。刎，扶粉翻。帝怒，變色；以問宦者選部尚書酒泉趙黑，黑曰：「臣以死奉戴皇太子，不知其他！」帝默然。陸馛之言則怒而變色，趙黑之言則默然心服者，以衆屬於正嫡也。但朝廷大議，作色於陸馛而默爾於宦官，臣庶何觀！魏之朝綱可想而見矣。選，須絹翻。時太子宏生五年矣，帝以其幼，故欲傳位子推。中書令高允曰：「臣不敢多言，願陛下上思宗廟託付之重，追念周公抱成王之事。」帝乃曰：「然則立太子，羣公輔之，有何不可！」高允之言婉而當，且發於衆言交進之後，故轉移上意，爲力差易。又曰：「陸馛，直臣也，必能保吾子。」乃以馛爲太保，與源賀持節奉皇帝璽綬傳位於太子。璽，斯氏翻。考異曰：後魏天象志云：「上迫於太后，傳位太子。」按馮太后若迫顯祖傳位，當奪其大政，安得猶總萬機！今從帝紀。丙午，高祖卽皇帝位，諱宏，顯祖獻文皇帝之長子也。大赦，改元延興。

高祖幼有至性，前年，顯祖病癰，高祖親吮。吮，徂兗翻。及受禪，悲泣不自勝。勝，音升。顯祖問其故，對曰：「代親之感，內切於心。」

丁未，顯祖下詔曰：「朕希心玄古，志存澹泊，爰命儲宮踐升大位，澹，徒覽翻。踐，慈衍翻。朕得優遊恭己，栖心浩然。」

羣臣奏曰：「昔漢高祖稱皇帝，尊其父爲太上皇，明不統天下也。見十一卷漢高帝六年。今皇帝幼沖，萬機大政，猶宜陛下總之。謹上尊號曰太上皇帝。」太上皇帝之號始此。上，時掌翻。顯祖從之。

己酉，上皇徙居崇光宮，采椽不斲，徐廣曰：采，一名櫟，一作柞。索隱曰：采，木名，卽今之櫟木也。余謂采椽者，蓋自山采來之椽，因而用之，不施斧斤，示樸也。椽，重緣翻。土階而已；國之大事咸以聞。崇光宮在北苑中，又建鹿野浮圖於苑中之西山，釋子相傳，以爲尸迦國波羅柰城東北十里許有鹿野苑，本辟支佛住此，常有野鹿，故以名苑。今倣西國而建浮圖也。又據魏書，道武帝天興二年，破高車，以其衆起鹿苑於南臺陰，北距長城，東苞白登，屬之西山，廣輪數百里，蓋因代都鹿苑之舊名，附合西國鹿野之事而建此浮圖也。與禪僧居之。禪，時連翻。

19 冬，十月，魏沃野、統萬二鎮敕勒叛，沃野，卽漢朔方郡沃野縣也；統萬，卽赫連故都，魏以爲鎮，置鎮將。陸恭之風土記：朔方故城，後魏改爲沃野鎮，去統萬八百餘里。遣太尉源賀帥衆討之；降二千餘落，帥，讀曰率。降，戶江翻。追擊餘黨至枹罕、金城，大破之，枹，音膚。斬首八千餘級，虜男女萬餘口，雜畜三萬餘頭。詔賀都督三道諸軍，屯于漠南。

先是，魏每歲秋、冬發軍，三道並出以備柔然，春中乃還。還，從宣翻，又如字；下同。賀以爲「往來疲勞，不可支久；請募諸州鎮武健者三萬餘人，築三城以處之，先，悉薦翻。處，昌呂翻。使冬則講武，春則耕種。」此卽古屯田之說也。不從。

20 庚寅，魏以南安王楨爲都督涼州及西戎諸軍事，領護西域校尉，鎮涼州。校，戶教翻。

21 上命北琅邪、蘭陵二郡太守垣崇祖經略淮北，守，式又翻。崇祖自郁洲將數百人入魏境七百里，據蒙山。此指言舊琅邪蘭陵郡也，本屬徐州。彭城既沒，崇祖率部曲據郁洲，使領二郡太守，未能有其地也。魏收志：蒙山在東安郡新泰縣東南。水經註：朐山縣東北海中有大洲，謂之郁洲，山海經所謂郁山在海中者是也。杜佑曰：鬱洲在海州東海縣，亦曰郁洲。十一月，魏東兗州刺史于洛侯擊之，崇祖引還。

22 上以故第爲湘宮寺，始封湘東王，故以故第爲湘宮寺。備極壯麗；欲造十級浮圖而不能，乃分爲二。新安太守巢尚之罷郡入見，見，賢遍翻。上謂曰：「卿至湘宮寺未？此是我大功德，用錢不少。」少，詩沼翻。通直散騎侍郎會稽虞愿侍側，散騎侍郎，曹魏初與散騎常侍同置，至晉武帝置員外散騎侍郎，及元帝太興元年，使員外二人與散騎侍郎同員直，故謂之通直散騎侍郎，後增爲四人。散，悉亶翻。騎，奇寄翻。會，工外翻。曰：「此皆百姓賣兒貼婦錢所爲，貼婦，謂夫先有婦，苦於上之征求而不能贍，縱之外求淫夫，貼以贍之。又，帖，亦賣也；通典：北齊武平以後，聽人帖賣園田。佛若有知，當慈悲嗟愍；罪高浮圖，何功德之有！」侍坐者失色；坐，徂臥翻。上怒，使人驅下殿。愿徐去，無異容。

上好圍棋，好，呼到翻；下同。棋甚拙，與第一品彭城丞王抗圍棋，當時圍棋之品，王抗爲第一。抗每假借之，曰：「皇帝飛棋，臣抗不能斷。」圍棋之勢，聯屬不斷，然後可以勝人；若爲人斷之，則爲所勝。斷，如字。上終不悟，好之愈篤。愿又曰：「堯以此教丹朱，博物志：堯造圍棋以教子丹朱；或云舜以子商均愚，故作圍棋以教之。其法非智者不能也。胡旦曰：以棋爲易，則聰明者而或不能；以爲難，則愚下小人往往精絕。非人主所宜好也。」上雖怒甚，以愿王國舊臣，上爲湘東王，愿爲國常侍。每優容之。

23 王景文常以盛滿爲憂，屢辭位任，上不許。然中心以景文外戚貴盛，張永累經軍旅，疑其將來難信，乃自爲謠言曰：「一士不可親，弓長射殺人。」射，而亦翻。景文彌懼，自表解揚州，情甚切至。詔報曰：「人居貴要，但問心若爲耳。言但問其存心如何耳。大明之世，巢、徐、二戴，位不過執戟，權亢人主。巢，謂巢尚之；徐，謂徐爰；二戴，謂法興、明寶。亢，口浪翻，高也。今袁粲作僕射領選，選，須絹翻。而人往往不知有粲，粲遷爲令，居之不疑；人情向粲，淡然亦復不改常日。以此居貴位要任，當有致憂競不？袁粲之簡淡雅素，自足以鎮雅俗；而明帝謂其可以託孤，則眞違才易務矣。然粲才雖不足，以死繼之，無愧於爲臣之大節；其視褚淵，相去豈不遠哉！復，扶又翻。「競」，當作「兢」。不，讀曰否。夫貴高有危殆之懼，卑賤有塡壑之憂，有心於避禍，不如無心於任運，存亡之要，巨細一揆耳。」

泰豫元年（壬子、四七二）

1春，正月，甲寅朔，上以疾久不平，改元。戊午，皇太子會四方朝賀者於東宮，并受貢計。朝，直遙翻。

2大陽蠻酋桓誕擁沔水以北、滍・葉以南八萬餘落降於魏，此卽五水蠻也。宋置大陽戍於蘄陽縣西。此縣卽漢江夏郡蘄春縣也。沔水以北，滍、葉以南，皆羣蠻所居。誕擁以降魏，而誕實大陽蠻酋也。酋，慈由翻。沔，彌兗翻。滍，直里翻。葉，式涉翻。降，戶江翻。自云桓玄之子，亡匿蠻中，以智略爲羣蠻所宗。魏以誕爲征南將軍、東荊州刺史、襄陽王，東荊州治比陽縣。聽自選郡縣吏；使起部郎京兆韋珍與誕安集新民，區置諸事，皆得其所。據晉志：武帝置起部郎。杜佑通典曰：晉、宋有起部而不常置。起部，工部也，取虞書「百工起哉」爲義。自是之後，諸蠻皆倚魏以侵擾南國。

3二月，柔然侵魏，上皇遣將擊之；將，卽亮翻；下同。柔然走。東部敕勒叛奔柔然，上皇自將追之，至石磧，磧，七迹翻。石磧，卽石漠。不及而還。

4上疾篤，慮晏駕之後，皇后臨朝，江安懿侯王景文以元舅之勢，必爲宰相，景文，皇后兄也。

朝，直遥翻。相，息亮翻。門族強盛，或有異圖。己未，遣使齎藥賜景文死，使，疏吏翻。手敕曰：「與卿周旋，欲全卿門戶，故有此處分。」處，昌呂翻。分，扶問翻。敕至，景文正與客棋，叩函看已，已，畢也。復置局下，神色不變，方與客思行爭劫。棋有行，有劫。行者，欲擊東而聲出於西也；劫者，先有彼我兩急之勢，彼欲出此，則我劫彼以制之也。行，下孟翻。局竟，斂子內奩畢，子，棋子也。弈戲既畢，則斂而納諸奩中。奩，力鹽翻。徐曰：「奉敕見賜以死。」方以敕示客。句斷。中直兵焦度趙智略憤怒，中直兵，典親兵將官也。洪适曰：宋有中直兵、外兵、騎兵參軍。曰：「大丈夫安能坐受死！州中文武數百，足以一奮。」王景文時爲揚州刺史。景文曰：「知卿至心；若見念者，爲我百口計。」乃作墨啓答敕致謝，飲藥而卒。考異曰：南史云：「帝使謂景文曰：『朕不謂卿有罪，然吾不能獨死，請子先之。』」若使者有此語，則坐客不容不知，更終棋局。又曰：「景文酌酒謂客曰：『此酒不可相勸。』自仰而飲之。」按焦度勸拒命，必不對坐客言之；何得死時客猶在坐也！今從宋書。贈開府儀同三司。

上夢有人告曰：「豫章太守劉愔反。」既寤，遣人就郡殺之。愔，於含翻。

5 魏顯祖還平城。書顯祖，以別魏主。

6 庚午，魏主耕籍田。

7 夏，四月，以垣崇祖行徐州事，徙戍龍沮。魏收地形志：東彭城郡有龍沮縣，縣有卽丘城。五代志：琅邪郡治臨沂縣，舊曰卽丘。沮，子余翻。

8 己亥，上大漸，書顧命云：疾大漸。呂祖謙註曰：疾大進而瀕於死也。以江州刺史桂陽王休範爲司空，又以尚書右僕射褚淵爲護軍將軍，加中領軍劉勔右僕射，勔，彌兗翻。詔淵、勔與尚書令袁粲、荆州刺史蔡興宗、郢州刺史沈攸之並受顧命。褚淵素與蕭道成善，引薦於上，詔又以道成爲右衞將軍，領衞尉，左、右衞，晉官；衞尉，漢官也。史言禁衞兵柄皆歸道成。與袁粲等共掌機事。是夕，上殂。年三十四。庚子，太子卽皇帝位，大赦。時蒼梧王方十歲，袁粲、褚淵秉政，承太宗奢侈之後，務弘節儉，欲救其弊；而阮佃夫、王道隆等用事，貨賂公行，不能禁也。佃，音田。

9 乙巳，以安成王準爲揚州刺史。

10 五月，戊寅，葬明皇帝于高寧陵，據南史，陵在臨沂縣莫府山。廟號太宗。六月，乙巳，尊皇后曰皇太后，考異曰：宋略本紀作「癸未」。今從宋本紀。立妃江氏爲皇后。

11 秋，七月，柔然部帥無盧眞將三萬騎寇魏敦煌，鎭將尉多侯擊走之。多侯，眷之子也。尉眷事魏太武，有平赫連之功。帥，所類翻。將，卽亮翻；下同。騎，奇寄翻。敦，徒門翻。尉，紆勿翻。又寇晉昌，守將薛奴擊走之。魏書官氏志：西方諸姓，叱干氏改爲薛氏。

12 戊午，魏主如陰山。

13 戊辰，尊帝母陳貴妃爲皇太妃，更以諸國太妃爲太姬。更，工衡翻。姬，音怡。

14 右軍將軍王道隆以蔡興宗強直，不欲使居上流，閏月，甲辰，以興宗爲中書監；更以沈攸之爲都督荆・襄等八州諸軍事、荆州刺史。興宗辭中書監不拜。王道隆每詣興宗，躡履到前，不敢就席，良久去，竟不呼坐。

沈攸之自以材略過人，自至夏口以來，陰蓄異志；夏口，郢州也。攸之鎭郢州，見上卷五年。夏，戶雅翻。及徙荆州，擇郢州士馬、器仗精者，多以自隨。到官，以討蠻爲名，大發兵力，招聚才勇，部勒嚴整，常如敵至。重賦斂以繕器甲，斂，力贍翻。舊應供臺者皆割留之，養馬至二千餘匹，治戰艦近千艘，治，直之翻。艦，戶黯翻。近，其靳翻。艘，蘇遭翻。倉廩、府庫莫不充積。士子、商旅過荆州者，多爲所羈留；四方亡命，歸之者皆蔽匿擁護；所部或有逃亡，無遠近窮追，必得而止。舉錯專恣，不復承用符敕，錯，千故翻。復，扶又翻。朝廷疑而憚之。爲後攸之稱兵張本。臺省所下者爲符，出命經中書、門下者爲敕。爲政刻暴，或鞭撻士大夫；上佐以下，面加詈辱。詈，力智翻。然吏事精明，人不敢欺，境内盜賊屏息，屏，必郢翻。夜戶不閉。

攸之賧罰羣蠻太甚，何承天纂文曰：賧，蠻夷贖罪貨也。音徒濫翻。又禁五溪魚鹽，蠻怨叛。西溪蠻王田頭擬死，水經：酉水導源巴郡臨江縣，東逕遷陵縣故城北，又東逕酉陽故縣南，又東逕沅陵縣北，又南注沅水。弟婁侯簒立，其子田都走入獠中。獠，魯皓翻。於是羣蠻大亂，掠抄至武陵城下。抄，楚交翻。武陵内史蕭嶷遣隊主張英兒擊破之，誅婁侯，立田都，羣蠻乃定。嶷，賾之弟也。史言蕭道成二子皆有幹時之用。嶷，魚力翻。賾，士革翻。

15八月，戊午，樂安宣穆公蔡興宗卒。

16九月，辛巳，魏主還平城。

17冬，十月，柔然侵魏，及五原，十一月，上皇自將討之。將，卽亮翻。將度漠，柔然北走數千里，上皇乃還。還，從宣翻，又如字。

18丁亥，魏封上皇之弟略爲廣川王。

19己亥，以郢州刺史劉秉爲尚書左僕射。秉，道憐之孫也，和弱無幹能，以宗室淸令，令，善也。故袁、褚引之。史言袁、褚尙虛名而無實用，所以受制於姦雄也。

20中書通事舍人阮佃夫晉初，初置中書舍人、通事各一人。江左令舍人通事，謂之中書通事舍人。佃，音田。加給事中、輔國將軍，權任轉重。欲用其所親吳郡張澹爲武陵郡；袁粲等皆不同，佃夫稱敕施行，粲等不敢執。史言袁粲等橈於權倖，不能裁之以正。澹，徒覽翻。

21魏有司奏諸祠祀合一千七十五所，歲用牲七萬五千五百。上皇惡其多殺，惡，烏路翻。詔：「自今非天地、宗廟、社稷，皆勿用牲，薦以酒脯而已。」

蒼梧王上 諱昱，字德融，明帝長子也，小字慧震。

元徽元年（癸丑、四七三）

1 春，正月，戊寅朔，改元，大赦。

2 庚辰，魏員外散騎常侍崔演來聘。散，悉亶翻。騎，奇寄翻。

3 戊戌，魏上皇還，至雲中。還自討柔然。

4 癸丑，魏詔守令勸課農事，同部之內，貧富相通，家有兼牛，通借無者；若不從詔，一門終身不仕。

5 戊午，魏上皇至平城。自雲中至平城。

6 甲戌，魏詔：「縣令能靜一縣劫盜者，兼治二縣，即食其祿；能靜二縣者，兼治三縣，治，直之翻；下同。三年遷爲郡守。守，式又翻。二千石能靜二郡上至三郡亦如之，三年遷爲刺史。」

7 桂陽王休範，素凡訥，少知解，凡，庸常也；訥，言難也。少，詩沼翻。解，戶買翻。解，曉也。不爲諸兄所齒遇，齒，列也；遇，待也；不以諸弟之列待之也。物情亦不向之，故太宗之末得免於禍。及帝即位，年在沖幼，素族秉政，近習用權。素族，謂袁、褚也。近習，謂阮佃夫、王道隆、楊運長也。休範自謂尊親莫二，帝諸父皆誅死，唯休範在，故謂尊親莫二。應入爲宰輔；既不如志，怨憤頗甚。典籤新蔡許公輿爲之謀主，令休範折節下士，折，而設翻。下，戶嫁翻。厚相資給，於是遠近赴之，歲中萬計；收養勇士，繕治器械。朝廷知其有異志，亦陰爲之備。會夏口闕鎮，夏，戶雅翻。朝廷以其地居尋陽上流，欲使腹心居之。二月，乙亥，以晉熙王燮爲郢州刺史。燮始四歲，以黃門郎王奐爲長史，行府州事，黃門郎，卽黃門侍郎。配以資力，使鎮夏口；夏，戶雅翻。復恐其過尋陽爲休範所劫留，復，扶又翻。使自太洑徑去。南史休範傳作「太子洑」，此蓋卽劉胡自江外趣沔口之路。休範聞之，大怒，密與許公輿謀襲建康；表治城隍，多解材板而蓄之。奐，景文之兄子也。

8 吐谷渾王拾寅寇魏澆河，夏，四月，戊申，魏以司空長孫觀爲大都督，發兵討之。吐，從暾入聲。谷，音浴。澆，堅堯翻。長，知兩翻。

9 魏以孔子二十八世孫乘爲崇聖大夫，崇聖大夫，以尊崇先聖名官。給十戶以供洒掃。洒，所賣翻；掃，素報翻；又並上聲。

10 秋，七月，魏詔「河南六州之民，河南六州，青、徐、兗、豫、齊、東徐也。戶收絹一匹，綿一斤，租三十石。」

11 乙亥，魏主如陰山。

12 八月，庚申，魏上皇如河西。長孫觀入吐谷渾境，芻其秋稼。吐谷渾王拾寅窘急請降，窘，巨隕翻。降，戶江翻。遣子斤入侍。自是歲脩職貢。

九月，辛巳，上皇還平城。

13 遣使如魏。報聘也。使，疏吏翻。

14 冬，十月，癸酉，割南兗、豫州之境置徐州，治鍾離。鍾離，禹塗山氏之國，春秋鍾離子之國；漢爲縣，屬九江郡；晉屬淮南郡，晉安帝分立鍾離郡；宋立徐州於此。宋白曰：今鍾離縣東四十里有鍾離城。

15 魏上皇將入寇，詔州郡之民十丁取一以充行，以充征行也。戶收租五十石以備軍糧。

16 魏武都氐反，攻仇池，詔長孫觀回師討之。

17 武都王楊僧嗣卒於葭蘆，從弟文度自立爲武興王，從，才用翻。遣使降魏；魏以文度爲武興鎮將。將，卽亮翻；下同。

18 十一月，丁丑，尚書令袁粲以母憂去職。

19 癸巳，魏上皇南巡，至懷州。魏天安二年，以河內郡置懷州，因古地名以名州也。枋頭鎮將代人薛虎子，先爲馮太后所黜，爲門士。魏有宰士、門士；宰士掌酒食，門士守門戶。枋，音方。先，悉薦翻。時山東饑，盜賊競起，相州民孫誨等五百人稱虎子在鎮，境內淸晏，乞還虎子。上皇復以虎子爲枋頭鎮將；相，息亮翻；下同。復，扶又翻，又如字。卽日之官，數州盜賊皆息。數州，謂冀、相、懷等州。

20 十二月，癸卯朔，日有食之。

21 乙巳，江州刺史桂陽王休範進位太尉。

22 詔起袁粲，以衛軍將軍攝職；所謂起復也。粲固辭。

23 壬子，柔然侵魏，柔玄鎮二部敕勒應之。據水經註，柔玄鎮在長川城東，城南小山，于延水所出也。此即六鎮之一。

24 魏州鎮十一水旱，相州民餓死者二千八百餘人。

25 是歲，魏妖人劉舉聚衆自稱天子。妖，於遙翻。齊州刺史武昌王平原討斬之。平原，提之子也。武昌王提，見一百二十五卷宋文帝元嘉二十四年。

二年（甲寅、四七四）

1 春，正月，丁丑，魏太尉源賀以疾罷。

2 二月，甲辰，魏上皇還平城。

3 三月，丁亥，魏員外散騎常侍許赤虎來聘。

4 夏，五月，壬午，桂陽王休範反。考異曰：宋書作「壬子」。按長曆，此月辛未朔，無壬子。今從宋略。掠民船，使軍隊稱力請受，軍有軍主、副，隊有隊主、副。稱力請受者，稱其衆力之多少而請船也。稱，尺證翻。付以材板，合手裝治，合，音閤。治，直之翻。數日即辦。丙戌，休範率衆二萬、騎五百發尋陽，騎，奇寄翻。晝夜取道；以書與諸執政，稱：「楊運長、王道隆蠱惑先帝，使建安、巴陵二王無罪被戮，事見上明帝泰始七年。蠱，音古。被，皮義翻。望執錄二豎，以謝冤魂。」豎，常句翻。

庚寅，大雷戍主杜道欣馳下告變，朝廷惶駭。護軍褚淵、征北將軍張永、領軍劉勔、僕射劉秉、右衞將軍蕭道成、游擊將軍戴明寶、驍騎將軍阮佃夫、右軍將軍王道隆、中書舍人孫千齡、員外郎楊運長員外郎，即員外散騎侍郎。驍，堅堯翻。騎，奇寄翻。集中書省計事，莫有言者。道成曰：「昔上流謀逆，皆因淹緩致敗，謂南郡王義宣、晉安王子勛等也。休範必遠懲前失，輕兵急下，乘我無備。今應變之術，不宜遠出；若偏師失律，則大沮衆心。沮，在呂翻。宜頓新亭、白下，堅守宮城、東府、石頭，以待賊至。千里孤軍，後無委積，委，於僞翻。積，子智翻。周禮：遺人，凡賓客會同、師役，掌其道路之委積。註云：少曰委，多曰積。又宰夫，掌牢禮委積。註云：委積，謂牢米薪芻。左傳：居則具一日之積。杜預註云：芻、米、薪。求戰不得，自然瓦解。我請頓新亭以當其鋒，征北守白下，領軍屯宣陽門爲諸軍節度；諸貴安坐殿中，不須競出，我自破賊必矣。」因索筆下議。衆並注「同」。並注名同道成議也。索，山客翻。孫千齡陰與休範通謀，獨曰：「宜依舊遺軍據梁山。」道成正色曰：「賊今已近，梁山豈可得至！新亭既是兵衝，所欲以死報國耳。常時乃可屈曲相從，今不得也！」坐起，坐，徂臥翻。道成顧謂劉勔曰：「領軍已同鄙議，不可改易！」袁粲聞難，扶曳入殿，袁粲居喪毀瘠，故扶曳而入。難，乃旦翻。即日，內外戒嚴。

道成將前鋒兵出屯新亭，將，卽亮翻。張永屯白下，前南兗州刺史沈懷明戍石頭，袁粲、褚淵入衞殿省。時倉猝不暇授甲，開南北二武庫，隨將士意所取。

蕭道成至新亭，治城壘未畢；將，卽亮翻；下同。治，直之翻。辛卯，休範前軍已至新林。新林浦去今建康城二十里。道成方解衣高臥以安衆心，徐索白虎幡，索，山客翻。登西垣，使寧朔將軍高道慶、羽林監陳顯達、員外郎王敬則帥舟師與休範戰，頗有殺獲。帥，讀曰率。壬辰，休範自新林捨舟步上，上，時掌翻。其將丁文豪請休範直攻臺城。休範遣文豪別將兵趣臺城，趣，七喻翻。自以大衆攻新亭壘。道成率將士悉力拒戰，自巳至午，外勢愈盛，衆皆失色，道成曰：「賊雖多而亂，尋當破矣。」

休範白服，乘肩輿，自登城南臨滄觀，臨滄觀在勞山上，江寧縣南十五里，亦曰勞勞亭。觀，古玩翻。以數十人自衞。考異曰：張敬兒傳云：「左右數百人皆散走。」按休範左右若有數百人，黄回、敬兒雖勇，何敢徑往取之！今從休範傳。屯騎校尉黄回與越騎校尉張敬兒謀詐降以取之。騎，奇寄翻。校，戶教翻。降，戶江翻；下同。回謂敬兒曰：「卿可取之，我誓不殺諸王。」敬兒以白道成。道成曰：「卿能辦事，當以本州相賞。」敬兒，南陽冠軍人。本州，謂雍州也。爲後敬兒求雍州張本。乃與回出城南，放仗走，大呼稱降。休範喜，召至輿側。回陽致道成密意，休範信之，以二子德宣、德嗣付道成爲質。呼，火故翻。質，音致。二子至，道成卽斬之。休範置回、敬兒於左右，所親李恒、鍾爽諫，不聽。恆，戶登翻。時休範日飲醇酒，回見休範無備，目敬兒；敬兒奪休範防身刀，斬休範首，左右皆散走。敬兒馳馬持首歸新亭。

道成遣隊主陳靈寶送休範首還臺。靈寶道逢休範兵，弃首於水，考異曰：南齊書云「埋首道側」。宋略云「弃諸溝中」。今從宋書。挺身得達，唱云「已平」，而無以爲驗，衆莫之信。休範將士亦不之知，其將杜黑騾攻新亭甚急。將，卽亮翻。騾，盧戈翻。考異曰：宋書、南齊書作「黑蠡」，今從宋略。蕭道成在射堂，司空主簿蕭惠朗帥敢死士數十人突入東門，休範先爲司空，以惠朗爲主簿。帥，讀曰率；下同。至射堂下。道成上馬，帥麾下搏戰，惠朗乃退，道成復得保城。復，扶又翻。惠朗，惠開之弟也，蕭惠開見一百三十一卷明帝泰始之元年、二年。其姊爲休範妃。惠朗兄黃門郎惠明，時爲道成軍副，在城內，了不自疑。左傳：宋元公與華氏戰于新里。翟僂新居于新里，既戰，說甲于公而歸。華姓居于公里，亦如之。杜預註曰：古之爲軍，不呰小忿。僂，力主翻。姓，他口翻。呰，子斯翻，又音紫。

道成與黑騾拒戰，自晡達旦，矢石不息；其夜，大雨，鼓叫不復相聞。復，扶又翻。將士積日不得寢食，軍中馬夜驚，城內亂走。道成秉燭正坐，厲聲呵之，如是者數四。

丁文豪破臺軍於皂莢橋，皂莢橋當在新亭之北。直至朱雀桁南；朱雀桁，卽大航也，在秦淮水上；以其在朱雀門外，故名。桁，與航同，音戶剛翻。杜黑騾亦捨新亭北趣朱雀桁。趣，七喻翻。右軍將軍王道隆將羽林精兵在朱雀門內，急召鄱陽忠昭公劉勔於石頭。勔至，命撤桁以折南軍之勢，道隆怒曰：「賊至，但當急擊，寧可開桁自弱邪！」勔不敢復言。道隆趣勔進戰，折，之舌翻。復，扶又翻。趣，讀曰促。勔渡桁南，戰敗而死。黑騾等乘勝渡淮，道隆弃衆走還臺，黑騾兵追殺之。蕭道成所謂諸貴不須競出者，正慮此也。黄門侍郎王蘊重傷，踣於御溝之側，踣，蒲北翻。或扶之以免。蘊，景文之兄子也。於是中外大震，道路皆云「臺城已陷」，白下、石頭之衆皆潰，張永、沈懷明逃還。宮中傳新亭亦陷，太后執帝手泣曰：「天下敗矣！」

先是，月犯右執法，太白犯上將，先，悉薦翻。太微南蕃中二星曰端門，東曰左執法，西曰右執法。東蕃四星，其北曰上將；西蕃四星，南第一星亦曰上將。或勸劉勔解職。勔曰：「吾執心行己，無愧幽明，若災眚必至，避豈得免！」勔晚年頗慕高尚，立園宅，名爲東山，遺落世務，罷遣部曲。蕭道成謂勔曰：「將軍受顧命，輔幼主，當此艱難之日，而深尚從容，從，千容翻。廢省羽翼，一朝事至，悔可追乎！」勔不從而敗。

甲午，撫軍長史褚澄開東府門納南軍，考異曰：宋書作「撫軍典籤茅恬開東府納賊」，南齊書作「車騎典籤茅恬」，蓋皆爲褚澄諱耳。今從宋略。擁安成王準據東府，稱桂陽王教曰：「安成王，吾子也，勿得侵犯。」澄，淵之弟也。杜黑騾徑進至杜姥宅，晉成帝杜皇后母裴氏立第南掖門外，世謂之杜姥宅。姥，莫補翻。中書舍人孫千齡開承明門出降。文帝元嘉二十五年，新作閶闔、廣莫二門，改廣莫門曰承明門。降，戶江翻。宮省恇擾。恇，去王翻。時府藏已竭，藏，徂浪翻。皇太后、太妃剔取宮中金銀器物以充賞，衆莫有鬬志。

俄而丁文豪之衆知休範已死，稍欲退散。文豪厲聲曰：「我獨不能定天下邪！」許公輿詐稱桂陽王在新亭，士民惶惑，詣蕭道成壘投刺者以千數。凡求見之禮，先投刺以自達。毛晃曰：書姓名以自白，故曰刺。道成得，皆焚之，登北城謂曰：「劉休範父子昨已就戮，尸在南岡下。南岡，即勞山之岡也；以在新亭城南，故謂之南岡。身是蕭平南，道成之出屯新亭也，加平南將軍。諸君諦視之。諦，音帝，審也。名刺皆已焚，勿憂懼也。」

道成遣陳顯達、張敬兒及輔師將軍任農夫、馬軍主東平周盤龍等將兵自石頭濟淮，從承明門入衞宮省。袁粲慷慨謂諸將曰：「今寇賊已逼而衆情離沮，孤子受先帝付託，不能綏靜國家，粲時居喪，故自稱孤子。任，音壬。將，即亮翻。沮，在呂翻。請與諸君同死社稷！」被甲上馬，將驅之。被，皮義翻。於是陳顯達等引兵出戰，大破杜黑騾於杜姥宅，飛矢貫顯達目。丙申，張敬兒等又破黑騾等於宣陽門，斬黑騾及丁文豪，進克東府，餘黨悉平。蕭道成振旅還建康，還，從宣翻，又如字。百姓緣道聚觀，曰：「全國家者此公也！」道成與袁粲、褚淵、劉秉皆上表引咎解職，不許。丁酉，解嚴，大赦。

5 柔然遣使來聘。使，疏吏翻。

6 六月，庚子，以平南將軍蕭道成爲中領軍、南兗州刺史，留衞建康，道成自此得政矣。與袁粲、褚淵、劉秉更日入直決事，號爲四貴。

7 桂陽王休範之反也，使道士陳公昭作天公書，題云「沈丞相」，付荆州刺史沈攸之門者。攸之不開視，推得公昭，送之朝廷。考異曰：宋略云：「桂陽遺攸之書，署曰『沈丞相』，攸之斬其使。」今從宋書。及休範反，攸之謂僚佐曰：「桂陽必聲言我與之同。若不顛沛勤王，顛沛勤王者，危難之際，奔走顛仆以從王事也。必增朝野之惑。」乃與南徐州刺史建平王景素、郢州刺史晉熙王燮、湘州刺史王僧虔、雍州刺史張興世雍，於用翻。同舉兵討休範。休範留中兵參軍毛惠連等守尋陽，燮遣中兵參軍馮景祖襲之。癸卯，惠連等開門請降，降，戶江翻。考異曰：宋略作「癸亥」，按下有戊申。今從宋書。殺休範二子，諸鎮皆罷兵。景素，宏之子也。建平王宏，文帝之子也。

8 乙卯，魏詔曰：「下民兇戾，不顧親戚，一人爲惡，殃及闔門。朕爲民父母，深所愍悼。自今非謀反大逆外叛，罪止其身。」於是始罷門、房之誅。門誅者，誅其一門；房誅者，誅其一房。時河北大族如崔、如李，子孫分派，各自爲房。

魏顯祖勤於爲治，治，直吏翻。賞罰嚴明，慎擇牧守，守，式又翻。進廉退貪。諸曹疑事，舊多奏決，又口傳詔敕，或致矯擅。上皇命事無大小，皆據律正名，不得爲疑奏；合則制可，違則彈詰，盡用墨詔，制可者，手詔可其所奏。彈詰者，劾問之。合，謂與律合也。違，謂悖於律也。詰，去吉翻。由是事皆精審。尤重刑罰，大刑多令覆鞫，大刑，謂死罪。或囚繫積年。羣臣頗以爲言，上皇曰：「滯獄誠非善治，治，直吏翻。不猶愈於倉猝而濫乎！夫人幽苦則思善，故智者以囹圄爲福堂，囹，盧丁翻。圄，音語。朕特苦之，欲其改悔而加矜恕爾。」由是囚繫雖滯，而所刑多得其宜。又以赦令長姦，故自延興以後，不復有赦。泰始七年，魏改元延興。長，知兩翻。復，扶又翻。

9 秋，七月，庚辰，立皇弟友爲邵陵王。

10 乙酉，加荆州刺史沈攸之開府儀同三司，攸之固辭。執政欲徵攸之而憚於發命，乃以太后令遣中使謂曰：使，疏吏翻。「公久勞于外，宜還京師。任寄實重，未欲輕之；進退可否，在公所擇。」攸之曰：「臣無廊廟之資，居中實非其才。至於撲討蠻、蜑，蜑，亦蠻屬，音蕩旱翻。毛晃曰：蜑，南夷海種也。范成大桂海漁〔虞〕衡志曰：蜑，海上水居蠻也，以舟爲家。沿海蜑有三種：漁蜑，取魚；蠔蜑，取蠔；木蜑，伐山取材。大率皆取海物爲糧，生食之，入水能視。陳師道曰：二廣，居山谷間，不隸州縣，謂之傜人；舟居謂之蜑人；島居謂之黎人。余謂巴、黔亦自有蜑人。克清江、漢，不敢有辭。雖自上如此，上，時掌翻。去留伏聽朝旨。」朝，直遙翻。乃止。

11 癸巳，柔然寇魏敦煌，尉多侯擊破之。尚書奏：「敦煌僻遠，介居西、北強寇之間，西，謂吐谷渾，北，柔然也。敦，徒門翻。尉，紆勿翻。恐不能自固，請內徙就涼州。」羣臣集議，皆以爲然。給事中昌黎韓秀，獨以爲：「敦煌之置，爲日已久。雖逼強寇，人習戰鬭，縱有草竊，不爲大害。循常置戍，足以自全；而能隔閡西、北二虜，使不得相通。閡，五慨翻。今從就涼州，不唯有蹙國之名，且姑臧去敦煌千有餘里，防邏甚難，邏，力佐翻。二虜必有交通闚覦之志；漢武帝開河西四郡以隔絶西羌、月氏不得與匈奴通，其規畫正如此也。覦音俞。若騷動涼州，則關中不得安枕。又，士民或安土重遷，招引外寇，爲國深患，不可不慮也。」乃止。

12 九月，考異曰：後魏帝紀：「使將軍元蘭五將三萬騎及假東陽王丕爲後繼伐蜀漢」，不言勝負；列傳及宋書皆無之。今不取。丁酉，以尚書令袁粲爲中書監、領司徒，加褚淵尚書令，劉秉丹楊尹。粲固辭，求反居墓所；不許。粲受遺輔政，適罹艱棘。國有大難，釋衰絰以從金革之事；大難既平，求歸終喪，禮也。

淵以褚澄爲吳郡太守，司徒左長史蕭惠明言於朝朝，直遙翻。考異曰：宋略作「惠朗」。按惠朗不爲司徒長史，今從南史。曰：「褚澄開門納賊，更爲股肱大郡；王蘊力戰幾死，棄而不收；幾，居希翻；又音祁。賞罰如此，何憂不亂！」淵甚慚。冬，十月，庚申，以侍中王蘊爲湘州刺史。

13 十一月，丙戌，帝加元服，大赦。

14 十二月，癸亥，立皇弟躋爲江夏王，贊爲武陵王。躋，牋西翻。夏，戶雅翻。

15 是歲，魏建安貞王陸馛卒。馛，蒲撥翻。

三年（乙卯、四七五）

1 春，正月，辛巳，帝祀南郊、明堂。二祀並舉也。

2 蕭道成以襄陽重鎮，張敬兒人位俱輕，不欲使居之；而敬兒求之不已，蓋道成先許之也。謂道成曰：「沈攸之在荆州，公知其欲何所作；不出敬兒，以表裏制之，恐非公之利。」道成笑而無言。道成居內，敬兒居外以制其後，故曰表裏制之也。三月，己巳，以驍騎將軍張敬兒爲都督雍·梁二州諸軍事、雍州刺史。驍，堅堯翻。騎，奇寄翻。雍，於用翻。

沈攸之聞敬兒上，上，時掌翻。恐其見襲，陰爲之備。敬兒既至，奉事攸之，親敬甚至，動輒咨稟，信饋不絕。攸之以爲誠然，酬報款厚。累書欲因遊獵會境上，敬兒報以爲「心期有在，影迹不宜過敦。」謂動則有影，行則有迹，人將窺見之也。敦，厚也。攸之益信之。敬兒得其事迹，皆密白道成。道成與攸之書，問：「張雍州遷代之日，將欲誰擬？」攸之卽以示敬兒，欲以間之。史言攸之墮敬兒術中而不悟，且爲襲江陵張本。間，古莧翻。

3 夏，五月，丙午，魏主使員外散騎常侍許赤虎來聘。

4 丁未，魏主如武州山；辛酉，如車輪山。地形志，秀容郡敷城縣有車輪泉。車，尺遮翻。

5 六月，庚午，魏初禁殺牛馬。牛者，農之所資；馬者，兵之所資；禁殺，當也。魏興於北荒，畜牧蕃庶，殺之者不禁；今始禁之。

6 袁粲、褚淵皆固讓新官。秋，七月，庚戌，復以粲爲尚書令，復，扶又翻。八月，庚子，加護軍將軍褚淵中書監。

7冬，十二月，丙寅，魏徙建昌王長樂爲安樂王。樂，音洛。

8己丑，魏城陽王長壽卒。

9南徐州刺史建平王景素，孝友淸令，服用儉素，又好文學，好，呼到翻。禮接士大夫，由是有美譽；太宗特愛之，異其禮秩。時太祖諸子俱盡，諸孫唯景素爲長；帝凶狂失德，朝野皆屬意於景素。帝外家陳氏深惡之；長，知兩翻。屬，之欲翻。惡，烏路翻。楊運長、阮佃夫等欲專權勢，不利立長君，亦欲除之。其腹心將佐多勸景素舉兵，鎭軍參軍濟陽江淹獨諫之，景素時以鎭北將軍鎭京口，以淹爲主簿。「鎭軍」當作「鎭北」。濟，子禮翻。景素不悅。是歲，防閤將軍王季符得罪於景素，江左之制，禁衛有直閤將軍，王國有防閤將軍。單騎亡奔建康，告景素謀反。騎，奇寄翻。運長等卽欲發兵討之，袁粲、蕭道成以爲不可；景素亦遣世子延齡詣闕自陳。乃徙季符於梁州，奪景素征北將軍、開府儀同三司。「征北」亦當作「鎭北」。

資治通鑑卷第一百三十四

端明殿學士兼翰林侍讀學士朝散大夫右諫議大夫充集賢殿修撰提舉西京嵩山崇福宮上柱國河內郡開國侯食邑一千八百戶食實封六百戶賜紫金魚袋臣司馬光奉敕編集

後學天台胡三省音註

宋紀十六 起柔兆執徐（丙辰），盡著雍敦牂（戊午），凡三年。

蒼梧王下

元徽四年（丙辰、四七六）

1 春，正月，己亥，帝耕籍田，大赦。

2 二月，魏司空東郡王陸定國坐恃恩不法，免官爵爲兵。

3 魏馮太后內行不正，行，下孟翻。以李奕之死怨顯祖，事見一百三十二卷明帝泰始之六年。密行鴆毒，夏，六月，辛未，顯祖殂。年二十三。考異曰：元行沖後魏國典云：「太后伏壯士於禁中，太上入謁，遂崩。」按事若如此，安得不彰，而中外恬然不以爲怪，又孝文終不之知！按後魏書及北史皆無殺事。而天象志云「顯文暴崩」，蓋實有鴆毒之禍。今從之。壬申，大赦，改元承明。葬顯祖于金陵，金陵在雲中。謚曰獻文皇帝。

4 魏大司馬、大將軍代人萬安國坐矯詔殺神部長奚買奴，賜死。神部，八部之一也。長，知兩翻。

5 戊寅，魏以征西大將軍、安樂王長樂爲太尉，樂，音洛。尚書左僕射、宜都王目辰爲司徒，南部尚書李訢爲司空。訢，許斤翻。尊皇太后曰太皇太后，復臨朝稱制。魏高宗之殂，顯祖方年十二，馮太后臨朝稱制；時宋太宗泰始二年也。至次年，太后歸政。今旣鴆顯祖，而高祖尚幼，故復臨朝。復，扶又翻。朝，直遙翻。以馮熙爲侍中、太師、中書監。熙自以外戚，固辭內任；乃除都督、洛州刺史，魏太宗取洛陽，以晉司州爲洛州。侍中、太師如故。

顯祖神主祔太廟，有司奏廟中執事之官，請依故事皆賜爵。祕書令廣平程駿上言：「建侯裂地，帝王所重，或以親賢，或因功伐，以勞定國曰功，積功曰伐。未聞神主祔廟而百司受封者也。皇家故事，蓋一時之恩，豈可爲長世之法乎！」太后善而從之，謂羣臣曰：「凡議事，當依古典正言，豈得但脩「脩」，當作「循」。故事！」而【章：甲十一行本「而」下有「已」字；乙十一行本同；孔本同；熊校同；張校同，云「事」下脫「而已」二字。】賜駿衣一襲，帛二百匹。

太后性聰察，知書計，曉政事，被服儉素，被，皮義翻。膳羞減於故事什七八；而猜忍多權數。高祖性至孝，能承顏順志，事無大小，皆仰成於太后。經典釋文：仰，如字，又五亮翻。太后往往專決，不復關白於帝。復，扶又翻。所幸宦者高平王琚、安定張祐、杞嶷、康曰：杞，姓也，出自夏后氏之後。嶷，魚力翻。馮翊王遇、略陽苻承祖、高陽王質，皆依勢用事；祐官至尚書左僕射，爵新平王；琚官至征南將軍，爵高平王；嶷等官亦至侍中、吏部尚書、刺史，爵爲公、侯，賞賜巨萬，賜鐵券，許以不死。康曰：說文：券，契也。釋名曰：券，綣也，相約束繾綣爲券也。又，太卜令姑臧王叡得幸於太后，超遷至侍中、吏部尚書，爵太原公。祕書令李沖，雖以才進，亦由私寵，賞賜皆不可勝紀。太和末年，高菩薩之禍，后啓之也。后雖獲終其世，禍及門戶矣。勝，音升。又外禮人望東陽王丕、游明根等，皆極其優厚，每褒賞叡等，輒以丕等參之，以示不私。丕，烈帝之玄孫；拓跋翳槐謚烈帝。沖，寶之子也。魏世祖太平眞君五年，李寶入朝，其子沖遂貴顯於魏。

太后自以失行，畏人議己，羣下語言小涉疑忌，輒殺之。然所寵幸左右，苟有小過，必加笞箠，或至百餘；箠，止橤翻。而無宿憾，尋復待之如初，或因此更富貴。故左右雖被罰，終無離心。此史之所謂權數也，吁！行，下孟翻。復，扶又翻。被，皮義翻。

6 乙亥，加蕭道成尚書左僕射，劉秉中書令。

7 楊運長、阮佃夫等忌建平王景素益甚，通鑑書禍始於上卷上年。佃，音田。景素乃與錄事參軍陳郡殷瀰、瀰，莫比翻。中兵參軍略陽垣慶延、參軍沈顒、左暄等謀爲自全之計。顒，魚容翻。遣人往來建康，要結才力之士，要，讀曰邀。冠軍將軍黃回、游擊將軍高道慶、輔國將軍曹欣之、前軍將軍韓道清、長水校尉郭蘭之、羽林監垣祗祖，漢東都之制，羽林左、右監主羽林騎，屬光祿勳；至晉，以羽林屬二衞，而監不見於志，當是江左復置。冠，古玩翻。校，戶教翻。皆陰與通謀；武人不得志者，無不歸之。時帝好獨出遊走郊野，欣之謀據石頭城，伺帝出作亂。道清、蘭之欲說蕭道成因帝夜出，執帝迎景素，道成不從者，即圖之；景素每禁使緩之。楊、阮微聞其事，遣傖人周天賜僞投景素，好，呼到翻。說，輸芮翻；下譬說同。伺，相吏翻。傖，助庚翻；江東人謂楚人別種爲傖，亦謂西北人爲傖。勸令舉兵。景素知之，斬天賜首送臺。

秋，七月，祗祖帥數百人自建康奔京口，云京師已潰亂，勸令速入。景素信之，戊子，據京口起兵，士民赴之者以千數。楊、阮聞祗祖叛走，即命纂嚴。己丑，遣驍騎將軍任農夫、領軍將軍黃回、左軍將軍蘭陵李安民將步軍，右軍將軍張保將水軍，以討之；驍，堅堯翻。騎，奇寄翻。任，音壬。民將，保將，即亮翻。辛卯，又命南豫州刺史段佛榮爲都統。都統之名始此。蕭道成知黃回有異志，故使安民、佛榮與之偕行。道成知黃回不附己，既使之討景素，又使之討沈攸之，二難既平，然後殺之，則足以知回於當時有幹略，而道成智數又一時所不及者。回私戒其士卒，「道逢京口兵，勿得戰。」道成屯玄武湖，冠軍將軍蕭賾鎭東府。冠，古玩翻。賾，士革翻。

始安王伯融，都鄉侯伯猷，皆建安王休仁之子也，楊、阮忌其年長，悉稱詔賜死。

景素欲斷竹里以拒臺軍。長，知兩翻。斷，丁管翻；下斷峽同。垣慶延、垣祗祖、沈顒皆曰：

「今天時旱熱，臺軍遠來疲困，引之使至，以逸待勞，可一戰而克。」殷瀰等固爭，不能得。農夫等既至，縱火燒市邑。慶延等各相顧望，莫有鬬志；景素本乏威略，恇擾不知所爲。恇，去王翻。黄回迫於段佛榮，且見京口軍弱，遂不發。張保泊西渚，西渚在京口城西，今西津渡口是也。景素左右勇士數十人，自相要結，要，一遥翻。進擊水軍。甲午，張保敗死，而諸將不相應赴，復爲臺軍所破。復，扶又翻。臺軍既薄城下，顒先帥衆走，帥，讀曰率。祗祖次之，其餘諸軍相繼奔退，獨左暄與臺軍力戰於萬歲樓下；而所配兵力甚弱，不能敵而散。乙未，拔京口。黄回軍先入，自以有誓不殺諸王，乃以景素讓殿中將軍張倪奴。倪奴擒景素，斬之，并其三子，同黨垣祗祖等數十人皆伏誅。蕭道成釋黄回、高道慶不問，撫之如舊。撫之所以安反側，事定之後決不能容之。是日，解嚴。丙申，大赦。

初，巴東建平蠻反，沈攸之遣軍討之。及景素反，攸之急追峽中軍以赴建康。巴東太守劉攘兵、建平太守劉道欣疑攸之有異謀，勒兵斷峽，不聽軍下。攘兵子天賜爲荆州西曹，西曹者，漢、晉公府之西曹掾。攸之遣天賜往諭之。攘兵知景素實反，乃釋甲謝愆，攸之待之如故。劉道欣堅守建平，攘兵譬説不回，乃與伐蠻軍攻斬之。沈攸之用劉攘兵，卒爲攘兵所禍；蕭道成用黄回，而權以濟事；非用人之難，用勢之難也。説，輸芮翻。

8 甲辰，魏主追尊其母李貴人曰思皇后，李氏，李惠之女，高祖之母也。爲後李惠貴張本。

9 八月，丁卯，立皇弟翽爲南陽王，翽，呼會翻。嵩爲新興王，禧爲始建王。

10 庚午，以給事黃門侍郎阮佃夫爲南豫州刺史，留鎮京師。

11 九月，戊子，賜驍騎將軍高道慶死。驍，堅堯翻。騎，奇寄翻。

12 冬，十月，辛酉，以吏部尚書王僧虔爲尚書左【章：甲十一行本「左」作「右」；乙十一行本同；孔本同。】僕射。

13 十一月，戊子，魏以太尉、安樂王長樂爲定州刺史，司空李訢爲徐州刺史。樂，音洛。訢，許斤翻。

順皇帝

諱準，字仲謀，明帝第三子也，小字知觀；實桂陽王休範之子。謚法：慈和偏服曰順。蕭氏所以謚之曰順者，以其順天命人心而禪代也。

昇明元年（丁巳、四七七）是年七月，帝卽位，始改元昇明。

1 春，正月，乙酉朔，魏改元太和。

2 己酉，略陽民王元壽聚衆五千餘家，自稱衝天王；二月，辛未，魏秦、益二州刺史尉洛侯擊破之。秦、益二州，此魏所謂南秦、東益也。尉，紆勿翻。

3 三月，庚子，魏以東陽王丕爲司徒。

4夏，四月，丁卯，魏主如白登；壬申，如崞山。崞，音郭。

初，蒼梧王在東宮，好緣漆帳竿，好，呼到翻。去地丈餘；喜怒乖節，主帥不能禁。主帥，謂東宮齋內主帥也。帥，所類翻。太宗屢敕陳太妃痛捶之。陳氏，蒼梧王之母也。即位，尊爲太妃。捶，止橤翻。及即帝位，內畏太后、太妃，外憚諸大臣，未敢縱逸。自加元服，內外稍無以制，數出遊行。數，所角翻。始出宮，猶整儀衞。俄而弃車騎，帥左右數人，或出郊野，或入市廛。騎，奇寄翻；下同。帥，讀曰率。太妃每乘青犢車，青犢車，青蓋犢車也。晉制，諸王青蓋車。時有司奏，皇太妃輿服一同晉孝武李太妃故事。隨相檢攝。既而輕騎遠走一二十里，太妃不復能追；復，扶又翻；下已復同。儀衞亦懼禍不敢追尋，唯整部伍別在一處，瞻望而已。

初，太宗嘗以陳太妃賜嬖人李道兒，已復迎還，生帝。已，既也；既而復迎之還也。嬖，卑義翻，又博計翻。故帝每微行，自稱「劉統」，劉統，自言統天下也，猶苻堅稱「苻詔」，桓玄稱「桓詔」。或稱「李將軍」。常著小袴衫，營署巷陌，無不貫穿；著，陟略翻。穿，如字，又樞絹翻。或夜宿客舍，或晝臥道傍，排突廝養，廝，息移翻。養，餘亮翻。韋昭曰：析薪爲廝，炊烹爲養。又，廝給、養馬者。與之交易，或遭慢辱，悅而受之。凡諸鄙事，裁衣、作帽，過目則能；未嘗吹篪，篪，音池，以竹爲之，長八尺四寸，圍三寸。周禮賈疏云：篪八孔。執管便韻。韻，諧也，和也。及京口既平，驕恣尤甚，無日不出，夕去晨返，晨出暮歸。從者並執鋋矛，從，才用翻。鋋，音蟬，又以前翻，小矛也。行人男女及犬馬牛驢，逢無免者。民間擾懼，商販皆息，門戶晝閉，行人殆絕。鍼、椎、鑿、鋸，不離左右，鍼，與鉗同，其淹翻。離，力智翻。小有忤意，卽加屠剖，忤，五故翻。一日不殺，則慘然不樂；殿省憂惶，食息不保。阮佃夫與直閤將軍申伯宗等，謀因帝出江乘射雉，稱太后令，喚隊仗還，樂，音洛。射，而亦翻。隊有隊主、副，仗有仗主、副。閉城門，遣人執帝廢之，立安成王準。事覺，甲戌，帝收佃夫等殺之。

太后數訓戒帝，數，所角翻。帝不悅。會端午，太后賜帝毛扇。毛扇，蓋羽扇也。考異曰：宋略作「太妃賜」，今從宋書。帝嫌其不華，令太醫煑藥，欲鴆太后。左右止之曰：「若行此事，官便應作孝子，豈復得出入狡獪！」復，扶又翻；下無復、誰復同。狡，古巧翻。獪，古外翻。江南人謂小兒戲爲狡獪。帝曰：「汝語大有理！」乃止。

六月，甲戌，有告散騎常侍杜幼文、司徒左長史沈勃、游擊將軍孫超之與阮佃夫同謀者，帝登帥衞士，自掩三家，悉誅之，登，登時也；登時，猶言卽時也。散，悉亶翻。騎，奇寄翻。帥，讀曰率。考異曰：南史曰：「孝武二十八子，太宗殺其十六，餘皆帝殺之。」按宋書，孝武諸子，十人早卒，二人爲景和所殺，餘皆太宗殺之，無及蒼梧時者，南史誤也。刳解臠割，嬰孩不免。沈勃時居喪在廬，廬，倚廬也。禮：居喪者，居倚廬，寢苫枕塊。孟康註曰：倚廬，倚牆至地而爲之，無楣柱。孔穎達曰：居倚廬者，謂於中門之外，東牆下倚木爲廬。又說曰：凡非適子，自未葬以於隱者爲廬。鄭註曰：不欲人屬目，蓋於東南角。左右未至，帝揮刀獨前。勃知不免，手搏帝耳，唾罵之曰：唾，湯臥翻。「汝罪踰桀、紂，屠戮無日，」遂死。是日，大赦。

帝嘗直入領軍府。時盛熱，蕭道成晝臥裸袒。裸，郎果翻。帝立道成於室內，畫腹爲的，畫，讀與畫同。自引滿，將射之。射，而亦翻；下無復射、箭射同。道成斂版曰：「老臣無罪。」左右王天恩曰：「領軍腹大，是佳射堋；堋，補隥翻。射堋，今言射垜也。一箭便死，後無復射；不如以骲箭射之。」帝乃更以骲箭射，正中其齊。更，工衡翻。骲，蒲交翻，又蒲剝翻。集韻云：骨鏃也。余謂骨鏃亦能害人，況以之射人腹乎！蓋當時所謂骲箭者，必非骨鏃。中，竹仲翻。齊，與臍同。投弓大笑曰：「此手何如！」帝忌道成威名，嘗自磨鋋，曰：「明日殺蕭道成。」陳太妃罵之曰：「蕭道成有功於國，若害之，誰復爲汝盡力邪！」爲，于僞翻。帝乃止。

道成憂懼，密與袁粲、褚淵謀廢立。粲曰：「主上幼年，微過易改。易，以豉翻。伊、霍之事，非季世所行；縱使功成，亦終無全地。」淵默然。淵於此時已心歸道成矣。領軍功曹丹陽紀僧眞言於道成曰：「今朝廷猖狂，人不自保；天下之望，不在袁、褚，明公豈得坐受夷滅！存亡之機，仰希熟慮。」道成然之。道成時爲中領軍，以僧眞爲功曹。希，望也。

或勸道成奔廣陵起兵。道成世子賾，時爲晉熙王長史，行郢州事，欲使賾將郢州兵東下會京口。將，即亮翻。道成密遣所親劉僧副告其從兄行青、冀二州刺史劉善明曰：從，才用翻。「人多見勸北固廣陵，恐未爲長算。今秋風行起，卿若能與垣東海微共動虜，則我諸計可立。」亦告東海太守垣榮祖。善明曰：「宋氏將亡，愚智共知。北虜若動，反爲公患。公神武高世，唯當靜以待之，因機奮發，功業自定，不可遠去根本，自貽猖蹶。」榮祖亦曰：「領府去臺百步，領府，謂領軍府也。公走，人豈不知！若單騎輕行，騎，奇寄翻。廣陵人閉門不受，公欲何之！公今動足下牀，恐卽有叩臺門者，言將有告之者。公事去矣。」紀僧眞曰：「主上雖無道，國家累世之基猶爲安固。公百口，北度必不得俱。縱得廣陵城，天子居深宮，施號令，目公爲逆，何以避之！此非萬全策也。」道成族弟鎭軍長史順之順之，蕭衍之父也。考異曰：齊高帝紀，姚思廉梁書武帝紀，自相國何至皇考一十餘世，皆有名及官位。蓋史官附會，今所不取。及次子驃騎從事中郎嶷，驃，匹妙翻。騎，奇寄翻。嶷，魚力翻。皆以爲：「帝好單行道路，於此立計，易以成功；外州起兵，鮮有克捷，好，呼到翻。易，以豉翻。鮮，息淺翻。鮮，少也。徒先人受禍耳。」先，悉薦翻。道成乃止。

東中郎司馬、行會稽郡事李安民欲奉江夏王躋起兵於東方，明帝泰始七年以皇子躋繼江夏王義恭，時蓋爲東中郎將，以安民爲司馬行郡事也。會，工外翻。夏，戶雅翻。躋，牋西翻。道成止之。

越騎校尉王敬則潛自結於道成，夜著靑衣，扶匐道路，著，則略翻。扶，讀曰蒲。說文曰：手行也。匐，蒲北翻。爲道成聽察帝之往來。道成命敬則陰結帝左右楊玉夫、楊萬年、陳奉伯等一

【張：「一」作「二」。】十五人於殿中，詗伺機便。爲，于僞翻。詗，喧正翻，又古迥翻。伺，候也。伺，相吏翻。

秋，七月，丁亥夜，帝微行至領軍府門。左右曰：「一府皆眠，何不緣牆入？」帝曰：「我今夕欲於一處作適，適意作戲，謂之作適。宜待明夕。」員外郎桓康等於道成門間聽聞之。此員外郎蓋員外散騎郎也。

戊子，帝乘露車，與左右於臺岡賭跳，臺岡，意卽臺城之來岡也。賭跳者，賭跳躑，以高者爲勝也。跳，音他弔翻。考異曰：南史作「蠻岡」，今從宋書。仍往青園尼寺，尼，女夷翻。晚，至新安寺孝武寵姬殷貴妃死，爲之立寺。貴妃子子鸞封新安王，故以新安爲寺名。偷狗，就曇度道人煑之。曇，徒含翻。飲酒醉，還仁壽殿寢。楊玉夫常得帝意，至是忽憎之，見輒切齒曰：「明日當殺小子取肝肺！」是夜，令玉夫伺織女渡河，續齊諧記曰：桂陽成武丁有仙道，謂其弟曰：「七月七日，織女當渡河。」弟問曰：「織女何事渡河？」答曰：「織女暫詣牽牛。」人至今云織女嫁牽牛也。崔寔四民月令曰：或云見天漢中奕奕有正白氣，光耀五色，以此爲徵應。曰：「見當報我；不見，將殺汝！」時帝出入無常，省內諸閤，夜皆不閉，廂下畏相逢值，無敢出者；宿衛並逃避，內外莫相禁攝。是夕，王敬則出外。玉夫伺帝熟寢，與楊萬年取帝防身刀刎之。御左右防身刀，卽所謂千牛刀也。刎，扶粉翻。敕廂下奏伎伎，渠綺翻。陳奉伯袖其首，依常行法，稱敕開承明門出，以首與敬則。敬則馳詣領軍府，叩門大呼，呼，火故翻。蕭道成慮蒼梧王誑之，不敢開門。誑，居況翻。敬則於牆上投其首，道成洗視，乃戎服乘馬而出，敬則、桓康等皆從。入宮，至承明門，詐爲行還。敬則恐內人覘見，以刀環塞窐孔，覘，丑廉翻，又丑豔翻。塞，悉則翻。窐孔，即古之所謂圭竇也。窐，古攜翻，又音攜。呼門甚急，門開而入。他夕，蒼梧王每開門，門者震懾，不敢仰視，至是弗之疑。懾，之涉翻。考異曰：齊高帝紀云：「衞尉丞顏靈寶窺見太祖乘馬在外，竊謂親人曰：『今若不開，內領軍入，天下會是亂耳。』」按靈寶若語所親，則須有知者，豈得宿衞晏然不動！今從宋後廢帝紀。道成入殿，殿中驚怖；怖，普布翻。既而聞蒼梧王死，咸稱萬歲。

己丑旦，道成戎服出殿庭槐樹下，以太后令召袁粲、褚淵、劉秉入會議。道成謂秉曰：「此使君家事，何以斷之？」使，疏吏翻。斷，丁亂翻。秉未答。道成須髯盡張，目光如電。秉曰：「尚書衆事，可以見付；軍旅處分，須，與鬚同。處，昌呂翻。分，扶問翻。一委領軍。」道成次讓袁粲，粲亦不敢當。王敬則拔白刃，在牀側跳躍曰：「天下事皆應關蕭公！敢有開一言者，血染敬則刀！」仍手取白紗帽加道成首，五代志：帽自天子下及士人通冠之，以白紗者，名高頂帽。皇太子在上省則烏紗，在永福則白紗。蓋貴白紗也。杜佑曰：宋制：黑帽綴紫褾，褾以繒爲之，長四寸，廣一寸。後制高屋白紗帽。令卽位，曰：「今日誰敢復動！事須及熱！」道成正色呵之曰：「卿都自不解！」復，扶又翻。呵，虎何翻。解，戶買翻，曉也。粲欲有言，敬則叱之，乃止。褚淵曰：「非蕭公無以了此。」手取事授道成。褚淵手取其事以授道成，自此天下之事一歸之矣。道成曰：「相與不肯，我安得辭！」乃下議，備法駕詣東城，迎立安成王。東城，卽東府城也。於是長刀遮粲、秉等，各失色而去。觀史所書，會議之際，道成目光如電，須髯盡張；王敬則拔白刃跳躍，繼又以長刀遮粲、秉等，事勢可知矣。粲、秉於此時，聲其弒君之罪，以身死之，猶不愧於仇牧，何待至石頭邪！秉出，於路逢從弟韞，從，才用翻。韞開車迎問曰：「今日之事，當歸兄邪？」秉曰：「吾等已讓領軍矣。」韞拊膺曰：「兄肉中詎有血邪！今年族矣！」宋事去矣，自中人以下皆知之。

是日，以太后令，數蒼梧王罪惡，數，所具翻。曰：「吾密令蕭領軍潛運明略。安成王準，宜臨萬國。」追封昱爲蒼梧王。儀衞至東府門，安成王令門者勿開，以待袁司徒。粲至，王乃入居朝堂。史言袁粲爲一時倚重。朝，直遙翻。壬辰，王卽皇帝位，時年十一，改元，大赦。改元昇明。葬蒼梧王於郊壇西。南郊壇在臺城南巳地，世祖大明三年，移南郊壇於牛頭山以正陽位。

5 魏京兆康王子推卒。

6 甲午，蕭道成出鎭東府。丙申，以道成爲司空、錄尚書事、驃騎大將軍；驃，匹妙翻。騎，奇寄翻。袁粲遷中書監；褚淵加開府儀同三司；劉秉遷尚書令，加中領軍；以晉熙王燮爲揚州刺史。劉秉始謂尚書萬機，本以宗室居之，則天下無變；旣而蕭道成兼總軍國，布置心膂，與奪自專，褚淵素相憑附，秉與袁粲閤手仰成矣。閤手者，高拱充位而無所爲，兩手若有所閤也。仰，牛向翻。辛丑，以尚書右僕射王僧虔爲僕射。丙午，以武陵王贊爲郢州刺史；蕭道成改領南徐州刺史。

7 八月，壬子，魏大赦。

8 癸亥，詔袁粲鎮石頭。粲性沖靜，每有朝命，常固辭；朝，直遙翻。逼切不得已，乃就職。至是知蕭道成有不臣之志，陰欲圖之，卽時順命。爲袁粲以石頭死節張本。

9 初，太宗使陳昭華母養順帝；戊辰，尊昭華爲皇太妃。魏明帝置昭華，晉武帝制淑妃、淑媛、淑儀、脩華、脩容、脩儀、婕妤、充華、容華爲九嬪，而昭華之號不復見。至宋孝武制以昭儀、昭容、昭華代脩華、脩儀、脩容也。

10 丙子，魏詔曰：「工商皁隸，各有厥分；分，扶問翻。而有司縱濫，或染流俗。自今戶內有工役者，唯止本部丞；「流俗」，北史作「清流」。此蓋以當時授官不分流品，故詔凡工役之戶，官止本部丞。若有勳勞者，不從此制。」

11 蕭道成固讓司空；庚辰，以爲驃騎大將軍、開府儀同三司。

12 九月，乙酉，魏更定律令。更，工衡翻。

13 戊申，封楊玉夫等二十五人爲侯、伯、子、男。

14 冬，十月，氐帥楊文度遣其弟文弘襲魏仇池，陷之。帥，所類翻。考異曰：魏書本紀作「楊鼠」，氐傳作「鼠」，皆避顯祖諱也。

15 初，魏徐州刺史李訢，事顯祖爲倉部尚書，晉武帝始置倉部郎，屬度支尚書；倉部尚書，後魏所置也，即前太倉尚書。訢，許斤翻。信用盧奴令范檦。訢弟左將軍瑛諫曰：考異曰：魏典：「檦」作「標」；「瑛」作「璞」。今從魏書。余按檦與標同；卑遙翻。瑛，音英。「檦能降人以色，假人以財，輕德義而重勢利；聽其言也甘，察其行也賊，不早絕之，後悔無及。」訢不從，腹心之事，皆以語檦。行，下孟翻。語，牛倨翻。

尚書趙黑，與訢皆有寵於顯祖，對掌選部。選，須絹翻。訢以其私用人爲方州，古者八州八伯，謂之方伯，後世遂以州刺史爲方州。黑對顯祖發之，由是有隙。頃之，訢發黑前爲監藏，監，古銜翻。藏，徂浪翻。盜用官物，黑坐黜爲門士。黑恨之，寢食爲之衰少；踰年，復入爲侍中、尚書左僕射，領選。爲，于僞翻。復，扶又翻；下我復、黑復同。

及顯祖殂，黑白馮太后，稱訢專恣，出爲徐州。范檦知太后怨訢，以其告李敷也，事見一百三十二卷明帝泰始六年；訢爲太倉尚書亦在是年也。乃告訢謀外叛。太后徵訢至平城問狀，訢對無之，太后引檦使證之。訢謂檦曰：「汝今誣我，我復何言！然汝受我恩如此之厚，乃忍爲爾乎？」檦曰：「檦受公恩，何如公受李敷恩？公忍爲之於敷，檦何爲不忍於公！」訢慨然嘆曰：「吾不用瑛言，悔之何及！」趙黑復於中構成其罪，丙子，誅訢及其子令和、令度；黑然後寢食如故。

16十一月，癸未，魏征西將軍皮歡喜等三將軍率衆四萬擊楊文弘。

17丁亥，魏懷州民伊祁苟自稱堯後，堯，伊祁氏，故云然。聚衆於重山作亂；重山，卽河內重門之山，在共縣北。重，直龍翻。洛州刺史馮熙討滅之。馮太后欲盡誅闔城之民，雍州刺史張白澤諫曰：「凶渠逆黨，盡已梟夷；魏雍州統京兆、扶風、馮翊、咸陽、北地、平秦、武都等郡。凶渠，謂渠魁也。孔安國曰：渠，大也。雍，於用翻。梟，堅堯翻。城中豈無忠良仁信之士，柰何不問白黑，一切誅之！」乃止。

18十二月，魏皮歡喜軍至建安，水經註：楊定自隴右徙治歷城，去仇池百二十里。歷城後改爲建安城。考異曰：是年，魏置閏在十一月，宋之十二月也。楊文弘棄城走。

19初，沈攸之與蕭道成於大明、景和之間同直殿省，深相親善，道成女爲攸之子中書侍郎文和婦。攸之在荆州，直閤將軍高道慶，家在華容，華容縣，自漢以來屬南郡。按九域志：今江陵府石首縣建寧鎭卽其地。宋白曰：江陵府監利縣，本漢華容縣地。假還，過江陵，假，居訝翻，休假也。過，工禾翻。與攸之爭戲槊。槊，色角翻。馳還建康，言攸之反狀已成，請以三千人襲之。執政皆以爲不可，道成仍保證其不然。楊運長等惡攸之，惡，烏路翻。密與道慶謀遣刺客殺攸之，不克。會蒼梧王遇弒，主簿宗儼之、功曹臧寅勸攸之因此起兵。攸之以其長子元琰在建康爲司徒左長史，故未發。長，知兩翻。寅，凝之之子也。臧凝之見一百二十七卷宋文帝元嘉三十年。

時楊運長等已不在內，已出爲外官，不在省內也。蕭道成遣元琰以蒼梧王剗斮之具示攸之。攸之以道成名位素出己下，一旦專制朝權，心不平，斮，則略翻。朝，直遙翻。謂元琰曰：「吾寧爲王淩死，不爲賈充生。」王淩、賈充事，並見魏紀。然亦未暇舉兵。乃上表稱慶，因留元琰。

雍州刺史張敬兒，素與攸之司馬劉攘兵善，雍，於用翻。疑攸之將起事，密以問攘兵。攘兵無所言，寄敬兒馬鐙一隻，鐙，都鄧翻。敬兒乃爲之備。

攸之有素書十數行，行，戶剛翻。常韜在裲襠角，博雅曰：裲襠，謂之袙腹。裲，里養翻。襠，都郎翻。云是明帝與己約誓。攸之將舉兵，其妾崔氏諫曰：「官年已老，那不爲百口計！」宋、齊之間，義從私屬以至婢僕，率呼其主爲官。攸之指裲襠角示之，且稱太后使至，賜攸之燭，使，疏吏翻；下同。割之，得太后手令云：「社稷之事，一以委公。」於是勒兵移檄，遣使邀張敬兒及豫州刺史劉懷珍、梁州刺史梓潼范柏年、司州刺史姚道和、湘州行事庾佩玉、南陽王翽未至，故庾佩玉行府州事。巴陵內史王文和同舉兵。敬兒、懷珍、文和並斬其使，馳表以聞；文和尋棄州奔夏口。巴陵，非州也，「州」，當作「郡」。夏，戶雅翻。柏年、道和、佩玉皆懷兩端。道和，後秦高祖之孫也。後秦主姚興，廟號高祖。

辛酉，攸之遣輔國將軍孫同等相繼東下。攸之遺道成書，遺，于季翻。以爲：「少帝昏狂，少，詩照翻。宜與諸公密議，共白太后，下令廢之；柰何交結左右，親行弒逆；乃至不殯，流蟲在戶？凡在臣下，誰不惋駭！又，移易朝舊，朝舊，謂朝廷舊臣也。惋，烏貫翻。朝，直遙翻；下同。布置親黨，宮閤管籥，悉關家人。吾不知子孟、孔明遺訓固如此乎！霍光，字子孟；諸葛亮，字孔明。足下既有賊宋之心，吾寧敢捐包胥之節邪！」申包胥乞秦師以存楚，事見左傳。朝廷聞之，恟懼。恟，許拱翻。

丁卯，道成入守朝堂，命侍中蕭嶷代鎮東府，嶷，魚力翻。撫軍行參軍蕭映鎮京口。映，嶷之弟也。戊辰，內外纂嚴。己巳，以郢州刺史武陵王贊爲荊州刺史。庚午，以右衞將軍黃回爲郢州刺史，督前鋒諸軍以討攸之。

初，道成以世子賾爲晉熙王燮長史，行郢州事，修治器械以備攸之。道成平桂陽之難，進爵縣公，以賾爲世子。賾，士革翻。治，直之翻。及徵燮爲揚州，以賾爲左衞將軍，與燮俱下。劉懷珍言於道成曰：「夏口衝要，宜得其人。」道成與賾書曰：「汝既入朝，當須文武兼資與汝意合者，委以後事。」賾乃薦燮司馬柳世隆自代。道成以世隆爲武陵王贊長史，行郢州事。賾將行，謂世隆曰：「攸之一旦爲變，焚夏口舟艦，夏，戶雅翻。艦，戶黯翻。沿流而東，不可制也。若得攸之留攻郢城，必未能猝拔。君爲其內，我爲其外，破之必矣。」及攸之起兵，賾行至尋陽，未得朝廷處分，處，昌呂翻。分，扶問翻。衆欲倍道趨建康，趨，七喻翻。賾曰：「尋陽地居中流，密邇畿甸。若留屯湓口，內藩朝廷，外援夏首，夏首，卽夏口。保據形勝，控制西南，今日會此，天所置也。」或以爲湓口城小難固，左中郞將周山圖曰：「今據中流，爲四方勢援，不可以小事難之；苟衆心齊一，江山皆城隍也。」庚午，賾奉爕鎭湓口；賾悉以事委山圖。山圖斷取行旅船板以造樓櫓，立水柵，斷，丁管翻。立柵於水中曰水柵。旬日皆辦。道成聞之，喜曰：「賾眞我子也！」以賾爲西討都督，賾啓山圖爲軍副。時江州刺史邵陵王友鎭尋陽，賾以爲尋陽城不足固，表移友同鎭湓口，尋陽時治柴桑，今江州德化西南九十里有柴桑山。湓口在德化縣西一里。江州治德化，蓋近湓口古城處。留江州別駕豫章胡諧之守尋陽。

湘州刺史王蘊遭母喪罷歸，至巴陵，與沈攸之深相結。巴陵距江陵四百餘里，蓋使命往來，深相結也。時攸之未舉兵，蘊過郢州，欲因蕭賾出弔作難，據郢城。賾知之，不出。還，至東府，又欲因蕭道成出弔作難，道成又不出。作難者，欲殺之也。難，乃旦翻。蘊乃與袁粲、劉秉密謀誅道成，將帥黃回、任候伯、孫曇瓘、王宜興、卜伯興等皆與通謀。將，卽亮翻。帥，所類翻。任，音壬。曇，徒含翻。伯興，天與之子也。卜天與死於元凶劭之難。

道成初聞攸之事起，自往詣粲，粲辭不見。通直郞袁達謂粲，「不宜示異同」，通直郞，通直散騎侍郞也。晉武帝置員外散騎侍郞，元帝泰興二年，使二人與散騎侍郞同員直，故謂之通直散騎侍郞也。粲曰：「彼若以主幼時艱，與桂陽時不異，謂桂陽王休範反時也。劫我入臺，我何辭以拒之！一朝同止，欲異得乎！」道成乃召褚淵，與之連席，每事必引淵共之。果如袁粲所料。時劉韞爲領軍將軍，入直門下省；考異曰：南齊書，「韞」作「韜」，今從宋書、南史。卜伯興爲直閤，黃回等諸將皆出屯新亭。將，卽亮翻。

初，褚淵爲衞將軍，遭母憂去職，朝廷敦迫，不起。粲素有重名，自往譬說，譬說，猶說諭也。說，輸芮翻。淵乃從之。及粲爲尚書令，遭母憂，淵譬說懇至，粲遂不起，淵由是恨之。淵之恨粲，以其奪己志而使之失爲子之道也。而殺粲以傾宋，又失爲臣之節。曰忠與孝，二者淵胥失焉。及沈攸之事起，道成與淵議之。淵曰：「西夏釁難，事必無成，夏，戶雅翻。釁，許覲翻。難，乃旦翻。公當先備其內耳。」謂備袁粲等也。粲謀既定，將以告淵；衆謂淵與道成素善，不可告。粲曰：「淵與彼雖善，豈容大作同異！今若不告，事定便應除之。」乃以謀告淵，袁粲猶以故意待褚淵也。淵卽以告道成。

道成亦先聞其謀，遣軍主蘇烈、薛淵、太原王天生將兵助粲守石頭。薛淵固辭，道成強之，將，卽亮翻。強，其兩翻。淵不得已，涕泣拜辭。道成曰：「卿近在石頭，日夕去來，何悲如是，且又何辭？」淵曰：「不審公能保袁公共爲一家否？今淵往，與之同則負公，不同則立受禍，何得不悲！」道成曰：「所以遣卿，正爲能盡臨事之宜，使我無西顧之憂耳。石頭在臺城西，故云然。爲，于僞翻。但當努力，無所多言。」淵，安都之從子也。從，才用翻。道成又以驍騎將軍王敬則爲直閤，驍，堅堯翻。騎，奇寄翻。與伯興共總禁兵。粲謀矯太后令，使韞、伯興帥宿衞兵攻道成於朝堂，帥，讀曰率；下同。朝，直遙翻。回等帥所領爲應。劉秉、任候伯等並赴石頭，本期壬申夜發，秉恇擾不知所爲，晡後卽束裝；臨去，啜羹，寫胸上，手振不自禁。恇，去王翻。振當作震，戰也，動也。禁，音居吟翻，勝也。未暗，載婦女，盡室奔石頭，部曲數百，赫奕滿道。既至，見粲，粲驚曰：「何事遽來？今敗矣！」秉奔石頭，則事大露，故云必敗。秉曰：「得見公，萬死何恨！」孫曇瓘聞之，亦奔石頭。丹陽丞王遜等走告道成，事乃大露。遜，僧綽之子也。王僧綽柄用於元嘉之季。

道成密使人告王敬則。時閤已閉，敬則欲開閤出，卜伯興嚴兵爲備，敬則乃鋸所止屋壁得出，至中書省收韞。韞已成嚴，嚴，裝也；成嚴，謂裝束已成，俟期而發也。列燭自照。見敬則猝至，驚起迎之，曰：「兄何能夜顧？」敬則呵之曰：「小子那敢作賊！」韞抱敬則，敬則拳毆其頰仆地而殺之，呵，虎何翻。毆，烏口翻。又殺伯興。卜伯興父子俱死於劉氏之難。蘇烈等據倉城拒粲。倉城，石頭倉城也。王蘊聞秉已走，歎曰：「事不成矣！」狼狽帥部曲數百向石頭。帥，讀曰率；下同。考異曰：宋書云：「齊王使蘊募人，已得數百。」宋略云：「是夕徵其私衆，倏忽之間，被甲數百，莫知所從出。」按道成素已疑蘊，必不使之募兵。宋略近是也。本期開南門，時暗夜，薛淵據門射之。射，而亦翻。蘊謂粲已敗，卽散走。

道成遣軍主會稽戴僧靜帥數百人向石頭助烈等，會，工外翻。自倉門得入，與之并力攻粲。孫曇瓘驍勇善戰，臺軍死者百餘人。王天生殊死戰，故得相持。自亥至丑，戴僧靜分兵攻府西門，焚之。粲與秉在城東門，見火起，欲還赴府。秉與二子俁、陔踰城走。俁，宇矩翻。陔，柯開翻。粲下城，列燭自照，謂其子最曰：「本知一木不能止大廈之崩，但以名義至此耳。」僧靜乘暗踰城獨進，最覺有異人，以身衞粲，僧靜直前斫之。粲謂最曰：「我不失忠臣，汝不失孝子！」遂父子俱死。考異曰：南史云：「僧靜奮刀直前，欲斬之。子最叫，抱父乞先死，兵士人人莫不隕涕。粲曰：『我不失忠臣，汝不失孝子。』仍求筆作啓云：『臣義奉大宋，策名兩畢。今便歸魂墳隴，永就山丘。』僧靜乃并斬之。」按時僧靜掩粲不備，挺身直往，安肯容粲作啓，從容如此！宋書皆無此等事。今不取。百姓哀之，謠曰：「可憐石頭城，寧爲袁粲死，不作褚淵生！」劉秉父子走至額檐湖，蕭子顯齊書作「雒檐湖」。檐，余廉翻。追執，斬之。任候伯等並乘船赴石頭，既至，臺軍已集，不得入，乃馳還。

黃回嚴兵，期詰旦帥所領從御道直向臺門攻道成。詰，去吉翻。帥，讀曰率。聞事泄，不敢發。道成撫之如舊。王蘊、孫曇瓘皆逃竄，先捕得蘊，斬之，其餘粲黨皆無所問。

粲典籤莫嗣祖爲粲、秉宣通密謀，道成召詰之，曰：「袁粲謀反，何不啓聞？」嗣祖曰：「小人無識，但知報恩，何敢泄其大事！今袁公已死，義不求生。」蘊嬖人張承伯藏匿蘊。

道成並赦而用之。史言蕭道成能弃怨錄才。嬖，卑義翻，又博計翻。粲簡淡平素，而無經世之才；好飲酒，喜吟諷，好，呼到翻。喜，許記翻。身居劇任，不肯當事；主事每往諮決，主事，尚書省主事也，尚書諸曹各有主事。或高詠對之。閒居高臥，門無雜賓，物情不接，故及於敗。

裴子野論曰：袁景倩，民望國華，袁粲，字景倩。受付託之重；智不足以除姦，權不足以處變，處，昌呂翻。蕭條散落，危而不扶。及九鼎既輕，三才將換，區區斗城之裏，斗城，言城如斗大也。出萬死而不辭，蓋蹈匹夫之節而無棟梁之具矣。裴子野之論，有春秋責備賢者之意，故通鑑取之。

20 甲戌，大赦。

21 乙亥，以尚書僕射王僧虔爲左僕射，新除中書令王延之爲右僕射，度支尚書張岱爲吏部尚書，度，徒洛翻。吏部尚書王奐爲丹楊尹。延之，裕之孫也。

劉秉弟遐爲吳郡太守。司徒右長史張瓌，永之子也，張永歷事文、武、明三帝。瓌，古回翻。遭父喪在吳，家素豪盛，蕭道成使瓌伺間取遐。間，古莧翻。會遐召瓌詣府，瓌帥部曲十餘人直入齋中，執遐，斬之，帥，讀曰率。郡中莫敢動。道成聞之，以告瓌從父領軍沖，沖曰：「瓌以百口一擲，出手得盧矣。」從，才用翻。樗蒲，得盧者勝。道成即以瓌爲吳郡太守。

道成移屯閱武堂，猶以重兵付黃回使西上，而配以腹心。配以腹心，所以防回也。上，時掌翻。回素與王宜興不協，恐宜興反告其謀，閏月，辛巳，因事收宜興，斬之。諸將皆言回握強兵必反，將，卽亮翻；下同。寧朔將軍桓康請獨往刺之，刺，七亦翻。道成曰：「卿等何疑！彼無能爲也。」史言道成才識雄於一時。

沈攸之遣中兵參軍孫同等五將以三萬人爲前驅，司馬劉攘兵等五將以二萬人次之；又遣中兵參軍王靈秀等四將分兵出夏口，據魯山。癸巳，攸之至夏口，考異曰，沈約齊紀：「十一月，攸之遂謀爲亂。張敬兒遣使詣攸之慶冬，攸之呼使人於密室謂之曰：『奉皇太后令，得袁司徒、劉丹陽諸人書，呼我速下；可令雍州知此意。』答敬兒書曰：『信口一二。』而封雞毛、桃耳數物置函中。敬兒賀冬使卽乘驛白公。十二日壬辰，攸之遣孫同等先發。十七日丁酉，張敬兒使至。十八日戊戌，公率衆入鎭朝堂。閏月十四日癸巳，攸之至夏口。」按是歲宋曆閏十二月庚辰朔，魏曆閏十一月庚戌朔；然則冬至必在十一月晦。攸之對敬兒賀冬使者猶隱祕，豈可十二日已發兵東下乎！又，攸之若十二日已舉兵於江陵，豈可六十餘日始至夏口！又宋順帝紀：「十二月，攸之反。丁卯，齊王入守朝堂。」丁卯乃十二月十八日也。「閏月癸巳，攸之圍郢城。」攸之傳：「十一月反，十二月十二日，遣孫同等東下，閏月十四日至夏口。」宋略：「十二月，沈攸之作亂。丁卯，蕭道成入屯朝堂。閏月癸巳，攸之師及郢州。」南齊高帝紀：「十二月，攸之舉兵。乙卯，太祖入居朝堂。」諸書大抵略相符合，惟齊紀不同；蓋齊紀之誤，今不取。自恃兵強，有驕色。以郢城弱小，不足攻，云「欲問訊安西」，暫泊黃金浦，時武陵王贊蓋以安西將軍鎭郢。黃金浦在鸚鵡洲上，相傳以爲吳將黃蓋屯兵于此，得名。遣人告柳世隆曰：「被太后令，當暫還都。被，皮義翻。卿既相與奉國，想得此意。」世隆曰：「東下之師，久承聲問。郢城小鎮，自守而已。」宗儼之勸攸之攻郢城；臧寅以爲：「郢城兵雖少而地險，少，詩沼翻。攻守勢異，非旬日可拔。若不時舉，孟子曰：以萬乘之國，伐萬乘之國，五旬而舉之。戰國策：白起一戰而舉鄢郢。舉，拔也。挫銳損威。今順流長驅，計日可捷。既傾根本，郢城豈能自固！」攸之從其計，欲留偏師守郢城，自將大衆東下。將，即亮翻。乙未，將發，柳世隆遣人於西渚挑戰，鸚鵡洲之西渚。挑，徒了翻。前軍中兵參軍焦度於城樓上肆言罵攸之，且穢辱之。攸之怒，改計攻城，令諸軍登岸燒郭邑，築長圍，晝夜攻戰。世隆隨宜拒應，攸之不能克。

道成命吳興太守沈文秀【張：「秀」作「季」；下同。】督吳、錢唐軍事。五代史志曰：餘杭郡錢唐縣，舊置錢唐郡，蓋此時置也。文秀收攸之弟新安太守登之，誅其宗族。沈攸之殺沈慶之，文秀因事以報父仇。

22 乙未，以後軍將軍楊運長爲宣城太守；於是太宗嬖臣無在禁省者矣。嬖，卑義翻。又，博計翻。

沈約論曰：夫人君南面，九重奧絕，重，直龍翻。陪奉朝夕，義隔卿士，階闥之任，宜有司存。既而恩以狎生，信由恩固，無可憚之姿，有易親之色。易，以豉翻。孝建、泰始，主威獨運，而刑政糾雜，理難遍通，耳目所寄，事歸近習。及覘歡慍，候慘舒，動中主情，舉無謬旨；覘，丑廉翻，又丑豔翻。中，竹仲翻。人主謂其身卑位薄，以爲權不得重。曾不知鼠憑社貴，狐藉虎威，漢中山靖王勝曰：社鼠不熏，所託者然也。楚江乙曰：虎求百獸而食之，得狐。狐曰：「子無食我！天帝使我長百獸。子以我爲不信，吾爲子先行，子隨我後，百獸見我而敢不走乎！」虎以爲然，遂與之行；獸見之皆走。虎不知百獸畏己而皆走也，以爲畏狐也。外無逼主之嫌，內有專用之効，勢傾天下，未之或悟。及太宗晚運，慮經盛衰，權倖之徒，慴憚宗戚，慴，之涉翻。欲使幼主孤立，永竊國權，構造同異，興樹禍隙，帝弟宗王，相繼屠勦。謂殺建安諸王也。勦，子小翻。寶祚夙傾，實由於此矣。

23 辛丑，尚書左丞濟陽江謐建議假蕭道成黃鉞，濟，子禮翻。從之。

24 加北秦州刺史武都王楊文度都督北秦、雍二州諸軍事，以龍驤將軍楊文弘爲略陽太守。雍，於用翻。驤，思將翻。壬寅，魏皮歡喜拔葭蘆，斬文度。魏以楊難當族弟廣香爲陰平公、葭蘆戍主，仍詔歡喜築駱谷城。文弘奉表謝罪於魏，遣子苟奴入侍。魏以文弘爲南秦州刺史、武都王。

25 乙巳，蕭道成出頓新亭，謂驃騎參軍江淹曰：道成爲驃騎大將軍，以淹爲參軍。驃，匹妙翻。騎，奇寄翻；下同。「天下紛紛，君謂何如？」淹曰：「成敗在德，不在衆寡。公雄武有奇略，一勝也；寬容而仁恕，二勝也；賢能畢力，三勝也；民望所歸，四勝也；奉天子以伐叛逆，五勝也。彼志銳而器小，一敗也；有威而無恩，二敗也；士卒解體，三敗也；搢紳不懷，四敗也；懸兵數千里而無同惡相濟，五敗也。雖豺狼十萬，終爲我獲。」道成笑曰：「君談過矣。」南徐州行事劉善明言於道成曰：「攸之收衆聚騎，造舟治械，苞藏禍心，於今十年。明帝泰始五年，沈攸之刺郢州已懷異志，至是適十年。治，直之翻。性既險躁，才非持重；躁，則到翻。而起逆累旬，遲迴不進。一則暗於兵機，二則人情離怨，三則有掣肘之患，掣，昌列翻。四則天奪其魄。本慮其剽勇輕速，剽，匹妙翻。掩襲未備，決於一戰；今六師齊奮，諸侯同舉，此籠中之鳥耳。」蕭賾問攸之於周山圖，山圖曰：「攸之相與鄰鄉，攸之，吳興人，而山圖義興人，故曰鄰鄉。數共征伐，數，所角翻。頗悉其人，性度險刻，士心不附。今頓兵堅城之下，適所以爲離散之漸耳。」

二年（戊午、四七八）

1春，正月，己酉朔，百官戎服入朝。朝，直遙翻。

沈攸之盡銳攻郢城，柳世隆乘間屢破之。間，古莧翻。蕭賾遣軍主桓敬等八軍據西塞，西塞山在今武昌縣東百三十里，界于兩山之間。土俗編曰：吳、楚舊境分界于此。爲世隆聲援。

攸之獲郢府法曹南鄉范雲，使送書入城，餉武陵王贊犢一𢰅，𢰅，苦江翻。柳世隆魚三十尾，皆去其首。去，羌呂翻。城中欲殺之，雲曰：「老母弱弟，懸命沈氏，若違其命，禍必及親；今日就戮，甘心如薺。」詩谷風：誰謂荼苦，其甘如薺。此謂甘心就死，如茹薺也。薺，齊禮翻。乃赦之。

攸之遣其將皇甫仲賢向武昌，中兵參軍公孫方平向西陽。武昌太守臧渙降於攸之，西陽太守王毓奔湓城。將，卽亮翻。降，戶江翻。湓，蒲奔翻。方平據西陽，豫州刺史劉懷珍遣建寧太守張謨等將萬人擊之，豫州有建寧左郡，孝武大明八年，省郡爲建寧左縣，屬西陽郡，尋復爲郡；蓋皆蠻左所居地也。五代志：永安郡麻城縣有梁北西陽縣，又有建寧郡。將，卽亮翻。辛酉，方平敗走。平西將軍黃回等軍至西陽，泝流而進。泝，蘇故翻。

攸之素失人情，但劫以威力。初發江陵，已有逃者；及攻郢城，三十餘日不拔，逃者稍多；攸之日夕乘馬歷營撫慰，而去者不息。攸之大怒，召諸軍主曰：「我被太后令，被，皮義翻。建義下都。大事若克，白紗帽共著耳；著，則略翻。如其不振，朝廷自誅我百口，不關餘人。比軍人叛散，比，毗至翻。皆卿等不以爲意。我亦不能問叛身，自今軍中有叛者，軍主任其罪。」任，音壬。於是一人叛，遣人追之，亦去不返，莫敢發覺，咸有異計。

劉攘兵射書入城請降，射，而亦翻。柳世隆開門納之；丁卯夜，攘兵燒營而去。軍中見火起，爭棄甲走，將帥不能禁。將，卽亮翻。帥，所類翻。攸之聞之，怒，銜須咀之，自咀其須，怒之甚也。須，與鬚同。咀，音在呂翻，嚼也。收攘兵兄子天賜、女壻張平虜，斬之。向旦，攸之帥衆過江，至魯山，大別山，一名魯山，在今漢陽軍沔陽縣東一里，江水逕其南，漢水從西北來注之。帥，讀曰率。軍遂大散，考異曰：宋略云：「甲辰，攸之衆潰，西逃；乙巳，華容民斬其首。」按是月己酉朔，無甲辰、乙巳。諸將皆走。臧寅曰：「幸其成而弃其敗，吾不忍爲也！」乃投水死。攸之猶有數十騎自隨，宣令軍中曰：「荆州城中大有錢，可相與還取以爲資糧。」郢城未有追軍，而散軍畏蠻抄，此蠻卽緣沔而居者。騎，奇寄翻。抄，楚交翻。更相聚結，可二萬人，隨攸之還江陵。

張敬兒既斬攸之使者，卽勒兵；偵攸之下，遂襲江陵。偵，丑正翻，候也。攸之使子元琰與兼長史江乂、別駕傅宣共守江陵城。敬兒至沙橋，觀望未進。城中夜聞鶴唳，謂爲軍來，乂、宣開門出走，吏民崩潰。元琰奔寵洲，寵洲近欒鄉。楊正衡晉書音義曰：寵，力董翻。爲人所殺。敬兒至江陵，考異曰：宋略云：「辛未，敬兒克江陵。」按己巳，攸之以敬兒據城走死，不容敬兒至辛未乃入城也。誅攸之二子、四孫。

攸之將至江陵百餘里，聞城已爲敬兒所據，士卒隨之者皆散。攸之無所歸，與其子文和走至華容界，皆縊于櫟林；櫟，郎狄翻，木名，柞屬。己巳，村民斬首送江陵。敬兒擎之以楯，覆以青繖，楯，食尹翻。覆，敷又翻。繖，蘇旰翻，蓋也。徇諸市郭，乃送建康。敬兒誅攸之親黨，收其財物數十萬，皆以入私。

初，倉曹參軍金城邊榮，爲府錄事所辱，攸之爲榮鞭殺錄事。爲，于僞翻。及敬兒將至，榮爲留府司馬，或說之使詣敬兒降，說，輸芮翻。榮曰：「受沈公厚恩，共如此大事，一朝緩急，便易本心，吾不能也。」城潰，軍士執以見敬兒，敬兒曰：「邊公何不早來！」榮曰：「沈公見留守城，不忍委去；本不祈生，祈，求也，告也。何須見問！」敬兒曰：「死何難得！」命斬之。榮歡笑而去。榮客太山程邕之抱榮曰：「與邊公周遊，不忍見邊公死，乞先見殺。」兵人不得行戮，以白敬兒，敬兒曰：「求死甚易，何爲不許！」先殺邕之，然後及榮，軍人莫不垂泣。易，以豉翻。士爲知己死，邊榮、程邕之俱有焉。孫同、宗儼之等皆伏誅。宗儼之與臧寅勸攸之舉兵，孫同爲軍鋒。

丙子，解嚴，以侍中柳世隆爲尚書右僕射，蕭道成還鎮東府。丁丑，以右【章：甲十一行本「右」作「左」；乙十一行本同；張校同。】衛將軍蕭賾爲江州刺史，侍中蕭嶷爲中領軍。賾，士革翻。嶷，魚力翻。二月，庚辰，以尚書左僕射王僧虔爲尚書令，右僕射王延之爲左僕射。癸未，加蕭道成太尉、都督南徐等十六州諸軍事，蕭子顯齊書：都督南徐、南兗、徐、兗、青、冀、司、豫、荆、雍、襄、郢、梁、益、廣、越十六州。以衛將軍褚淵爲中書監、司空。道成表送黄鉞。上流已定，故表還黄鉞。

吏部郎王儉，僧綽之子也，神彩淵曠，好學博聞，少有宰相之志，時論亦推許之。道成以儉爲太尉右長史，太尉府時置左、右長史。好，呼到翻。少，詩照翻。相，息亮翻。待遇隆密，事無大小專委之。

2丁亥，魏主如代湯泉；此魏代都之湯泉也；言代湯泉者，以別下洛縣橋山之湯泉。魏土地記曰：代城北九十里有桑乾城，城西渡桑乾水，去城十里，有溫湯，療疾有驗。又下洛縣西南四十里有橋山，下有溫泉。癸卯，還。

3宕昌王彌機初立。三月丙子，魏遣使拜彌機征南大將軍、梁・益二州牧、河南公、宕昌王。宕，徒浪翻。使，疏吏翻。

4黃回不樂在郢州，樂，音洛。固求南兗，遂帥部曲輒還；帥，讀曰率。辛【嚴：「辛」改「己」。】卯，改都督南兗等五州諸軍事、南兗州刺史。黃回，刃在其頸，乃輒東還，此送死也。

5初，王蘊去湘州，湘州刺史南陽王翽未之鎮，翽，明帝子也；音呼會翻。長沙內史庾佩玉行府事。翽先遣中兵參軍韓幼宗將兵戍湘州，與佩玉不相能。及沈攸之反，兩人互相疑，佩玉襲殺幼宗。黃回至郢州，遣輔國將軍任候伯行湘州事；候伯輒殺佩玉，冀以自免。任候伯、黃回皆與袁、劉同謀。任，音壬。湘州刺史呂安國之鎮，蕭道成使安國誅候伯。

6夏，四月，甲申，魏主如崞山；丁亥，還。還，從宣翻，又如字。

7蕭道成以黃回終爲禍亂；回有部曲數千人，欲遣收，恐爲亂。辛卯，召回入東府。至，停外齋，使桓康將數十人，數回罪而殺之，并其子竟陵相僧念。道成翦除異己，至是盡矣。數，所具翻。相，息亮翻。

甲午，以淮南、宣城二郡太守蕭映行南兗州事，仍以其弟晃代之。淮南、宣城逼近京邑，故道成不以授他人。

8 五月，魏禁皇族、貴戚及士民之家不顧氏族，下與非類婚偶；犯者以違制論。

9 魏主與太后臨虎圈，圈，求遠翻。有虎逸，登閣道，幾至御座，侍衞皆驚靡；幾，居希翻。靡，披靡也。吏部尚書王叡執戟禦之，太后稱以爲忠，親任愈重。史言馮后假公義以成其私。

10 六月，丁酉，以輔國將軍楊文弘爲北秦州刺史、武都王。

11 庚子，魏皇叔若卒。

12 蕭道成以大明以來，公私奢侈，秋，八月，奏罷御府，御府令，自漢以來有之，漢屬少府，晉屬光祿勳。據宋紀，世祖大明四年，改細作署令爲左右御府令。省二尚方彫飾器玩；辛卯，又奏禁民間華僞雜物，凡十七條。按蕭子顯齊書，表禁：不得以金銀爲箔；馬乘具不得金銀度；不得織成繡裙；道路不得著錦履；不得用紅色爲幡蓋衣服；不得剪綵帛爲雜花；不得以綾作雜服飾；不得打鹿行錦及局腳檉柏牀牙，箱籠雜物；綵帛作屏障；錦緣薦席；不得私作器仗；不得以七寶飾樂器；又諸雜飾物不得以金銀爲花獸；不得輒鑄金銅爲像：皆須墨敕，凡十七條。

13 乙未，以蕭賾爲領軍將軍，蕭嶷爲江州刺史。

14 九月，乙巳朔，日有食之。

15 蕭道成欲引時賢參贊大業，夜，召驃騎長史謝朏，屏人與語，久之，朏無言；唯二小兒捉燭，道成慮朏難之，仍取燭遣兒，朏又無言；道成乃呼左右。朏，莊之子也。朏，敷尾翻。屏，必郢翻。捉，執也，持也。謝莊見一百三十卷明帝泰始元年。道成爲驃騎大將軍，長史亦其府官也。

太尉右長史王儉知其指，他日，請間言於道成曰：「功高不賞，古今非一。以公今日位地，欲終北面，可乎？」道成正色裁之，而神采內和。儉因曰：「儉蒙公殊盼，所以吐所難吐；何賜拒之深！宋氏失德，非公豈復寧濟！但人情澆薄，不能持久；公若小復推遷，則人望去矣。復，扶又翻。豈唯大業永淪，七尺亦不可得保。」七尺，謂七尺之軀也。道成曰：「卿言不無理。」儉曰：「公今名位，故是經常宰相，宜禮絕羣后，微示變革。當先令褚公知之，儉請銜命。」道成曰：「我當自往。」經少日，道成自造褚淵，款言移晷。少，詩沼翻。造，七到翻。晷，居洧翻，日影也。乃謂曰：「我夢應得官。」淵曰：「今授始爾，謂方加太尉、都督也。恐一二年間未容便移；且吉夢未必應在旦夕。」道成還，以告儉。儉曰：「褚是未達理耳。」儉乃唱議加道成太傅，假黃鉞，使中書舍人虞整作詔。

道成所親任遐曰：任，音壬。「此大事，應報褚公。」道成曰：「褚公不從，柰何？」遐曰：「彥回惜身保妻子，非有奇才異節；遐能制之。」淵果無違異。褚淵，字彥回。史言褚淵之爲人，人皆得而侮薄之。

丙午，詔進道成假黃鉞、大都督中外諸軍事、太傅、領揚州牧，劍履上殿，入朝不趨，贊拜不名，使持節、太尉、驃騎大將軍、錄尚書、南徐州刺史如故。使，疏吏翻。道成固辭殊禮。劍履上殿、入朝不趨、贊拜不名，皆殊禮也。

16 以揚州刺史晉熙王燮爲司徒。

17 戊申，太傅道成以蕭映爲南兗州刺史。冬，十月，丁丑，以蕭晃爲豫州刺史。

18 己卯，獲孫曇瓘，殺之。石頭之禍，曇瓘逃去。曇，徒含翻。

19 魏員外散騎常侍鄭羲來聘。

20 壬寅，立皇后謝氏。后，莊之孫也。

21 十一月，癸亥，臨澧侯劉晃坐謀反，與其黨皆伏誅。晃，秉之從子也。沈約志：臨澧縣，晉武帝太康四年立，屬天門郡。澧，音禮。

22 甲子，徙南陽王翽爲隨郡王。翽，呼會翻。

23 魏馮太后忌青州刺史南郡王李惠，高祖之母，惠女也，故忌之。誣云惠將南叛；十二月，癸巳，誅惠及妻并其子弟。太后以猜嫌所夷滅者十餘家，而惠所歷皆有善政，魏人尤冤惜之。

24 尚書令王僧虔奏以「朝廷禮樂，多違正典。大明中即以宮縣合和鞞拂，晉志曰：鞞舞未詳所起，然漢代已施於宴享矣；傅毅、張衡所賦，皆其事也。舊曲有五篇：一，關東有賢女；二，章和二年中；三，樂久長；四，四方皇；五，殿前生桂樹：其辭盡亡。魏作新歌五篇。泰始中又別製新歌，皆易其曲名。拂舞出自江左，舊云吳舞；檢其歌，非吳辭也；亦陳於殿庭。楊泓序曰：自到江南見白符舞，或言白鳧鳩舞，云有此來數十年矣。察其辭旨，乃是吳人患孫皓虐政，思屬晉也。其曲有：白鳩、濟濟、獨祿、碣石、淮南王五篇。余觀其辭過魏、晉諸公所作歌辭遠甚，但失之悽楚，非治世之音耳。縣，讀曰懸。韗，與鼙同。節數雖會，虛乖雅體。又，今之清商，實由銅爵，三祖風流，遺音盈耳，京、洛相高，江左彌貴，魏太祖起銅爵臺於鄴，自作樂府，被於管弦，後遂置清商令以掌之，屬光祿勳。三祖，謂魏太祖、高祖、烈祖也。唐會要曰：自晉播遷，古樂遂分散不存。苻堅滅涼，始得漢、魏清商之樂，傳于前、後二秦；及宋武定關中，收之入于江南；隋平陳獲之，隋文曰：「此華夏正聲也。」乃置清商署，總謂之清樂。中庸和雅，莫近於斯。而情變聽移，稍復銷落，十數年間，亡者將半，民間競造新聲雜曲，煩淫無極，宜命有司悉加補綴。」朝廷從之。

25 是歲，魏懷州刺史高允以老疾告歸鄉里，尋復以安車徵至平城，復，扶又翻。拜鎮軍大將軍、中書監；固辭，不許。乘車入殿，朝賀不拜。朝，直遙翻。

聶崇岐標點王崇武覆校

資治通鑑卷第一百三十五

端明殿學士兼翰林侍讀學士朝散大夫右諫議大夫充集賢殿修撰提舉西京嵩山崇福宮上柱國河内郡開國侯食邑一千六百戶食實封六百戶賜紫金魚袋臣　司馬光　奉敕編集

後學天台　胡三省　音註

齊紀一　起屠維協洽（己未），盡昭陽大淵獻（癸亥），凡五年。

按蕭子顯齊書崔祖思傳：宋朝初議封太祖爲梁公，祖思啓太祖曰：「讖書云：『金刀利刃齊刈之。』今宜稱齊，實應天命。」太祖從之，遂以齊建國。

太祖高皇帝

諱道成，姓蕭氏，字紹伯，小字鬭將。本居東海蘭陵縣中都鄉中都里，晉惠帝分東海爲蘭陵郡，故爲蘭陵郡人。高祖整過江，居晉陵武進縣之東城里。時寓居江左者皆僑置本土，加以南名，更爲南蘭陵人。整生儁，儁生樂子，樂子生承之，承之生帝。

建元元年（己未、四七九）是年四月受禪，始改元建元。

1春，正月，甲辰，以江州刺史蕭嶷爲都督荆・湘等八州諸軍事、荆州刺史，嶷，魚力翻。尚書左僕射王延之爲江州刺史，安南長史蕭子良爲督會稽等五郡諸軍事、會稽太守。去年已命蕭映、蕭晃分鎮兗、豫矣。嶷，道成次子也；子良，道成之孫也。江左之勢，莫重於上流，莫富於東土，故又分布子孫以居之。會，工外翻。守，式又翻。

初，沈攸之欲聚衆，開民相告，士民坐執役者甚衆；嶷至鎮，一日罷遣三千餘人。府州儀物，務存儉約，輕刑薄斂，斂，力贍翻。所部大悅。

2 辛亥，以竟陵世子賾爲尚書僕射，進號中軍大將軍、開府儀同三司。道成進爵竟陵郡公，故賾爲竟陵世子。賾，七革翻。

3 太傅道成以謝朏有重名，必欲引參佐命，以爲左長史。嘗置酒與論魏、晉故事，因曰：「石苞不早勸晉文，死方慟哭，方之馮異，非知機也。」晉文王薨，石苞自揚州奔喪，慟哭曰：「基業如此，而以人臣終乎！」馮異勸漢光即尊位。道成言石苞不能早勸晉文爲禪代之事，比之馮異勸漢光，苞非知機者也；欲以此言感動謝朏耳。朏，敷尾翻。朏曰：「晉文世事魏室，必將身終北面；借使魏依唐、虞故事，亦當三讓彌高。」言三以天下讓，則節行彌高也。道成不悅。甲寅，以朏爲侍中，更以王儉爲左長史。更，工衡翻。

4 丙辰，以給事黃門侍郎蕭長懋爲雍州刺史。長懋，道成嫡長孫也。

5 二月，丙子，邵陵殤王友卒。

6 辛巳，魏太皇太后及魏主如代郡溫泉。

7 甲午，詔申前命，命太傅贊拜不名。前命，見上卷上年。

8 己亥，魏太皇太后及魏主如西宮。西宮，魏太祖天賜元年所築。

9 三月，癸卯朔，日有食之。

10 甲辰，以太傅爲相國，總百揆，封十郡，爲齊公，時以青州之齊郡、徐州之梁郡、南徐州之蘭陵、魯郡、琅邪、東海、晉陵、義興、揚州之吳郡、會稽十郡封。加九錫；其驃騎大將軍、揚州牧、南徐州刺史如故。驃，匹妙翻。騎，奇寄翻。己【章：甲十一行本「己」作「乙」；乙十一行本同；張校同。】巳，詔齊國官爵禮儀，並倣天朝。朝，直遙翻。丙午，以世子賾領南豫州刺史。

11 楊運長去宣城郡還家，齊公遣人殺之。楊運長守宣城，見上卷宋昇明元年。淩源令潘智與運長厚善；蕭子顯齊志：臨淮郡有淩縣。應劭曰：淩水出淩縣西南入淮。酈道元曰：淩水出淩縣，東流，逕其縣故城東，而東南流入淮。臨川王綽，義慶之孫也，義慶，長沙王第二子，襲道規封。綽遣腹心陳讚說智曰：說，輸芮翻。「君先帝舊人，身是宗室近屬，如此形勢，豈得久全！若招合內外，計多有從者。臺城內人常有此心，苦無人建意耳。」智卽以告齊公。庚戌，誅綽兄弟及其黨與。

12 甲寅，齊公受策命，赦其境內，以石頭爲世子宮，一如東宮。褚淵引何曾自魏司徒爲晉丞相故事，求爲齊官，齊公不許。以王儉爲齊尚書右僕射，領吏部；儉時年二十八。

夏，四月，壬申朔，進齊公爵爲王，增封十郡。時又增徐州之南梁、陳、潁川、陳留、南兗州之盱眙、山陽、秦、廣陵、海陵、南沛等十郡。

甲戌，武陵王贊卒，非疾也。史言齊殺之。

丙戌，加齊王殊禮，進世子爲太子。

辛卯，宋順帝下詔禪位于齊。壬辰，帝當臨軒，不肯出，逃于佛蓋之下，自晉以來，宮中有佛屋，以嚴事佛像，上爲寶蓋以覆之，宋帝逃於其下。王敬則勒兵殿庭，以板輿入迎帝。太后懼，自帥閹人索得之，帥，讀曰率。閹，衣廉翻。索，止客翻。敬則啓譬令出，引令升車。帝收淚謂敬則曰：「欲見殺乎？」敬則曰：「出居別宮耳。官先取司馬家亦如此。」帝泣而彈指曰：「願後身世世勿復生天王家！」復，扶又翻。宮中皆哭。帝拍敬則手曰：「必無過慮，當餉輔國十萬錢。」敬則時爲輔國將軍。史言帝庸闇。是日，百僚陪位。侍中謝朏在直，當解璽綬，陽爲不知，曰：「有何公事？」傳詔云：「解璽綬授齊王。」傳詔，屬中書舍人，出入宣傳詔旨。又考南史，郡府謂之傳教，天臺謂之傳詔。璽，斯氏翻。綬，音受。朏曰：「齊自應有侍中。」乃引枕臥。傳詔懼，使朏稱疾，欲取兼人，欲取兼侍中者。朏曰：「我無疾，何所道！」遂朝服步出東掖門，仍登車還宅。朝，直遥翻。乃以王儉爲侍中，解璽綬。禮畢，帝乘畫輪車，畫輪車者，車輪施文畫也。晉志云：畫輪車，上開四望，綠油幢，朱絲絡，兩箱裏飾以金錦，黃金塗，五采。蕭子顯曰：漆畫輪車，金塗校飾，如輦，微有減降。杜佑曰：晉制：駕車以采漆畫輪轂，上起四夾杖，左右開四望，綠油纁朱絲青交絡其上，形如輦，其下猶犢車。出東掖門就東邸。掖，音亦。問：「今日何不奏鼓吹？」左右莫有應者。右光祿大夫王琨，華之從父弟也，王華早入宋公霸府，元嘉初輔政。吹，尺睡翻。從，才用翻；下同。在晉世已爲郎中，至是，攀車獺尾慟哭獺毛可以辟塵，故懸之於車。曰：「人以壽爲歡，老臣以壽爲戚。既不能先驅螻蟻，謂不能早死也。乃復頻見此事！」嗚咽不自勝，復，扶又翻。勝，音升。百官雨泣。言涕泣如雨也。宋永初元年受晉禪，歲在庚申；八主，六十年而亡。

司空兼太保褚淵等奉璽綬，帥百官詣齊宮勸進；帥，讀曰率。王辭讓未受。淵從弟前安成太守炤謂淵子賁曰：「司空今日何在？」賁曰：「奉璽綬在齊大司馬門。」炤曰：「不知汝家司空將一家物與一家，亦復何謂！」炤，與照同，之笑翻。復，扶又翻；下乃復同。賁後辭爵廬墓，蓋深感炤之言也。甲午，王卽皇帝位于南郊。還宮，大赦，改元。奉宋順帝爲汝陰王，優崇之禮，皆倣宋初。築宮丹楊，丹楊，南史作「丹徒」。丹楊爲是。齊史云：築宮於丹楊故縣。置兵守衞之。宋神主遷汝陰廟，諸王皆降爲公；自非宣力齊室，餘皆除國，獨置南康、華容、萍鄉三國，以奉劉穆之、王弘、何無忌之後，王弘之後不除國，以王儉佐命耳。萍，與萍同。萍鄉縣，吳寶鼎二年置。宋白曰：楚昭王渡江，獲萍實於此。今縣北有萍實里、楚王臺，因以名縣。除國者凡百二十人。二臺官僚，依任攝職，二臺，謂宋臺、齊臺也。名號不同、員限盈長者，別更詳議。長，直亮翻，多而有餘也。

以褚淵爲司徒。賓客賀者滿座。褚炤歎曰：「彥回少立名行，何意披猖至此！披猖，言披靡而猖獗也。披，普皮翻。少，詩照翻。行，下孟翻。門戶不幸，乃復有今日之拜。使彥回作中書郎而死，不當爲一名士邪！名德不昌，乃復有期頤之壽！」曲禮曰：人生百年曰期頤。鄭註云：期，要也；頤，養也；不知衣服食味，孝子要盡養道而已。淵固辭不拜。

奉朝請河東裴顗上表，數帝過惡，掛冠徑去；帝怒，殺之。奉朝請者，奉朝會請召而已，非有職任也。裴顗在宋朝既無職任，又無卓犖奇節，惟不食齊粟，遂得垂名青史。君子惡沒世而名不稱，正爲此也。朝，直遙翻。顗，魚豈翻。數，所具翻。太子賾請殺謝朏，帝曰：「殺之遂成其名，正應容之度外耳。」久之，因事廢于家。

帝問爲政於前撫軍行參軍沛國劉瓛，瓛，胡官翻。對曰：「政在孝經。凡宋氏所以亡，陛下所以得者，皆是也。陛下若戒前車之失，加之以寬厚，雖危可安；若循其覆轍，雖安必危矣。」帝歎曰：「儒者之言，可寶萬世！」

13 丙申，魏主如崞山。崞，音郭。

14 丁酉，以太子詹事張緒爲中書令，齊國左衞將軍陳顯達爲中護軍，右衞將軍李安民爲中領軍。緒，岱之兄子也。

15 戊戌，以荆州刺史嶷爲尚書令、驃騎大將軍、開府儀同三司、揚州刺史，嶷，魚力翻。驃，匹妙翻。騎，奇寄翻。南兗州刺史映爲荆州刺史。

16 帝命羣臣各言得失。淮南、宣城二郡太守劉善明江左僑立淮南郡於宣城郡界，故善明兼守二郡。

「請除宋氏大明、泰始以來諸苛政細制，以崇簡易。」易，以豉翻。又以爲：「交州險遠，宋末政苛，遂至怨叛，宋明帝泰始四年，李長仁據交州而叛。今大化創始，宜懷以恩德。且彼土所出，唯有珠寶，實非聖朝所須之急，朝，直遙翻。討伐之事，謂宜且停。」給事黄門郎清河崔祖思亦上言，以爲：「人不學則不知道，禮記學記之言。上，時掌翻。此悖逆禍亂所由生也。悖，蒲内翻，又蒲沒翻。今無員之官，空受祿力，彫耗民財。無員之官，員外官也，下所謂限外之人是也。祿者，所食之祿；力者，所役之人。宜開文武二學，課臺、府、州、國限外之人各從所樂，依方習業。漢書賈山傳：使皆務其方而高其節。註云：方，道也。樂，音洛。若有廢惰者，遣還故郡；經藝優殊者，待以不次。又，今陛下雖躬履節儉，而羣下猶安習侈靡。宜褒進朝士之約素清脩者，朝，直遙翻。貶退其驕奢荒淫者，則風俗可移矣。」宋元嘉之世，凡事皆責成郡縣。世祖徵求急速，以郡縣遲緩，始遣臺使督之。使，疏吏翻；下同。自是使者所在旁午，競作威福，營私納賂，公私勞擾。會稽太守聞喜公子良上表極陳其弊，會，工外翻。以爲：「臺有求須，但明下詔敕，爲之期會，則人思自竭；若有稽遲，自依糾坐之科。今雖臺使盈湊，會取正屬所辦，謂使者雖多，亦當取辦於所屬也。徒相疑憤，反更淹懈，宜悉停臺使。」懈，居隘翻。員外散騎郎劉思效上言：散，悉亶翻。騎，奇寄翻。「宋自大明以來，漸見凋弊，徵賦有加而天府尤貧。天府，謂天子之府藏也。小民嗷嗷，殆無生意；而貴族富室，以侈麗相高，乃至山澤之民，不敢采食其水草。陛下宜一新王度，王度，王法也。革正其失。」上皆加褒賞，或以表付外，使有司詳擇所宜，奏行之。己亥，詔：「二宮諸王，悉不得營立屯邸，封略山湖。」二宮，謂上宮及東宮。上宮，諸王皇子也；東宮，諸王皇孫也。杜預曰：不以道取曰略。又曰：略，封界也。

17 魏主還平城。還，從宣翻，又如字。

18 魏秦州刺史尉洛侯、雍州刺史宜都王目辰、長安鎮將陳提等皆坐貪殘不法，洛侯、目辰伏誅，提徙邊。尉，紆勿翻。雍，於用翻。將，卽亮翻。

又詔以「候官千數，魏太祖置候官，以伺察內外。重罪受賕不列，輕罪吹毛發舉，言吹毛求疵也。宜悉罷之。」更置謹直者數百人，使防邏街術，更，工衡翻。邏，郎佐翻。術，讀曰遂，又食聿翻。說文曰：術，邑中道。執喧鬬者而已。自是吏民始得安業。

19 自泰始以來，內外多虞，將帥各募部曲，屯聚建康。將，卽亮翻。帥，所類翻。李安民上表，以爲「自非淮北常備外，餘軍悉皆輸遣；輸，送也。若親近宜立隨身者，聽限人數。」上從之；五月，辛亥，詔斷衆募。斷，丁管翻。

20 壬子，上賞佐命之功，褚淵、王儉等進爵、增戶各有差。考異曰：南史崔祖思傳曰：「帝將加九錫，內外皆贊成之。祖思獨曰：『公以仁恕匡社稷，執股肱之義。君子愛人以德，不宜如此。』帝聞而非之曰：『祖思遠同荀令，豈孤所望也。』由此不復處任職，而禮貌甚重。垣崇祖受密旨，參訪朝臣。光祿大夫垣閎曰：『身受宋氏厚恩，復蒙明公眷接；進不敢同，退不敢異。』冠軍將軍崔文仲與崇祖意同。及帝受禪，閎存故爵，文仲、崇祖皆封侯，祖思加官而已。」按宋朝初議封帝爲梁公，祖思啓高帝曰：「讖云：『金刀利刃齊刈之。』今宜稱齊，實應天命。」從之。然則祖思安得盡誠節於宋！今删之。處士何點謂人曰：處，昌呂翻。「我作齊書已竟，贊云：『淵既世族，儉亦國華；不賴舅氏，遑恤國家！』」點，尚之孫也。何尚之仕宋，貴顯於太祖、世祖之時。淵母宋始安公主，繼母吳郡公主；又尚巴西公主。儉母武康公主；又尚陽羨公主。故點云然。

21 己未，或走馬過汝陰王之門，衞士恐。有爲亂者奔入殺王，而以疾聞，上不罪而賞之。辛酉，殺宋宗室陰安公燮等，無少長皆死。前豫州刺史劉澄之，遵考之子也，少，詩照翻。長，知兩翻。劉遵考見一百二十八卷孝武孝建二年。與褚淵善，淵爲之固請爲，于僞翻。曰：「澄之兄弟不武，且於劉宗又疏。」故遵考之族獨得免。遵考弟思考，有子季連，亂蜀。

22 丙寅，追尊皇考曰宣皇帝，皇妣陳氏曰孝皇后。考異曰：南史在四月甲午，今從齊書。

23 丁卯，封皇子鈞爲衡陽王。

24 上謂兗州刺史垣崇祖曰：「吾新得天下，索虜必以納劉昶爲辭，侵犯邊鄙。南謂北爲索虜，以魏本索頭種也。索，昔各翻。壽陽當虜之衝，非卿無以制此虜也。」乃徙崇祖爲豫州刺史。

25 六月，丙子，誅游擊將軍姚道和，以其貳於沈攸之也。事見上卷宋順帝昇明之元年也。

26甲子，【嚴：「子」改「申。」】立王太子賾爲皇太子；皇子嶷爲豫章王，映爲臨川王，晃爲長沙王，曄爲武陵王，暠爲安成王，鏘爲鄱陽王，鑠爲桂陽王，鑑爲廣陵王；曄，筠輒翻。暠，古老翻。鏘，于羊翻。鑠，書藥翻。皇孫長懋爲南郡王。

27乙酉，葬宋順帝于遂寧陵。

28帝以建康居民舛雜，多姦盜，欲立符伍以相檢括，右僕射王儉諫曰：「京師之地，四方輻湊，必也持符，於事既煩，理成不曠；謝安所謂『不爾何以爲京師』也。」乃止。

29初，交州刺史李長仁卒，從弟叔獻代領州事，以號令未行，遣使求刺史於宋。從，才用翻。使，疏吏翻。宋以南海太守沈煥爲交州刺史，以叔獻爲煥寧遠司馬、武平·新昌二郡太守。吳孫晧建衡三年，討扶嚴夷，以其地置武平郡；是年，又分交趾立新興郡，晉武帝泰康三年，更名新昌；皆屬交州。隋廢武平郡爲隆平縣，廢新昌郡爲嘉寧縣，並屬交趾郡。唐改隆平爲太平，仍屬交趾，以嘉寧縣爲峯州。叔獻既得朝命，朝，直遙翻。人情服從，遂發兵守險，不納煥。煥停鬱林，病卒。

秋，七月，丁未，詔曰：「交趾、比景獨隔書朔，言其拒命不受正朔也。古者，天子常以季冬頒來歲十二月之朔于諸侯，諸侯受而藏之祖廟，至月朔則以特羊告廟，請而行之。斯乃前運方季，因迷遂往。宜曲赦交州，卽以叔獻爲刺史，撫安南土。」

30魏葭蘆鎮主楊廣香請降，降，戶江翻。丙辰，以廣香爲沙州刺史。以輿地記參考，此沙州當置於唐利州景谷縣界。

31 八月，乙亥，魏主如方山；方山在平城北如渾水上，魏主與馮太后將營壽陵於此，故數至其地。丁丑，還宮。

32 上聞魏將入寇，九月，乙巳，以豫章王嶷爲荆、湘二州刺史，都督如故；是年春正月，以嶷刺荆州，都督八州，今兼刺湘州。以臨川王映爲揚州刺史。

33 丙午，以司空褚淵領尚書令。

34 壬子，魏以侍中、司徒、東陽王丕爲太尉，侍中、尚書右僕射陳建爲司徒，侍中、尚書代人苟頹爲司空。魏書官氏志：神元時，餘部內入諸姓有若干氏，後改爲苟氏。

35 己未，魏安樂厲王長樂謀反，賜死。樂，音洛。

36 庚申，魏隴西宣王源賀卒。

37 冬，十月，己巳朔，魏大赦。

38 癸未，【嚴：「癸未」改「辛巳」。】汝陰太妃王氏卒，卽宋明帝王皇后也。順帝禪位，封汝陰王，太后降爲太妃。謚曰宋恭皇后。

39 初，晉壽民李烏奴與白水氐楊成等寇梁州，水經註：白水西北出臨洮縣東南西傾山，水色白濁，東南入陰平界。氐居水上者號白水氐。梁州刺史范柏年說降烏奴，擊成，破之。說，輸芮翻。降，戶江翻。

及沈攸之事起，見上卷宋順帝昇明元年。柏年遣兵出魏興，聲云入援，實候望形勢。事平，朝廷遣王玄邈代之。詔柏年與烏奴俱下，烏奴勸柏年不受代；柏年計未決，玄邈已至，柏年乃留烏奴於漢中，還至魏興，盤桓不進。左衞率豫章胡諧之嘗就柏年求馬，柏年曰：「馬非狗也，安能應無已之求！」待使者甚薄；使者還，語諧之曰：「柏年云：『胡諧之何物狗！所求無厭！』」語，牛倨翻。厭，於鹽翻。諧之恨之，譖於上曰：「柏年恃險聚衆，欲專據一州。」上使雍州刺史南郡王長懋誘柏年，啓爲府長史。雍，於用翻。誘，音酉。柏年至襄陽，上欲不問，諧之曰：「見虎格得，而縱上山乎？」格，捕也，鬭也。甲午，賜柏年死。李烏奴叛入氐，依楊文弘，引氐兵千餘人寇梁州，陷白馬戍。白馬戍在沔水北，卽陽平關也。王玄邈使人詐降誘烏奴，降，戶江翻。烏奴輕兵襲州城，玄邈伏兵邀擊，大破之，烏奴挺身復走入氐。

初，玄邈爲青州刺史，宋泰始初，玄邈據盤陽以拒魏，因用爲青州刺史。上在淮陰，爲宋太宗所疑，事見一百三十二卷泰始六年。欲北附魏，遣書結玄邈。玄邈長史清河房叔安曰：「將軍居方州之重，無故擧忠孝而棄之，三齊之士，寧蹈東海而死耳，自項羽分立諸侯王，分齊地爲三王，後遂稱齊地爲三齊，猶關中稱三秦也。不敢隨將軍也。」玄邈乃不答上書。考異曰：南史云：「仍遣叔安奉表詣闕告之，帝於路執之，幷求玄邈表。叔安曰：『王將軍表上天子，不上將軍。且僕之所言，利國家不利將軍，無所應問。』荀伯玉勸帝殺之。帝曰：『物各爲主，無所責也。』」按太祖時爲邊將，若執叔安，又不殺，便應不復爲宋臣。齊書無此事，今不取。及罷州還，至淮陰，嚴軍直過；至建康，啓太宗，稱上有異志。及上爲驃騎，蒼梧既弒，上進驃騎大將軍。引爲司馬，玄邈甚懼，而上待之如初。及破烏奴，上曰：「玄邈果不負吾意遇也。」叔安爲寧蜀太守，宋永初中，分廣漢爲寧蜀郡。上賞其忠正，欲用爲梁州，會病卒。

40 十一月，辛亥，立皇太子妃裴氏。

41 癸丑，魏遣假梁郡王嘉督二將出淮陰，隴西公琛督三將出廣陵，河東公薛虎子督三將出壽陽，奉丹楊王劉昶入寇；景和之初，昶奔魏。將，卽亮翻；下同。許昶以克復舊業，世胙江南，稱藩于魏。建置社稷曰胙，又，守社稷曰胙。鑾酋桓誕請爲前驅，宋明泰豫元年，誕降魏。酋，慈由翻。以誕爲南征西道大都督。義陽民謝天蓋自稱司州刺史，欲以州附魏，魏樂陵鎮將韋珍引兵渡淮應接。魏置樂陵鎮於比陽，在今唐州界。豫章王嶷遣中兵參軍蕭惠朗將二千人助司州刺史蕭景先討天蓋，韋珍略七千餘戶而去。考異曰：齊蕭景先傳云：「天蓋與虜相構扇，景先言於督府。豫章王遣惠朗助景先討天蓋黨與。虜尋遣僞南部尚書類跋屯汝南，洛州刺史昌黎王馮莎屯淸丘，景先嚴備待敵。虜退。」魏韋珍傳云：「天蓋自署司州刺史，規以內附。事泄，爲道成將崔慧景所攻圍，詔珍帥在鎮士馬渡淮援接。時道成聞珍將至，遣將荀元賓據淮，逆拒珍，珍腹背奮擊，破之。天蓋尋爲左右所殺，降於慧景。珍乘勝馳進，又破慧景，擁降民七千餘戶內徙，表置城陽、剛陵、義陽三郡以處之。」按魏將無類跋、馮莎，而慧景亦非討天蓋之將。蓋時二國之史，各出傳聞，互有訛謬。今約取二史大概而用之。景先，上之從子也。從，才用翻。南兗州刺史王敬則聞魏將濟淮，委鎮還建康，士民驚散，既而魏竟不至。上以其功臣，不問。

上之輔宋也，遣驍騎將軍王洪範使柔然，約與共攻魏。洪範自蜀出吐谷渾歷西域乃得達。驍，堅堯翻。騎，奇寄翻；下同。使，疏吏翻。吐，從暾入聲。谷，音浴。考異曰：齊書作「王洪軌」。今從齊紀。至是，柔然十餘萬騎寇魏，至塞上而還。還，從宣翻，又如字。

42 是歲，魏詔中書監高允議定律令。允雖篤老，而志識不衰。詔以允家貧養薄，令樂部絲竹十人五日一詣允以娛其志，朝晡給膳，朔望致牛酒，月給衣服綿絹；入見則備几杖，問以政治。晡，奔謨翻。見，賢遍翻。治，直吏翻。

43 契丹莫賀弗勿干帥部落萬餘口入附于魏，居白狼水東。契丹酋帥曰莫賀弗。隋書曰：契丹與庫莫奚皆東胡種，爲慕容氏所破，竄於松漠之間。是時爲高麗所侵，求內附于魏。水經註：白狼水出右北平白狼縣東南，東北流，逕龍城西南，又東南流，至遼東房縣入于遼水。初學記：狼河附黃龍城東北下，即白狼水。契，欺訖翻，又音喫。帥，讀曰率。

二年（庚申、四八〇）

1 春，正月，戊戌朔，大赦。

2 以司空褚淵爲司徒，尚書右僕射王儉爲左僕射；淵不受。考異曰：齊書，「建元二年正月，以淵爲司徒。十二月戊戌，以淵爲司徒。四年六月癸卯，以司徒褚淵爲司空。八月癸卯，司徒褚淵薨。」淵傳：「三年爲司徒，又固讓。四年寢疾遜位，改授司空。及薨，詔曰：『司徒奄至薨逝。』」蓋二年正月辭，十二月受耳。紀、傳前後各不相顧。

3 辛丑，上祀南郊。

4 魏隴西公琛等攻拔馬頭戍，殺太守劉從。琛，丑林翻。乙卯，詔内外纂嚴，發兵拒魏，徵南郡王長懋爲中軍將軍，鎮石頭。

5 魏廣川莊王略卒。

6 魏師攻鍾離，徐州刺史崔文仲擊破之。文仲遣軍主崔孝伯渡淮，攻魏茌眉戍主龍得侯等，殺之。茌，仕疑翻。孫恤曰：龍，姓也。考異曰：齊紀作「龍渴侯」。今從齊書。文仲，祖思之族人也。

羣蠻依阻山谷，連帶荆、湘、雍、郢、司五州之境，雍，於用翻。聞魏師入寇，□【章：甲十一行本空格作「官」字；乙十一行本同；孔本同。】盡發民丁，南襄城蠻秦遠乘虛寇潼陽，殺縣令。蕭子顯齊志，寧蠻府領郡有南襄城、東襄城、北襄城、中襄城郡，蓋因羣蠻部落分署爲郡也。五代志：淮安郡慈丘縣有後魏襄城郡。沈約宋志，汶陽郡領潼陽、沮陽、高安三縣，蓋皆宋初置也。水經註曰：東汶陽郡沮陽縣，沮水出其西北，東南逕汶陽郡北，即高安縣界，郡治錫城縣，故新城郡之下邑。義熙初，分新城立郡，其地當在臨沮縣西。蕭子顯曰：桓溫以臨沮西界，水陸紆險，道帶蠻、蜑，田土肥美，立爲汶陽郡以處流民。司州蠻引魏兵寇平昌，平昌戍主苟元賓擊破之。北上黃蠻文勉德寇汶陽，考異曰：齊紀作「文施德」。今從齊書。汶陽太守戴元賓【嚴：「賓」改「孫」。】棄城奔江陵；晉武帝平吳，割中廬之南鄉、臨沮之北鄉，立上黃縣，治軨鄉，屬襄陽郡，晉安帝分屬長寧郡。宋明帝以名與文帝陵同，改爲永寧郡。五代志：竟陵郡章山縣，西魏置上黃郡。今荊門軍長林縣，卽古之長寧縣，有章山。九域志曰：山卽禹貢所謂內方也。宋白曰：上黃縣，隋改南漳縣。豫章王嶷遣中兵參軍劉伾緒將千人討之，至當陽，章懷太子賢曰：當陽縣西北卽臨沮故城。將，卽亮翻；下同。勉德請降，秦遠遁去。降，戶江翻。

魏將薛道標引兵趣壽陽，上使齊郡太守劉懷慰作冠軍將軍薛淵書以招道標；趣，七喻翻。冠，古玩翻。魏人聞之，召道標還，還，從宣翻，又如字。使梁郡王嘉代之。懷慰，乘民之子也。劉乘民見一百三十一卷宋明帝泰始二年。二月，丁卯朔，嘉與劉昶寇壽陽。將戰，昶四向拜將士，流涕縱橫，縱，子容翻。曰：「願同戮力，以雪讎恥！」

魏步騎號二十萬，騎，奇寄翻。豫州刺史垣崇祖集文武議之，欲治外城，堰肥水以自固。皆曰：「昔佛貍入寇，見一百二十五卷宋文帝元嘉二十七年。治，直之翻。佛，音弼。南平王士卒完盛，數倍於今，猶以郭大難守，退保內城。且自有肥水，未嘗堰也，恐勞而無益。」崇祖曰：「若棄外城，虜必據之，外脩樓櫓，內築長圍，則坐成擒矣。守郭築堰，是吾不諫之策也。」言策已先定，足以制敵，不爲人所諫止。乃於城西北堰肥水，據水經：肥水自黎漿亭北流，過壽春城東。此立堰於西北者，西北，虜衝也；又因上流之勢可決以灌虜。今安豐軍有小史埭，卽崇祖決堰處。堰北築小城，周爲深塹，塹，七豔翻。使數千人守之，曰：「虜見城小，以爲一舉可取，必悉力攻之，以謀破堰；吾縱水衝之，皆爲流戶矣。」魏人果蟻附攻小城，崇祖著白紗帽，肩輿上城。著，則略翻。上，時掌翻。晡時，決堰下水；魏攻城之衆漂墜塹中，人馬溺死以千數。溺，奴狄翻。魏師退走。

7謝天蓋部曲殺天蓋以降。降，戶江翻。

8宋自孝建以來，政綱弛紊，簿籍訛謬。上詔黃門郎會稽虞玩之等更加檢定，曰：「黃籍，民之大紀，國之治端。杜佑曰：黃籍者，戶口版籍也。會，工外翻。治，直吏翻；下求治同。自頃巧僞日甚，何以釐革？」玩之上表，以爲：「元嘉中，故光祿大夫傅隆年出七十，猶手自書籍，躬加隱校。隱者，痛覈其實也。今欲求治取正，必在勤明令長。長，知兩翻。愚謂宜以元嘉二十七年籍爲正，更立明科，一聽首悔；首，式又翻。迷而不返，依制必戮；若有虛昧，州縣同科。」上從之。

9上以羣蠻數爲叛亂，數，所角翻。分荆、益置巴州以鎭之。壬申，以三巴校尉明慧昭爲巴州刺史，領巴東太守。宋明帝泰始二年，以三峽險隘，山蠻寇賊，議立三巴校尉以鎭之，尋省，順帝昇明二年復置。校，戶教翻。是時，齊之境內，有州二十三，郡三百九十，縣千四百八十五。州二十三，揚、南徐、豫、南豫、南兗、北兗、北徐、青、冀、江、廣、交、越、荆、巴、郢、司、雍、湘、梁、秦、益、寧也。郡三百九十，有寄治者，有新置者，有俚郡、獠郡、荒郡、左郡、無屬縣者，有或荒無民戶者。郡縣之建置雖多，而名存實亡，境土蹙於宋大明之時矣。

乙酉，崔文仲遣軍主陳靖拔魏竹邑，殺戍主白仲都；崔叔延破魏睢陵，殺淮陽太守梁惡。竹邑，漢沛郡之竹縣也，後漢、晉曰竹邑，後廢，魏蓋於故地置戍也。賢曰：竹故城在今徐州符離縣。睢陵，漢縣，屬臨淮，後漢、晉屬下邳，宋孝武大明元年，度屬濟陰，時入魏，置淮陽郡。

10 三月，丁酉朔，以侍中西昌侯鸞爲郢州刺史。鸞，帝兄始安貞王道生之子也；早孤，爲帝所養，恩過諸子。爲後鸞奪國殺帝子孫張本。

11 魏劉昶以雨水方降，表請還師，魏人許之；丙午，遣車騎大將軍馮熙將兵迎之。騎，奇寄翻。將，卽亮翻。

12 夏，四月，辛巳，魏主如白登山；五月，丙申朔，如火山；杜佑曰：雲州治雲中縣，縣界有白登山、白登臺。水經註曰：白登南有武周川，川東南有火山，山上有火井，南北六十七步，廣減尺許，源深不見底，炎勢上升，常若微雷發響，以草爨之，則煙騰火發。壬寅，還平城。

13 自晉以來，建康宮之外城唯設竹籬，而有六門。會有發白虎樽者，晉志：正旦元會，設白虎樽於殿庭，樽蓋上施白獸，若有能獻直言者，則發此樽飲酒。按禮，白獸樽乃杜舉之遺式；爲白獸蓋是後代所爲，示忌憚也。白獸，卽白虎，晉書避唐諱改曰獸。言「白門三重關，竹籬穿不完。」重，直龍翻。上感其言，命改立都牆。

14 李烏奴數乘間出寇梁州，數，所角翻。間，古莧翻。豫章王嶷遣中兵參軍王圖南將益州兵從劍閣掩擊之；梁、南秦二州刺史崔慧景發梁州兵屯白馬，與圖南覆背擊烏奴，嶷，魚力翻。將，即亮翻。「覆」當作「腹」。大破之，烏奴走保武興。考異曰：魏書帝紀：「八月，慧景寇武興。」今從慧景傳。慧景，祖思之族人也。

15 秋，七月，辛亥，魏主如火山。

16 戊午，皇太子穆妃裴氏卒。妃卒，謚曰穆。

17 詔南郡王長懋移鎮西州。

18 角城戍主舉城降魏；角城註見下年。降，戶江翻。秋，八月，丁酉，魏遣徐州刺史梁郡王嘉迎之。又遣平南將軍郎大檀等三將出朐城，魏收志：琅邪朐縣有朐城。朐，音劬。將軍白吐頭等二將出海西，海西，即漢海西縣地也。宋明帝失淮北，僑立青州於贛榆縣。泰始七年，割贛榆置鬱縣，立海西郡，齊明帝以爲東海郡，東魏武定七年，改海西郡；又分襄賁置海西縣。將軍元泰等二將出連口，連口，漣水入淮之口也，時在襄賁縣界。隋改襄賁縣爲漣水縣。杜佑曰：楚州漣水縣有連口渡。應劭曰：賁，音肥。將軍封延等三將出角城，鎮南將軍賀羅出下蔡，據班志，下蔡，春秋之州來國也，爲楚所滅。後吳取之，至夫差，遷蔡昭侯于此。後四世侯齊竟爲楚所滅，故曰下蔡。漢爲縣，屬沛郡，後省。東魏武定六年，以梁黃城戍爲下蔡郡，隋爲縣，屬汝陰郡。以下垣崇祖徙下蔡戍考之，則此戍置於淮水之西。五代時，周世宗徙壽春治下蔡，即其地。同入寇。

19 甲辰，魏主如方山；戊申，遊武州山石窟寺。水經註曰：武周川水東南流，水側有石祇洹舍幷諸窟室，比丘尼所居也。其水又東轉靈巖南，鑿石開山，因巖結構，眞容巨壯，法世所稀。據道元之言，浮屠氏巨麗處也。庚戌，還平城。

20 崔慧景遣長史裴叔保攻李烏奴於武興，爲氐王楊文弘所敗。敗，補邁翻。

21 九月，甲午朔，日有食之。

22 丙午，柔然遣使來聘。使，疏吏翻。

23 汝南太守常元眞、龍驤將軍胡青苟降於魏。驤，思將翻。降，戶江翻。

24 閏月，辛巳，遣領軍李安民循行清、泗諸戍以備魏。行，下孟翻。

25 魏梁郡王嘉帥衆十萬圍朐山，帥，讀曰率。朐山戍主玄元度嬰城固守，孫愐曰：玄，姓也。青、冀二州刺史范陽盧紹之遣子奐將兵助之。將，卽亮翻；下同。庚寅，元度大破魏師。臺遣軍主崔靈建等將萬餘人自淮入海，夜至，各舉兩炬；魏師望見，遁去。

26 冬，十月，王儉固請解選職，許之；加儉侍中，以太子詹事何戢領選。選，須絹翻。戢，阻立翻，又疾立翻。上以戢資重，欲加常侍，褚淵曰：「聖旨每以蟬冕不宜過多。臣與王儉既已左珥，若復加戢，則八座遂有三貂；自漢以來，侍中、常侍皆左貂，令、僕與列曹尚書爲八座。據戢傳：帝爲領軍，戢爲司徒左長史，相與來往，數與歡讌；戢蓋龍潛之舊也。復，扶又翻。若帖以驍、游，亦爲不少。」沈約曰：驍騎將軍、游擊將軍，並漢雜號將軍也，魏置爲中軍。及晉，以領、護、左・右衛、驍、游爲六軍。不少者，謂其取數已多也。少，詩沼翻。乃以戢爲吏部尚書，加驍騎將軍。驍，堅堯翻。騎，奇寄翻。

27 甲辰，以沙州刺史楊廣香爲西秦州刺史，又以其子炅爲武都太守。炅，古迥翻，又古惠翻。

28 丁未，魏以昌黎王馮熙爲西道都督，與征南將軍桓誕出義陽，鎮南將軍賀羅出鍾離，同入寇。

29 淮北四州民不樂屬魏，四州入魏事見一百三十三卷宋明帝泰始三年。樂，音洛。常思歸江南，上多遣間諜誘之。間，古莧翻。諜，徒協翻。誘，音酉。於是徐州民桓標之、考異曰：魏書，蘭陵民桓富，蓋即標之也。今從齊書。兗州民徐猛子等所在蠭起爲寇盜，聚衆保五固，推司馬朗之爲主。魏遣淮陽王尉元、平南將軍薛虎子等討之。尉，紆勿翻。

30 十一月，戊寅，丹陽尹王僧虔上言：「郡縣獄相承有上湯殺囚，名爲救疾，實行寃暴。因囚有時行瘟疫宜汗，遂上湯以蒸殺之。上，時掌翻。豈有死生大命，而潛制下邑！愚謂囚病必先刺郡，刺，謂州刺史；郡，謂郡守也。或曰：書病囚之姓名而白之於郡曰刺。求職司與醫對共診驗，職司，謂郡曹掌刑獄者。遠縣家人省視，然後處治。」處治，謂處方治病也。省，悉景翻。處，昌呂翻。治，直之翻。上從之。

31 戊子，以楊難當之孫後起爲北秦州刺史、武都王，鎮武興。

32十二月，戊戌，以司空褚淵爲司徒。淵入朝，以腰扇障日，腰扇，佩之於腰，今謂之摺疊扇。朝，直遥翻；下同。征虜功曹劉祥從側過，曰：「作如此舉止，羞面見人，扇障何益！」淵曰：「寒士不遜！」祥曰：「不能殺袁、劉，安得免寒士！」謂殺袁粲、劉秉也。祥，穆之之孫也。祥好文學，而性韻剛疏，撰宋書，譏斥禪代；王儉密以聞，坐徙廣州而卒。劉穆之，宋朝佐命元臣，祥以是得罪於齊，可謂無忝厥祖矣。好，呼到翻。

太子宴朝臣於玄圃，東宮有玄圃。右衞率沈文季與褚淵語相失，文季怒曰：「淵自謂忠臣，不知死之日何面目見宋明帝！」太子笑曰：「沈率醉矣。」史言褚淵失節，人得以面斥之。率，所律翻。

33壬子，以豫章王嶷爲中書監、司空、揚州刺史，以臨川王映爲都督荆·雍等九州諸軍事、荆州刺史。嶷，魚力翻。雍，於用翻。

34是歲，魏尚書令王叡進爵中山王，加鎮東大將軍；置王官二十二人，以中書侍郎鄭羲爲傅，郎中令以下皆當時名士。又拜叡妻丁氏爲妃。此事傳之史策，可以爲王叡榮邪！

三年（辛酉、四八一）

1春，正月，封皇子鋒爲江夏王。夏，户雅翻。

2魏人寇淮陽，圍軍主成買於甬城，「甬城」當作「角城」。水經註：角城在下邳睢陵縣，南臨淮水。其地據濟水入淮之口。後梁武帝置淮陽郡，角城爲縣，屬焉。高閭曰：角城去淮陽十八里。杜佑曰：角城，晉安帝義熙中置，在宿遷縣界；五代志作「甬城」。上遣領軍將軍李安民爲都督，與軍主周盤龍等救之。魏人緣淮大掠，江北民皆驚走渡江，成買力戰而死。盤龍之子奉叔以二百人陷陳深入，陳，讀曰陣；下魏陳同。魏以萬餘騎張左右翼圍之。騎，奇寄翻；下同。或告盤龍云，「奉叔已沒」，盤龍馳馬奮矟，直突魏陳，所向披靡。矟，色角翻。披，普彼翻。奉叔已出，復入求盤龍。復，扶又翻。父子兩騎縈擾，魏數萬之衆莫敢當者；魏師遂敗，殺傷萬計。魏師退，李安民等引兵追之，戰於孫溪渚，又破之。孫溪渚在淮陽之北，清水之濱。

3 己卯，魏主南巡，司空苟頹留守；丁亥，魏主至中山。

4 二月，丁【章：甲十一行本「丁」作「辛」；乙十一行本同；孔本同。】卯朔，魏大赦。

5 丁酉，游擊將軍桓康復敗魏師於淮陽，復，扶又翻；下復如同。敗，蒲邁翻。進攻樊諧城，拔之。考異曰：齊紀作「樊階城」，今從齊書。

6 魏主自中山如信都；癸卯，復如中山；庚戌，還，至肆州。魏收志曰：肆州治九原，天賜二年爲鎮，眞君七年置肆州，領永安、秀容、鴈門三郡。宋白曰：魏置肆州，理秀容城。秀容本漢陽曲縣地。周武帝徙肆州於鴈門。

沙門法秀以妖術惑衆，謀作亂於平城；妖，於遙翻。苟頹帥禁兵收掩，悉擒之。帥，讀曰率。魏主還平城，有司囚法秀，加以籠頭，鐵鎖無故自解。魏人穿其頸骨，祝之曰：「若果有神，當令穿肉不入。」遂穿以徇，三日乃死。議者或欲盡殺道人，考異曰：齊書魏虜傳：「咸陽王欲盡殺道人。」按咸陽王禧，時尚幼，太和九年始封，恐非也。馮太后不可，乃止。

7 垣崇祖之敗魏師也，恐魏復寇淮北，敗，蒲邁翻。復，扶又翻；下今復同。乃徙下蔡戍於淮東。既而魏師果至，欲攻下蔡；聞其內徙，欲夷其故城。己酉，崇祖引兵渡淮擊魏，大破之，殺獲千計。考異曰：齊書作「丁卯」。按是月辛卯朔，無丁卯。今從齊紀。

8 晉、宋之際，荆州刺史多不領南蠻校尉，校，戶教翻；下偏校同。別以重人居之。豫章王嶷爲荆、湘二州刺史，領南蠻。嶷，魚力翻。嶷罷，更以侍中王奐爲之，奐固辭，曰：「西土戎燼之後，痍毁難復。復，如字。今復割撤太府，自晉永嘉之亂，張氏擅命河西，以都府爲太府。今復，扶又翻。制置偏校，崇望不足助強，語實交能相弊。且資力既分，職司增廣，衆勞務倍，文案滋煩，竊以爲國計非允。」癸丑，罷南蠻校尉官。晉武帝置南蠻校尉，至是罷。

9 三月，辛酉朔，魏主如肆州；己巳，還平城。

10 魏法秀之亂，事連蘭臺御史張求等百餘人，皆以反法當族。尚書令王叡請誅首惡，宥其餘黨。乃詔：「應誅五族者，降爲三族；三族者，門誅；門誅，止其身。」所免千餘人。

11 夏，四月，己亥，魏主如方山。馮太后樂其山川，樂，音洛。曰：「他日必葬我於是，不必祔山陵也。」乃爲太后作壽陵，爲，于僞翻。又建永固石室於山上，欲以爲廟。水經註曰：方嶺上有文明太后陵，陵之東北有高祖陵，二陵之南有永固堂。堂之四隅雉列榭、階、欄、檻及扉、戶、梁、壁、椽、瓦，悉文石也。檐前兩柱，採洛陽之八風谷石爲之，雕鏤隱起，以金銀間雲雉，有若錦焉。堂之內外四側，結兩石扶帳，青石屏風，以文石爲緣，並隱起忠孝之容，題刻貞順之名。廟前鐫石爲碑、獸，碑石至佳。左右列柏，四周迷禽暗日。南川表二石闕。御路下望，靈泉宮池，皎若圖鏡。

12 桓標之等有衆數萬，寨險求援；庚子，詔李安民督諸將往迎之，將，卽亮翻。又使兗州刺史周山圖自淮入清，倍道應接。淮北民桓磊磈破魏師於抱犢固。磊，落猥翻。磈，口猥翻。魏收志：蘭陵郡承縣有抱犢山。李安民赴救遲留，標之等皆爲魏所滅，餘衆得南歸者尚數千家；魏人亦掠三萬餘口歸平城。考異曰：魏書云：「南征諸將擊破蕭道成游擊將軍桓康於淮陽。道成豫州刺史垣崇祖寇下蔡，昌黎王馮熙擊破之。假梁郡王嘉大破道成將，俘獲三萬餘口送平城。」今從齊書、齊紀，亦以魏書參之。

13 魏任城康王雲卒。任，音壬。

14 五月，壬戌，鄧至王像舒遣使入貢于魏。鄧至者，羌之別種，國於宕昌之南。北史曰：鄧至者，白水羌也，世爲羌豪，因地名號曰鄧至。其地自街亭以東，平武以西，汶嶺以北，宕昌以南。或曰，鄧至者，因鄧艾所至，因以爲名。杜佑曰：鄧至，今交川郡之南，通化郡之北；交川、臨翼、同昌郡之地也。使，疏吏翻。種，章勇翻。

15 六月，壬子，大赦。

16 甲辰，魏中山宣王王叡卒。叡疾病，太皇太后、魏主屢至其家視疾。及卒，贈太宰，立廟於平城南。文士爲叡作哀詩及誄者百餘人，爲，于僞翻。哀詩起於黄鳥。古者卿大夫沒，君命有司累其功德，爲文以哀之，曰誄。孔穎達曰：誄，累也，累列生時行迹，誄之以作謚。音魯水翻。魏主以叡子中散大夫襲代叡爲尚書令，領吏部曹。及葬，自稱親姻、義舊，縗絰哭送者千餘人。縗，倉回翻。散，悉亶翻。

17 戊午，魏封皇叔簡爲齊郡王，猛爲安豐王。

18 秋，七月，己未朔，日有食之。

19 上使後軍參軍車僧朗使於魏。朗使，疏吏翻；下同。甲子，僧朗至平城。魏主問曰：「齊輔宋日淺，何故遽登大位？」對曰：「虞、夏登庸，身陟元后，夏，戶雅翻。虞、夏事見尚書。魏、晉匡輔，貽厥子孫，事見漢、魏、晉紀。時宜各異耳。」

20 辛酉，柔然別帥他稽帥衆降魏。別帥，所類翻；稽帥，讀曰率。降，戶江翻。

21 楊文弘遣使請降，詔復以爲北秦州刺史。復，扶又翻。宋順帝昇明元年，文弘降魏。先是，楊廣香卒，先，悉薦翻。其衆半奔文弘，半奔梁州。文弘遣楊後起進據白水。上雖授以官爵，而陰敕晉壽太守楊公則使伺便圖之。伺，相吏翻。

22 宋昇明中，遣使者殷靈誕、苟昭先如魏，聞上受禪，靈誕謂魏典客曰：典客，秦官也，漢武帝太初元年更名大鴻臚，至晉，大鴻臚屬官又有典客令。「宋、魏通好，好，呼到翻。憂患是同。宋今滅亡，魏不相救，何用和親！」及劉昶入寇，靈誕請爲昶司馬，不許。九月，庚午，魏閱武於南郊，因宴羣臣；置車僧朗於靈誕下，僧朗不肯就席，曰：「靈誕昔爲宋使，今爲齊民。乞魏主以禮見處。」處，昌呂翻。靈誕遂與相忿詈。劉昶賂宋降人解奉君於會刺殺僧朗，魏人收奉君，誅之；解，戶買翻，姓也。刺，七亦翻。厚送僧朗之喪，放靈誕等南歸。及世祖即位，昭先具以靈誕之語啓聞，靈誕坐下獄死。史竟言其事。下，遐稼翻。

23 辛未，柔然主遣使來聘，與上書，謂上爲「足下」，自稱曰「吾」，遺上師子皮袴褶，遺，于季翻。袴褶，騎服也。褶，寔入翻。約共伐魏。

24 魏尉元、薛虎子克五固，斬司馬朗之，東南諸州皆平。東南諸州，謂淮北四州，於魏境爲東南也。尉元入爲侍中、都曹尙書，薛虎子爲彭城鎭將，將，卽亮翻。遷徐州刺史。時州鎭戍兵，資絹自隨，不入公庫。虎子上表，以爲：「國家欲取江東，先須積穀彭城。切惟在鎭之兵，不減數萬，資糧之絹，人十二匹；用度無準，未及代下，代，更也；下，替也。不免飢寒，公私損費。今徐州良田十萬餘頃，水陸肥沃，淸、汴通流，足以溉灌。若以兵絹市牛，可得萬頭，興置屯田，一歲之中，且給官食。半兵芸殖，餘兵屯戍，且耕且守，不妨捍邊。一年之收，過於十倍之絹；蹔時之耕，足充數載之食。蹔，與暫同。載，子亥翻。於後兵資皆貯公庫，貯，丁呂翻。

五稔之後，穀帛俱溢，非直戍卒豐飽，亦有吞敵之勢。」魏人從之。虎子爲政有惠愛，兵民懷之。會沛郡太守邵安、下邳太守張攀以贓汙爲虎子所按，（沛、下邳皆徐州所統。）各遣子上書，告虎子與江南通，魏主曰：「虎子必不然。」推按，果虛，詔安、攀皆賜死，二子各鞭一百。【張：「一百」作「二百」。】

25 吐谷渾王拾寅卒，（吐，從暾入聲。谷，音浴。）世子度易侯立。冬，十月，戊子朔，以度易侯爲西秦·河二州刺史、河南王。

26 魏中書令高閭等更定新律成，（更，工衡翻。）凡八百三十二章；門房之誅十有六，大辟二百三十五，雜刑三百七十七。（辟，毗亦翻。）

27 初，高昌王闞伯周卒，（高昌建國稱王，自伯周始。）子義成立；是歲，其從兄首歸殺義成自立。（從，才用翻。）高車王可至羅殺首歸兄弟，（可至羅蓋卽阿伏至羅，「可」當作「阿」。）以敦煌張明爲高昌王，國人殺明，立馬儒爲王。（敦，徒門翻。）

四年（壬戌、四八二）

1 春，正月，壬戌，詔置學生二百人，以中書令張緒爲國子祭酒。（晉武帝咸寧四年初立國子學，置國子祭酒。）

2 甲戌，魏大赦。

3三月，庚申，上召司徒褚淵、尚書左僕射王儉受遺詔輔太子；壬戌，殂于臨光殿。年五十六。太子卽位，大赦。

高帝沉深有大量，博學能文。性清儉，主衣中有玉導，主衣，主供御衣服。禁中有主衣庫。上敕中書曰：「留此正是興長病源！」長，丁丈翻，今知兩翻。卽命擊碎；仍檢按有何異物，皆隨此例。每曰：「使我治天下十年，治，直之翻。當使黃金與土同價。」

4乙丑，以褚淵錄尚書事，王儉爲侍中、尚書令，車騎將軍張敬兒開府儀同三司。丁卯，以前將軍王奐爲尚書左僕射。庚午，以豫章王嶷爲太尉。騎，奇寄翻。嶷，魚力翻。

5庚辰，魏主臨虎圈，圈，求遠翻。詔曰：「虎狼猛暴，取捕之日，每多傷害；既無所益，損費良多，從今勿復捕貢。」復，扶又翻。

6夏，四月，庚寅，上大行謚曰高皇帝，廟號太祖。丙午，葬泰安陵。在晉陵武進縣，上考承之先葬于此，所謂武進陵也。

7辛卯，追尊穆妃爲皇后。建元二年，太子妃裴氏卒，謚曰穆。六月，甲申朔，立南郡王長懋爲皇太子。丙申，立太子妃王氏。妃，琅邪人也。妃，王韶之之孫。封皇子聞喜公子良爲竟陵王，臨汝公子卿爲廬陵王，應城公子敬爲安陸王，臨汝縣屬汝南郡。蕭子顯齊志，應城縣屬安陸郡。江陵公子懋爲晉安王，枝江公子隆爲隨郡王，子眞爲建安王，皇孫昭業爲南郡王。

8 司徒褚淵寢疾，自表遜位，世祖不許。書新君廟號，以別大行。淵固請懇切，癸卯，以淵爲司空，領驃騎將軍，侍中、錄尚書如故。驃，匹妙翻。騎，奇寄翻。

9 秋，七月，魏發州郡五萬人治靈丘道。靈丘道，自代郡靈丘南越大山至中山，卽古之飛狐道也。治，直之翻。

10 吏部尚書濟陽江謐，濟，子禮翻。性諂躁，躁，則到翻。太祖殂，謐恨不豫顧命；上卽位，謐又不遷官；以此怨望、誹謗。會上不豫，謐詣豫章王嶷請間，曰：嶷，魚力翻。「至尊非起疾，東宮又非才，公今欲作何計？」上知之，使御史中丞沈沖奏謐前後罪惡，庚寅，賜謐死。沈攸之之反，江謐建假黃鉞之議，以此位通顯。旣以諂躁徼幸，則以諂躁致禍亦宜也。

11 癸卯，南康文簡公褚淵卒，世子侍中賁恥其父失節，服除，遂不仕，以爵讓其弟蓁，屏居墓下終身。蓁，側詵翻。屏，必郢翻。

12 九月，丁巳，以國哀罷國子學。

13 氐王楊文弘卒，諸子皆幼，乃以兄子後起爲嗣。九月，辛酉，魏以後起爲武都王，文弘子集始爲白水太守。五代史志：武都郡建威縣，魏置白水郡，唐貞觀初，省建威入將利縣。旣而集始自立爲王，後起擊破之。

14 魏以荆州巴、氐擾亂，魏世祖泰延五年置荆州於上洛，領上洛、上庸、魏興等郡。巴與氐各是一種。以鎮西大將軍李崇爲荆州刺史。崇，顯祖之舅子也。將之鎮，敕發陝、秦二州兵送之，魏收地形志：太和十一年，置陝州。是年，太和七年也，當考。陝，失冉翻。崇辭曰：「邊人失和，本怨刺史。今奉詔代之，自然安靖；但須一詔而已，不煩發兵自防，使之懷懼也。」魏朝從之。崇遂輕將數十騎馳至上洛，朝，直遙翻。將，卽亮翻。騎，奇寄翻。宣詔慰諭，民夷帖然。崇命邊戍掠得齊人者悉還之，由是齊人亦還其生口二百許人，二境交和，無復烽燧之警。復，扶又翻。久之，徙兗州刺史。兗土舊多劫盜，崇命村置一樓，樓皆懸鼓，盜發之處，亂擊之；旁村始聞者，以一擊爲節，次二，次三，俄頃之間，聲布百里；皆發人守險要。由是盜發，無不擒獲。其後諸州皆效之，自崇始也。

15 辛未，以征南將軍王僧虔爲左光祿大夫、開府儀同三司，以尙書右僕射王奐爲湘州刺史。

16 宋故建平王景素主簿何昌寓、記室王摛及所舉秀才劉璡，摛，抽知翻。璡，資辛翻。前後上書陳景素德美，爲之訟冤。景素死見一百三十四卷宋蒼梧王元徽四年。爲，于僞翻。冬，十月，辛丑，詔聽以士禮還葬舊塋。璡，瓛之弟也。瓛，胡官翻。

17 十一月，魏高祖將親祠七廟，命有司具儀法，依古制備牲牢、器服及樂章；自是四時常祀皆舉之。

世祖武皇帝上之上 諱賾，字宣遠，高帝長子也。

永明元年（癸亥、四八三）

1 春，正月，辛亥，上祀南郊，大赦，改元。

2 詔以邊境寧晏，治民之官，普復田秩。宋文帝元嘉二十七年，有魏師，以軍興減百官奉祿。淮南太守諸葛闡求減俸祿，比內百官，於是諸州郡縣丞尉並悉同減。至明帝時，軍旅不息，府藏空虛，內外百官，並斷奉祿。治，直之翻；下同。

3 以太尉豫章王嶷領太子太傅。嶷不參朝務，而常密獻謀畫，上多從之。嶷，魚力翻。朝，直遙翻。

4 壬戌，立皇弟銳爲南平王，鏗爲宜都王，皇子子明爲武昌王，子罕爲南海王。

5 二月，辛巳，以征虜將軍楊炅爲沙州刺史、陰平王。炅，楊廣香之子也。炅，古迥翻，又古惠翻。

6 辛丑，以宕昌王梁彌機爲河、涼二州刺史，宕，徒浪翻。鄧至王像舒爲西涼州刺史。

7 宋末，以治民之官六年過久，乃以三年爲斷，斷，丁亂翻；下專斷同。謂之小滿；而遷換去來，又不能依三年之制。三月，癸丑，詔，自今一以小滿爲限。

8 有司以天文失度，請禳之。禳，而羊翻。上曰：「應天以實不以文。我克己求治，思隆惠政；若災眚在我，治，直吏翻。眚，所景翻。禳之何益！」

9 夏，四月，壬午，詔：「袁粲、劉秉、沈攸之，雖末節不終，而始誠可錄，」皆命以禮改葬。三人死見一百三十四卷宋順帝昇明三年。

10 上之爲太子也，自以年長，長，知兩翻。與太祖同創大業，晉安王子勛之亂，帝亦起兵；沈攸之反，帝據湓城爲衆軍節度。朝事大小，率皆專斷，朝，直遙翻。斷，丁亂翻。多違制度。信任左右張景眞，景眞驕侈，被服什物，僭擬乘輿；被，皮義翻。乘，繩證翻。內外畏之，莫敢言者。司空諮議荀伯玉，素爲太祖所親厚，諮議，卽諮議參軍。歎曰：「太子所爲，官終不知，豈得畏死，蔽官耳目！我不啓聞，誰當啓者！」因太子拜陵，拜永安、泰安陵也，皆在武進。密以啓太祖。太祖怒，命檢校東宮。

太子拜陵還，至方山，晚，將泊舟，建康城東北有方山埭，直瀆所經也。據沈瑀傳，方山埭在湖熟縣界。杜佑曰：東晉至陳，西有石頭津，東有方山津，各置津主一人、賊曹一人、直水五人，以檢察禁物。宋白曰：丹陽記云：秦始皇鑿金陵方山，斷處爲瀆。則今淮水經城中入大江，是曰秦淮。豫章王嶷自東府乘飛鷰東迎太子，飛鷰，名馬也。告以上怒之意。太子夜歸，入宮，太祖亦停門籥待之。明日，太祖使南郡王長懋、聞喜公子良宣敕詰責，詰，去吉翻。幷示以景眞罪狀，使以太子令收景眞，殺之。太子憂懼，稱疾。

月餘，太祖怒不解，晝臥太陽殿，王敬則直入，叩頭啓太祖曰：「官有天下日淺，太子無事被責，被，皮義翻。人情恐懼；願官往東宮解釋之。」太祖無言。敬則因大聲宣旨，裝束往東宮，又敕太官設饌，饌，雛戀翻，又雛晥翻。呼左右索輿，索，山客翻。太祖了無動意。敬則索衣被太祖，仍牽強登輿。被，皮義翻。強，其兩翻。太祖不得已至東宮，召諸王宴於玄圃。長沙王晃捉華蓋，捉亦執也。臨川王映執雉尾扇，雉尾扇，編雉尾爲之，以障乘輿。聞喜公子良持酒鎗，鎗，楚庚翻，盛酒之器。按太平御覽，鎗卽鐺字；但鐺非可持者。南郡王長懋行酒，太子及豫章王嶷、王敬則自捧酒饌，至暮，盡醉乃還。還，從宣翻，又如字。

太祖嘉伯玉忠藎，愈見親信，軍國密事，多委使之，權動朝右。朝，直遙翻。遭母憂，去宅二里許，冠蓋已塞路。左率蕭景先、侍中王晏共弔之，塞，悉則翻。左率，左衞率也。率，所律翻。自旦至暮，始得前。比出，飢乏，氣息惙然，比，必寐翻。惙，積雪翻，疲乏也。憤悒形於聲貌。悒，乙及翻。明日，言於太祖曰：「臣等所見二宮門庭，比荀伯玉宅可張雀羅矣。」門外可設雀羅，用漢書語。師古註曰：「言其寂靜無人行也。」晏，敬弘之從子也。王敬弘見用於元嘉中。從，才用翻。驍騎將軍陳胤叔，先亦白景眞及太子得失，而語太子皆云「伯玉以聞」。驍，堅堯翻。騎，奇寄翻。語，牛倨翻。太子由是深怨伯玉。

太祖陰有以豫章王嶷代太子之意；而嶷事太子愈謹，嶷，魚力翻。故太子友愛不衰。

豫州刺史垣崇祖不親附太子，會崇祖破魏兵，見上太祖建元三年。太祖召還朝，與之密謀。朝，直遥翻。太子疑之，曲加禮待，謂曰：「世間流言，我已豁懷；自今以富貴相付。」崇祖拜謝。會太祖復遣荀伯玉，復，扶又翻。敕以邊事，受旨夜發，不得辭東宮；太子以爲不盡誠，益銜之。

太祖臨終，指伯玉以屬太子。屬，之欲翻。上卽位，崇祖累遷五兵尚書，伯玉累遷散騎常侍。散，悉亶翻。伯玉內懷憂懼，上以伯玉與崇祖善，恐其爲變，加意撫之。丁亥，下詔誣崇祖招結江北荒人，欲與伯玉作亂，皆收殺之。

11 庚子，魏主如崞山；崞，音郭。壬寅，還宮。

12 閏月，癸丑，魏主後宮平涼林氏生子恂，後魏分安定郡置平涼郡，領鶉陰、陰密二縣。大赦。文明太后以恂當爲太子，賜林氏死，自撫養恂。

13 五月，戊寅朔，魏主如武州山石窟佛寺。

14 車騎將軍張敬兒好信夢；好，呼到翻。初爲南陽太守，其妻尚氏夢一手熱如火；及爲雍州，夢一胛熱；雍，於用翻。胛，音甲。爲開府，夢半身熱。敬兒意欲無限，常謂所親曰：「吾妻復夢舉體熱矣。」復，扶又翻。又自言夢舊村社樹高至天，上聞而惡之。惡，烏路翻。垣崇祖死，敬兒內自疑，會有人告敬兒遣人至蠻中貨易，貨易，卽貿易也，以我所有，易我所無。上疑其有異志。會上於華林園設八關齋，釋氏之戒：一，不殺生；二，不偷盜；三，不邪淫；四，不妄語；五，不飲酒、食肉；六，不著花鬘瓔珞，香油塗身，歌舞倡伎故往觀聽；七，不得坐高廣大床；八，不得過齋後喫食。已上八戒，故爲八關。雜錄名義云：八戒者，俗衆所受一日一夜戒也。謂八戒一齋，通謂八關齋，明以禁防爲義也。朝臣皆預，於坐收敬兒。朝，直遙翻。坐，徂臥翻。敬兒脫冠貂投地曰：「此物誤我！」丁酉，殺敬兒，幷其四子。

敬兒弟恭兒，常慮爲兄禍所及，居於冠軍，冠軍縣，自漢以來屬南陽郡，唐爲鄧州臨湍縣，我朝建隆初廢臨湍入穰縣。冠，古玩翻。未常出襄陽，村落深阻，牆垣重複。敬兒每遣信，輒上馬屬鞬，重，直龍翻。屬，之欲翻。鞬，居言翻，馬上盛弓矢之器。然後見之。敬兒敗問至，席卷入蠻；卷，讀曰捲。後自出，上恕之。

敬兒女爲征北諮議參軍謝超宗子婦，超宗謂丹楊尹李安民曰：「『往年殺韓信，今年殺彭越。』尹欲何計！」用漢書薛公語，激發安民，使之作亂也。安民具啓之。上素惡超宗輕慢，惡，烏路翻。使兼御史中丞袁彖奏彈超宗，丁巳，收付廷尉，徙越巂，於道賜死。巂，音髓。以彖語不刻切，又使左丞王逡之奏彈彖輕文略奏，撓法容非，撓，奴教翻。彖坐免官，禁錮十年。超宗，靈運之孫；超宗，靈運子鳳之子。彖，顗之弟子也。袁顗死於義嘉之難。顗，魚豈翻。

15 秋，七月，丁丑，魏主及太后如神淵池；魏太和元年，起永樂遊觀殿於北苑，穿神淵池。甲申，如方山。

16 魏使假員外散騎常侍頓丘李彪來聘。

17 侍中、左光祿大夫、開府儀同三司王僧虔固辭開府，去年，王僧虔除開府。謂兄子儉曰：「汝任重於朝，行登三事；朝，直遙翻。我若復有此授，復，扶又翻；下亦復同。乃是一門有二台司，吾實懼焉。」累年不拜，上乃許之，戊戌，加僧虔特進。儉作長梁齋，制度小過，僧虔視之，不悅，竟不入戶；儉即日毀之。

初，王弘與兄弟集會，任子孫戲適。僧達跳下地作虎子；僧綽正坐，采蠟燭珠爲鳳皇，僧達奪取打壞，亦復不惜；僧虔累十二博棋，既不墜落，亦不重作。重，直龍翻。弘歎曰：「僧達俊爽，當不減人，然恐終危吾家；僧達死見一百二十八卷末世祖大明二年。僧綽當以名義見美；僧虔必爲長者，位至公台。」長，知兩翻。已而皆如其言。

18 八月，庚申，驍騎將軍王洪範自柔然還，經塗三萬餘里。經塗，謂所經由之路。王洪範出使事，見高帝建元二年。還，從宣翻，又如字。

19 冬，十月，丙寅，遣驍騎將軍劉纘聘於魏，魏主客令李安世主之。主客令即典客令也。魏人出內藏之寶，使賈人鬻之於市。藏，徂浪翻。賈音古。纘曰：「魏金玉大賤，當由山川所出。」安世曰：「聖朝不貴金玉，故賤同瓦礫。」礫，郎狄翻。纘初欲多市，聞其言，內慚而止。纘屢奉使至魏，馮太后遂私幸之。史言馮后淫縱。使，疏吏翻；下同。

20 十二月，乙巳朔，日有食之。

21 癸丑，魏始禁同姓爲婚。

22 王儉進號衞將軍，參掌選事。選，須絹翻。

23 是歲，省巴州。置巴州見上高帝建元二年。

24 魏秦州刺史于洛侯，性殘酷，刑人必【章：甲十一行本「必」作「或」；乙十一行本同；張校同。】斷腕，拔舌，斷，丁管翻。腕，烏貫翻。分懸四體。合州驚駭，州民王元壽等一時俱反。有司劾奏之，劾，戶概翻，又戶得翻。魏主遣使至州，於洛侯常刑人處宣告吏民，然後斬之。

齊州刺史韓麒麟，爲政尚寬，從事劉普慶說麒麟曰：「公杖節方夏，而無所誅斬，何以示威！」麒麟曰：「刑罰所以止惡，仁者不得已而用之。今民不犯法，又何誅乎？若必斷斬然後可以立威，當以卿應之！」普慶慚懼而起。說，輸芮翻。夏，戶雅翻。斷，丁亂翻。

聶崇岐標點王崇武覆校

資治通鑑卷第一百三十六

端明殿學士兼翰林侍讀學士朝散大夫右諫議大夫充集賢殿修撰提舉西京嵩山崇福宮上柱國河内郡開國侯食邑一千八百户食實封六百户賜紫金魚袋臣司馬光　奉敕編集

後學天台胡三省　音註

齊紀二起閼逢困敦（甲子），盡屠維大荒落（己巳），凡六年。

世祖武皇帝上之下

永明二年（甲子、四八四）

1 春，正月，乙亥，以後將軍柳世隆爲尚書右僕射；竟陵王子良爲護軍將軍兼司徒，領兵置佐，鎮西州。子良少有清尚，少，詩照翻。傾意賓客，才儁之士，皆遊集其門。開西邸，據子良傳；西邸在雞籠山。多聚古人器服以充之。記室參軍范雲、蕭琛、樂安任昉、法曹參軍王融、衛軍東閤祭酒蕭衍、記室參軍，掌書記；法曹參軍，掌刑法。此皆子良府屬也。時王儉爲衛將軍，辟蕭衍爲東閤祭酒。自晉以來，公府屬，長史之下有東、西閤祭酒。琛，丑林翻。任，音壬。昉，孚往翻。鎮西功曹謝朓、朓，土了翻。步兵校尉沈約、揚州秀才吳郡陸倕，校，户教翻。倕，是爲翻。並以文學，尤見親待，號曰八友。法曹參軍柳惲、惲，於粉翻。太學博士王僧孺、晉武帝置太學博士、太常博士、國子博士。南徐州秀才濟陽江革、革，南徐州所舉秀才也。濟陽郡時屬南徐州。濟，子禮翻。尚書殿中郎范縝、魏、晉以來，尚書諸曹，殿中郎爲諸曹之首。縝，章忍翻。會稽孔休源亦預焉。會，工外翻。琛，惠開之從子；柳蕭惠開見一百三十一卷宋明帝泰始元年、二年。從，才用翻；下同。惲，元景之從孫；融，僧達之孫；元景以武功顯於宋文、武二朝。王僧達以世資才俊進。衍，順之之子；蕭順之，太祖族弟。朓，述之孫；約，璞之子；僧孺，雅之曾孫；謝述見一百二十三卷宋文帝元嘉十七年。沈璞守盱眙有功，見元嘉二十七年；孝武孝建之初，以不迎義師戮。王雅見一百七卷晉孝武太元十五年。縝，雲之從兄也。縝，章忍翻。

子良篤好釋氏，招致名僧，講論佛法，道俗之盛，江左未有。或親爲衆僧賦食、行水，好，呼到翻。爲，于僞翻。賦，分界也。世頗以爲失宰相體。

范縝盛稱無佛。子良曰：「君不信因果，釋氏有因緣果報之說。何得有富貴、貧賤？」縝曰：「人生如樹花同發，隨風而散：或拂簾幌墜茵席之上，幌，呼廣翻。或關籬牆落糞溷之中。墜茵席者，殿下是也；落糞溷者，下官是也。貴賤雖復殊途，復，扶又翻。因果竟在何處！」子良無以難。難，乃旦翻；下難之同。縝又著神滅論，以爲：「形者神之質，神者形之用也。神之於形，猶利之於刀；未聞刀没而利存，豈容形亡而神在哉！」此論出，朝野諠譁，難之終不能屈。朝，直遥翻。太原王琰著論譏縝曰：「嗚呼范子！曾不知其先祖神靈所在！」欲以杜縝後對。縝對曰：「嗚呼王子！知其先祖神靈所在而不能殺身以從之！」子良使王融謂之曰：「以卿才美，何患不至中書郎；而故乖剌爲此論，中書郎，卽謂中書侍郎也。剌，來葛翻。甚可惜也！宜急毀棄之。」縝大笑曰：「使范縝賣論取官，已至令、僕矣，令、僕，謂尚書令及兩僕射。何但中書郎邪！」

蕭衍好籌略，有文武才幹，好，呼到翻。王儉深器異之，曰：「蕭郎出三十，貴不可言。」蕭衍事始此。

2 壬寅，以柳世隆爲尚書左僕射，丹楊尹李安民爲右僕射，王儉領丹楊尹。

3 夏，四月，甲寅，魏主如方山；戊午，還宮；庚申，如鴻池；鴻池卽旋鴻池也。水經註：涼城郡旋鴻縣東山下，水積成池，東西二里，南北四里。又太祖天興二年，穿鴻鴈池於平城。丁卯，還宮。

4 五月，甲申，魏遣員外散騎常侍李彪等來聘。散，悉亶翻。騎，奇寄翻。

5 六月，壬寅朔，中書舍人吳興茹法亮封望蔡男。康曰：茹，人諸切，姓也。望蔡縣屬豫章郡。沈約曰：漢靈帝中平中，汝南上蔡民分徙此城立縣，名曰上蔡，晉武帝太康元年，更名望蔡。宋白曰：望蔡縣本漢建成縣，靈帝分置上蔡縣，晉武帝以上蔡人思本土，改爲望蔡，今爲高安縣，瑞州治所。時中書舍人四人，各住一省，謂之「四戶」，以法亮及臨海呂文顯等爲之；既總重權，勢傾朝廷，守宰數遷換去來，四方餉遺，歲數百萬。法亮嘗於衆中語人曰：「何須求外祿！此一戶中，年辦百萬。」蓋約言之也。數，所角翻。遺，于季翻。語，牛倨翻。李延壽曰：中書所司，掌在機務。漢元以令、僕用事，魏明以監、令專權。至宋孝武以來，士庶雜選，及明帝世，胡母顥、阮佃夫之徒，專爲佞倖矣。齊初亦用久勞及以親信關讞表啓，發署詔敕，頗涉辭翰，亦爲詔文，侍郎之局復見侵矣。建武詔命，始不關中書，專出舍人。省內舍人四人，所直四省。據此，四戶，則舍人分住四省，自法亮等始。後因天文有變，王儉極言「文顯等專權徇私，上天見異，禍由四戶。」見，賢遍翻。上手詔酬答，而不能改也。

6 魏舊制：戶調帛二匹，絮二斤，絲一斤，穀二十斛；又入帛一匹二丈，委之州庫，以供調外之費；所調各隨土之所出。丁卯，詔曰：「置官班祿，行之尚矣；自中原喪亂，茲制中絕。朕憲章舊典，始班俸祿。戶增調帛三匹，穀二斛九斗，以爲官司之祿；增調外帛二匹。祿行之後，贓滿一匹者死。變法改度，宜爲更始，調，徒弔翻。俸，扶用翻。更，工衡翻。其大赦天下。」

7 秋，七月，甲申，立皇子子倫爲巴陵王。

8 乙未，魏主如武州山石窟寺。

9 九月，魏詔，班祿以十月爲始，季別受之。三月爲一季。舊律，枉法十匹，義贓二十匹，罪死；至是，義贓一匹，枉法無多少，皆死。枉法，謂受賕枉法而出入人罪者。義贓，謂人私情相饋遺，雖非乞取，亦計所受論贓。仍分命使者，糾按守宰之貪者。

秦、益二州刺史恆農李洪之以外戚貴顯，魏顯祖、高祖皆李氏出也。魏避顯祖諱，改弘農爲恆農。爲治貪暴，治，直吏翻。班祿之後，洪之首以贓敗。魏主命鎖赴平城，集百官親臨數之；數，所具翻，數其罪也。猶以其大臣，聽在家自裁。自餘守宰坐贓死者四十餘人。受祿者無不跼蹐，跼，音局。蹐，音脊。賕賂殆絕。然吏民犯他罪者，魏主率寬之，疑罪奏讞多減死徙邊，歲以千計。都下決大辟，歲不過五六人；州鎮亦簡。讞，魚列翻，又魚蹇翻。

久之，淮南王佗【張：「佗」作「陀」。】奏請依舊斷祿，辟，毗亦翻。斷，丁管翻。文明太后召羣臣議之。中書監高閭以爲：「飢寒切身，慈母不能保其子。今給祿，則廉者足以無濫，貪者足以勸慕；不給，則貪者得肆其姦，廉者不能自保。淮南之議，不亦謬乎！」詔從閭議。

閭又上表，以爲：「北狄悍愚，同於禽獸。悍，侯旰翻，又下罕翻。所長者野戰，所短者攻城。北狄，指蠕蠕也。若以狄之所短奪其所長，則雖衆不能成患，雖來不能深入。又，狄散居野澤，隨逐水草，戰則與家業並至，奔則與畜牧俱逃，不齎資糧而飲食自足，是以歷代能爲邊患。六鎮勢分，倍衆不鬭，謂敵人衆力加倍，則鎮人不敢鬭也。互相圍逼，難以制之。請依秦、漢故事，於六鎮之北築長城，魏世祖破蠕蠕，列置降人於漠南，東至濡源，西曁五原陰山，竟三千里，分爲六鎮，今武川、撫冥、懷朔、懷荒、柔玄、禦夷也。下云六鎮東西不過千里，則當自代都北塞而東至濡源耳。杜佑曰：後魏六鎮並在馬邑、雲中單于府界。擇要害之地，往往開門，造小城於其側，置兵扞守。狄既不攻城，野掠無獲，草盡則走，終必懲艾。計六鎮東西不過千里，一夫一月之功可城三步之地，強弱相兼，不過用十萬人，一月可就；雖有暫勞，可以永逸。凡長城有五利：罷遊防之苦，一也；北部放牧無抄掠之患，二也；抄，楚交翻。登城觀敵，以逸待勞，三也；息無時之備，四也；歲常遊運，遊，行也；行運芻糧以實塞下。永得不匱，五也。」魏主優詔答之。

10 冬，十月，丁巳，以南徐州刺史長沙王晃爲中書監。初，太祖臨終，以晃屬帝，使處於輦下或近藩，屬，之欲翻。處，昌呂翻。勿令遠出。且曰：「宋氏若非骨肉相殘，他族豈得乘其弊！汝深誡之！」舊制：諸王在都，唯得置捉刀左右四十人。捉刀，執刀以衞左右者也。晃好武飾，及罷南徐州，私載數百人仗還建康，爲禁司所覺，投之江水。禁司，主防禁諸王。好，呼到翻；下同。帝聞之，大怒，將糾以法，豫章王嶷叩頭流涕曰：「晃罪誠不足宥；陛下當憶先朝念晃。」帝亦垂泣，由是終無異意，然亦不被親寵。論者謂帝優於魏文，減於漢明。魏文防禁任城、陳諸王。漢明友愛東海、東平諸王。嶷，魚力翻。朝，直遙翻。被，皮義翻。

武陵王曄多材藝而疏悻，悻，直也，狠也，音胡頂翻。亦無寵於帝。嘗侍宴，醉伏地，貂抄肉柈。抄，楚交翻。柈，薄官翻。帝笑曰：「肉汙貂。」汙，烏故翻。對曰：「陛下愛羽毛而疏骨肉。」帝不悅。曄輕財好施，施，式智翻。故無蓄積；名後堂山曰「首陽」，蓋怨貧薄也。

11 高麗王璉遣使入貢於魏，亦入貢於齊。時高麗方強，魏置諸國使邸，齊使第一，高麗次之。麗，力知翻。使，疏吏翻；下同。

12 益州大度獠恃險驕恣，水經註：南安縣有瀼水，卽大度水，東入于江。寰宇記：大度河自吐蕃界經雅州諸部落，至黎州東界，流入通望界。獠，魯皓翻。前後刺史不能制。及陳顯達爲刺史，遣使責其租賧。賧，吐濫翻。夷人以財贖罪曰賧。獠帥曰：「兩眼刺史尚不敢調我，帥，所類翻。調，徒弔翻。況一眼乎！」遂殺其使。顯達分部將吏，聲言出獵，夜，往襲之，男女無少長皆斬之。分，扶問翻。將，卽亮翻；下同。少，詩照翻。長，知兩翻。

晉氏以來，益州刺史皆以名將爲之。十一月，丁亥，帝始以始興王鑑爲督益・寧諸軍事、益州刺史，徵顯達爲中護軍。先是，劫帥韓武方聚黨千餘人斷流爲暴，先，悉薦翻。斷，丁管翻。郡縣不能禁。鑑行至上明，武方出降，降，戶江翻；下同。長史虞悰等咸請殺之。悰，徂宗翻。鑑曰：「殺之失信，且無以勸善。」乃啓臺而宥之，於是巴西蠻夷爲寇暴者皆望風降附。鑑時年十四，行至新城，新城，今房州。道路籍籍，云「陳顯達大選士馬，不肯就徵。」乃停新城，遣典籤張曇晳往觀形勢。俄而顯達遣使詣鑑，咸勸鑑執之。鑑曰：「顯達立節本朝，必自無此。」曇，徒含翻。晳，先擊翻。使，疏吏翻。朝，直遙翻；下同。居二日，曇晳還，具言「顯達已遷家出城，日夕望殿下至。」於是乃前。鑑喜文學，喜，許記翻。器服如素士，蜀人悅之。

13 乙未，魏員外散騎常侍李彪等來聘。散，悉亶翻。騎，奇寄翻。考異曰：齊紀：「十二月庚申，虜使李道固至。」今從後魏帝紀。

14 是歲，詔增豫章王嶷封邑爲四千戶。宋元嘉之世，諸王入齋閤，得白服、帬帽見人主；宋、齊之間，制高屋帽、下帬蓋。帬，渠云翻。見，賢遍翻。唯出太極四廂，乃備朝服。太極殿，前殿也，有四廂。自後此制遂絕。上於嶷友愛，宮中曲宴，聽依元嘉故事。嶷固辭不敢，唯車駕至其第，乃白服、烏紗帽以侍宴。至於衣服、器用制度，動皆陳啓，事無專制，務從減省。上幷不許。嶷常慮盛滿，求解揚州，以授竟陵王子良。上終不許，曰：「畢汝一世，無所多言。」嶷長七尺八寸，善脩容範，文物衞從，禮冠百僚，長，直亮翻。從，才用翻。冠，古玩翻。每出入殿省，瞻望者無不肅然。

15 交州刺史李叔獻既受命，命叔獻爲交州刺史，見上卷太祖建元元年。而斷割外國貢獻；上欲討之。斷，丁管翻。

三年（乙丑、四八五）

1 春，正月，丙辰，以大司農劉楷爲交州刺史，發南康、廬陵、始興兵以討叔獻。叔獻聞之，遣使乞更申數年，獻十二隊純銀兜鍪及孔雀毦；毦，仍吏翻，以孔雀毛爲飾也。上不許。叔獻懼爲楷所襲，間道自湘州還朝。不敢取道南康、始興，避劉楷之兵故也。間，古莧翻。

2 戊寅，魏詔曰：「圖讖之興，出於三季，三代之季也。讖，楚譖翻。既非經國之典，徒爲妖邪所憑。自今圖讖、祕緯，一皆焚之，妖，於遙翻。緯，于貴翻。留者以大辟論！」律，凡言以論者，罪同眞犯。辟，毗亦翻。又嚴禁諸巫覡及委巷卜筮非經典所載者。直曰街，曲曰巷。委，卽曲也。鄭玄曰：委巷，猶街里委曲所爲也。覡，刑狄翻。

3 魏馮太后作皇誥十八篇，癸未，大饗羣臣于太華殿，班皇誥。魏高宗興光四年起太華殿。

4 辛卯，上祀南郊，大赦。

5 詔復立國學；罷國學見上卷高帝建元四年。李延壽曰：江左草創，日不暇給，以迄宋、齊，國學時或開置，而勸課未博，建之不能十年，蓋取文具而已。復，扶又翻。釋奠先師用上公禮。

6 二月，己亥，魏制皇子皇孫有封爵者，歲祿各有差。

7 辛丑，上祭北郊。

8 三月，丙申，魏封皇弟禧爲咸陽王，幹爲河南王，羽爲廣陵王，雍爲潁川王，勰爲始平王，勰，音協。詳爲北海王。自禧以下皆魏主之弟。文明太后令置學館，選師傅以教諸王。勰於兄弟最賢，敏而好學，善屬文，好，呼到翻。屬，之欲翻。魏主尤奇愛之。

9 夏，四月，癸丑，魏主如方山；甲寅，還宮。

10 初，宋太宗置總明觀以集學士，亦謂之東觀。上以國學既立，五月，乙未，省總明觀。時王儉領國子祭酒，詔於儉宅開學士館，以總明四部書充之。分經、史、子、集爲甲、乙、丙、丁四部。又據宋紀：明帝泰始六年立總明觀，徵學士以充之；舉士二十人，分爲儒、道、文、史、陰陽五部學，言陰陽者遂無其人。然則四部書者，其儒、道、文、史之書歟！觀，古玩翻。又詔儉以家爲府。

自宋世祖好文章，士大夫悉以文章相尚，無以專經爲業者。儉少好禮學及春秋，言論造次必於儒者，好，呼到翻。造，七到翻。由是衣冠翕然，更尚儒術。儉撰次朝儀、國典，自晉、宋以來故事，無不諳憶，憶，記也。朝，直遙翻；下同。諳，烏含翻。故當朝理事，斷決如流。每博議引證，八坐、丞、郎無能異者。八坐、丞、郎，自八坐至左右丞、諸曹郎也。斷，丁亂翻。坐，徂臥翻。令史諮事常數十人，賓客滿席，儉應接辨析，傍無留滯，發言下筆，皆有音彩。十日一還學監試諸生，巾卷在庭，監，工銜翻。卷，巨員翻，冠武也。鄭註禮記云：武冠，卷也，音起權翻。劍衞、令史，儀容甚盛。作解散髻，據南史儉傳作「解散幘」。蕭子顯齊書作「解散髻，斜插幘簪」。斜插簪；朝野慕之，相與倣效。儉常謂人曰：「江左風流宰相，唯有謝安。」意以自比也。上深委仗之，士流選用，奏無不可。

11 六月，庚戌，〔魏〕進河南王度易侯爲車騎將軍，遣給事中吳興丘冠先使河南，幷送柔然使。騎，奇寄翻。冠，古玩翻。使，疏吏翻。

12 辛亥，魏主如方山；丁巳，還宮。

13 秋，七月，癸未，魏遣使拜宕昌王梁彌機兄子彌承爲宕昌王。宕，徒浪翻。考異曰：齊書，是歲八月丁巳，以行宕昌王梁彌頡爲河、梁二州刺史。六年五月甲午，以彌承爲河、涼二州刺史。今從魏書。初，彌機死，子彌博立，爲吐谷渾所逼，奔仇池。吐，從暾入聲。谷，音浴。仇池鎮將穆亮以彌機事魏素厚，矜其滅亡；彌博凶悖，所部惡之；將，卽亮翻。悖，蒲内翻，又蒲沒翻。惡，烏路翻。彌承爲衆所附，表請納之。詔許之。亮帥騎三萬軍于龍鵠，龍鵠，蓋卽龍涸也，在甘松界，宇文氏於此置龍涸防，隋爲扶州嘉誠縣，唐爲松州。杜佑曰：龍涸城，吐谷渾南界也，去成都千餘里。周武帝天和初，其王率衆降，以爲扶州。帥，讀曰率。騎，奇寄翻。擊走吐谷渾，立彌承而還。還，從宣翻，又如字。亮，崇之曾孫也。穆崇見一百一十一卷晉安帝隆安三年。

14 戊子，魏主如魚池，魏太宗永登五年，穿魚池於平城北苑。登靑原岡；甲午，還宮；八月，己亥，如彌澤；甲寅，登牛頭山；甲子，還宮。

15 魏初，民多蔭附；蔭附者，自附於豪強之家以求蔭庇。蔭附者皆無官役，而豪強徵斂倍於公賦。斂，力贍翻。給事中李安世上言：「歲饑民流，田業多爲豪右所占奪；占，之贍翻。雖桑井難復，桑井，謂古者井田之制，五畝之宅，樹牆下以桑也。宜更均量，使力業相稱。又，所爭之田，宜限年斷，量，音良。稱，尺證翻。斷，丁亂翻。事久難明，悉歸今主，以絕詐妄。」魏主善之，由是始議均田。冬，十月，丁未，詔遣使者循行州郡，行，下孟翻。與牧守均給天下之田：守，式又翻。諸男夫十五以上受露田四十畝，婦人二十畝，杜佑通典註曰：不栽樹者謂之露田。奴婢依良丁；良丁，謂良人成丁者。牛一頭，受田三十畝，限止四牛。所授之田，率倍之；三易之田，再倍之，以供耕作及還受之盈縮。倍之者，合受四十畝，授以八十畝。此一易之田也。三易之田，三年耕然後復故，故再倍以授之。人年及課則受田，老免及身沒則還田。奴婢、牛隨有無以還受。初受田者，男夫給二十畝，課種桑五十株；桑田皆爲世業，身終不還。恆計見口，有盈者無受無還，不足者受種如法，盈者得賣其盈。恆，戶登翻。見，賢遍翻。口分、世業之法始此。諸宰民之官，各隨近給公田有差，更代相付；更，工衡翻。賣者坐如律。

16 辛酉，魏魏郡王陳建卒。

17 魏員外散騎常侍李彪等來聘。

18 十二月，乙卯，魏以侍中淮南王佗爲司徒。

19 柔然犯魏塞，魏任城王澄帥衆拒之，柔然遁去。澄，雲之子也。任城王雲見一百三十三卷宋明帝泰始七年。任，音壬。帥，讀曰率。氐、羌反，詔以澄爲都督梁·益·荆三州諸軍事、梁州刺史。魏高祖始置梁、益二州於仇池。澄至州，討叛柔服，氐、羌皆平。

20 初，太祖命黃門郎虞玩之等檢定黃籍。見上卷太祖建元二年。上卽位，別立校籍官，置令史，限人一日得數巧。巧，謂姦僞也。旣連年不已，民愁怨不安。外監會稽呂文度外監，屬中領軍。而親任過於領軍。會，工外翻。啓上，籍被卻者悉充遠戍，被，皮義翻。民多逃亡避罪。富陽民唐寓之因以妖術惑衆作亂，攻陷富陽，富陽，卽漢富春縣也，本屬會稽，後屬吳郡；晉簡文鄭太后諱春，孝武改曰富陽。妖，於驕翻。三吳卻籍者奔之，衆至三萬。

文度與茹法亮、呂文顯皆以姦諂有寵於上。茹，音如。文度爲外監，專制兵權，領軍守虛位而已。法亮爲中書通事舍人，權勢尤盛。王儉常曰：「我雖有大位，權寄豈及茹公邪！」

21是歲，柔然部眞可汗卒，子豆崙立，可，從刊入聲。汗，音寒。崙，盧昆翻。號伏名敦可汗，魏收曰：伏名敦，魏言恆也。改元太平。

四年（丙寅、四八六）

1春，正月，癸亥朔，魏高祖朝會，始服袞冕。史言魏孝文用夏變夷。朝，直遙翻。

2壬午，柔然寇魏邊。

3唐寓之攻陷錢唐，吳郡諸縣令多棄城走。寓之稱帝於錢唐，立太子，置百官；遣其將高道度等攻陷東陽，將，卽亮翻。殺東陽太守蕭崇之。崇之，太祖族弟也。又遣其將孫泓寇山陰，至浦陽江；據水經註，浦陽江，卽今曹娥江也。水發剡溪，皆西流，至曹娥鎭始折而東，流入海。浹口戍主湯休武擊破之。浹，卽叶翻。上發禁兵數千人，馬數百匹，東擊寓之。臺軍至錢唐，寓之衆烏合，畏騎兵，騎，奇寄翻。一戰而潰，擒斬寓之，進平諸郡縣。

臺軍乘勝，頗縱抄掠。抄，楚交翻。軍還，還，從宣翻，又如字。上聞之，【章：十二行本「之」下有「丁酉」二字；乙十一行本同；孔本同；張校同。】收軍主前軍將軍陳天福棄市；左軍將軍劉明徹免官、削爵，付東冶。建康有東西二冶，今冶城即其地，亦曰東冶亭。天福，上寵將也，將，即亮翻。既伏誅，內外莫不震肅。使通事舍人丹陽劉係宗隨軍慰勞，勞，力到翻。遍至遭賊郡縣，百姓被驅逼者悉無所問。

4 閏月，癸巳，立皇子子貞爲邵陵王，皇孫昭文爲臨汝公。

5 氐王楊後起卒，丁未，詔以白水太守楊集始爲北秦州刺史、武都王。集始，文弘之子也。後起弟後明爲白水太守。魏亦以集始爲武都王。集始入朝于魏，朝，直遙翻。魏以爲南秦州刺史。

6 辛亥，帝耕籍田。

7 二月，己未，立皇弟銶爲晉熙王，銶，音求。鉉爲河東王。

8 魏無鄉黨之法，唯立宗主督護；民多隱冒，三五十家始爲一戶。內祕書令李沖上言：祕書省在禁中，故謂之內祕書令，亦謂之中祕。上，時掌翻。「宜準古法：五家立鄰長，五鄰立里長，五里立黨長，取鄉人強謹者爲之。鄰長復一夫，里長二夫，黨長三夫，長，知兩翻。復，方目翻。三載無過，則升一等。其民調，一夫一婦，帛一匹，粟二石。大率十匹爲公調，二匹爲調外費，三匹爲百官俸。此外復有雜調。調，徒弔翻。俸，扶用翻。復，扶又翻。民年八十已上，聽一子不從役。孤獨、癃老、篤疾、貧窮不能自存者，三長內迭養食之。」食，讀曰飤。書奏，詔百官通議。中書令鄭羲等皆以爲不可。太尉丕曰：「臣謂此法若行，於公私有益。但方有事之月，校比戶口，民必勞怨。請過今秋，至冬乃遣使者，於事爲宜」。沖曰：「『民可使由之，不可使知之。』論語孔子之言。若不因調時，調時，所謂調課之月。民徒知立長校戶之勤，未見均徭省賦之益，心必生怨。宜及調課之月，令知賦稅之均，既識其事，又得其利，行之差易。」易，以豉翻。羣臣多言：「九品差調，爲日已久，九品，上中下各分爲三品，事見一百三十二卷宋明帝泰始五年。一旦改法，恐成擾亂。」文明太后曰：「立三長則課調有常準，苞蔭之戶可出，僥倖之人可止，何爲不可！」僥，堅堯翻。甲戌，初立黨、里、鄰三長，定民戶籍。民始皆愁苦，豪強者尤不願。既而課調省費十餘倍，上下安之。

9 三月，丙申，柔然遣使者牟提如魏。時敕勒叛柔然，柔然伏名敦可汗自將討之，追奔至西漠。西漠者，大漠之西偏也。將，卽亮翻。魏左僕射穆亮等請乘虛擊之，中書監高閭曰：「秦、漢之世，海內一統，故可遠征匈奴。今南有吳寇，何可捨之深入虜庭！」魏主曰：「『兵者凶器，聖人不得已而用之。』老子之言。先帝屢出征伐者，以有未賓之虜故也。今朕承太平之業，奈何無故動兵革乎！」厚禮其使者而歸之。

10 夏，四月，辛酉朔，魏始制五等公服；甲子，初以法服、御輦祀南郊。公服，朝廷之服；五等，朱、紫、緋、綠、青。法服，袞冕以見郊廟之服。

11 癸酉，魏主如靈泉池；魏於方山之南起靈泉宮，引如渾水爲靈泉池，東西一百步，南北二百步。戊寅，還宮。

12 湘州蠻反，刺史呂安國有疾不能討；丁亥，以尚書左僕射柳世隆爲湘州刺史，討平之。

13 六月，辛酉，魏主如方山。考異曰：魏帝紀，是日幸方山。七月戊戌又云幸方山，皆不言還宮。蓋闕文耳。

14 己卯，魏文明太后賜皇子恂名，大赦。

15 秋，七月，戊戌，魏主如方山。

16 八月，乙亥，魏給尚書五等爵已上朱衣，玉佩，大小組綬。組綬者，組織以成綬。鄭玄曰：綬所以貫佩玉，相承受者也。漢制：印綬先合單紡爲一系，四系爲一扶，五扶爲一首，五首成一文，文采淳爲一圭。首多者系細；少者系粗，皆廣一尺六寸。組，則古翻。綬，音受。

17 九月，辛卯，魏作明堂、辟雍。

18 冬，十一月，魏議定民官依戶給俸。以所領民戶之多少爲給俸之差也。

19 十二月，柔然寇魏邊。

20 是歲，魏改中書學曰國子學。魏先置中書博士及中書學生，今改曰國子學，從晉制也。分置州郡，凡三十八州，二十五在河南，十三在河北。河南二十五州，青、南青、兗、齊、濟、光、豫、洛、徐、東徐、雍、秦、南秦、梁、益、荆、涼、河、沙，時又置華、陜、夏、岐、班、郢，凡二十五。河北十三州，司、并、肆、定、相、冀、幽、燕、營、平、安，時又置瀛、汾，凡十三。蕭子顯曰：雍、涼、秦、沙、涇、華、岐、河、西華、寧、陜、洛、荆、郢、北豫、東荆、南豫、西兗、東兗、南徐、東徐、青、齊、濟、光二十五州在河南，相、汾、懷、東雍、肆、定、瀛、朔、并、冀、幽、平、司等十三州在河北。

五年（丁卯、四八七）

1 春，正月，丁亥朔，魏主詔定樂章，非雅者除之。

2 戊子，以豫章王嶷爲大司馬，竟陵王子良爲司徒，臨川王映、衞將軍王儉、中軍將軍王敬則並加開府儀同三司。子良啓記室范雲爲郡，上曰：「聞其常相賣弄，朕不復窮法，當宥之以遠。」復，扶又翻。子良曰：「不然。雲動相規誨，諫書具存。」遂取以奏，凡百餘紙，辭皆切直。上歎息，謂子良曰：「不謂雲能爾；方使弼汝，何宜出守！」守，式又翻。文惠太子嘗出東田觀穫，時太子作東田於東宮之東，綿亙華遠，壯麗極目。又齊紀：太子立樓館於鍾山下，號曰東田。顧謂衆賓曰：「刈此亦殊可觀。」衆皆曰：「唯唯。」唯，于癸翻。雲獨曰：「三時之務，實爲長勤。三時之務，謂春耕、夏耘、秋穫也。伏願殿下知稼穡之艱難，無徇一朝之宴逸！」

3 荒人桓天生自稱桓玄宗族，與雍、司二州蠻相扇動，雍，於用翻。據南陽故城，請兵於魏，將入寇。丁酉，詔假丹楊尹蕭景先節，總帥步騎，直指義陽，司州諸軍皆受節度；帥，讀曰率。騎，奇寄翻。又假護軍將軍陳顯達節，帥征虜將軍戴僧靜等水軍向宛、葉，宛，於元翻。葉，式涉翻。雍、司諸軍皆受顯達節度，以討之。

4 魏光祿大夫咸陽文公高允，歷事五帝，太武、景穆、文成、獻文及高祖爲五帝。出入三省，三省，尚書省、中書省、祕書省也。五十餘年，未嘗有譴；馮太后及魏主甚重之，常命中黃門蘇興壽扶侍。允仁恕簡靜，雖處貴重，處，昌呂翻。情同寒素；執書吟覽，晝夜不去手；誨人以善，恂恂不倦；楊中立曰：恂恂，一於誠也。朱元晦曰：恂恂，信實之貌。篤親念故，無所遺棄。顯祖平青、徐，悉徙其望族於代，事見一百三十二卷宋明帝泰始五年。其人多允之婚媾，流離飢寒；允傾家賑施，賑，之忍翻。施，式智翻。咸得其所，又隨其才行，薦之於朝。行，下孟翻。朝，直遙翻。議者多以初附間之，間，古莧翻。允曰：「任賢使能，何有新舊！必若有用，豈可以此抑之！」允體素無疾，至是微有不適，猶起居如常，數日而卒，年九十八；贈侍中、司空，賻襚甚厚。布帛曰賻，衣被曰襚。賻，音附。襚，徐醉翻。魏初以來，存亡蒙賚，皆莫及也。

5 桓天生引魏兵萬餘人至沘陽，漢沘陽縣屬南陽郡。應劭曰：沘水所出。魏太和中置東荆州於沘陽故城。宋白曰：今唐州沘陽縣卽州故城。九域志：沘陽縣在唐州東北七十五里。陳顯達遣戴僧靜等與戰於深橋，戴僧靜傳，深橋距泚陽四十里。泚，音比。大破之，殺獲萬計。天生退保泚陽，僧靜圍之，不克而還。還，從宣翻，又如字。荒人胡丘生起兵懸瓠以應齊，魏人擊破之，丘生來奔。天生又引魏兵寇舞陰，舞陰戍主殷公愍拒擊，破之，殺其副張麒麟，天生被創退走。被，皮義翻。創，初良翻。三月，丁未，以陳顯達爲雍州刺史。雍，於用翻。顯達進據舞陽城。

6 夏，五月，壬辰，魏主如靈泉池。

7 癸巳，魏南平王渾卒。

8 甲午，魏主還平城。詔復七廟子孫及外戚緦麻服已上，賦役無所與。復，方目翻。七廟子孫，自太祖已下。緦麻，三月服。五服至緦麻而服盡。與，讀當曰預。

9 魏南部尚書公孫邃、上谷公張儵帥衆與桓天生復寇舞陰，殷公愍擊破之；儵，式竹翻。帥，讀曰率。復，扶又翻。考異曰：齊書魏虜傳云：「僞安南將軍遼東公、平南將軍上谷公又攻舞陰。」魏書帝紀云：「詔南部尚書公孫文慶、上谷公張伏千南討舞陰。」按公孫邃傳，「邃字文慶，與内都幢將上谷公張儵討蕭賾舞陰戍。」蓋伏千亦儵字也。天生還竄荒中。邃，表之孫也。公孫表事魏明元爲將。

魏春夏大旱，代地尤甚；加以牛疫，民餒死者多。六月，癸未，詔内外之臣極言無隱。齊州刺史韓麒麟上表曰：「古先哲王，儲積九稔；古者，三年耕，餘一年食；九年耕，餘三年食。以三十年之通制國用，則當有九年之蓄。國無九年之蓄曰不足，無六年之蓄曰急，無三年之蓄曰國非其國也。稔，而廩翻。逮於中代，亦崇斯業，入粟者與斬敵同爵，力田者與孝悌均賞。漢令民入粟拜爵。又有孝悌力田之科。今京師民庶，不田者多，遊食之口，參分居二。自承平日久，豐穰積年，競相矜夸，遂成侈俗。貴富之家，童妾袨服，袨，黃練翻；袨服，美衣也。工商之族，僕隸玉食；張晏曰：玉食，珍食也。而農夫闕糟糠，蠶婦乏短褐。故令耕者日少，少，詩沼翻；下同。田有荒蕪；穀帛罄於府庫，寶貨盈於市里；衣食匱於室，麗服溢於路。飢寒之本，實在於斯。愚謂凡珍異之物，皆宜禁斷；斷，丁管翻。吉凶之禮，備爲格式；勸課農桑，嚴加賞罰。數年之中，必有盈贍。往年校比戶貫，毛晃曰：貫，鄉籍也。租賦輕少。臣所統齊州，租粟纔可給俸，略無入倉，俸，扶用翻。雖於民爲利而不可長久，脫有戎役，或遭天災，恐供給之方，無所取濟。可減絹布，增益穀租；年豐多積，歲儉出賑。歲入約少爲儉。賑，之忍翻；下同。所謂私民之穀，寄積於官，官有宿積，則民無荒年矣。」宿積，子智翻。秋，七月，己丑，詔有司開倉賑貸，聽民出關就食。魏都平城，郊畿之外，置關於要路以譏征。遣使者造籍，分遣去留，所過給糧廩，所至三長贍養之。

柔然伏名敦可汗殘暴，可，從刊入聲。汗，音寒。其臣侯醫垔石洛候數諫止之，垔，伊眞翻。數，所角翻。且勸其與魏和親。伏名敦怒，族誅之，由是部衆離心。八月，柔然寇魏邊，魏以尚書陸叡爲都督，擊柔然，大破之。叡，麗之子也。陸麗，陸俟之子，於乙渾之難死也。

初，高車阿伏至羅有部落十餘萬，役屬柔然。伏名敦之侵魏也，阿伏至羅諫，不聽。阿伏至羅怒，與從弟窮奇帥部落西走，至前部西北，從，才用翻。帥，讀曰率。前部，漢車師前王地也。自立爲王。考異曰：魏書高車傳云在太和十一年，蠕蠕在十六年。今從高車傳。按蠕蠕下當有「傳」字。國人號曰「候婁匐勒」，夏言天子也；號窮奇曰「候倍」，夏言太子也。夏言，謂中華之言。夏，戶雅翻。二人甚親睦，分部而立。阿伏至羅居北，窮奇居南。伏名敦追擊之，屢爲阿伏至羅所敗，乃引衆東徙。史言柔然浸衰。敗，補邁翻。

11 九月，【嚴：「九月」改「冬十月」。】辛未，魏詔罷起部無益之作，起部掌百工之事。書曰：百工起哉。出宮人不執機杼者。冬，十月，【嚴：「冬十月」改「十一月」。】丁未，又詔罷尚方錦繡、綾羅之工；四民欲造，任之無禁。四民，士、農、工、商也。是時，魏久無事，府藏盈積。詔盡出御府衣服珍寶、太官雜器、太僕乘具、內庫弓矢刀鈐十分之八，藏，徂浪翻。乘，繩證翻。鈐，與鉗同，其廉翻，刃也。唐有玉鈐衞。外府衣物、繒布、絲纊繒，慈陵翻，帛也。纊，苦謗翻。纊，絮也。非供國用者，以其太半班賚百司，下至工、商、皁隸，逮于六鎮邊戍，畿內鰥、寡、孤、獨、貧、癃，皆有差。劉熙釋名曰：無妻曰鰥；憂悒不能寐，目常鰥鰥然。其字從魚，魚目常不閉。無夫曰寡；寡，倮也，倮然單獨也。無父曰孤；孤，顧也，顧望無所瞻見也。無子曰獨；獨，鹿也，鹿鹿無所依也。無財曰貧。疲病曰癃。

12 魏祕書令高祐、丞李彪奏請改國書編年爲紀、傳、表、志；傳，直戀翻。魏主從之。祐，允之從祖弟也。十二月，詔彪與著作郎崔光改脩國書。光，道固之從孫也。從，才用翻。宋明帝泰始五年崔道固降魏。

魏主問高祐曰：「何以止盜？」對曰：「昔宋均立德，猛虎渡河；卓茂行化，蝗不入境。宋均事見四十五卷漢明帝永平七年。卓茂爲密令，教化大行，漢平帝時，天下大蝗，獨不入密縣界。況盜賊，人也，苟守宰得人，治化有方，止之易矣。」守，式又翻。治，直吏翻。易，以豉翻。祐又上疏言：「今之選舉，不採識治之優劣，專簡年勞之多少，少，詩沼翻。斯非盡才之謂。宜停此薄藝，棄彼朽勞，唯才是舉，則官方斯穆。方，道也。穆，和也，清也。又勳舊之臣，雖年勤可錄而才非撫民者，可加之以爵賞，不宜委之以方任，所謂王者可私人以財，不私人以官者也。」王者不私人以官，前漢書佞幸傳贊之辭。帝善之。

祐出爲西兗州刺史，鎮滑臺。以郡國雖有學，縣、黨亦宜有之，乃命縣立講學，黨立小學。

六年（戊辰、四八八）

1春，正月，乙未，魏詔：「犯死刑者，父母、祖父母年老，更無成人子孫，旁無期親者，具狀以聞。」期親，爲之服期者。

2初，皇子右衛將軍子響出繼豫章王嶷；嶷，魚力翻。嶷後有子，表留爲世子。子響每入朝，朝，直遙翻。以車服異於諸王，每拳擊車壁。上聞之，詔車服與皇子同。於是有司奏子響宜還本。三月，己亥，立子響爲巴東王。

3 角城戍將張蒲，因大霧乘船入清中採樵，清中，清水中也。將，即亮翻。潛納魏兵。戍主皇甫仲賢覺之，帥衆拒戰於門中，僅能卻之。魏步騎三千餘人已至塹外，帥，讀曰率。騎，奇寄翻。塹，七豔翻。淮陰軍主王僧慶等引兵救之，魏人乃退。

4 夏，四月，桓天生復引魏兵出據隔城，復，扶又翻。詔游擊將軍下邳曹虎督諸軍討之。輔國將軍朱公恩將兵蹹伏，將，即亮翻；下同。蹹，與踏同。遇天生遊軍，與戰，破之，遂進圍隔城。天生引魏兵步騎萬餘人來戰，虎奮擊，大破之，俘斬二千餘人。明日，攻拔隔城，斬其襄城太守帛烏祝，復俘斬二千餘人，天生棄平氏城走。平氏，漢縣，屬南陽郡，晉、宋屬義陽郡。縣西南有桐柏山，淮源所出也。五代志：淮安郡平氏縣，魏置漢廣郡。我朝開寶五年省平氏縣爲鎮，入唐州泌陽縣。

5 陳顯達侵魏；甲寅，魏遣豫州刺史拓跋斤將兵拒之。

6 甲子，魏大赦。

7 乙丑，魏主如靈泉池；丁卯，如方山；己巳，還宮。

8 魏築城於醴陽，醴陽蓋在醴水之北。水經註：醴水出桐柏山，與淮同源而別流，西注，逕平氏縣東北，又西流注于泚水。陳顯達攻拔之，進攻泚陽。城中將士皆欲出戰，鎮將韋珍曰：魏樂陵鎮將鎮泚陽。將，即亮翻。「彼初至氣銳，未可與爭，且共堅守，待其力攻疲弊，然後擊之。」乃憑城拒戰，旬有二日，珍夜開門掩擊，顯達還。還，從宣翻，又如字。

9 五月，甲午，以宕昌王梁彌承爲河、涼二州刺史。宕，徒浪翻。

10 秋，七月，己丑，魏主如靈泉池，遂如方山；己亥，還宮。

11 九月，壬寅，上如琅邪城講武。蕭子顯曰：南琅邪郡本治金城，永明乃徙治白下。沈約曰：晉亂，琅邪國人隨元帝過江者千餘戶，太興三年，立懷德縣，丹楊雖有琅邪相而無其地。成帝咸康元年，桓溫領郡，鎮江乘之蒲洲金城上，求割丹楊之江乘縣境立郡。

12 癸卯，魏淮南靖王佗卒。佗，徒河翻。魏主方享宗廟，始薦，聞之，爲廢祭，臨視哀慟。爲，于僞翻。

13 冬，十月，庚申，立冬，初臨太極殿讀時令。漢儀：太史每歲上其年曆，先立春、立夏、大暑、立秋、立冬，常讀五時令。皇帝所服各隨五時之色，帝升御坐，尚書令以下就席位，尚書、三公、郎以令置按上，奏以入，就席伏讀訖，賜酒一卮。

14 閏月，辛酉，以尚書僕射王奐爲領軍將軍。

15 辛未，魏主如靈泉池；癸酉，還宮。

16 十二月，柔然伊吾戍主高羔子帥衆三千以城附魏。帥，讀曰率。

17 上以中外穀帛至賤，用尚書右丞江夏李珪之議，夏，戶雅翻。出上庫錢五千萬及出諸州錢，皆令糴買。

18 西陵戍主杜元懿建言：「吳興無秋，會稽豐登，會，工外翻。商旅往來，倍多常歲。西陵牛埭稅，官格日三千五百；如臣所見，日可增倍。西陵在今越州蕭山縣西十二里西興渡是也。吳越王錢鏐以西陵非吉語，改曰西興。牛埭卽今西興堰，用牛挽船，因曰牛埭。埭，徒耐翻。并浦陽南北津、柳浦四埭，浦陽江南津埭則今之梁湖堰是也，北津埭則今之曹娥堰是也。柳浦埭則今杭州江干浙江亭北跨浦橋埭是也。乞爲官領攝一年，爲，于僞翻。格外可長四百許萬。長，丁丈翻，今知兩翻，增也；又音直亮翻，多也。西陵戍前檢稅，無妨戍事；餘三埭自舉腹心。」上以其事下會稽，下，戶嫁翻。會稽行事吳郡顧憲之議以爲：「始立牛埭之意，非苟逼蹴以取稅也；蹴，子六翻。乃以風濤迅險，濟急利物耳。後之監領者不達其本，各務己功，監，古銜翻。或禁遏他道，或空稅江行。按吳興頻歲失稔，今茲尤甚，去之從豐，良由饑棘。「去之」當作「去乏」。棘，急也。埭司責稅，依格弗降，舊格新減，尚未議登，格外加倍，將以何術！皇慈恤隱，振廩蠲調；左傳：楚大饑，振廩同食。杜預註曰：振，發也。廩，倉也。調，徒釣翻。而元懿幸災搉利，重增困瘼，搉，古岳翻。瘼，病也。重，直用翻。人而不仁，古今共疾！若事不副言，懼貽譴詰，譴，去戰翻。詰，去吉翻。必百方侵苦，爲公賈怨。元懿稟性苛刻，已彰往效；任以物土，譬以狼將羊，其所欲舉腹心，亦當虎而冠耳。爲，于僞翻。賈，音古。狼將羊，虎而冠，皆漢書語。以狼將羊，則羊必爲狼所噬食。虎而冠者，言其人惡戾，如虎著冠。書云：『與其有聚斂之臣，寧有盜臣，』記大學記孟獻子之言。斂，力贍翻。此言盜公爲損蓋微，斂民所害乃大也。愚又以便宜者，蓋謂便於公，宜於民也。竊見頃之言便宜者，非能於民力之外，用天分地；用天之道，分地之利，此孝經第六章之言。率皆卽日不宜於民，方來不便於公。名與實反，有乖政體。凡如此等，誠宜深察。」上納之而止。

19 魏主訪羣臣以安民之術。祕書丞李彪上封事，以爲：「豪貴之家，奢僭過度，第宅車服，宜爲之等制。

又，國之興亡，在冢嗣之善惡；冢嗣之善惡，在教諭之得失。冢，大也。周禮疏曰：冢，大之上也。冢，知隴翻。高宗文成皇帝嘗謂羣臣曰：『朕始學之日，年尚幼沖，情未能專；既臨萬機，不遑溫習。今日思之，豈唯予咎，抑亦師傅之不勤。』尚書李訢免冠謝。訢，許斤翻。此近事之可鑒者也。臣謂宜準古立師傅之官，以訓導太子。蓋此時恂之失德已著，故彪有是言。

又，漢置常平倉以救匱乏。見二十七卷漢宣帝五鳳四年。去歲京師不稔，移民就豐，既廢營生，困而後達，又於國體，實有虛損。曷若豫儲倉粟，安而給之，豈不愈於驅督老弱餬口千里之外哉！餬，音胡。說文曰：寄食鬻也。余據正考父鼎銘：饘於是，粥於是，以餬余口。則餬者，食饘粥之義。許愼所謂寄食者，蓋因左傳餬口於四方以爲說。今此當依許義。宜析州郡常調九分之二，京師度支歲用之餘，調，徒弔翻。度，徒洛翻。各立官司，年豐糴粟積之於倉，儉則加私之二糶之於人。

糶，他弔翻。如此，民必力田以取官絹，積財以取官粟。年登則常積，歲凶則直給。數年之中，穀積而人足，雖災不爲害矣。

又，宜於河表七州人中，擢其門才，引令赴闕，依中州官比，隨能序之。河表七州，秦、雍、岐、華、陝、河、涼也。以下文「懷江、漢歸有道之情」證之，則七州當謂荆、兗、豫、洛、青、徐、齊也。河表，直謂大河之外。門才者，因其世家，敍其才用。中州，謂代都，東至海，南距大河諸州。比，毗至翻，比例也。一可以廣聖朝均新舊之義，朝，直遥翻。二可以懷江、漢歸有道之情。

又，父子兄弟，異體同氣，罪不相及，乃君上之厚恩；至於憂懼相連，固自然之恆理也。恆，戶登翻。無情之人，父兄繫獄，子弟無慘惕之容；子弟逃刑，父兄無愧恧之色；恧，女六翻。宴安榮位，遊從自若，車馬衣冠，不變華飾；骨肉之恩，豈當然也！臣愚以爲父兄有犯，宜令子弟素服肉袒，詣闕請罪。子弟有坐，宜令父兄露版引咎，乞解所司；若職任必要，不宜許者，慰勉留之。如此，足以敦厲凡薄，使人知所恥矣。

又，朝臣遭親喪者，假滿赴職。朝，直遥翻。假，古訝翻。時魏不聽朝臣終喪，給假而已。衣錦乘軒，從郊廟之祀；衣，於既翻。鳴玉垂緌，同慶賜之燕；緌，如佳翻。傷人子之道，虧天地之經。愚謂凡遭大父母、父母喪者，皆聽終服；若無其人，職業有曠者，則優旨慰諭，起令視事，但綜司出納，敷奏而已，國之吉慶，一令無預。其軍旅之警，墨縗從役，春秋時，晉襄公居文公之喪，墨縗絰以敗秦師于殽。自是之後，以墨縗從戎。縗，倉回翻。雖愆於禮，事所宜行也。」魏主皆從之。由是公私豐贍，雖時有水旱，而民不困窮。

20 魏遣兵擊百濟，爲百濟所敗。陳壽曰：三韓凡七十八國，百濟其一也。據李延壽史，其先以百家濟海，後浸強盛以立國，故曰百濟。晉世句麗略有遼東，百濟亦據有遼西、晉平二郡地。

七年（己巳、四八九）

1 春，正月，辛亥，上祀南郊，大赦。

2 魏主祀南郊，始備大駕。漢儀：大駕，公卿奉引，太僕御，大將軍驂乘；屬車八十一乘，備千乘萬騎。祀天、郊甘泉乃備之，謂之甘泉鹵簿。東都惟大行備大駕。晉中朝大駕鹵簿：先象車，鼓吹一部，十三人中道。次靜室令，駕一，中道；式道候二人，駕一，分左右。次洛陽尉二人，騎，分左右。次洛陽亭長九人，赤車，駕一，分三道，各吹正二人引。次洛陽令，駕一，中道。次河南中部椽，中道；河橋椽在左，功曹史在右，並駕一。次河南尹，駕駟，戟吏六人。次河南主簿，駕一，中道。次司隸部河南從事，中道；都部從事居左，別駕從事居右，並駕一。次司隸校尉，駕三，戟吏八人。次司隸主簿，駕一，中道。次司隸主記，駕一，中道。次廷尉明法椽，中道；五官椽居左，功曹史居右，並駕一。次廷尉卿，駕駟，戟吏六人。次廷尉主簿、主記，並駕一，在左；太僕引從如廷尉，在中；宗正引從如廷尉，在右。次太常，駕駟，中道，戟吏六人；太常外部椽居左，五官椽、功曹史居右，並駕一。次光祿引從，中道；太常主簿、主記居左，衛尉引從居右；並駕一。次太尉外督令史，駕一，中道。次西、東、賊、倉、戶等曹屬，並駕一，引從。次太尉，駕駟，中道；太尉主簿、舍人各一人，祭酒二人，並駕一，在左右。次司徒引從，駕駟，中道。次司空引從，駕駟，中道。三公騎令、史戟各八人，鼓吹各一部七人。次中護軍，中道，駕駟；鹵簿左右各三行，戟楯在外，弓矢在內，鼓吹一部七人。次步兵校尉在左，長水校尉在右，並駕一；各鹵簿左右二行，戟楯在外，刀楯在內，鼓吹各一部七人。次射聲校尉在左，翊軍校尉在右，並駕一；鹵簿各左右二行。次驍騎將軍在左，游擊將軍在右，並駕一；皆鹵簿左右引，各二行，戟楯、刀楯、鼓吹視步兵，長水騎隊五在左，五在右，隊各五十四，命中督二人分領左右，各有戟吏二人；麾幢、揭鼓在隊前。次左將軍在左，前將軍在右，並駕一，鹵簿左右引，戟、楯、刀楯、鼓吹亦如之。次黃門麾騎中道，次黃門前部鼓吹左右各一部，十三人，駕駟；八校尉佐仗，左右各四行；外大戟楯，次九尺楯，次弓矢，次弩，並熊渠、佽飛督領之。次司南車，駕駟，中道；護駕御史騎夾左右。次謁者僕射，駕駟，中道。次御史中丞，駕一，中道。次虎賁中郎將，騎，中道。次九斿車，中道；武剛車夾左右，並駕駟。次雲罕車，駕駟，中道。次闟戟車，駕駟，中道；長戟邪偃向後。次皮軒車，駕駟，中道。次鸞旗車，中道；建華車分左右，並駕駟。次護駕尚書郎三人：都官郎，中道；駕部在左，中兵在右，並騎；又有護駕尚書一人，督攝前後無常。次相風，中道。次司馬督在前，中道；左右各司馬史三人，引仗左右各六行；外大戟楯二行；次九尺楯，次刀楯，次弓矢，次弩，次五時車，左右有遮騎。次典兵中郎，中道，督攝前後無常；左殿中御史，右殿中監，並騎。次高蓋，中道；左罼，右罕。次御史，中道；左右節郎各四人。次華蓋，中道。次殿中司馬，中道；殿中都尉在左，殿中校尉在右，左右各四行，細楯一行在弩內；又殿中司馬一行，殿中都尉一行，殿中校尉一行。次掗鼓，中道。次金根車，駕六馬，中道；太僕卿御，大將軍參乘，左右又各增三行，爲九行，司馬史九人，戟楯二行，九尺楯一行，刀楯一行，由基一行，細弩一行，跡禽一行，樵斧一行，力人刀楯一行，連細楯、殿中司馬、殿中都尉、殿中校尉爲左右，各十二行。金根車建青旂十二，左將軍騎在左，右將軍騎在右，殿中將軍持鑿腦斧夾車；車後衣書、主職步從，六行；合左右三十二行。次曲華蓋，中道；侍中、散騎常侍、黄門侍郎，並騎，分左右。次黄鉞車，駕一，在左；御麾騎，在右。次相風，中道。次中書監，騎，左；祕書監，騎，右。次殿中御史，騎，左；殿中監，騎，右。次五牛旗，赤青在左，黄在中，白黑在右。次夫輦中道；（夫輦謂當作大輦）太官令、丞，左；太醫令、丞，右。次金根車，駕駟，不建旗。次青立車，次青安車，次赤立車，次赤安車，次黄立車，次黄安車，次白立車，次白安車，次黑立車，次黑安車，合十乘，並駕駟，建旗十二，如車色；立車正豎旗，安車邪拖之。次蹋猪車，駕駟，中道，無旗。次耕根車，駕駟，中道，赤旗十二；熊渠督左，佽飛督右。次御軺車，次御四望車，次御衣車，次御書車，次御藥車，並駕牛，中道。次尚書令在左，尚書僕射在右；又尚書郎六人分次左右，並駕一。又治書侍御史二人，分左右；又侍御史二人，分次左右；又蘭臺令史分次左右；並騎。次豹尾車，駕一。自豹尾車後，而鹵簿盡矣。但以神弩二十張夾道至後部鼓吹；其五張神弩置一將，左右各二將。次輕車二十乘，左右分駕。次流蘇馬六十四。次金鉞車，駕三，中道；左右護駕尚書郎并令史並騎，各一人。次金鉦車，駕三，中道；左右護駕侍御史并令史並騎，各一人。次黄門後部鼓吹，左右各三十人。次輚、鼓車，駕牛二乘，分左右。次左，大鴻臚外部椽；右，五官椽、功曹史，並駕。次大鴻臚，駕駟，鉞吏六人。次大司農，引從中道；左大鴻臚主簿、主記，右少府引從。次三卿，並騎吏四人，鈴下四人，執馬鞭辟車六人，執方扇羽林十八朱衣。次領軍將軍，中道，鹵簿左右各一行，九尺楯在外，弓矢在內，鼓吹如護軍。次後軍將軍在左，後將軍在右，各鹵簿鼓吹如左軍、前軍。次越騎校尉左，屯騎校尉右，各鹵簿鼓吹如步兵、射聲。次領、護、驍、游軍校尉，皆騎吏四人，乘馬夾道；都督、兵曹各一人，乘馬在中騎，將軍四人，騎校、鞉角、金鼓、鈴下、信幡軍校並駕一，功曹史、主簿並騎從，繖、扇、幢、麾各一騎，鼓吹一部七騎。次領護軍加大車斧，五官椽騎從，次騎十隊，隊各五十匹。將一人，持幢一人，鞉一人，並騎在前；督戰伯長各一人，並騎在後。羽林騎督、幽州突騎督分領之。郎、簿十隊，隊各五十人；絳袍將一人，騎鞉各一人在前，督戰伯長一人，步在後，騎皆持矟。次大戟一隊，九尺楯一隊，弓一隊，弩一隊，隊各五十人，黑袴褶；將一人，騎校、鞉角各一人，步在前；督戰伯長各一人，步在後，金顏督將幷領之。魏之大駕，蓋參取漢、晉之制，而官名鹵簿則微有不同者。

3 壬戌，臨川獻王映卒。

4 初，上爲鎮西長史，主簿王晏以傾諂爲上所親，宋蒼梧王元徽四年，帝爲鎮西長史，行郢州事，版晏爲主簿。自是常在上府。上爲太子，晏爲中庶子。上之得罪於太祖也，事見上卷元年。晏稱疾自疏。及卽位，爲丹楊尹，意任如舊，朝夕一見，見，賢遍翻。議論朝事；自豫章王嶷及王儉皆降意接之。論朝，直遥翻。嶷，魚力翻。二月，壬寅，出爲江州刺史，晏不願外出，復留爲吏部尚書。復，扶又翻。

5 三月，甲寅，立皇子子岳爲臨賀王，子峻爲廣漢王，子琳爲宣城王，子珉爲義安王。

6 夏，四月，丁丑，魏主詔曰：「升樓散物以賚百姓，至使人馬騰踐，多有傷毀；今可斷之，斷，讀如短。以本所費之物，賜老疾貧獨者。」

7 丁亥，魏主如靈泉池，遂如方山；己丑，還宮。

8 上優禮南昌文憲公王儉，詔三日一還朝，還，當作造，音七到翻。朝，直遥翻。尚書令史出外諮事。上猶以往來煩數，復詔儉還尚書下省，數，所角翻。復，扶又翻。月聽十日出外。儉固求解選。詔改中書監，參掌選事。選，須絹翻。

五月，乙巳，儉卒。王晏既領選，權行臺閣，與儉頗不平。禮官欲依王導，謚儉爲文獻。晏啓上曰：「導乃得此謚；但宋氏以來，不加異姓。」出，謂親人曰：「『平頭憲』事已行矣。」平頭，謂王字也。謚，神至翻。

徐湛之之死也，湛之死見一百二十七卷宋文帝元嘉三十年。其孫孝嗣在孕得免，孕，以證翻。八歲，襲爵枝江縣公，尚宋康樂公主。樂，音洛。及上卽位，孝嗣爲御史中丞，風儀端簡。王儉謂人曰：「徐孝嗣將來必爲宰相。」上嘗問儉：「誰可繼卿者？」儉曰：「臣東都之日，其在徐孝嗣乎！」謂周公既定洛，請明農也。周都豐、鎬，以洛爲東都。儉卒，孝嗣時爲吳興太守，徵爲五兵尚書。

9 庚戌，魏主祭方澤。方澤者，爲方丘於澤中以祭地祇。

10 上欲用領軍王奐爲尚書令，以問王晏。晏與奐不相能，對曰：「柳世隆有勳望，恐不宜在奐後。」甲子，以尚書左僕射柳世隆爲尚書令，王奐爲左僕射。

11 六月，丁亥，上如琅邪城。

12 魏懷朔鎭將汝陰靈王天賜，魏置懷朔鎭於漢五原郡界。是後，六鎭叛，改爲朔州，而不能有舊鎭之地。杜佑曰：魏都平城，於馬邑郡北三百餘里置懷朔鎭，及遷洛後，置朔州。將，卽亮翻；下同。長安鎭都大將、雍州刺史南安惠王楨，雍，於用翻。皆坐贓當死。馮太后及魏主臨皇信堂，水經註曰：太極殿南對承賢門，門南卽皇信堂也。魏書帝紀：太和七年十月，皇信堂成。十六年，以安昌殿爲內寢，皇信堂爲中寢。引見王公，見，賢遍翻。太后令曰：「卿等以爲當存親以毀令邪，當滅親以明法邪？」羣臣皆言：「二王，景穆皇帝之子，景穆皇帝，世祖之子，薨，謚曰景穆皇帝，未卽尊位也。二王於高祖爲叔祖。宜蒙矜恕。」太后不應。魏主乃下詔，稱：「二王所犯難恕，而太皇太后追惟高宗孔懷之恩，二王於文成帝爲兄弟。詩曰：兄弟孔懷。惟，思也。且南安王事母孝謹，聞於中外，聞，音問。並特免死，削奪官爵，禁錮終身。」初，魏朝聞楨貪暴，遣中散閭文祖詣長安察之，中散，中散大夫也。散，悉亶翻。文祖受楨賂，爲之隱；爲，于僞翻。事覺，文祖亦抵罪。馮太后謂羣臣曰：「文祖前自謂廉，今竟犯法。以此言之，人心信不可知。」魏主曰：「古有待放之臣。春秋公羊傳：晉放其大夫胥甲父于衞。放之者何？猶曰無去是云爾。然則何言爾？近正也。此其爲近正柰何？古者，大夫已去，三年待放。君放之，非也；大夫待放，正也。卿等自審不勝貪心者，聽辭位歸第。」宰官、中散慕容契進曰：契蓋以宰官帶中散大夫也。「小人之心無常而帝王之法有常；以無常之心奉有常之法，非所克堪，乞從退黜。」魏主曰：「契知心不可常，則知貪之可惡矣，惡，烏路翻。何必求退！」遷宰官令。契，白曜之弟子也。慕容白曜有平齊之功。

13 秋，七月，丙寅，魏主如靈泉池。

14 魏主使羣臣議，「久與齊絕，今欲通使，何如？」使，疏吏翻；下同。尚書游明根曰：「朝廷不遣使者，又築醴陽深入彼境，皆直在蕭賾。今復遣使，不亦可乎！」復，扶又翻。魏主從之。八月，乙亥，遣兼員外散騎常侍邢產等來聘。

15 九月，魏出宮人以賜北鎮人貧無妻者。北鎮，六鎮也，一曰懷朔鎮，直平城北。

16 冬十一月，己未，魏安豐匡王猛卒。

17 十二月，丙子，魏河東王苟頹卒。

18 平南參軍顏幼明等聘於魏。

19 魏以尚書令尉元爲司徒，左僕射穆亮爲司空。

20 豫章王嶷自以地位隆重，深懷退素，是歲，啓求還第；上令其世子子廉代鎮東府。

21 太子詹事張緒領揚州中正，長沙王晃屬用吳興聞人邕爲州議曹，屬，之欲翻。州議曹，自漢以來，率儒士爲之。緒不許。晃使書佐固請，緒正色曰：「此是身家州鄉，殿下何得見逼！」自魏晉以來，中正率用本州人望爲之。

22 侍中江斆爲都官尚書。斆，音效。中書舍人紀僧眞得幸於上，容表有士風，請於上曰：「臣出自本縣武吏，邀逢聖時，「邀」，南史江斆傳作「徼」。說文曰：幸也。集韻：徼、僥、儌通，音堅堯翻。階榮至此；爲兒昏得荀昭光女，卽時無復所須，爲，于僞翻。復，扶又翻。唯就陛下乞作士大夫。」上曰：「此由江斅、謝瀹，我不得措意，可自詣之。」僧眞承旨詣斅，登榻坐定，斅顧命左右曰：「移吾牀遠客！」遠，于願翻。僧眞喪氣而退，告上曰：「士大夫故非天子所命！」斅，湛之孫；瀹，朏之弟也。二家以名義自將，至於甄別流品，雖萬乘之主不可得而奪。喪，息浪翻。朏，敷尾翻。

23 柔然別帥叱呂勤帥衆降魏。別帥，所類翻。勤帥，讀曰率。降，戶江翻。

資治通鑑卷第一百三十七

端明殿學士兼翰林侍讀學士朝散大夫右諫議大夫充集賢殿修撰提舉西京嵩山崇福宮上柱國河内郡開國侯食邑一千八百户食實封六百户賜紫金魚袋臣　司馬光　奉敕編集

後　學　天　台　胡三省　音　註

齊紀三起上章敦牂（庚午），盡玄黓涒灘（壬申），凡三年。

世祖武皇帝中

永明八年（庚午、四九〇）

1 春，正月，詔放隔城俘二千餘人還魏。拔隔城，見上卷，上年。

2 乙丑，魏主如方山；二月，辛未，如靈泉；泉下當有池字。壬申，還宫。

3 地豆干頻寇魏邊，北史曰：地豆干國在室韋之西千餘里。夏，四月，甲戌，魏征西大將軍陽平王頤擊走之。頤，新城之子也。「新城」當作「新成」，見一百二十八卷宋孝武大明元年。考異曰：陽平王頤，帝紀作「熙」，又作「蹟」，今從本傳。

4 甲午，魏遣兼員外散騎常侍邢產等來聘。散，悉亶翻。騎，奇寄翻。

5 五月，己酉，庫莫奚寇魏邊，隋書：庫莫奚，東部胡之種，爲慕容氏所破，遺落者竄匿松漠之間。其俗甚爲不潔，而善射獵，好寇鈔。後單稱爲奚。魏高宗皇興二年，置安州，治方城，領密雲、廣陽、安樂等郡。安州都將樓龍兒擊走之。將，卽亮翻。

6 秋，七月，辛丑，以會稽太守安陸侯緬爲雍州刺史。緬，鸞之弟也。緬留心獄訟，得劫，皆赦遣，許以自新，再犯乃加誅；劫，謂劫盜也。會，工外翻。緬，彌兗翻。雍，於用翻。民畏而愛之。

7 癸卯，大赦。

8 丙午，魏主如方山；丙辰，遂如靈泉池；八月，丙寅朔，還宮。

9 河南王度易侯卒；乙酉，以其世子伏連籌爲秦、河二州刺史，考異曰：齊書作「世子休留成」，今從魏書。遣振武將軍丘冠先拜授，且弔之。伏連籌逼冠先使拜，冠先不從，伏連籌推冠先墜崖而死。冠，古玩翻。推，吐雷翻。上厚賜其子雄；敕以喪委絕域，不可復尋，復，扶又翻。仕進無嫌。

10 荆州刺史巴東王子響，有勇力，善騎射，好武事，自選帶仗左右六十人，皆有膽幹；騎，奇寄翻。好，呼到翻。帶仗左右，使之帶器仗而衞左右，因名。至鎮，數於內齋以牛酒犒之。數，所角翻。犒，苦到翻。又私作錦袍、絳襖，欲以餉蠻，交易器仗。襖，烏浩翻。長史高平劉寅、司馬安定席恭穆連名密啓。上敕精檢。言精加檢校也。子響聞臺使至，不見敕，使，疏吏翻。召寅、恭穆及諮議參軍江悆、悆，羊茹翻。典籤吳脩之、魏景淵等詰之，寅等祕而不言；脩之曰：「既已降敕，政應方便答塞。」景淵曰：「應先檢校。」脩之言方便答塞，欲爲子響道地也。景淵言應先檢校，欲依敕行之也。塞，悉則翻。子響大怒，執寅等八人於後堂，殺之，具以啓聞。上欲赦江悆，聞皆已死，怒，壬辰，以隨王子隆爲荆州刺史。

上欲遣淮南太守戴僧靜將兵討子響，將，即亮翻。僧靜面啓曰：「巴東王年少，長史執之太急，忿不思難故耳。少，詩照翻。難，乃旦翻。天子兒過誤殺人，有何大罪！官忽遣軍西上，上，時掌翻。人情惶懼，無所不至。僧靜不敢奉敕。」上不答而心善之。不答而心善其言，蓋天性所在，而未敢橈國法也。乃遣衞尉胡諧之、游擊將軍尹略、中書舍人茹法亮帥齋仗數百人詣江陵，檢捕羣小，齋仗，天子齋內精仗手也。茹，音如。帥，讀曰率。敕之曰：「子響若束手自歸，可全其命。」以平南內史張欣泰爲諧之副。按齊書張欣泰傳，時爲南平內史，當作「南平」。欣泰謂諧之曰：「今段之行，勝既無名，負成奇恥。彼凶狡相聚，所以爲其用者，或利賞逼威，無由自潰。若頓軍夏口，宣示禍福，可不戰而擒也。」夏，戶雅翻。諧之不從。欣泰，興世之子也。張興世見一百三十一卷宋明帝泰始二年。

諧之等至江津，築城燕尾洲。燕尾洲在江津戍西，江水至此，北合靈溪水。子響白服登城，頻遣使與相聞，曰：「天下豈有兒反！身不作賊，直是粗疏。今便單舸還闕，受殺人之罪，使，疏吏翻。舸，古我翻。何築城見捉邪？」尹略獨答曰：「誰將汝反父人共語！」將，引也。子響唯灑泣；灑泣，揮淚也。乃殺牛，具酒饌，餉臺軍，饌，雛戀翻，又雛晥翻。略棄之江流。子響呼茹法亮；法亮疑畏，不肯往。又求見傳詔；法亮亦不遣，且執錄其使。錄，收也。使，疏吏翻。子響怒，遣所養勇士收集州、府兵二千人，從靈溪西渡；子響自與百餘人操萬鈞弩，宿江隄上。明日，府州兵與臺軍戰，子響於隄上發弩射之，臺軍大敗；尹略死，諧之等單艇逃去。操，七刀翻。射，而亦翻。艇，待鼎翻，小船也。

上又遣丹楊尹蕭順之將兵繼至，將，卽亮翻。子響卽日將白衣左右三十人，乘舴艋沿流赴建康。舴艋，亦小船也。舴，陟格翻。艋，莫幸翻。太子長懋素忌子響，順之之發建康也，太子密諭順之，使早爲之所，勿令得還。子響見順之，欲自申明；順之不許，於射堂縊殺之。縊，於賜翻，又於計翻。考異曰：齊書曰：「子響部下恐懼，各逃散。子響乃白服出降，詔賜死。」蓋蕭子顯爲順之諱耳，今從南史。按順之，梁武帝之父。蕭子顯者，仕梁朝而作齊書，故通鑑言其爲順之諱。

子響臨死，啓上曰：「臣罪踰山海，分甘斧鉞。分，扶問翻。敕遣諧之等至，竟無宣旨，便建旗入津，對城南岸築城守。臣累遣書信呼法亮，乞白服相見；法亮終不肯。羣小怖懼，怖，普布翻。遂致攻戰，此臣之罪也。臣此月二十五日，束身投軍，希還天闕，停宅一月，希，望也。宅，謂建康諸王宅也。臣自取盡，可使齊代無殺子之譏，臣免逆父之謗。既不遂心，今便命盡。臨啓哽塞，知復何陳！」塞，悉則翻。復，扶又翻。

有司奏絶子響屬籍，屬籍，宗屬之籍也，今謂之玉牒。削爵土，易姓蛸氏；蛸，相邀翻，與蕭音相近。諸所連坐，別下考論。謂子響之黨當連坐者，別行下考覈，論定其罪也。下，戶嫁翻。

久之，上遊華林園，見一猨透擲悲鳴，問左右；句斷。曰：「猨子前日墜崖死。」上思子響，因嗚咽流涕。茹法亮頗爲上所責怒，蕭順之慚懼，發疾而卒。豫章王嶷表請收葬子響；不許，子響先嘗出繼嶷，故以舊恩請收葬。貶爲魚復侯。魚復縣時屬巴東郡。應劭曰：復，音腹。

子響之亂，方鎭皆啓子響爲逆，兗州刺史垣榮祖曰：「此非所宜言。正應云：『劉寅等孤負恩獎，逼迫巴東，使至於此。』」上省之，以榮祖爲知言。省，悉景翻。

臺軍焚燒江陵府舍，官曹文書，一時蕩盡。上以大司馬記室南陽樂藹屢爲本州僚佐，引見，問以西事。見，賢遍翻。藹應對詳敏，上悅，用爲荆州治中，敕付以脩復府州事。藹繕脩廨舍數百區，廨，古隘翻。頃之咸畢，而役不及民，荆部稱之。

11 九月，癸丑，魏太皇太后馮氏殂；高祖勺飲不入口者五日，勺，音酌；挹抒之器也。周禮考工記：梓人爲飮器，勺一升。哀毁過禮。中部曹華陰楊椿諫曰：據北史楊椿傳，時爲中部法曹。華，戶化翻。「陛下荷祖宗之業，荷，下可翻。臨萬國之重，豈可同匹夫之節以取僵仆！僵，居良翻。羣下惶灼，莫知所言。惶，恐也，遽也。灼，熱也。且聖人之禮，毁不滅性；孝經曰：三日而食，教民無以死傷生，毁不滅性，此聖人之政也。縱陛下欲自賢於萬代，楊椿此語說出魏孝文心事。其若宗廟何！」帝感其言，爲之一進粥。爲，于僞翻。

於是諸王公皆詣闕上表，「請時定兆域，兆域，謂葬地，從先帝之兆。及依漢、魏故事，幷太皇太后終制，既葬，公除。」公除者，以天下爲公而除服也。詔曰：「自遭禍罰，慌惚如昨，慌，乎往翻。惚，音忽。鄭玄曰：慌惚，思念益深之時也。奉侍梓宮，猶希髣髴。事死如事生，猶冀髣髴見之也。山陵遷厝，所未忍聞。」冬，十月，王公復上表固請。復，扶又翻。詔曰：「山陵可依典册；衰服之宜，情所未忍。」謂未忍公除也。衰，讀與縗同，倉回翻。帝欲親至陵所，戊辰，詔：「諸常從之具，悉可停之；從，才用翻。其武衛之官，防侍如法。」法，常法也。不撤武衛，備不虞也。癸酉，葬文明太皇太后于永固陵。陵在方山，不從金陵之兆。甲戌，帝謁陵，王公固請公除。詔曰：「比當別敍在心。」比，並也；並當別敍在心之所欲言。比，毗至翻。己卯，又謁陵。

庚辰，帝出至思賢門右，據魏紀，太和元年起朱明思賢門，蓋平城宮之南門也。與羣臣相慰勞。勞，力到翻。太尉丕等進言曰：「臣等以老朽之年，歷奉累聖，國家舊事，頗所知聞。伏惟遠祖有大諱之日，唯侍從梓宮者凶服，從，才用翻。左右盡皆從吉；四祖三宗，因而無改。四祖者，高祖昭成帝，太祖道武帝，世祖太武帝，顯祖獻文帝；三宗者，太宗明元帝，恭宗景穆帝，高宗文成帝。陛下以至孝之性，哀毁過禮，伏聞所御三食不滿半溢，禮喪大記曰：君之喪，子食粥，朝一溢米，暮一溢米，食之無算。註云：二十兩爲一溢，於粟米之法，爲米一升二十四分升之一。孔穎達曰：按律曆志：黃鍾之律，其實一籥。律曆志：合籥爲合，則二十四銖合重兩；十合爲一升，升重十兩；二十兩則米二升。與此不同者。但古秤有二法：說左傳，百二十斤爲石，則一斗十二斤，爲兩則一百九十二兩，則一升爲十九兩有奇。今一兩爲二十四銖，則二十兩爲四百八十銖，計十九兩有奇爲一升，則總有四百六十銖八絫以成四百八十銖，唯有十九銖二絫在，是爲米一升二十四分升之一。此大略而言之。陳言曰：以紹興一升，得漢五升。晝夜不釋絰帶，喪服，麻在首腰皆曰絰，首絰象緇布冠，腰絰象大帶。絰之言實也，衰之言摧也；衰絰，明中實摧痛也。臣等叩心絕氣，坐不安席。願少抑至慕之情，奉行先朝舊典。」朝，直遥翻。帝曰：「哀毁常事，豈足關言！朝夕食粥，粗可支任，粗，坐五翻。任，音壬，勝也，堪也。諸公何足憂怖！怖，普布翻。祖宗情專武略，未脩文教；朕今仰稟聖訓，庶習古道，論時比事，又與先世不同。太尉等國老，政之所寄，於典記舊式或所未悉，典記，謂經典、傳記也。且可知朕大意。其餘古今喪禮，朕且以所懷別問尚書游明根、高閭等，公可聽之。」游明根、高閭，時以儒鳴，故帝別與之言。

帝因謂明根等曰：「聖人制卒哭之禮，授服之變，皆奪情以漸。禮，親始死，哭無時，謂朝夕哭之外，哀至則哭也。既葬而虞，既虞而卒哭，自此朝夕之間，哀至不哭，猶朝夕哭。三年之喪，服斬衰；朞而小祥，既祥而練；再朞而大祥，既祥而禫；又三月而除服。卒，子恤翻。今則旬日之間，言及即吉，特成傷理。」對曰：「臣等伏尋金册遺旨，蓋以文明太后遺旨書之金册也。踰月而葬，葬而即吉；故於下葬之初，奏練除之事。」帝曰：「朕惟中代所以不遂三年之喪，蓋由君上違世，繼主初立，君德未流，臣義不洽，故身襲袞冕，行即位之禮。朕誠不德，在位過紀，宋明帝泰始七年，魏孝文受禪，至是十九年。此言在位過紀，蓋以宋蒼梧王元徽四年顯祖方殂，踰年改元太和，至是十四年，故云在位過紀。十二年爲一紀。過，古禾翻。足令億兆知有君矣。於此之時而不遂哀慕之心，使情禮俱失，深可痛恨！」高閭曰：「杜預，晉之碩學，論自古天子無有行三年之喪者，以爲漢文之制，闇與古合，雖叔世所行，事可承踵。是以臣等慺慺干請。」慺，洛侯翻；慺慺，敬謹貌。帝曰：「竊尋金册之旨，所以奪臣子之心，令早即吉者，慮廢絕政事故也。羣公所請，其志亦然。朕今仰奉册令，俯順羣心，不敢闇默不言以荒庶政；闇，音陰。唯欲衰麻廢吉禮，衰，叱回翻；下衰絰、除衰、從衰同。朔望盡哀誠，情在可許，故專欲行之。如杜預之論，於孺慕之君，諒闇之主，蓋亦誣矣。」孺慕，如孺子之慕父母也。祕書丞李彪曰：曹操爲魏王，置祕書令、丞。「漢明德馬后保養章帝，母子之道，無可間然；間，古莧翻。及后之崩，葬不淹旬，尋已從吉。漢章帝建初四年六月癸丑，明德皇后崩；七月壬戌，葬。史不書公除之日。此言葬不淹旬，尋已從吉，以漢文三十六日釋服之制推之也。然漢章不受譏，明德不損名。願陛下遵金册遺令，割哀從議。」帝曰：「朕所以眷戀衰絰，不從所議者，實情不能忍，豈徒苟免嗤嫌而已哉！衰，倉回翻。嗤，充之翻。今奉終儉素，一已仰遵遺册；但痛慕之心，事繫於予，庶聖靈不奪至願耳。」高閭曰：「陛下既不除服於上，臣等獨除服於下，則爲臣之道不足。又親御衰麻，復聽朝政，復，扶又翻。朝，直遙翻。吉凶事雜，臣竊爲疑。」帝曰：「先后撫念羣下，卿等哀慕，猶不忍除，柰何令朕獨忍之於至親乎！今朕逼於遺册，唯望至朞；雖不盡禮，蘊結差申。羣臣各以親疏、貴賤、遠近爲除服之差，庶幾稍近於古，易行於今。」高閭曰：「昔王孫裸葬，士安去棺，其子皆從而不違。近，其靳翻。易，以豉翻。去，羌呂翻。漢武帝時，楊王孫家累千金，厚自奉養，生無所不致。及病且終，先令其子曰：「吾欲贏葬，以反吾眞，必無易吾志。則爲布囊盛尸，入土七尺，既下，從足引脱其囊，以身親土。」其子不忍，往問其友人祁侯。祁侯與之辯難往復，而王孫終守其說。祁侯曰：「善！」遂贏葬。晉人皇甫謐，字士安，著論曰：「生不能保七尺之軀，死何故隔一棺之土！然則衣衾所以穢身，棺槨所以隔眞。吾氣絶之後，便卽時服幅巾故衣，以籧篨裹尸，擇不毛之土，穿阬下尸，籧篨之外，便以親土。若不如此，則寃悲没世。」其子從之。今親奉遺令而有所不從，臣等所以頻煩干奏。」李彪曰：「三年不改其父之道，可謂大孝。引論語孔子之言。今不遵册令，恐涉改道之嫌。」帝曰：「王孫、士安皆誨子以儉，及其遵也，豈異今日！改父之道，殆與此殊。縱有所涉，甘受後代之譏，未忍今日之請。」羣臣又言：「春秋烝嘗，事難廢闕。」禮曰：喪三年不祭。言帝若行三年之喪，則宗廟之祭將至廢闕也。帝曰：「自先朝以來，恆有司行事；朝，直遥翻。恆，戶登翻。朕賴蒙慈訓，常親致敬。今昊天降罰，人神喪恃，詩曰：無母何恃。喪，息浪翻。賴宗廟之靈，亦輟歆祀。「賴」，蜀本作「想」，當從之。否則「賴」字衍。【章：十二行本正作「想」；乙十一行本同；孔本同；張校同；退齋校同。】歆，尹今翻。脱行饗薦，恐乖冥旨。」羣臣又言：「古者葬而卽吉，不必終禮，此乃二漢所以經綸治道，魏、晉所以綱理庶政也。」治，直吏翻；下同。帝曰：「既葬即吉，蓋季俗多亂，權宜救世耳。二漢之盛，魏、晉之興，豈由簡略喪禮、遺忘仁孝哉！平日之時，公卿每稱當今四海晏然，禮樂日新，可以參美唐、虞，比盛夏、商。夏，戶雅翻。及至今日，即欲苦奪朕志，使不踰於魏、晉。如此之意，未解所由。」解，戶買翻，曉也。李彪曰：「今雖治化清晏，然江南有未賓之吳，漠北有不臣之虜，是以臣等猶懷不虞之慮。」虞，防也。帝曰：「魯公帶絰從戎，據史記，武王崩，成王幼，管、蔡反，淮夷、徐戎起亦並興。魯公伯禽征之，時有武王之喪，故帶絰從戎也。晉侯墨衰敗敵，春秋時，晉文公卒，未葬，襄公墨衰絰以敗秦師于殽。衰，倉回翻。敗，補邁翻。固聖賢所許。如有不虞，雖越紼無嫌，鄭玄曰：越，猶躐也。紼，輴車索。孔穎達曰：未葬之前，屬紼於輴，以備火災。今既祭天地、社稷，須越躐此紼而往祭，故云越紼。紼，音弗。輴，敕倫翻。索，悉各翻。而況衰麻乎！豈可於晏安之辰豫念軍旅之事，以廢喪紀哉！古人亦有稱王者除衰而諒闇終喪者，闇，音陰。若不許朕衰服，則當除衰拱默，委政冢宰。二事之中，唯公卿所擇。」游明根曰：「淵默不言，則大政將曠；仰順聖心，請從衰服。」太尉丕曰：「臣與尉元歷事五帝，明元、太武、文成、獻文并孝文爲五帝。尉，紆勿翻。魏家故事，尤諱之後三月，尤諱，猶云大諱也。尤，甚也；死者，人之所甚諱也。必迎神於西，禳惡於北，具行吉禮，此魏初所用夷禮也。禳，如羊翻。自皇始以來，未之或改。」皇始，道武帝年號。帝曰：「若能以道事神，不迎自至；苟失仁義，雖迎不來。此乃平日所不當行，言不當用夷禮。況居喪乎！朕在不言之地，謂居喪諒陰，三年不言也。不應如此喋喋；喋，徒協翻；喋喋，多言也，便語也。但公卿執奪朕情，遂成往復，追用悲絕。」遂號慟，羣官亦哭而辭出。號，戶高翻。

初，太后忌帝英敏，恐不利於己，欲廢之，盛寒，閉於空室，絕其食三日；召咸陽王禧，將立之。太尉東陽王丕、尚書右僕射穆泰、尚書李沖固諫，乃止，帝初無憾意，唯深德丕等。泰，崇之玄孫也。穆崇，魏開國功臣。

又有宦者譖帝於太后，太后杖帝數十；帝默然受之，不自申理；及太后殂，亦不復追問。不復追問譖者爲誰。復，扶又翻。

甲申，魏主謁永固陵。辛卯，詔曰：「羣官以萬機事重，屢求聽政。但哀慕纏綿，未堪自力。近侍先掌機衡者，皆謀猷所寄，且可委之；如有疑事，當時與論決。」

12 交州刺史清河房法乘，專好讀書，常屬疾不治事，好，呼到翻。屬，之欲翻。屬，託也；屬疾，猶言託疾也。治，直之翻。由是長史伏登之得擅權，改易將吏，不令法乘知。將，直亮翻；下同。錄事房季文白之，法乘大怒，繫登之於獄，十餘日。登之厚賂法乘妹夫崔景叔，得出，因將部曲襲州，襲州治也。執法乘，謂之曰：「使君既有疾，不宜煩勞。」囚之別室。法乘無事，復就登之求書讀之，復，扶又翻。登之曰：「使君靜處，處，昌呂翻。猶恐動疾，豈可看書！」遂不與。

乃啓法乘心疾動，不任視事。任，音壬。十一月，乙卯，以登之爲交州刺史。法乘還，至嶺而卒。嶺，即大庾嶺也。史言徒讀書而無政事者，不足以當方任。

13 十二月，己卯，立皇子子建爲湘東王。

14 初，太祖以南方錢少，更欲鑄錢。建元末，奉朝請孔顗上言，少，詩沼翻。朝，直遙翻。顗，魚豈翻。考異曰：齊紀作「孔覬」，今從齊書、南史。以爲：「食貨相通，理勢自然。李悝云：『糴甚貴傷民，甚賤傷農；』甚賤甚貴，其傷一也。李悝，魏文侯之師。韋昭曰：民謂士、工、商。悝，苦回翻。三吳，國之關奧，比歲時被水潦而糴不貴，比，毗至翻。被，皮義翻。是天下錢少，非穀賤，此不可不察也。鑄錢之弊，在輕重屢變。重錢患難用，而難用爲累輕；累，力瑞翻。輕錢弊盜鑄，而盜鑄爲禍深。民所以盜鑄，嚴法不能禁者，由上鑄錢惜銅愛工也。惜銅愛工者，意謂錢爲無用之器，以通交易，務欲令質輕而數多，使省工而易成，易，以豉翻。不詳慮其爲患也。夫民之趨利，如水走下。用漢晁錯之言。趨，讀曰趣。走，音奏。今開其利端，從以重刑，是導其爲非而陷之於死，豈爲政歟！漢興，鑄輕錢，民巧僞者多。至元狩中，始懲其弊，乃鑄五銖錢，周郭其上下，令不可磨取鋊，漢初行半兩錢及莢錢，一面有文，一面漫。民盜磨其漫面，取其鋊以更鑄作錢。元狩鑄五銖，文漫兩面皆周帀爲郭，令不得磨取鋊。鋊，音浴，銅屑也。而【章：十二行本「而」下有「民」字；乙十一行本同；孔本同。】計其費不能相償，私鑄益少。此不惜銅不愛工之效也。少，詩沼翻。王者不患無銅乏工，每令民不能競，則盜鑄絕矣。宋文帝鑄四銖，至景和，錢益輕，雖有周郭，而鎔冶不精，於是盜鑄紛紜而起，不可復禁。此惜銅愛工之驗也。復，扶又翻。凡鑄錢，與其不衷，寧重無輕。不衷者，不得輕重之中也。自漢鑄五銖至宋文帝，歷五百餘年，制度世有廢興，而不變五銖者，明其輕重可法，得貨之宜故也。按今錢文率皆五銖，異錢時有耳。異錢，謂其文非五銖者。自文帝鑄四銖，又不禁民翦鑿，爲禍既博，鍾弊于今，豈不悲哉！鍾，聚也。晉氏不鑄錢，後經寇戎水火，耗散沈鑠，沈，持林翻。鑠，書藥翻。所失歲多，譬猶磨礱砥礪，不見其損，有時而盡，引漢枚乘之言。天下錢何得不竭！錢竭則士、農、工、商皆喪其業，喪，息浪翻。民何以自存！愚以爲宜如舊制，大興鎔鑄，錢重五銖，一依漢法。若官鑄者已布於民，便嚴斷翦鑿；斷，音短，禁截也。輕小破缺無周郭者，悉不得行。官錢細小者，稱合銖兩，稱，尺證翻。合，音閤，合少爲多也。銷以爲大，利貧良之民，塞姦巧之路。錢貨既均，遠近若一，百姓樂業，市道無爭，衣食滋殖矣。」塞，悉則翻。樂，音洛。太祖然之，使諸州郡大市銅炭；會晏駕，事寢。

是歲，益州行事劉悛上言：悛，七倫翻，又丑緣翻。「蒙山下有嚴道銅山，舊鑄錢處，可以經略。」蒙山在今雅州嚴道縣南十里，此卽漢鄧通鑄錢舊處。上從之，遣使入蜀鑄錢。使，疏吏翻。頃之，以功費多而止。

15 自太祖治黃籍，至上，謫巧者戍緣淮各十年，百姓怨望。事見上卷四年。至上，謂至武帝時。治，直之翻；下同。乃下詔：「自宋昇明以前，皆聽復注；聽復注籍也。其有謫役邊疆，各許還本；此後有犯，嚴加翦治。」

16 長沙威王晃卒。謚法：勇以果毅曰威。

17 吏部尚書王晏陳疾自解，上欲以西昌侯鸞代晏領選，手敕問之，晏啓曰：「鸞清幹有餘；然不諳百氏，百氏，百家氏族也。自魏、晉以來，率以門地用人。選，須絹翻。諳，烏含翻。恐不可居此職。」上乃止。

18 以百濟王牟大爲鎮東大將軍、百濟王。

19 高車阿伏至羅及窮奇遣使如魏，請爲天子討除蠕蠕，使，疏吏翻。爲，于僞翻。蠕，人兗翻。魏主賜以繡袴褶及雜綵百匹。褶，音習。

九年（辛未、四九一）

1 春，正月，辛丑，上祀南郊。

2 丁卯，魏主始聽政於皇信東室。自居馮太后之喪，至是始聽政。皇信東室，蓋皇信堂之東室也。

3 詔太廟四時之祭：薦宣皇帝，起麪餅、鴨臛；起麪餅，今北人能爲之。其餅浮軟，以卷肉啗之，亦謂之卷餅。程大昌曰：起麪餅，入教麪中，令鬆鬆然也。教，俗書作酵。麪，莫甸翻。孟詵曰：臛，音郝，肉羹也。

孝皇后，筍、鴨卵；高皇帝，肉膾、葅羹；昭皇帝，【章：十二行本「帝」作「后」；乙十一行本同；孔本同。】茗、粣、炙魚：茗，茶也。本草曰：茗，苦茶。郭璞曰：早採者爲茶，晚採者爲茗。粣，類篇云：色責翻，糝也；又側革翻，粽也。南史，虞悰作扁米粣。蓋即今之饊子是也，可以供茶。炙，之石翻。皆所嗜也。上夢太祖謂己：「宋氏諸帝常在太廟從我求食，可別爲吾致祠。」爲，于僞翻。乃命豫章王妃庾氏四時祠二帝、二后於清溪故宅。杜佑曰：蕭齊之世，有清溪宮，後改爲華林苑。據卞彬傳，清溪在臺城，東宮又在清溪之東。建康志曰：吳大帝鑿通城北塹以洩玄武湖水，發源於鍾山，接於秦淮，謂之清溪。牲牢、服章，皆用家人禮。

臣光曰：昔屈到嗜芰，屈建去之，以爲不可以私欲干國之典，屈，九勿翻。芰，奇寄翻，菱也。去，羌呂翻。屈建，屈到子也。國語：屈到嗜芰。有疾，召宗老而屬之曰：「祭我必以芰。」及祥，宗老將薦芰。屈建命去之，曰：「祭典有之：『國君有牛享，大夫有羊饋，士有豚犬之奠，庶人有魚炙之薦；籩豆脯醢，則上下共之。』不羞珍異，不陳庶侈，夫子不以其私欲干國之典。」遂不用。況子爲天子，而以庶人之禮祭其父，違禮甚矣！衞成公欲祀相，甯武子猶非之；左傳僖三十一年，狄圍衞，衞遷于帝丘。衞成公夢康叔謂己曰：「相奪予享。」公命祀相。甯武子不可，曰：「鬼神非其族類，不歆其祀。杞、鄫何事，相之不享於此久矣，非衞之罪也。不可以間成王、周公之命祀。請改祀命。」相，息亮翻。而況降祀祖考於私室，使庶婦尸之乎！豫章王嶷與帝同母，帝爲嫡，故通鑑以嶷妃爲庶婦。尸，主也。

4 初，魏主召吐谷渾王伏連籌入朝，伏連籌辭疾不至，輒脩洮陽、泥和二城，置戍兵焉。後周武帝逐吐谷渾，置洮陽郡；唐洮州及臨潭縣所治，卽洮陽城也。泥和，卽水經註所謂迷和城，洮水逕其南，又在洮陽城東。宋白曰：洮州臨洮郡，郡城本名洮陽，在洮水之北，乃吐谷渾所築，南臨洮水，極峻險，今謂之洪和城。吐，從暾入聲。谷，音浴。洮，土刀翻。二月，乙亥，魏枹罕鎭將長孫百年請擊二戍，魏枹罕鎭將帶河州刺史。枹，音膚。將，卽亮翻。長，知兩翻。魏主許之。

5 散騎常侍裴昭明、散騎侍郎謝竣如魏弔，散，悉亶翻。騎，奇寄翻。竣，七倫翻，又丑緣翻。欲以朝服行事，朝，直遙翻；下同。魏主客曰：「弔有常禮，何得以朱衣入凶庭！」昭明等曰：「受命本朝，不敢輒易。」往返數四，昭明等固執不可。魏主命尚書李沖選學識之士與之言，沖奏遣著作郎上谷成淹。昭明等曰：「魏朝不聽使者朝服，出何典禮？」淹曰：「吉凶不相厭。厭，於葉翻。羔裘玄冠不以弔，論語記孔子容止，有是言。此童稚所知也。稚，直利翻。昔季孫如晉，求遭喪之禮以行。左傳文六年，季文子將聘于晉，使求遭喪之禮以行，其人曰：「將焉用之？」文子曰：「備豫不虞，古之善教也。求而無之實難，過求何害！」今卿自江南遠來弔魏，方問出何典禮；行人得失，何其遠哉！」昭明曰：「二國之禮，應相準望。準，揆平之物；又其義，擬也，倣也。對看爲望。月有弦望。後漢律曆志：「分天之中，相與爲衡，謂之望。」謂月望，日月正相對，其平如衡。準望之言，義取諸此。齊高皇帝之喪，魏遣李彪來弔，初不素服，齊朝亦不以爲疑；帝卽位之初，魏遣彪來聘，非弔也。昭明欲以是抗止淹耳。何至今日獨見要逼！」要，讀曰邀。淹曰：「齊不能行亮陰之禮，踰月卽吉。彪奉使之日，齊之君臣，鳴玉盈庭，貂璫曜目。漢制侍中、常侍之冠，加黃金璫，貂尾以飾之。晉、宋以後，王公皆冠貂蟬。使，疏吏翻。彪不得主人之命，敢獨以素服廁其間乎！皇帝仁孝，侔於有虞，執親之喪，居廬食粥，豈得以此方彼乎！」昭明曰：「三王不同禮，孰能知其得失！」淹曰：「然則虞舜、高宗皆非邪？」昭明、竣相顧而笑曰：「非孝者無親，孝經之言。何可當也！」乃曰：「使人之來，唯齎袴褶，此旣戎服，不可以弔，晉志曰：袴褶之制，未詳所起，近世凡車駕親戎，中外戒嚴服之，服無定色。使，疏吏翻。褶，音習。唯主人裁其弔服！然違本朝之命，返必獲罪。」淹曰：「使彼有君子，卿將命得宜，且有厚賞。若無君子，卿出而光國，得罪何傷！自當有良史書之。」乃以衣、帢給昭明等，帢，苦洽翻。使服以致命。己丑，引昭明等入見，文武皆哭盡哀。魏主嘉淹之敏，遷侍郎，考異曰：楊松玠談藪作「朱淹」，又云：自著作郎遷著佐郎。今從魏書。賜絹百匹。昭明，駰之子也。裴駰，松之之子，註史記行于世。駰，音因。

6 始興簡王鑑卒。

7 三月，甲辰，魏主謁永固陵。夏，四月，癸亥朔，設薦於太和廟。「太和廟」，據北史作「太和殿」。水經註：太和殿在太極殿東堂之東。魏書帝紀：太和元年，起太和、安昌二殿。魏主始進蔬食，追感哀哭，終日不飯；侍中馮誕等諫，經宿乃飯。甲子，罷朝夕哭。蓋亦不能及期矣。飯，扶晚翻。乙丑，復謁永固陵。復，扶又翻。

魏自正月不雨至于癸酉，有司請祈百神，帝曰：「成湯遭旱，以至誠致雨，謂湯以六事自責也。固不在曲禱山川。今普天喪恃，喪，息浪翻。幽顯同哀，何宜四氣未周，謂一期而四時之氣始周。遽行祀事！唯當責躬以待天譴。」譴，去戰翻。

8 甲戌，魏員外散騎常侍李彪等來聘，爲之置燕設樂。爲，于僞翻。彪辭樂，且曰：「主上孝思罔極，興墜正失。言行喪禮，興百王之墜典而正其失也。去三月晦，朝臣始除衰絰，猶以素服從事，朝，直遙翻。衰，吐回翻。是以使臣不敢承奏樂之賜。」朝廷從之。彪凡六奉使，據魏紀：上即位之初年至三年，彪凡四來聘，是年再聘，通前凡六。使，疏吏翻。上甚重之。將還，上親送至琅邪城，命羣臣賦詩以寵之。左傳：晉趙武自宋還過鄭，鄭伯享之于垂隴，七穆皆從。趙孟曰：「七子從君，以寵武也，請皆賦詩以卒君貺。」

9 己卯，魏作明堂，改營太廟。

10 五月，己亥，魏主更定律令於東明觀，魏主太和四年，起東明觀。觀，古玩翻。更，工行翻。親決疑獄；命李沖議定輕重，潤色辭旨，帝執筆書之。李沖忠勤明斷，加以慎密，爲帝所委，情義無間；斷，丁亂翻。舊臣貴戚，莫不心服，中外推之。

11 乙卯，魏長孫百年攻洮陽、泥和二戍，克之，俘三千餘人。

12 丙辰，魏初造五輅。五輅，玉、金、象、革、木也。

13 六月，甲戌，以尚書左僕射王奐爲雍州刺史。爲後誅奐張本。雍，於用翻。

14 丁未，魏濟陰王鬱以貪殘賜死。濟，子禮翻。

15 秋，閏七月，乙丑，魏主謁永固陵。

16 己卯，魏主詔曰：「烈祖有創業之功，世祖有開拓之德，宜爲祖宗，百世不遷。平文之功少於昭成，而廟號太祖，道武帝天興初，追尊平文帝爲太祖。少，詩沼翻。道武之功高於平文，而廟號烈祖，明元帝追尊道武帝爲烈祖。於義未允。朕今奉尊烈祖爲太祖，以世祖、顯祖爲二祧，鄭玄曰：廟之爲言，貌也。宗廟者，先祖之尊貌也。祧之言超也，超上去意也。餘皆以次而遷。」

八月，壬辰，又詔議養老及禋于六宗之禮。尚書：禋于六宗。而諸儒互說不同。王莽以易六子，遂立六宗祠。王肅亦以爲易六子。摯虞以爲：月令，孟冬，天子祈來年于天宗；天宗，六宗之神也。劉卲以爲：萬物負陰而抱陽，沖氣以爲和。六宗者，太極沖和之氣，爲六氣之宗者也；虞書謂之六宗，周書謂之天宗。孔穎達曰：王肅六宗之說，用家語之文，以四時也、寒暑也、日也、月也、水旱也爲六宗，孔註尚書同之。伏生與馬融以天地、四時爲六宗。劉歆、孔晁以乾坤之子六爲六宗。賈逵以爲天宗三，日、月、星也；地宗三，河、海、岱也。今尚書歐陽夏侯說，六宗者，上及天，下及地，旁及四方，中央恍惚，助陰陽變化，有益於人者也。古尚書說：天宗，日、月、北辰；地宗，岱、河、海也。日、月爲陰、陽宗，北辰爲星宗，河爲水宗，岱爲山宗，海爲澤宗。鄭玄以星也、辰也、司中也、司命也、風師也、雨師也爲六宗。虞喜別論曰：地有五色，太社象之，總五爲一，則成六，六爲地數，推校經傳，別無他祭也。劉昭以爲此說近得其實。張髦曰：父祖之廟六宗，卽三昭、三穆也。魏文帝以天皇太帝、五帝爲六宗。杜佑取之。鄭氏曰：禋之言煙，周人尚臭，煙氣之臭聞者。先是，魏常以正月吉日於朝廷設幕，中置松柏樹，設五帝座而祠之。先，悉薦翻。又有探策之祭。帝皆以爲非禮，罷之。戊戌，移道壇於桑乾之陰，改曰崇虛寺。此卽寇謙之道壇也。探，吐南翻。乾，音干。

乙巳，帝引見羣臣，見，賢遍翻。問以「禘祫，王、鄭之義，是非安在？」考異曰：禮志作「太和十三年五月壬戌」，今從本紀。尚書游明根等從鄭，中書監高閭等從王。詔：「圜丘、宗廟皆有禘名，從鄭；禘祫并爲一祭，從王。著之於令。」記大傳曰：禮，不王不禘。王者禘其祖之所自出，以其祖配之。鄭氏註曰：凡大祭曰禘。大祭其先祖所由生，謂郊祀天也。王者之先，皆感太微五帝之精以生，皆用正歲之正月郊祭之。又祭法言虞、夏、殷、周禘郊祖宗之法，鄭註云：禘郊祖宗，謂祭祀以配食也；此禘，謂祭昊天於圜丘也。孔穎達曰：王肅論引賈逵說吉禘于莊公。禘者，遞也。審諦昭穆，遷主遞位，孫居王父之處。又引禘于太廟逸禮，昭尸、穆尸，其祝辭總稱孝子、孝孫，則是父子並列。逸禮又云：皆升合於太祖，所以劉歆、賈逵、鄭衆、馬融等皆以爲然。鄭不從者，以公羊傳爲正，逸禮不可用也。左氏說及杜元凱皆以爲禘三年一大祭，在太祖之廟。傳無祫文，然則祫卽禘也。取其序昭穆，謂之禘，取其合集羣祖，謂之祫。杜佑通典：孝文帝太和十三年詔：「鄭玄云：天子祭圜丘曰禘，宗廟大祭亦曰禘。三年一祫，五年一禘。祫則毀廟，羣廟之主，於太祖廟合而祭之，禘則增及百官配食者，審諦而祭之。魯禮，三年喪畢而祫，明年而禘。圜丘、宗廟大祭俱稱禘。祭有兩禘明也。王肅又云：天子諸侯皆禘於宗廟，非祭天之祭。郊祀后稷不稱禘。禘、祫一名也。合祭，故稱祫，禘而審諦之，故稱禘，非兩祭之名。

三年一祫，五年一禘，總而互舉，故稱五年再殷祭，不言一禘一祫，斷可知矣。諸儒之說，大略如是。公卿可議其是非。」尚書游明根言曰：「鄭氏之義，禘者大祭之名。大祭員丘謂之禘者，審諦五精星辰也。大祭宗廟謂之禘者，審諦其昭穆百官也。員丘常合，不言祫，宗廟時合，故言祫。斯則宗廟祫、禘並行，員丘一禘而已。宜於宗廟俱行禘祫之禮。二禮異，故名殊。依禮，春祭特礿，於嘗、於烝，則祫嘗、祫烝，不於三時皆行禘、祫之禮。」中書監高閭又言：「禘祭員丘，與鄭義同者，以爲有虞氏禘黃帝，黃帝非虞在廟之帝。不在廟，非員丘而何？又大傳云：祖其所自出之祖，又非在廟之文。論語稱：禘自既灌以往。據爾雅：禘，大祭也。諸侯無禘禮，惟夏祭稱禘，又非宗廟之禘。魯行天子之儀，不敢專行員丘之禘；改殷之禘，取其禘名於宗廟。因先有祫，遂生兩名。其宗廟禘、祫之祭，據王氏之義，祫而禘，禘止於一時。一時者，祭不欲數，一歲三禘爲過數。」詔曰：「明根、閭等據二家之義，論禘、祫詳矣；至於事取折衷，猶有未允。閭以禘、祫爲名，義同王氏，禘祭員丘，事與鄭同，無所間然。明根以鄭氏等兩名、兩祭，並存、並用，理有未俱。稱據二義，一時禘祫而闕二時之禘，事有難從。先王制禮，內緣人子之情，外協尊卑之序，故天子七廟，數盡則毀，藏主於太祖之廟，三年而祫祭之。世盡則毀，以示有終之義；三年而祫，以申追遠之情。禘祫既是一祭，分而兩之，事無所據。毀廟三年一祫，又有不盡四時，於禮爲闕。七廟四時常祭，祫則三年一祭，而又不究四時，於情爲簡。王以祫爲一祭，於義爲長，鄭以員丘爲禘與宗廟大祭同，名義亦爲當。今互取鄭、王二義：禘、祫并爲一祭，從王；禘是祭員丘大祭之名，上下同用，從鄭。若以數則瀆，五年一禘，改祫從禘。五年一禘，則四時盡禘，以稱今情，則旅天，禮文，先禘而後時祭，便卽施行，著之於令，永爲世法。」戊午，又詔：「國家饗祀諸神，凡一千二百餘處；今欲減省羣祀，務從簡約。」又詔：「明堂、太廟，配祭、配享，於斯備矣。白登、崞山、雞鳴山廟，唯遣有司行事。明元帝永興四年，立宣武廟於白登山，歲一祭，無常月。神瑞二年，帝又立宣武廟於白登西。宣武帝至泰常五年始改謚道武。水經註曰：雞鳴山在廣甯郡下洛縣于延水北。昔趙襄子殺代王於夏屋而并其土，襄子之姊，代王夫人也，遂磨笄自殺。代人憐之，爲立祠，因名爲磨笄山；每夜有野雞羣鳴於祠屋上，故亦名爲鳴雞山。文成帝保母常氏葬於是山，別立寢廟。太武帝保母竇氏葬崞山，別立寢廟。崞，音郭。馮宣王廟在長安，宜敕雍州以時供祭。」馮宣王，太后父朗也，爲秦、雍二州刺史，生后於長安，後謚文宣王，因立廟長安。雍，於用翻。又詔：「先有水火之神四十餘名及城北星神，今圜丘之下既祭風伯、雨師、司中、司命，鄭衆曰：風師，箕也；雨師，畢也；司中，三台三階也；司命，文昌宮星。玄曰：司中、司命，文昌第五、第四星；或曰：中台、上台也。明堂祭門、戶、井、竈、中霤，鄭氏曰：中霤，猶中室也。古者複穴，是以名室爲霤。音力又翻。四十神悉可罷之。」甲寅，詔曰：「近論朝日、夕月，三代之禮，春朝朝日，秋暮夕月。朝，直遙翻；下同。皆欲以二分之日於東、西郊行禮。然月有餘閏，行無常準。若一依分日，或值月於東而行禮於西，序情卽理，不可施行。昔祕書監薛謂等以爲朝日以朔，夕月以朏。日月所會謂之合朔。月生明謂之朏，月之三日也。朏，敷尾翻。卿等意謂朔朏、二分，何者爲是？」尚書游明根等請用朔朏，從之。

丙辰，魏有司上言，求卜祥日。此小祥也。詔曰：「筮日求吉，既乖敬事之志，又違永慕之心；今直用晦日。」九月，丁丑夜，帝宿於廟，帥羣臣哭已，已，畢也。帥，讀曰率。帝易服縞冠、革帶、黑屨，侍臣易服黑介幘、隋志：幘，尊卑貴賤皆服之。文者長耳，謂之介幘；武者短耳，謂之平上幘；各稱其冠而制之。縞，古老翻。白絹單衣、革帶、烏履，遂哭盡乙夜。戊子晦，帝易祭服，縞冠素紕、紕，匹毗翻，又必二翻，又扶規翻，冠飾也，緣也。白布深衣、記曰：古者深衣，蓋有制度，以應規矩，繩權衡。短毋見膚，長毋被土，續衽鉤邊，要縫半下，袼之高下，可以運肘；袂之長短，反詘之及肘。帶，下毋厭髀，上毋厭脅。當無骨者，制十有二幅，以應十二月。袂圓以應規，曲袷如矩以應方，負繩及踝以應直，下齊如權衡以應平。故聖人服之，先王貴之。麻繩履，侍臣去幘易帢。弁缺四隅謂之帢。傅子曰：帢先未有歧，荀文若巾觸樹成歧，時人慕之，因而弗改，今通爲慶弔之服，白紗爲之，或單或裌。去，羌呂翻。既祭，出廟，帝立哭，久之，乃還。還，從宣翻，又如字；下同。

17 冬，十月，魏明堂、太廟成。

18 庚寅，魏主謁永固陵，毀瘠猶甚。穆【章：十二行本「穆」上有「司空」二字；乙十一行本同；孔本同。】亮諫曰：「陛下祥練已闋，號慕如始。古者既祥而練。闋，古穴翻，終也。說文曰：闋，事已也。號，戶刀翻。如始，言如初有喪。王者爲天地所子，爲萬民父母；未有子過哀而父母不戚，父母憂而子獨悅豫者也。今和氣不應，風旱爲災，願陛下襲輕服，御常膳，鑾輿時動，咸秩百神，秩者，序而祭之。庶使天人交慶。」詔曰：「孝悌之至，無所不通。今飄風、旱氣，皆誠慕未濃，幽顯無感也。所言過哀之咎，諒爲未衷。」衷，善也，正也，適也。十一月，己未朔，魏主禫於太和廟，禫，徒感翻，除服之祭也。袞冕以祭。既而服黑介幘，素紗深衣，拜陵而還。癸亥，冬至，魏主祀圜丘，遂祀明堂，還，至太和廟，乃入。甲子，臨太華殿，服通天冠，絳紗袍，以饗羣臣。劉昭曰：通天冠，高九寸，正竪頂，少邪，乃直下，爲鐵卷梁，前有山、展筩，爲述，乘輿所常服也。杜佑曰：秦制通天冠，其狀遺失。漢因秦名，制高九寸，正竪頂，少邪，乃直下，爲鐵卷梁，前有山、展筩，爲述，駮犀簪導；乘輿所常服。晉因漢制，前加金博山述。述，卽鷸也。鷸知天雨，故冠像焉。前有展筩。宋因之，又加黑介幘。東昏侯改用玉簪導。梁武帝因之，復加冕於其上，謂之平天冕。隋因之，加金博山，附蟬十二，首施珠翠，黑介幘，玉簪導。唐因之，其纓改以翠緌。樂縣而不作。縣，讀曰懸。丁卯，服衮冕，辭太和廟，帥百官奉神主遷于新廟。新作太廟成，故遷主新廟。帥，讀曰率。

19 乙亥，魏大定官品。戊戌，【嚴：「戌」改「寅」。】考諸牧守。守，式又翻。

20 魏假通直散騎常侍李彪等來聘。

21 魏舊制，羣臣季冬朝賀，服袴褶行事，謂之小歲；朝，直遙翻。褶，音習。丙戌，詔罷之。

22 十二月，壬辰，魏遷社於內城之西。

23 魏以安定王休爲太傅，齊郡王簡爲太保。

24 高麗王璉卒，壽百餘歲。麗，力知翻。魏主爲之制素委貌，布深衣，爲，于僞翻。委貌冠，長七寸，高四寸，制如覆盃，前高廣，後卑銳，所謂夏之毋追、殷之章甫者也。本以皂絹爲之，今制素者以舉哀。舉哀於東郊；遣謁者僕射李安上策贈太傅，謚曰康。孫雲嗣立。

25 乙酉，【嚴：「乙」改「己」。】魏主始迎春於東郊。自是四時迎氣皆親之。

26 初，魏世祖克統萬及姑臧，獲雅樂器服工人，宋文帝元嘉四年，魏克統萬；十六年，克姑臧。晉永嘉之亂，太常樂工多避地河西；夏克長安，獲秦雅樂；故二國有其器服工人。並存之。其後累朝無留意者，朝，直遙翻。樂工浸盡，音制多亡。高祖始命有司訪民間曉音律者議定雅樂，當時無能知者。然金、石、羽旄之飾，稍壯麗於往時矣。辛亥，詔簡置樂官，使脩其職；又命中書監高閭參定。

27 初，晉張斐、杜預共註律三十卷，自泰始以來用之，此晉泰始也。律文簡約，或一章之中，兩家所處，生殺頓異，處，昌呂翻。臨時斟酌，吏得爲姦。上留心法令，詔獄官詳正舊註。七年，尚書删定郎王植集定二註，表奏之。魏、晉以來，尚書諸曹無删定郎，此蓋删定律註而置官。詔公卿、八座參議考正，竟陵王子良總其事；衆議異同不能壹者，制旨平決。是歲，書成。廷尉山陰孔稚珪上表，以爲：「律文雖定，苟用失其平，則法書徒明於衺裏，衺，與帙同。冤魂猶結於獄中。竊尋古之名流，多有法學；今之士子，莫肯爲業。縱有習者，世議所輕，將恐此書永淪走吏之手矣。今若置律助敎，依五經例，國子生有欲讀者，策試高第，卽加擢用，以補內外之官，庶幾士流有所勸慕。」幾，居希翻。詔從其請，事竟不行。

28 初，林邑王范陽邁，世相承襲，范陽邁見一百二十四卷宋文帝元嘉二十三年。夷人范當根純攻奪其國，遣使獻金簟等物。詔以當根純爲都督緣海諸軍事、林邑王。爲下范諸農攻當根純張本。使，疏吏翻。

29 魏冀州刺史咸陽王禧入朝。朝，直遙翻。有司奏：「冀州民三千人稱禧清明有惠政，請世胙冀州。」魏主詔曰：「利建雖古，未必今宜；易曰：利建侯。經野由君，理非下請。」周禮：惟王建國，辨方正位，體國經野。鄭玄註云：經，謂爲之里數。以禧爲司州牧、都督司·豫等六州諸軍事。

30 初，魏文明太后寵任宦者略陽苻承祖，官至侍中，知都曹事，知尚書都曹事也。賜以不死之詔。太后殂，承祖坐贓應死，魏主原之，削職禁錮於家，仍除悖義將軍，封佞濁子，悖，蒲內翻。月餘而卒。承祖方用事，親姻爭趨附以求利。趨，七喻翻。其從母楊氏爲姚氏婦從母，卽姨也。從，才用翻。獨否，常謂承祖之母曰：「姊雖有一時之榮，不若妹有無憂之樂。」樂，音洛。姊與之衣服，多不受；強與之，強，其兩翻；下強使同。則曰：「我夫家世貧，美衣服使人不安。」不得已，或受而埋之。與之奴婢，則曰：「我家無食，不能飼也。」常著弊衣，自執勞苦。飼，祥吏翻。著，則略翻。承祖遣車迎之，不肯起；強使人抱置車上，則大哭曰：「爾欲殺我！」由是苻氏內外號爲「癡姨」。及承祖敗，有司執其二姨至殿廷。其一姨伏法。帝見姚氏姨貧弊，特赦之。

31李惠之誅也，事見一百三十四卷宋順帝昇明二年。思皇后之昆弟皆死。魏孝文諡其母李貴人曰思皇后。惠從弟鳳爲安樂王長樂主簿，長樂坐不軌，誅，事見一百三十五卷高帝建元元年。從，才用翻。樂，皆音洛。鳳亦坐死。鳳子安祖等四人逃匿獲免，遇赦乃出。既而魏主訪舅氏存者，得安祖等，皆封侯，加將軍。既而引見，謂曰：「卿之先世，再獲罪於時。先世，謂惠及鳳。見，賢遍翻。王者設官以待賢才，由外戚而舉者，季世之法也。卿等既無異能，且可還家。自今外戚無能者視此。」後又例降爵爲伯，去其軍號。軍號，將軍之號也。去，羌呂翻。時人皆以爲帝待馮氏太厚，待李氏太薄；太常高閭嘗以爲言，帝不聽。及世宗尊寵外家，乃以安祖弟興祖爲中山太守，追贈李惠開府儀同三司、中山公，諡曰莊。

十年（壬申、四九二）

1春，正月，戊午朔，魏主朝饗羣臣於太華殿，懸而不樂。

2己未，魏主宗祀顯祖於明堂以配上帝，遂登靈臺以觀雲物，降居青陽左个，布政事。鄭氏曰：青陽左个，大寢東堂北偏。自是每朔依以爲常。

散騎常侍庾蓽等聘於魏，魏主使侍郎成淹引蓽等於館南，瞻望行禮。祀明堂、登靈臺之禮。

辛酉，魏始以太祖配南郊。

3魏主命羣臣議行次。五行之次也。中書監高閭議，以爲：「帝王莫不以中原爲正統，不以世數爲與奪，善惡爲是非。故桀、紂至虐，不廢夏、商之曆；厲、惠至昏，無害周、晉之錄。晉承魏爲金，趙承晉爲水，燕承趙爲木，秦承燕爲火。秦之既亡，魏乃稱制玄朔；且魏之得姓，出於軒轅；魏書曰：魏之先出自黄帝軒轅氏。黄帝子昌意受封北國，有大鮮卑山，因以爲號。據史記，以匈奴爲夏后氏苗裔，蓋有此理。臣愚以爲宜爲土德。」按魏書帝紀：道武天興元年，羣臣奏國家承黄帝之後，宜爲土德。高閭蓋申前議耳。祕書丞李彪、著作郎崔光等議，以爲：「神元與晉武往來通好，至于桓、穆，志輔晉室，事並見晉紀。神元，力微也；桓帝，猗㐌；穆帝，猗盧。好，呼到翻。是則司馬祚終於郟鄏，河南郡河南縣，周之王城，即郟鄏也。郟，古洽翻。鄏，音辱。而拓跋受命於雲代。昔秦幷天下，漢猶比之共工，卒繼周爲火德；漢律曆志曰：祭典曰：共工氏霸九域。言雖有水德，在火木之間，非其序也；任智刑以強，故霸而不王。秦以水德在周、漢木火之間，周人遷其行序，故易不載。卒，子恤翻。共，讀曰恭。況劉、石、苻氏，地褊世促，魏承其弊，豈可捨晉而爲土邪？」司空穆亮等皆請從彪等議。壬戌，詔承晉爲水德，祖申、臘辰。考異曰：禮志：「太和十五年正月，穆亮等言」云云。按帝紀：「十六年正月壬戌，詔定行次，以水承金。」蓋志誤以「六」爲「五」耳。

4甲子，魏罷祖課。「祖課」，李延壽魏紀作「祖裸」。

5魏宗室及功臣子孫封王者衆，乙丑，詔：「自非烈祖之胄，餘王皆降爲公，公降爲侯，而品如舊。」蠻王桓誕亦降爲公；唯上黨王長孫觀，以其祖有大功，特不降。長孫道生以功封上黨王。長，知兩翻。丹楊王劉昶封齊郡公，加號宋王。昶，丑兩翻。

6魏舊制，四時祭廟皆用中節，丙子，詔始用孟月，擇日而祭。自漢以來，宗廟歲五祀、四孟及臘是也。魏初用中節，夷禮也。

7以竟陵王子良領尚書令。

8魏主毀太華殿爲太極殿。戊【章：十二行本「戊」上有「二月」二字；乙十一行本同；孔本同。】子，徙居永樂宮。魏主太和元年起永樂遊觀于平城之北苑，樂，音洛。以尚書李沖領將作大匠，與司空穆亮共營之。

9辛卯，魏罷寒食饗。舊傳冬至後一百五日爲寒食。初學記曰：周舉移書、魏武明罰令、陸翽鄴中記，並云寒食斷火起於介子推。然周禮司烜氏：仲春，以木鐸徇火禁於國中。註云：爲仲春將出火。今寒食準節氣是仲春之末，清明是三月之初；然則禁火並周制也。魏先以寒食饗祖宗，今以其非禮，罷之。

甲午，魏主始朝日于東郊。自是朝日、夕月皆親之。朝，直遙翻。

丁酉，詔祀堯於平陽，舜於廣寧，禹於安邑，周公於洛陽，皆因其故都而祀之。皇甫謐曰：舜所都或言蒲阪，或言潘。潘，今上谷也。廣寧縣本屬上谷。又據水經註，「潘」當作「瀵」。皆令牧守執事；守，式又翻。其宣尼之廟，祀於中書省。丁未，改謚宣尼曰文聖尼父，帝親行拜祭。

魏舊制，每歲祀天於西郊，魏主與公卿從二千餘騎，戎服遶壇，謂之蹋壇。騎，奇寄翻。

踰，與踏同。明日，復戎服登壇致祀，已又遶壇，謂之遶天。蕭子顯曰：戎服遶壇，魏主一周，公卿七匝，謂之踰壇。明日，復戎服登壇祠天，魏主遶三匝，公卿七匝，謂之遶天。復，扶又翻。三月，癸酉，詔盡省之。

10 辛巳，魏以高麗王雲爲督遼海諸軍事、遼東公、高句麗王，詔雲遣其世子入朝。句，如字，又音駒。麗，力智翻。雲辭以疾，遣其從叔升干隨使者詣平城。從，才用翻。

11 夏，四月，丁亥朔，魏班新律令，大赦。

12 辛丑，豫章文獻王嶷卒，嶷，魚力翻。贈假黃鉞、都督中外諸軍事、丞相，喪禮皆如漢東平獻王故事。嶷性仁謹廉儉，不以財賄爲事。齋庫失火，齋庫，齋內之庫。燒荆州還資，高祖建元二年，嶷自荆州還爲揚州。評直三千餘萬，評直，論量其所直也。主局各杖數十而已。疾篤，遺令諸子曰：「才有優劣，位有通塞，運有貧富，此自然之理，無足以相陵侮也。」蓋欲諸子不以位勢相陵。塞，悉則翻。上哀痛特甚，久之，語及嶷，猶欷歔流涕。欷，音希，又許氣翻。歔，音虛。嶷卒之日，第庫無見錢，見，賢遍翻。上敕月給嶷第錢百萬；終上之世乃省。

13 五月，己巳，以竟陵王子良爲揚州刺史。

14 魏文明太后之喪，使人告于吐谷渾。吐谷渾王伏連籌拜命不恭，吐，從暾入聲。谷，音浴。羣臣請討之；魏主不許。又請還其貢物。帝曰：「貢物乃人臣之禮。今而不受，是棄絕之，彼雖欲自新，其路無由矣。」因命歸洮陽、泥和之俘。去年長孫百年所俘。

秋，七月，庚申，吐谷渾遣其世子賀虜頭入朝于魏。朝，直遥翻；下同。考異曰：魏吐谷渾傳作「賀魯頭」，今從帝紀。詔以伏連籌爲都督西垂諸軍事、西海公、吐谷渾王，遣兼員外散騎常侍張禮使於吐谷渾。伏連籌謂禮曰：「曩者宕昌常自稱名而見謂爲大王，今忽稱僕，又拘執使人，欲使偏師往問，何如？」禮曰：「君與宕昌皆爲魏藩，比輒興兵攻之，殊違臣節。使，疏吏翻。宕，徒浪翻。比，毗至翻。離京師之日，宰輔有言，以爲君能自知其過，則藩業可保；離，力智翻。謂可保藩臣之業也。若其不悛，禍難將至矣。」悛，丑緣翻。難，乃旦翻。伏連籌默然。

15 甲戌，魏遣兼員外散騎常侍廣平宋弁等來聘。及還，魏主問弁：「江南何如？」弁曰：「蕭氏父子無大功於天下，既以逆取，不能順守；政令苛碎，賦役繁重；朝無股肱之臣，野有愁怨之民。其得沒身幸矣，非貽厥孫謀之道也。」

16 八月，乙未，魏以懷朔鎮將陽平王頤、鎮北大將軍陸叡皆爲都督，督十二將，步騎十萬，分爲三道以擊柔然；鎮將、二將，卽亮翻。騎，奇寄翻。考異曰：魏帝紀：「太和十一年八月壬申，蠕蠕犯塞，遣平原王陸叡討之，事具蠕蠕傳。十六年八月乙未，詔陽平王頤、左僕射陸叡討蠕蠕。」按蠕蠕傳無十一年犯塞及征討事，唯有十六年八月頤、叡出征事與紀合，蓋十一年紀誤也。中道出黑山，東道趣士盧河，西道趣侯延河。軍過大磧，大破柔然而還。趣，七喻翻。磧，七迹翻。

17 初，柔然伏名敦可汗可，從刊入聲。汗，音寒。與其叔父那蓋分道擊高車阿伏至羅，伏名敦屢敗，那蓋屢勝。國人以那蓋爲得天助，乃殺伏名敦而立那蓋，號候其伏代庫者可汗，魏收曰：魏言悅樂也。改元太【章：十二行本「太」作「大」；乙十一行本同；孔本同。】安。

18 魏司徒尉元、大鴻臚卿游明根累表請老，魏主許之。引見，尉，紆勿翻。臚，陵如翻。見，賢遍翻。賜元玄冠、素衣，石渠論：玄冠朝服。戴聖曰：玄冠，委貌也。今此則玄冠、委貌異制。明根委貌、青紗單衣，及被服雜物等而遣之。魏主親養三老、五更於明堂。己酉，詔以元爲三老，明根爲五更。帝再拜三老，親袒割牲，執爵而饋；肅拜五更；周禮九拜，九曰肅拜。鄭司農云：肅拜，但俯下手，今時撎是也。陸德明曰：撎，於至翻，即今之揖。更，工衡翻。且乞言焉，元、明根勸以孝友化民。又養庶老、國老於階下。禮畢，各賜元、明根以步挽車及衣服，步挽車，不用牛馬，使人步挽之。祿三老以上公，五更以元卿。元卿，即上卿。

19 九月，甲寅，魏主序昭穆於明堂，昭，之招翻。祀文明太后於玄室。「玄室」，北史作「玄堂」。鄭玄曰：玄堂，北堂也。辛未，魏主以文明太后再朞，哭於永固陵左，終日不輟聲，凡二日不食。甲戌，辭陵，還永樂宮。

20 武興氐王楊集始寇漢中，至白馬。梁州刺史陰智伯遣軍主桓盧奴、陰沖昌【嚴：「沖昌」改「仲昌」。】等擊破之，俘斬數千人。集始走還武興，請降于魏；辛巳，入朝于魏。降，戶江翻。

朝，直遥翻。魏以集始爲南秦州刺史、漢中郡侯、武興王。

21 冬，十月，甲午，上殷祭太廟。殷祭，大祭也。

22 庚戌，魏以安定王休爲大司馬，特進馮誕爲司徒。誕，熙之子也。馮熙見一百三十二卷宋順帝昇明元年。熙，文明后之兄也。

23 魏太極殿成。

24 十二月，司徒參軍蕭琛、范雲聘於魏。琛，丑林翻。魏主甚重齊人，親與談論。顧謂羣臣曰：「江南多好臣。」侍臣李元凱對曰：「江南多好臣，歲一易主；江北無好臣，百年一易主。」魏主甚慙。

25 上使太子家令沈約撰宋書，疑立袁粲傳，審之於上。傳，直戀翻。上曰：「袁粲自是宋室忠臣。」此人心之公，是非不可泯者。約又多載宋世祖、太宗諸鄙瀆事。上曰：「孝武事迹，不容頓爾。我昔經事明帝，卿可思諱惡之義。」春秋之義，爲尊者諱。於是多所刪除。

26 是歲，林邑王范陽邁之孫諸農，帥種人攻范當根純，復得其國。范當根純奪林邑國，事見上年。帥，讀曰率。種，章勇翻。復，扶又翻。詔以諸農爲都督緣海諸軍事、林邑王。

27 魏南陽公鄭羲與李沖婚姻，沖引爲中書令。出爲西兗州刺史，西兗州時治滑臺。在州貪鄙。文明太后爲魏主納其女爲嬪，后爲，于僞翻。嬪，毗賓翻。徵爲祕書監。及卒，尚書奏謚曰宣。詔曰：「蓋棺定謚，激揚清濁。故何曾雖孝，良史載其繆醜；事見八十卷晉武帝咸寧四年。賈充有勞，直士謂之荒公。事見八十一卷晉武帝太康三年。謚法：昏亂紀度曰荒。羲雖宿有文業，而治闕廉清。治，直吏翻。尚書何乃情違至公，愆違明典！依謚法：『博聞多見曰文；不勤成名曰靈。』可贈以本官，加謚文靈。」

聶崇岐標點王崇武覆校

資治通鑑卷第一百三十八

端明殿學士兼翰林侍讀學士朝散大夫右諫議大夫充集賢殿修撰提舉西京嵩山崇福宮上柱國河内郡開國侯食邑一千八百户食實封六百户賜紫金魚袋臣　司馬光　奉敕編集
後　學　天　台　胡三省　音　註

齊紀四 昭陽作噩（癸酉），一年。

世祖武皇帝下

永明十一年（癸酉、四九三）

1 春，正月，以驃騎大將軍王敬則爲司空，驃，匹妙翻。騎，奇寄翻。鎮軍大將軍陳顯達爲江州刺史。顯達自以門寒位重，陳顯達，南彭城人，起於卒伍。每遷官，常有愧懼之色，戒其子勿以富貴陵人；而諸子多事豪侈，顯達聞之，不悅。以陳顯達之居寵思畏，終不能自免於猜暴之朝，至於稱兵而死，豈非繫於所遇之時哉！子休尚爲郢府主簿，過九江。自建康至郢府，先過九江。顯達曰：「麈尾蠅拂，麈，腫庾翻。麈，麋屬；尾能生風，辟蠅蚋。陸佃埤雅曰：麈似鹿而大，其尾辟塵，以置舊帛中，能令歲久紅色不黦；又以拂氈，令氈不蠹。名苑曰：鹿之大者曰麈，羣鹿隨之，皆視麈所往，麈尾所轉爲準。於文，主鹿爲麈；

古之談者揮焉，良爲是也。是王、謝家物，汝不須捉此！」言不須以風流自標置也。捉，執也。即取於前燒之。

2初，上於石頭造露車三千乘，欲步道取彭城，魏人知之。劉昶數泣訴於魏主，乞處邊戍，招集遺民，以雪私恥。以蕭氏簒宋，夷滅劉氏故也。數，所角翻。處，昌呂翻。魏主大會公卿於經武殿，魏書帝紀：太和十二年，起經武殿。以議南伐，於淮、泗間大積馬芻。上聞之，以右衞將軍崔慧景爲豫州刺史以備之。爲下魏入寇張本。

3魏遣員外散騎侍郎邢巒等來聘。散，悉亶翻。騎，奇寄翻。巒，穎之孫也。穎，曹魏太常邢貞之後。邢穎見一百二十二卷宋文帝元嘉八年。

4丙子，文惠太子長懋卒。太子風韻甚和，上晚年好遊宴，好，呼到翻。尚書曹事分送太子省之，由是威加內外。省，悉景翻。

太子性奢靡，治堂殿、園囿過於上宮，治，直之翻。費以千萬計，恐上望見之，乃傍門列脩竹；凡諸服玩，率多僭侈。啓於東田起小苑，使東宮將吏更番築役，將，卽亮翻。更，工衡翻。更番，分番更作也。營城包巷，彌亙華遠。言其彌極華麗，而延亙又遼遠也。上性雖嚴，多布耳目，太子所爲，人莫敢以聞。上嘗過太子東田，見其壯麗，大怒，收監作主帥；太子皆藏之，由是大被誚責。監，工銜翻。帥，所類翻。被，皮義翻。誚，才笑翻。

又使嬖人徐文景造輦及乘輿御物；嬖，卑義翻，又博計翻。乘，繩證翻。上嘗幸東宮，忽忽不暇藏輦，忽忽者，急遽之意。文景乃以佛像內輦中，故上不疑。文景父陶仁謂文景曰：「我正當掃墓待喪耳！」掃墓，謂掃除墓地也。仍移家避之。後文景竟賜死，陶仁遂不哭。及太子卒，上履行東宮，行，下孟翻。見其服玩，大怒，敕有司隨事毀除。以竟陵王子良與太子善，而不啓聞，并責之。

太子素惡西昌侯鸞，嘗謂子良曰：「我意中殊不喜此人，不解其故，惡，烏路翻。喜，許記翻。解，戶買翻，曉也。當由其福薄故也。」子良爲之救解。爲，于僞翻。及鸞得政，太子子孫無遺焉。西昌侯夷滅太子子孫事見後。按鸞翦除高、武諸子及太子子孫以成簒事，文惠雖不惡之，其子孫亦不能免也。觀隆昌、建武時事，君子謂文惠知所惡矣。

5 二月，魏主始耕藉田於平城南。魏起於北荒，未嘗講古者天子親耕之禮，今孝文始行之。藉，在亦翻。

6 雍州刺史王奐惡寧蠻長史劉興祖，收繫獄，雍，於用翻。惡，烏路翻。蕭子顯齊志，寧蠻府屬雍州，別領西新安、義寧、南襄、北建武、蔡陽、永安、安定、懷化、武寧、新陽、義安、高安、左義陽、南襄城、廣昌、東襄城、北襄城、懷安、北弘農、西弘農、析陽、北義陽、漢廣、中襄城等蠻郡。誣其搆扇山蠻，欲爲亂。敕送興祖下建康；自襄陽順流東至建康，故曰下。奐於獄中殺之，詐云自經。上大怒，遣中書舍人呂文顯、直閤將軍曹道剛將齋仗五百人收奐，齋仗，齋庫精仗以給禁衛勇力之士。將，卽亮翻。敕鎭西司馬曹虎從江陵步道會襄陽。

奐子彪，素凶險，奐不能制。長史殷叡，奐之壻也，謂奐曰：「曹、呂來，既不見眞敕，恐爲姦變，正宜錄取，錄，收也，攝也。馳啓聞耳。」奐納之。考異曰：南史：「奐子彪議閉門拒命。叡諫曰：『今開門白服接臺使，不過擯官免爵耳。』彪堅執不同。叡又請遣典籤間道送啓，奐從之。典籤出城，爲文顯所執。叡曰：『忠不背國，勇不逃死。』勸奐仰藥。叡與彪同誅。」今從齊書。彪輒發州兵千餘人，開庫配甲仗，出南堂，陳兵，閉門拒守。奐門生鄭羽叩頭啓奐，乞出城迎臺使，使，疏吏翻。奐曰：「我不作賊，欲先遣啓自申；正恐曹、呂等小人相陵藉，陵者，侮之而出其上；藉者，蹈之使薦於下。藉，慈夜翻。故且閉門自守耳。」彪遂出，與虎軍戰，兵敗，走歸。三月，乙亥，司馬黃瑤起、寧蠻長史河東裴叔業於城內起兵，攻奐，斬之，爲後奐子肅食瑤起之肉張本。執彪及弟爽、弼、殷叡，皆伏誅。彪兄融、琛死於建康，琛弟祕書丞肅獨得脫，奔魏。爲王肅屢引魏兵入寇張本。琛，丑林翻。考異曰：南史：「奐弟份自拘請罪，帝宥之。肅屢引魏人至邊，帝謂份曰：『比有北信不？』份曰：『肅近忘墳柏，寧遠憶有臣！』」按奐以三月死，帝以七月殂，是冬，肅始見魏主於鄴。南史誤也。齊書無此語。

7 夏，四月，甲午，立南郡王昭業爲皇太孫，東宮文武悉改爲太孫官屬，東宮官屬，文則太傅、少傅、詹事、率更令、家令、僕、門大夫、中庶子、中舍人、庶子、洗馬、舍人，武則左右衛率、翊軍·步兵·屯騎三校尉、旅賁中郎將、左右積弩將軍、殿中將軍、員外殿中將軍、常從虎賁督。以太子妃琅邪王氏爲皇太孫太妃，南郡王妃何氏爲皇太孫妃。妃，戢之女也。何戢見一百三十五卷高帝建元二年。戢，則立翻，又疾立翻。

8 魏太尉丕等請建中宮，戊戌，立皇后馮氏。后，熙之女也。爲後馮后以讒廢張本。魏主以白虎通云：漢章帝集諸儒於白虎觀，議五經同異，作白虎通。「王者不臣妻之父母」，下詔令太師上書不稱臣，入朝不拜，朝，直遥翻。熙固辭。

9 光城蠻帥征虜將軍田益宗帥部落四千餘戶叛，降于魏。沈約曰：光城郡，疑大明中分弋陽所立。五代史志曰：光州光山縣，舊置光城郡。蠻帥，所類翻；宗帥，讀曰率。降，戶江翻。

10 五月，壬戌，魏主宴四廟子孫於宣文堂，親與之齒，用家人禮。四廟子孫，謂世祖、恭宗、高宗、顯祖之子孫也。太和十二年，起宣文堂、經武殿。用家人禮者，略君臣之敬而序長幼之齒。

11 甲子，魏主臨朝堂，朝，直遥翻。引公卿以下決疑政，錄囚徒。帝謂司空穆亮曰：「自今朝廷政事，日中以前，卿等先自論議；日中以後，朕與卿等共決之。」

12 丙子，以宜都王鏗爲南豫州刺史。鏗，上耕翻。先是廬陵王子卿爲南豫州刺史，先，悉薦翻。之鎮，道中戲部伍爲水軍，上聞之，大怒，殺其典籤；以鏗代之。子卿還第，上終身不與相見。

13 襄陽蠻酋雷婆思等帥戶千餘求內徙於魏，魏人處之沔北。是時沔北之地猶爲齊境。雷婆思等蓋居沔南，徙處沔北，則稍近魏境耳。酋，慈由翻。帥，讀曰率。處，昌呂翻。

14 魏主以平城地寒，六月雨雪，極陰之地，盛夏雨雪。雨，王遇翻；自上而下曰雨。風沙常起，風沙，大風揚沙也。將遷都洛陽；恐羣臣不從，乃議大舉伐齊，欲以脅衆。齋於明堂左个，鄭玄曰：明堂左个，大寢南堂東偏也。个，古賀翻。使太常卿王諶筮之，遇革，帝曰：「『湯、武革命，應乎天而順乎人。』此革卦之彖辭也。諶，氏壬翻。吉孰大焉！」羣臣莫敢言。尚書任城王澄曰：「陛下奕葉重光，帝有中土；任，音壬。重，直龍翻。今出師以征未服，而得湯、武革命之象，未爲全吉也。」帝厲聲曰：「繇云：『大人虎變』，何言不吉！」繇，直又翻；「大人虎變」，革九五爻辭。九五，君位也，故引以難澄。澄曰：「陛下龍興已久，何得今乃虎變！」帝作色曰：「社稷我之社稷，任城欲沮衆邪！」澄曰：「社稷雖爲陛下之有，臣爲社稷之臣，安可知危而不言！」帝久之乃解，曰：「各言其志，夫亦何傷！」

既還宮，自明堂左个還宮。召澄入見，逆謂之曰：「嚮者革卦，今當更與卿論之。明堂之忿，恐人人競言，沮我大計，故以聲色怖文武耳。想識朕意。」見，賢遍翻。沮，在呂翻。怖，普布翻。因屏人謂澄曰：「今日之舉，誠爲不易。屏，必郢翻。易，以豉翻。但國家興自朔土，徙居平城；此乃用武之地，非可文治。今將移風易俗，其道誠難，朕欲因此遷宅中原，卿以爲何如？」魏主始與任城王澄言其情。澄曰：「陛下欲卜宅中土以經略四海，此周、漢所以興隆也。」比之周成、康，漢光、明也。帝曰：「北人習常戀故，必將驚擾，柰何？」後穆泰等之謀，卒如帝所慮。澄曰：「非常之事，故非常人之所及。陛下斷自聖心，斷，丁亂翻。彼亦何所能爲！」帝曰：「任城，吾之子房也！」張良贊漢高帝遷都長安，故以爲比。

六月，丙戌，命作河橋，欲以濟師。祕書監盧淵上表，以爲：「前代承平之主，未嘗親御六軍，決勝行陳之間；行，戶剛翻。陳，讀曰陣。豈非勝之不足爲武，不勝有虧威望乎！昔魏武以弊卒一萬破袁紹，事見六十二卷漢獻帝建安五年。謝玄以步兵三千摧苻秦，事見一百五卷晉孝武帝太元八年。勝負之變，決於須臾，不在衆寡也。」詔報曰：「承平之主，所以不親戎事，或以同軌無敵，或以懦劣偷安。今謂之同軌則未然，天下混一，則車同軌，書同文。比之懦劣則可恥，必若王者不當親戎，則先王制革輅，何所施也？周制五輅，革輅，龍勒條，纓五就，建大白以即戎。鄭氏註：革輅，鞔之以革而漆之，無他飾。條，讀爲絛。魏武之勝，蓋由仗順；苻氏之敗，亦由失政；豈寡必能勝衆，弱必能制強邪！」丁未，魏主講武，命尚書李沖典武選。時欲用兵，命沖典武選，銓擇才勇之士。選，須絹翻。

15 建康僧法智與徐州民周盤龍等作亂，此又一周盤龍，非周奉叔之父。夜，攻徐州城，入之；刺史王玄邈討誅之。徐州城卽鍾離城。

16 秋，七月，癸丑，魏立皇子恂爲太子。爲魏主後廢恂張本。

17 戊子，【嚴：「子」改「午」。】魏中外戒嚴，發露布及移書，稱當南伐。用兵尚神密。魏主今露其事以布告四方，故亦曰露布；移書，則移書於齊境也。詔發揚、徐州民丁，廣設召募以備之。

中書郎王融，自恃人地，王融有俊才，故以人身自高；且王弘曾孫，故以門地自高。三十內望爲公輔。嘗夜直省中，撫案歎曰：「爲爾寂寂，爾，如此也。寂寂，言冷寞也。鄧禹笑人！」鄧禹年二十四爲漢司徒，融年已過之，故云然。行逢朱雀桁開，喧湫不得進，朱雀桁當建康朱雀門，跨秦淮南北岸以渡行人，大路所由也。桁開則行者填咽。湫，子小翻，隘也。經典釋文曰：湫，徐音秋，又在酒翻。搥車壁歎曰：「車前無八騶，何得稱丈夫！」搥，傳追翻。車前有油壁。自晉以來，諸公、諸從公車前給騶八人。騶，側鳩翻。竟陵王子良愛其文學，特親厚之。

融見上有北伐之志，數上書獎勸，獎者，推助以成其事。數，所角翻。因大習騎射。騎，奇寄翻。及魏將入寇，子良於東府募兵，版融寧朔將軍，宋泰始初，南攻義嘉，軍功者衆，版不能供，始用黃紙。今版授融，蓋重於黃紙也。或曰：未經敕用者謂之版授。使典其事。融傾意招納，得江西傖楚數百人，並有幹用。傖，助庚翻。

會上不豫，詔子良甲仗入延昌殿侍醫藥；子良以蕭衍、范雲等皆爲帳內軍主。戊辰，遣江州刺史陳顯達鎮樊城。上慮朝野憂遑，遑，急也，遽也。力疾召樂府奏正聲伎。江左以清商爲正聲伎。伎，渠綺翻。子良日夜在內，太孫間日參承。間日，隔一日也。間，古莧翻。參，候也。承，奉也。

戊寅，上疾亟，蹔絕；氣暫絕而不息也。太孫未入，內外惶懼，百僚皆已變服。王融欲矯詔立子良，詔草已立。蕭衍謂范雲曰：「道路籍籍，皆云將有非常之舉。王元長非濟世才，王融，字元長。視其敗也。」雲曰：「憂國家者，惟有王中書耳。」衍曰：「憂國，欲爲周、召邪，欲爲豎刁邪？」召，讀曰邵。按左氏傳：齊桓公既立子昭爲太子。易牙有寵於衞姬。衞姬生無虧。易牙因豎刁以薦羞於桓公，遂有寵，公許之立無虧。公卒，易牙入，與豎刁殺羣吏而立無虧。昭奔宋。宋襄公伐齊，殺無虧而立昭，是爲孝公。雲不敢答。及太孫來，王融戎服絳衫，於中書省閤口斷東宮仗不得進。斷，音短。頃之，上復蘇，復，扶又翻。問太孫所在，因召東宮器甲皆入，以朝事委尚書左僕射西昌侯鸞。朝，直遙翻。俄而上殂，年五十四。融處分以子良兵禁諸門。處，昌呂翻。分，扶問翻。鸞聞之，急馳至雲龍門，不得進，鸞曰：「有敕召我！」排之而入，奉太孫登殿，命左右扶出子良；指麾部署，音響如鍾，殿中無不從命。融知不遂，釋服還省，釋戎服還中書省也。歎曰：「公誤我！」由是鬱林王深怨之。太孫卽位，尋見廢弒，史以追廢之號書之。爲後殺王融張本。

遺詔曰：「太孫進德日茂，社稷有寄。子良善相毗輔，思弘治道，治，直吏翻。內外衆事，無大小悉與鸞參懷，共下意！參，豫也。懷，思也。命鸞參豫其事，而詳思其可否也。共下意者，令降心相從，以濟國事也。尚書中事，職務根本，悉委右僕射王晏、吏部尚書徐孝嗣；軍旅之略，委王敬則、陳顯達、王廣之、王玄邈、沈文季、張瓌、薛淵等。」自此以上，皆遺詔之辭。瓌，古回翻。

世祖留心政事，務總大體，嚴明有斷，郡縣久於其職，長吏犯法，封刃行誅。故永明之世，百姓豐樂，賊盜屏息。然頗好遊宴，華靡之事，常言恨之，未能頓遣。遣，祛也，逐也。言未能祛逐遊宴之失也。自此以上，史述帝平生之大略。斷，丁亂翻。長，知兩翻。樂，音洛。屏，必郢翻。好，呼到翻。

鬱林王之未立也，衆皆疑立子良，口語喧騰。武陵王曄於衆中大言曰：「若立長，則應在我；世祖諸弟，存者曄爲長。長，知兩翻。立嫡，則應在太孫。」鬱林王，諱昭業，字元尚，小字法身，文惠太子長子也，以世嫡立爲皇太孫。由是帝深憑賴之。太孫已卽位，故書帝。直閤周奉叔、曹道剛素爲帝心膂，並使監殿中直衞；少日，復以道剛爲黄門郎。監，古銜翻。少，詩沼翻。復，扶又翻。爲西昌侯鸞欲弒帝先除周奉叔、曹道剛張本。

初，西昌侯鸞爲太祖所愛，事見一百三十五卷高帝建元二年。鸞性儉素，車服儀從，同於素士，所居官名爲嚴能，故世祖亦重之。鸞初爲安吉令，有嚴能之名。王子侯舊乘纏帷車，鸞獨乘下帷車，儀從如素士。從，才用翻。世祖遺詔，使竟陵王子良輔政，鸞知尚書事。子良素仁厚，不樂世務，樂，音洛。乃更推鸞，故遺詔云「事無大小，悉與鸞參懷」，子良之志也。史言子良無奪適之志。帝少養於子良妃袁氏，少，詩照翻。慈愛甚著。及王融有謀，史言奪適之謀出於王融。遂深忌子良。大行出太極殿，子良居中書省，帝使虎賁中郎將潘敞領二百人仗屯太極殿西階以防之。中書省蓋在太極殿西，故使屯於西階以防子良。賁，音奔。將，卽亮翻。既成服，諸王皆出，子良乞停至山陵，不許。乞停中書省，俟梓宮出葬而後出也。

壬午，稱遺詔，以武陵王曄爲衞將軍，與征南大將軍陳顯達並開府儀同三司；尚書左僕射、西昌侯鸞爲尚書令；太孫詹事沈文季爲護軍。史言遺詔本無此段除授，當時稱遺詔行之。癸未，以竟陵王子良爲太傅；蠲除三調及衆逋，三調，謂調粟、調帛及雜調也。逋，欠負也。省御府及無用池田、邸治，「治」，據蕭子顯齊書當作「冶」，謂冶鑄之所也。減關市征稅。先是，蠲原之詔，多無事實，督責如故。所謂「黄放白催」也。先，悉薦翻。是時西昌侯鸞知政，恩信兩行，衆皆悅之。史爲西昌侯鸞篡國張本。

18 魏山陽景桓公尉元卒。尉，紆勿翻。

19 魏主使錄尚書事廣陵王羽持節安撫六鎭，發其突騎。騎，奇寄翻；下同。丁亥，魏主辭永固陵；己丑，發平城，南伐，步騎三十餘萬；使太尉丕與廣陵王羽留守平城，並加使持節。晉制，使持節得殺二千石以下。杜佑曰：留守，周之君陳似其任也，此後無聞。漢和帝南巡，祠園廟，張禹以太尉兼衞留守。晉惠帝幸長安，僕射荀藩等與遺官在洛者爲留臺，承制行事。其後安帝播遷，劉裕亦置留臺。後魏孝文帝南伐，以太尉丕、廣陵王羽留守京師，留守之制因此。羽曰：「太尉宜專節度，臣正可爲副。」魏主曰：「老者之智，少者之決，言老者經事多，故智慮深遠；少者氣盛，故臨事有斷。少，詩詔翻。汝無辭也。」以河南王幹爲車騎大將軍、都督關右諸軍事，又以司空穆亮、安南將軍盧淵、平南將軍薛胤皆爲幹副，衆合七萬出子午谷。欲攻梁、益也。胤，辯之曾孫也。薛辯見一百一十八卷晉安帝義熙十三年。

20 鬱林王性辯慧，美容止，善應對，哀樂過人；樂，音洛。世祖由是愛之。而矯情飾詐，陰懷鄙慝，與左右羣小共衣食，同臥起。

始爲南郡王，從竟陵王子良在西州，帝少養於子良妃袁氏，子良爲揚州刺史，故帝從在西州。文惠太子每禁其起居，節其用度。王密就富人求錢，無敢不與。別作鑰鉤，鉤，所以啓鑰，今謂之鑰匙。夜開西州後閤，與左右至諸營署中淫宴。師史仁祖、侍書胡天翼王國有師掌導之教訓，侍書掌教之書翰。相謂曰：「若言之二宮，二宮，謂上宮及東宮也。則其事未易；易，以豉翻。若於營署爲異人所毆毆，烏口翻。及犬物所傷，豈直罪止一身，亦當盡室及禍。年各七十，餘生豈足吝邪！」數日間，二人相繼自殺，二宮不知也。人莫知其子之惡，其斯之謂歟。所愛左右，皆逆加官爵，疏於黃紙，使囊盛帶之，盛，時征翻。許南面之日，依此施行。

侍太子疾及居喪，憂容號毁，號，戶刀翻。見者嗚咽；裁還私室，卽歡笑酣飲。常令女巫楊氏禱祀，速求天位。及太子卒，文惠太子卒於是年正月。謂由楊氏之力，倍加敬信。既爲太孫，是年夏四月，自南郡王爲太孫。世祖有疾，又令楊氏禱祀。時何妃猶在西州，太孫居東宮，何妃尚留西州。世祖疾稍危，太孫與何妃書，紙中央作一大喜字，而作三十六小喜字繞之。

侍世祖疾，言發淚下。世祖以爲必能負荷大業，荷，下可翻，又讀如字。謂曰：「五年中一委宰相，汝勿措意；五年外勿復委人。復，扶又翻。若自作無成，無所多恨。」臨終，執其手曰：「若憶翁，當好作！」作，音佐。韓愈方橋詩曰：「非閣復非船，可居兼可過。若欲問方橋，方橋如此作。」註云：白樂天、皮日休詩皆自註曰：音佐。朱元晦曰：今按廣韻：作，造也。荀子：肉腐出蟲，魚枯生蠹，貪利忘身，禍裁乃作。音將祚翻，及廉范五袴之謠，皆已爲此音矣。然讀爲佐音者，又將祚之訛也。而世俗所用，從「人」從「故」而切爲將祚者，又字之俗體也。遂殂。大斂始畢，悉呼世祖諸伎，備奏衆樂。斂，力贍翻。伎，渠綺翻。下，戶嫁翻。使中丞孔稚珪奏融險躁輕狡，招納不逞，誹謗朝政。朝，直遙翻。融求援於竟陵王子良，子良憂懼，不敢救，遂於獄賜死，時年二十七。

初，融欲與東海徐勉相識，每託人召之。勉謂人曰：「王君名高望促，言名雖高而輕躁，人知其必及禍，故望促。難可輕斃衣裾。」類篇：斃，毗祭翻。弊，或從「衣」，此云斃者，義與弊同。俄而融及禍。勉由是知名。太學生會稽魏準，以才學爲融所賞；會，工外翻。融欲立子良，準鼓成其事。鼓以作氣，言鼓作融氣以成其事。太學生虞羲、丘國賓竊相謂曰：「竟陵才弱，王中書無斷，斷，丁亂翻。敗在眼中矣。」及融誅，召準入舍人省詰問，詰，去吉翻。惶懼而死，舉體皆青，時人以爲膽破。

21 壬寅，魏主至肆州，魏收志：肆州治九原，天賜二年爲鎮，眞君七年置州，領永安、秀容、鴈門郡。而永安郡定襄縣註云：眞君七年，併雲中、九原、晉昌屬焉，則知魏肆州蓋治定襄之九原也。然此定襄亦非漢之定襄縣地，蓋曹魏所置新昌郡之定襄縣，其地在陘嶺之南，古定襄在陘嶺之北。隋志：鴈門郡，後周置肆州，隋改曰代州。又有定襄郡，開皇五年置雲州總管府。此蓋因古定襄以名郡，參考可知矣。宋白曰：後魏置肆州於九原；非古九原，漢末曹公所置定襄郡之九原縣也；唐爲秀容縣，忻州定襄郡治焉。後魏書云：太平四年，置肆州，治秀容城，領靈丘等八郡。見道路民有跛眇者，停駕慰勞，勞，力到翻。給衣食終身。此亦可謂惠而不知爲政矣。見者則給衣食，目所不見者，豈能偏給其衣食哉！古之爲政者，孤獨廢疾者皆有以養之，豈必待身親見而後養之也！跛，補火翻。跛者，一足偏短。眇者，一目偏盲。眇，亡沼翻。

大司馬安定王休執軍士爲盜者三人以徇於軍，將斬之。魏主行軍遇之，行，下孟翻，循行也。命赦之，休不可，曰：「陛下親御六師，將遠清江表，今始行至此，而小人已爲攘盜，不斬之，何以禁姦！」帝曰：「誠如卿言。然王者之體，時有非常之澤。三人罪雖應死，而因緣遇朕，雖違軍法，可特赦之。」既而謂司徒馮誕曰：「大司馬執法嚴，諸君不可不慎。」馮誕后戚，既親且貴，故語之以儆百司。於是軍中肅然。

臣光曰：人主之於其國，譬猶一身，視遠如視邇，在境如在庭。舉賢才以任百官，修政事以利百姓，則封域之內無不得其所矣。是以先王黈纊塞耳，前旒蔽明，欲其廢耳目之近用，推聰明於四遠也。東方朔曰：冕而前旒，所以蔽明；黈纊充耳，所以塞聰。如淳註曰：

黈，音主苟翻，謂以玉爲瑱，用黈纊懸之也。師古曰：如說非也。黈，黃色也；纊，綿也。以黃綿爲丸，用組懸之，垂兩耳邊，示不外聽；非玉瑱之懸也。塞，悉則翻。彼廢疾者宜養，當命有司均之於境內；今獨施於道路之所遇，則所遺者多矣，其爲仁也，不亦微乎！況赦罪人以橈有司之法，橈，奴教翻。尤非人君之體也。惜也！孝文，魏之賢君，而猶有是乎！

22 戊申，魏主至并州。并州刺史王襲，治有聲跡，治，直吏翻。境內安靜，帝嘉之。襲教民多立銘置道側，虛稱其美；帝聞而問之，襲對不以實。帝怒，降襲號二等。號者，所領將軍號也。

23 九月，壬子，魏遣兼員外散騎常侍勃海高聰等來聘。

24 丁巳，魏主詔車駕所經，傷民秋稼者，畝給穀五斛。

25 辛酉，追尊文惠太子爲文皇帝，廟號世宗。

26 世祖梓宮下渚，渚，在東府前，秦淮之渚也。帝於端門內奉辭。轀輬車未出端門，亟稱疾還內。端門，宮之正南門。內，大內也。轀，音溫。輬，音涼。裁入閤，卽於內奏胡伎，鞞鐸之聲，響震內外。伎，渠綺翻。鞞，頻迷翻。丙寅，葬武皇帝於景安陵，廟號世祖。景安陵亦在武進，帝遺詔所命陵名也，在休安陵東所卜第三處。休安陵，蓋帝祖宋太常樂子所葬，高帝受禪，尊爲休安陵。

27 戊辰，魏主濟河；庚午，至洛陽；壬申，詣故太學觀石經。故太學，漢、魏所營者。

28 乙亥，鄧至王像舒彭遣其子舊朝于魏，朝，直遙翻。且請傳位於舊；魏主許之。

29 魏主自發平城至洛陽，霖雨不止。丙子，詔諸軍前發。丁丑，帝戎服，執鞭乘馬而出。羣臣稽顙於馬前。稽顙於前，將諫南伐也。稽，音啓。帝曰：「廟算已定，大軍將進，諸公更欲何云？」尚書李沖等曰：「今者之舉，天下所不願，唯陛下欲之；臣不知陛下獨行，竟何之也！言違衆南伐，無異獨行。臣等有其意而無其辭，敢以死請！」帝大怒曰：「吾方經營天下，期於混壹，而卿等儒生，屢疑大計；斧鉞有常，卿勿復言！」此亦所以怖羣臣而決遷都之計也。復，扶又翻。策馬將出，於是安定王休等並慇勤泣諫。帝乃諭羣臣曰：「今者興發不小，動而無成，何以示後！朕世居幽朔，欲南遷中土；苟不南伐，當遷都於此，王公以爲何如？欲遷者左，不欲者右。」【章：十二行本「右」下有「安定王休等相帥如右」九字；乙十一行本同；孔本同；張校同。】南安王楨進曰：「『成大功者不謀於衆。』引秦商鞅之言。今陛下苟輟南伐之謀，遷都洛邑，此臣等之願，蒼生之幸也。」羣臣皆呼萬歲。時舊人雖不願內徙，舊人，謂與魏同起於北荒之子孫，卽所謂國人。而憚於南伐，無敢言者；遂定遷都之計。

李沖言於上曰：「陛下將定鼎洛邑，宗廟宮室，非可馬上遊行以待之。願陛下暫還代都，俟羣臣經營畢功，然後備文物、鳴和鸞而臨之。」帝曰：「朕將巡省州郡，省，悉景翻。至鄴小停，春首卽還，未宜歸北。」不肯歸北，蓋慮北人歸代復戀土重遷也。乃遣任城王澄還平城，諭留司百官以遷都之事，曰：「今日眞所謂革也。謂前筮之遇革，今之遷都眞以革北方之俗。易說卦曰：革，去故也。王其勉之！」

帝以羣臣意多異同，謂衞尉卿、鎭南將軍于烈曰：「卿意如何？」烈曰：「陛下聖略淵遠，非愚淺所測。若隱心而言，隱，度也。度，徒洛翻。樂遷之與戀舊，適中半耳。」樂，音洛。中，竹仲翻。帝曰：「卿旣不唱異，言不唱爲異論也。卽是肯同，深感不言之益。」使還鎭平城，曰：「留臺庶政，一以相委。」烈，栗磾之孫也。于栗磾事魏道武帝，健將也。磾，丁奚翻。

先是，北地民支酉聚衆數千，起兵於長安城北石山，北地郡，魏孝文帝太和十一年置班州，十四年改邠州。按水經註，石山當在長安城東北，有敷谷，敷水出焉，北流注于渭。先，悉薦翻。遣使告梁州刺史陰智伯；欲邀結齊師以爲應援。使，疏吏翻。秦州民王廣亦起兵應之，攻執魏刺史劉藻，秦、雍間七州民皆響震，七州：雍、岐、秦、南秦、涇、邠、華也。雍，於用翻。衆至十萬，各守堡壁以待齊救。魏河南王幹引兵擊之，幹兵大敗；支酉進至咸陽北濁谷，穆亮與戰，又敗；考異曰：齊書「穆亮」作「繆老生」，今從魏書。陰智伯遣軍主席德仁等將兵數千與相應接。酉等進向長安，盧淵、薛胤等拒擊，大破之，降者數萬口。降，戶江翻。淵唯誅首惡，餘悉不問，獲酉、廣，並斬之。

30 冬，十月，戊寅朔，魏主如金墉城，徵穆亮，徵穆亮於關右。使與尚書李沖、將作大匠董爾經營洛都。「董爾」，北史作「董爵」。己卯，如河南城；乙酉，如豫州；自金墉西如河南，又自河南東如豫州。此豫州謂虎牢城也。魏明元帝取虎牢置豫州；獻文帝取懸瓠又置豫州，以虎牢爲北豫州；今主太和十九年罷北豫州，置東中府。癸巳，舍于石濟。乙未，魏解嚴，設壇于滑臺城東，告行廟以遷都之意。遷都之議既定，停南伐之師，故解嚴。奉神主而行，故有行廟。大赦。起滑臺宮。任城王澄至平城，衆始聞遷都，莫不驚駭。澄援引古今，徐以曉之，衆乃開伏。開，發也。伏，厭伏也。言北人安土重遷，蔽於此說，不肯降心以相從。澄援引曉喻以發其蒙，莫不厭伏也。澄還報於滑臺。魏主喜曰：「非任城，朕事不成。」

31 壬寅，尊皇太孫太妃爲皇太后；即文惠太子妃王氏也。立妃爲皇后。即何妃也。

32 癸卯，魏主如鄴城。王肅見魏主於鄴，是年三月王肅奔魏，今方得見魏主。陳伐齊之策。魏主與之言，不覺促席移晷。降人初至，君臣情分甚爲闊疏。言有當心，故促席近前以聽之，不覺其分之疏也；與之言而弗厭倦，日爲之移晷，不覺其久也。自是器遇日隆，親舊貴臣莫能間也。魏主或屏左右與肅語，至夜分不罷，間，古莧翻。屏，必郢翻。自謂君臣相得之晚。尋除輔國將軍、大將軍長史。時魏主方議興禮樂，變華風，凡威儀文物，多肅所定。

33 乙巳，魏主遣安定王休帥從官迎家於平城。帥，讀曰率。從，才用翻。

34 辛亥，封皇弟昭文爲新安王，昭秀爲臨海王，昭粲爲永嘉王。

35 魏主築宮於鄴西，十一月，癸亥，徙居之。

36 御史中丞江淹劾奏前益州刺史劉悛、梁州刺史陰智伯贓貨巨萬，皆抵罪。初，悛罷廣、司二州，按齊書劉悛傳：悛出督廣州，世祖自尋陽東下，遇悛舟於渚間。是時，齊未受禪也。罷廣州計當在世祖居東宮時。世祖卽位，悛自廣陵還督司州，徵入爲長兼侍中。悛，七倫翻，又丑緣翻。傾貲以獻世祖，家無留儲。在益州，作金浴盆，餘物稱是。稱，尺證翻。少，詩沼翻。悛傳云：悛作金浴盆等，欲以獻世祖。還都而世祖晏駕，鬱林新立，遂減其所獻。及鬱林王卽位，悛所獻減少。帝怒，收悛付廷尉，欲殺之；西昌侯鸞救之，得免，猶禁錮終身。悛，勔之子也。劉勔死於桂陽之難。